D1574213

Handbuch Bibliothek 2.0

Bibliothekspraxis 41

De Gruyter Saur

Handbuch Bibliothek 2.0

Herausgegeben von
Julia Bergmann und Patrick Danowski

De Gruyter Saur

ISBN 978-3-11-023209-7
e-ISBN 978-3-598-023210-3

Bibliografische Information der Deutschen Nationalbibliothek

Die Deutsche Nationalbibliothek verzeichnet diese Publikation in der Deutschen Nationalbibliografie; detaillierte bibliografische Daten sind im Internet über http://dnb.d-nb.de abrufbar.

© 2010 Walter de Gruyter GmbH & Co. KG, Berlin/New York

Druck: Hubert & Co. GmbH & Co. KG, Göttingen
∞ Gedruckt auf säurefreiem Papier

Printed in Germany

www.degruyter.com

Inhalt

Willkommen beim Handbuch Bibliothek 2.0! (Michael Stephens) 1
Welcome to the Library 2.0 Handbook! 3

Ist Bibliothek 2.0 überhaupt noch relevant? - Eine Einleitung
   (Julia Bergmann und Patrick Danowski) 5
   Zum Begriff "Bibliothek 2.0" 5
   Die Prinzipien des Web 2.0 6
   Noch ein Buch zum Thema Bibliothek 2.0? 7
   Was Sie in diesem Buch erwartet 7
   Doch die Frage bleibt: Wohin geht die Reise? 10
   Mobile Endgeräte 11
   Location based Services 12
   Augmented Reality 13
   Open Linked Data Bewegung in Bibliotheken 15
   Das Web mehr als eine Zukunft 16
   Heutige Relevanz der Bibliothek 2.0 17
   Literaturverzeichnis 18

Openness: Die Bibliothek als demokratische und demokratiefördernde
   Einrichtung im Internetzeitalter (Karsten Schuldt) 21
   Openness als demokratisches Prinzip 22
   Openness als Paradigma bibliothekarischer Arbeit 28
   Infrastruktur 29
   Lernort und Vorbildinstitution 30
   Openness als Leitbild für die Arbeit mit den Nutzerinnen und
      Nutzern 31
   Openness als Leitbild für die Bestandsarbeit? 32
   Mögliche Entwicklungen 32
   Bibliotheks- und Informationswissenschaft 33
   Literaturverzeichnis 34

Inhalt

Der Katalog 2.0: Mit Web 2.0 zum Online-Katalog der nächsten
Generation (Fabienne Kneifel) 37

    Definition 38
    Katalog 1.0 38
    Anforderungen 40
    Elemente eines Katalog 2.0 41
    Der Weg zum Katalog 2.0: Herausforderungen & Chancen 55
    Literaturverzeichnis 58

Ein Tag sagt mehr als tausend Worte? – Kreatives Potenzial und Neotags
in Tagging-Systemen (Christof Niemann und Stephan Müller) 63

    Einleitung 63
    Tagging-Systeme als Forschungsgegenstand: Prioritäten und
        Fehlbestände 65
    Defizite der Tagging-Forschung 65
    Intelligenz und Kreativität im Web 2.0 67
    Vermessungen zur Kreativität der Sprache 72
    Empirische Erhebung und Analyse 77
    Intellektuelle Erschließung II: Kreatives Potenzial 80
    Ergebnisse des zweiten Analyseabschnitts 81
    Resümee und Ausblick 83
    Literaturverzeichnis 84

Der OPAC als Suchmaschine (Dirk Lewandowski) 87

    Einleitung 87
    Entwicklungsstand der OPACs 89
    Anfragetypen und Suchintentionen 92
    Rankingverfahren als zentrales Hilfsmittel der
        Informationsrecherche 95
    Fazit 104
    Literaturverzeichnis 105

Bibliothek für unterwegs (Regina Pfeifenberger) 109

    Das mobile Internet 109
    Die Nutzer des mobilen Internet 114
    Bibliothek für unterwegs - Fazit 124
    Literaturverzeichnis 125

Mikroformate (Carsten M. Schulze) 129
   Was sind Mikroformate und wozu braucht man sie? 129
   Lower Case Semantic Web 129
   Microformats 130
   COinS und unAPI 133
   RDFa und Microdata 137
   Ausblick 140
   Liste von Tools 141
   Literaturverzeichnis 142

Mashups und Bibliotheken (Manfred Nowak, Lambert Heller und
   Sascha Korzen)... 143
   Vorbemerkung 143
   Mischen possible – Was sind Mashups? Wovon handelt
      dieses Kapitel? 143
   Personalisierte Startseiten – einen Zeh in den Ozean der
      Mashup-Möglichkeiten eintauchen 144
   Mashup halb und halb – Inhalte aus fremden Quellen
      dynamisch in die eigene Website einbinden 144
   Neues Schaffen – Web-Inhalte neu kombinieren 145
   Eigene Anwendungen schaffen – mit fremden Werkzeugen 147
   Thank you for calling customer service – Technische
      Grundlagen in Kürze 147
   Mashup or Shutup? – Beispiele für Mashup-Anwendungen im
      Bibliotheksbereich 149
   Darf man das? – Einige rechtliche Fragen 154
   Sky is the limit? – Probleme und Grenzen von Mashups 155
   The Beta the better? 156
   Gemischte Aussichten 158
   Literaturverzeichnis 158

Podcasting: Das ungeliebte Social-Media-Stiefkind
   (Christian Spließ) 161
   Bibliothekspodcasts – Opfer des Podfadings? 162
   Mögliche Gründe für die Nichtakzeptanz des
      Podcasting-Formats 164
   Fazit 165

VIII Inhalt

Raus in die Öffentlichkeit mit Facebook & Co (Anastasia Schadt, Jessica Euler und Dierk Eichel) 167

    Einleitung 167
    Öffentlichkeitsarbeit in Bibliotheken 167
    SocialMedia Tools und ihre Besonderheiten 169
    Fazit 181
    Abbildungsverzeichnis 181
    Literaturverzeichnis 181

Datenschutz in der Bibliothek 2.0 (Bernd Juraschko) 185

    Einleitung 185
    Allgemeine Grundlagen 185
    Welches Gesetz gilt jetzt? 189
    Neuralgische Punkte in der Bibliothek 2.0 195
    Konfliktmanagement 201
    Datenschutz als Serviceleistung der Bibliothek 2.0 203
    Zusammenfassung und Ausblick 205
    Literaturverzeichnis 205

E-Book-Reader und ihre Auswirkungen auf Bibliotheken (Rudolf Mumenthaler) 207

    E-Books und Lesegeräte – ein Rückblick 207
    Die zweite Generation E-Book-Reader 208
    Die Rolle des Zeitungsmarkts 210
    Smartphones als eReader 211
    E-Book-Formate 214
    Tablets als eReader 217
    Auswirkungen auf das Angebot der Bibliotheken 219
    Fazit 221
    Literaturverzeichnis 221

Gaming als bibliothekarisches Zukunftsthema (Christoph Deeg) 223

    Einleitung 223
    Was dieser Beitrag leisten soll – und was nicht 224
    Was sind Computerspiele? 224
    Zukunftsvisionen 227
    Gaming – Playing Games 228
    Ausprobieren 230
    Soziale Kompetenzen 230

Interaktion 231
Visualisierung 231
Motivation und Belohnung 232
Serious Games 233
Computerspiele, Gaming und das Internet 233
Gaming und Bibliotheken 236
Warum sollen Bibliotheken sich mit Gaming beschäftigen? 237
Risiken und mögliche Problemfelder 239
Gaming – Innovationen - Bibliotheken 240
Was ist also zu tun? 241
Schlussgedanke 242
Literaturverzeichnis 243

Tuben, Festzeiten und Gesichtsbücher: Die Wahrnehmung einer
neuen Informationswelt in einer öffentlichen Bibliothek
(Sibylle Rudin) 245

Die neue Bibliothek kommt gut an, die Zeit der Bibliothekarinnen wird
  knapp 246
Festzeit: „Social Media" wird zur Regierungssache 246
Tuben, Festzeiten, Gesichtsbücher? 248
Web 2.0 wird zum Jahresziel 2008 249
Die tägliche Arbeit und jetzt noch Web 2.0? 250
Projekt Nr. 1: Alles in den Suchschlitz und dann
  runterschrauben 250
Projekt 2: Kostenlose Web 2.0-Tools machen ordentliches
  Informieren und Planen im Team einfacher 254
Angesteckt durch Web 2.0: Das Bedürfnis nach offener
  Kommunikation steigt 254
Projekt Nr. 3: Kommunikation mit unsern Kunden.
  Die Webseite www.kbl.ch soll interaktiver werden 255
Projekt Nr. 4: Kommunikation mit Jugendlichen via Blog:
  Offline muss auch was geschehen 256
Nicht nochmals auf dem gleichen Kanal senden: Die Bibliothek
  als Oase des Austausches und des Erlebens 257
Wir haben keine Minute für Facebook: Tun was immer
  möglich ist 259
Literaturverzeichnis 260

Web 2.0 in einer Kleinstadtbibliothek (Jochen Dudeck) 261

Abstract 261

Die Stadtbücherei Nordenham 261
Das Dilemma einer Kleinstadtbücherei 262
Frühstart: das BuechereiWiki 263
Was sich bewährt und warum 263
Die Aufgabe der Bibliotheken bei der Vermittlung von
    Informationskompetenz 2.0 265
Der lange Weg zur BibliothekarIn 2.0 266

Universitätsbibliothek Dortmund 2.0 (Hans-Georg Becker,
    Iris Hoepfner und Christian Kirsch) 269

Erste Gedanken 269
Entwicklung der Kommunikationskultur 269
Erschließung und Öffnung der Bibliotheksbestände 270
Innovationsprozess 271
E-Mail, Chat und ... ein Blog!? 272
Welche Internetdienste nutzen Sie? - Eine Umfrage 275
Webauftritt 277
Katalog 2.0 279
Soziale Erschließung 283
Ausblick 284
Literaturverzeichnis 285

„Man nehme..." Zutaten für ein abwechslungsreiches Blog à la
    Stadtbibliothek Salzgitter (Claudia Rietdorf) 287

Bloglos, aber nicht planlos 287
Stadtbibliothek Salzgitter 2.0 288
Unser Rezept 288
Optische Verfeinerung 290
Resultat 290

Anreicherungen, Mashups und Vernetzungen von Titeln in einem
    heterogenen Katalogverbund am Beispiel des Kölner
    UniversitätsGesamtkatalogs KUG (Oliver Flimm) 293

Motivation 293
Die Bibliotheken der Universität zu Köln 293
Der „KUG" als zentrales Nachweisinstrument 294
Automatisierte und zentrale Kataloganreicherung 295
Vernetzung durch Mashups 299
Mashups durch externe Datenlieferungen 304

Bereitstellung eigener Dienste und Daten 305
Allgemeine Vernetzungen zwischen Titeln 308
Weitere Dienstleistungen aus den Daten der KUG-Plattform 309
Neue Möglichkeiten mit offenen Daten 312
Zusammenfassung 314
Literaturverzeichnis 315

Katalog 2.0 im Eigenbau: Das beluga-Projekt der Hamburger
Bibliotheken (Anne Christensen) 317
  Was macht den Katalog 2.0 aus? 317
  beluga 320
  Lessons Learned: Drei Problembereiche 328
  Literaturverzeichnis 331

LibraryThing – die kollaborative Bibliothek 2.0 (Silvia Czerwinski
und Jakob Voß) 333
  Was ist LibraryThing? 333
  Was bietet LibraryThing? 335
  LibraryThing für Bibliotheken 345
  Zusammenfassung und Empfehlungen 349
  Literaturverzeichnis 350

Lernen 2.0 - Bericht aus der Praxis (Christian Hauschke und
Edlef Stabenau) 353
  Wissenschaftliche Bibliotheken fördern Informations- und
    Medienkompetenz 353
  Informationskompetenz 2.0? 354
  Fortbilden oder fortgebildet werden? 355
  Learning 2.0 357
  Auslösende Idee 357
  Entstehung des Kurses 358
  Umsetzung von Lernen 2.0, 13 Dinge, Bibliothek 2.009 360
  Zahlen 362
  Evaluationen der Selbstlernkurse 362
  Was wir gelernt haben 364
  Was die TeilnehmerInnen gelernt haben 366
  Ergebnisse 366
  Ausblick & Fazit 367

Welche Vorteile bringen Anwendungen des Web 2.0 für Weiterbilder
in Bibliotheken? (Jürgen Plieninger und Wolfgang Thieme) 371

    Einleitung 371
    Suche nach Informationen zur Fort-/Weiterbildung 372
    Kooperation 375
    Kundenannäherung, - gewinnung und -pflege 378
    Didaktik 380
    Dokumentation 384
    Fazit 385

Autorenverzeichnis 387

Lizenzen der Artikel 393

Michael Stephens

Willkommen beim Handbuch Bibliothek 2.0!

Während ich im Frühjahr 2010 die Schweiz und Deutschland besuchte, um von der Botschaft der USA in Berlin und der USA Mission in Genf gesponserte Vorträge zu halten, war ein Abendessen mit Patrick Danowski in Genf einer der Höhepunkte dieses Aufenthalts. Beim Genuss der äthiopischen Küche in einer kleinen abgelegenen Gaststätte kamen wir im Gespräch auf die aktuelle Thematisierung der Bibliothek 2.0 in Deutschland und Europa und auf die in den Jahren 2005-2007 geführten Diskussionen und Debatten in der Biblioblogosphere in den USA und darüber hinaus.

Die Debatte über Semantik, richtige Bennenung und Relevanz haben wir hinter uns gelassen, und übrig bleibt der Kern des Nutzungsmodells der Bibliothek 2.0: die Veränderung der Denkweisen und der Prioritäten entsprechend den rapiden Umwälzungen in Gesellschaft und Technologie. Die treibenden Kräfte hinter diesem Modell sind die Durchführung und Evaluation der physischen und virtuellen Dienste mit nutzerorientierter Zielsetzung.

Innovatoren wie Patrick arbeiten daran, die besten Wege zu finden um die Bibliotheksdienste zu steigern, so wie es auch andere in ganz Europa tun. Später in Deutschland hatte ich das Glück, Gründungsmitglied der Zukunftswerkstatt zu werden. Die hoch motivierten, vorausblickenden Denker dieser Zukunftswerkstatt-Gruppe stellten fest, dass die Umsetzung neuer Technologien und Versuche damit sowie neue Dienstleistungsmodelle in deutschen Bibliotheken fehlten; auch fehlte die Thematisierung auf Konferenzen. Auf dem Bibliothekartag 2009 machten sie deren Existenz auf einem Stand und durch das Starten eines Blogs bekannt.

Während einer langen Unterhaltung am Mittagstisch mit Julia Bergmann, Christoph Deeg und Professor Hans-Christoph Hobohm wurden ähnliche Themenstränge zusammengeführt wie während meines Aufenthaltes in der Schweiz: Bibliotheken sind in einer ausgezeichneten Lage, sich auf die Bedürfnisse der Nutzer einzustellen, wo immer sich Nutzer finden. Bibliotheken verschwinden nicht, sie verwandeln sich. Diese Auffassung wird durch das Logo der Zukunftswerkstatt illustriert: Ein Roboter hält ein Buch, das er wahrscheinlich einem Nutzer übergeben will.

Was Sie in diesem Band vereint finden, ist der Top-Wissensstand anderer Innovatoren aus Deutschland und über seine Grenzen hinaus, der sich auf die Prinzipien der technologischen Aspekte von Bibliothek 2.0 und ihre Umsetzung in den Bibliotheken konzentriert. In allen Kapiteln werden Sie den theoretischen Zugang zu den Themen ebenso gut wie Ausführungen zu den praktischen Grundlagen finden.

Ich empfand es als Ehre, um das Vorwort für das ursprüngliche Textbuch von Michael E Casey & Laura Savistinauk's Library 2.0: A Guide to Participatory Library Service gebeten worden zu sein, und ich empfinde es ebenso als Ehre, die Einleitung zu diesem Buch zu verfassen. Damals teilte ich in dem kurzen Text einige meiner Ideen zu L2 mit. An dieser Stelle folgen weitere Gedanken:

Die Bibliothek 2.0 ermutigt das Herz. Hier helfen wir unseren Nutzern, ihre Neugier zu befriedigen, ihr Leben zu verbessern, ihr Wissen zu erweitern und sich zu erfreuen. Information und Wissen sind jederzeit und an jedem Ort von der Bibliothek aus verfügbar, so wie es eine leidenschaftliche Zunft von Nutzern braucht.

Die Bibliothek 2.0 wird ein Treffpunkt sein, entweder online oder in der physischen Welt, in der die emotionalen Bedürfnisse der Nutzer durch Einbeziehung, Unterhaltung und Information erfüllt werden und durch die Möglichkeit, ihre eigenen Schöpfungen in den „Long Tail" der Inhalte einzufügen.

Die Bibliothek 2.0 ist menschlich. Ihre Nutzer werden das menschliche Gesicht der Bibliothek unabhängig vom Zugang zu deren Diensten sehen. Offene, ehrliche, durchsichtige Kommunikation fließt und das Gespräch ist zweiseitig.

Immer noch stelle ich Konzepte zur Bibliothek 2.0 vor, schreibe und lehre darüber. Ich glaube, dass sie für die Zukunft der Bibliotheken wichtig sind. Ferner glaube ich, dass die besten Ergebnisse in der Umsetzung der in diesem Buch dargelegten Ideen und Techniken erzielt werden, wenn wir niemals die Mission der Bibliothek und die fundamentalen Kernwerte der Bibliotheken aus den Augen verlieren: Information in die Hände unserer Nutzer zu legen. Ich fordere die Leser auf, die Kapitel zu erkunden und darüber zu reflektieren, wie Technologie und ein Wechsel der Denkweise unsere Dienste voranbringen können. Viel Vergnügen!

Welcome to the Library 2.0 Handbook!

In the spring of 2010, I visited Switzerland and Germany for some speaking engagements sponsored by the US Embassy in Berlin and US Mission in Geneva. One of the highlights of that visit was having dinner with Patrick Danowski in Geneva. As we enjoyed Ethiopian cuisine in a little out of the way place, our conversation turned to the ongoing conversations about Library 2.0 in Germany and Europe, and of the original discussions and debate playing out across the Biblioblogosphere in the United States and beyond in 2005-2007.

The debate about semantics, labels and bandwagons has moved on and what's left is the core of the Library 2.0 service model: changing mindsets and changing priorities as society and technology rapidly shifts. Implementation and evaluation of physical and virtual services based on a customer driven focus are the driving factors of this model.

Innovators like Patrick are working to find the best ways to enhance library services, as are others throughout Europe. Later in Germany, I was lucky enough to become a founding member of the Zukunftswerkstatt. The highly motivated, forward-thinkers of this "future workshop" group discovered the implementation and experimentation with new technologies and new service models lacking in German libraries - and the conversation at conferences non-existent. They made their presence known - via a booth at the 2009 Congress and by launching their blog.

A long lunch conversation with Julia Bergmann, Christoph Deeg and Professor Hans-Christoph Hobohm yielded similar topical threads as my time in Switzerland: Libraries are in a perfect position to meet user needs wherever users happen to be. Libraries weren't going away, they're changing. This concept was exemplified by their logo: a robot clutching a book, most probably delivering it to some library user.

What you'll find in this volume is a culmination of other innovators from Germany and beyond, focusing on the technology aspects of the Library 2.0 principles and their implementation in libraries. Throughout the chapters, you'll find theoretical approaches to the topics as well as nuts and bolts emphasis on practice. I was honored to be asked to write the Foreword for Michael E Casey & Laura Savistinauk's original text *Library 2.0: A Guide to Participatory Library Service* and I'm honored to introduce this book as well. In that brief piece, I shared some of my ideas about L2. Here are some more thoughts:

Library 2.0 encourages the heart. Here, we help our users satisfy their curiosity, better their lives, expand their learning, and enjoy themselves. Information and knowledge is available anytime and at anyplace from the library, as needed by a passionate tribe of users.

Julia Bergmann und Patrick Danowski

Ist Bibliothek 2.0 überhaupt noch relevant? - Eine Einleitung

Mit diesem Buch möchten wir einen Überblick der aktuellen Diskussion zum Thema Bibliothek 2.0 geben und den Stand der tatsächlichen Umsetzung der Web 2.0-Ansätze in deutschsprachigen Bibliotheken beleuchten. An dieser Stelle ist die Frage erlaubt, warum es zu einer Zeit, in der es bereits die ersten "Web 3.0"-Konferenzen gibt, eines Handbuches der Bibliothek 2.0 noch bedarf. Und warum es überhaupt ein deutschsprachiges Handbuch zur Bibliothek 2.0 braucht, wo es doch bereits verschiedenste Publikationen zu diesem Thema aus anderen Ländern, insbesondere des angloamerikanischen Raums gibt. Ist dazu nicht bereits alles gesagt?

Zum Begriff "Bibliothek 2.0"

Es ist sicher richtig, dass der Blick bereits in Richtung des „Web 3.0"[1] geht, worunter z. Z. das Semantic Web verstanden wird und teilweise auch das Social Semantic Web[2]. Wenn man aber in diesem Zusammenhang überhaupt von Versionsnummern spricht, sollte man dabei von einem evolutionären Ansatz ausgehen statt von einem ersetzenden, wie es oft in der Diskussion um die Bibliothek 2.0 geschieht.

Stefan Gradman sagte auf dem 1. BibCamp in Berlin[3], dass die Begriffe Bibliothek 2.0 und Web 2.0 schlecht gewählt seien, da sie unterstellen, die Vorgängerversion sei schlecht oder zumindest fehlerhaft. Er bezieht sich hier auf das Thema Versionsnummern aus der Softwareentwicklung. Genau betrachtet sieht es jedoch etwas anders aus. Versionsänderungen mit Zahlen vor dem Punkt (also 1.0, 2.0, 3.0, 4.0) bezeichnen in der Regel wesentliche Änderungen. Bei kommerzieller Software bedeutet dies zeitgleich, dass ein solch großes Update kostenpflichtig ist. Jeder hat schon erlebt, dass ihm in einer Einrichtung nicht die neueste Version einer Software (beispielsweise Word 2003 anstatt Word 2007) zur Verfügung stand. Technisch war dies unbedenklich, aber manche Probleme lassen sich mit

---

1   Auch wenn diese Bezeichnung von vielen in der Semantic Web Community abgelehnt wird.
2   Blumauer; Pellegrini, 2008
3   Workshop „Kritik der Marke Bibliothek 2.0: von der Praxis zur Theorie!?". Dokumentation unter: http://bibcamp.pbworks.com/Kritik+2-0

der neuen Softwareversion komfortabler und einfacher lösen. Doch wenn man diese neuen Funktionen noch nie genutzt hat, werden sie einem auch kaum fehlen. Zurück zum Verhältnis von Bibliothek und Bibliothek 2.0. In unseren Augen stellt die Bibliothek 2.0 eine wesentliche Verbesserung der Bibliothek dar; denn mit den neuen Werkzeugen des Web 2.0 ist es wesentlich einfacher, Ranganathans Ideal der Bibliothek als lebendem Organismus[4] zu verwirklichen oder auch dem alten Ideal der nutzerorientierten Bibliothek besser zu genügen. Hinderlich beim Erreichen dieses Ziels ist oft weniger, dass sie einen Kostenfaktor darstellen oder für schwer verständlich gehalten werden, sondern vielmehr ein tief sitzendes Widerstreben gegen die Prinzipien des Web 2.0, die mit konservativen "bibliothekarischen" Werten nicht vereinbar scheinen.

Aber ist der Begriff Bibliothek 2.0 nicht schon wieder am verschwinden? Ist es für ein Buch zu diesem Thema nicht schon zu spät? Wir haben daher Michael Stephens bei seinem Besuch in Europa nach seiner Meinung gefragt, wie es mit der Bibliothek 2.0 weitergehen wird.

Seine Antwort scheint uns hier auch sehr passend:

Der Begriff Bibliothek 2.0 wird vielleicht in Zukunft verschwinden, die Ideen, Konzepte und Veränderungen, die er gebracht hat aber werden bleiben. Daher ist eine Darstellung dieser Konzepte und Ideen sowohl in der Theorie (Teil A) als auch in der Praxis (Teil B) nach wie vor von großem Nutzen.

Die Prinzipien des Web 2.0

Die Auswirkungen, Ideen und Konzepte des Web 2.0 sind mit Sicherheit ein spannendes Feld für Bibliotheken in der Zukunft. Legt man aber die Auswertungen des "Hype Cycle for Web and User Interaction Technologies 2009"[5] zugrunde, sieht man, dass sich das Web 2.0 gerade erst dem "Plateau of Productivity" nähert. Damit ist es im Mainstream angekommen, hat das Tal der "Ernüchterung" durchschritten und hält nun auch in den Alltag von Unternehmen und Organisationen Einzug. Nur wenige Unternehmen können es sich noch leisten, nicht in den Social Media (Twitter, Facebook und Co) präsent zu sein. So schreibt der CEO der SAS Group (Fluglinie) in Scanorama, dem Bordmagazin: „Social Media is here to stay. No modern corporation can deny that, and it is particularly true for any company working in the service industry, Airlines are no exceptions". Wenn Fluglinien keine Ausnahmen sind, wieso sollen dann Bibliotheken eine sein? Doch was genau ist Web 2.0? Tim O'Reilly hat eine Definition in seinem berühmten Artikel „What is Web 2.0?"[6] aufgestellt, die sieben Punkte umfasst:

---

4 Shiyali Ramamrita Ranganathans 5. Gesetz der Bibliothekswissenschaft: „The library is a growing organism".
5 Phifer, Gene et al. Hype Cycle for Web and User Interaction Technologies, 2009 17.07.2009, The Gartner Group
6 O'Reilly, 2005

- Das Web als Plattform
- Kollektive Intelligenz
- Daten als „Intel Inside"
- Software ohne Lebenszyklus
- Lightweight Programming Models
- Software über Gerätegrenzen hinweg
- Rich User Experience

Diese Ansätze lassen sich auch auf die Bibliothek übertragen.[7]

Noch ein Buch zum Thema Bibliothek 2.0?

Inzwischen gibt es bereits einige Bücher zum Thema Bibliothek 2.0. Da wäre zum einen die Diplomarbeit von Ronald Kaiser[8], die jedoch mehr darauf eingeht, was mit Web 2.0-Technologie und im Bereich der Filmproduktion für Bibliotheken möglich ist. Zum zweiten die Publikation von Ben Kaden[9], bei der es sich aber um eine sehr theoretische Abhandlung handelt.

Hinzu kommen eine Fülle von Abhandlungen aus dem angloamerikanischen Raum. Als Beispiel seien hier nur die beiden Hefte von Michael Stephens in der ALA-Reihe "Library Technology Trends",[10] Phil Bradley's "How to use Web 2.0 in Your Library"[11] und Michael E. Casey und Laura C. Savastinuk's "Library 2.0: a Guide to participatory library service" (Casey 2007) genannt. Die in diesen Werken entwickelten Annahmen und Ideen lassen sich zwar durchaus verallgemeinern und auf die Bibliothekslandschaft allgemein übertragen, die Ansätze und praktischen Umsetzungen orientieren sich aber an der eigenen Gesellschaft und Bibliothekslandschaft. Und hier liegen doch einige Unterschiede zwischen der deutschen und der amerikanischen Gesellschaft, ihrem Umgang mit Technik und der jeweiligen Gestaltung der Bibliothekslandschaft vor. Daher ist es notwendig, einen klaren Blick auf die Umsetzung und die Diskussion im deutschsprachigen Raum zu werfen. Dies wollen wir mit dem vorliegenden Buch versuchen. Gleichzeitig wollen wir Theorie und Praxis in einen gesamten Kontext stellen.

Was Sie in diesem Buch erwartet

Im ersten Teil möchten wir einen Überblick geben sowie einzelne grundlegende Aspekte in den Fokus nehmen. Einen dieser Aspekte spricht Dr. Karsten Schuldt in seinem Artikel «Openness» an. Hierzu nimmt er Bezug auf politische Entwick-

---

7 Vgl. auch Heller; Danowski, 2007
8 Kaiser, 2009
9 Kaden, 2009
10 Stephens, 2006; Stephens, 2007
11 Bradley, 2007

lungen im Netz und setzt sie in Beziehung zur Bibliothek 2.0. Fabienne Kneifel definiert in ihrem Artikel «Katalog 2.0», welche Funktionen dieser neuen Generation von Katalogen gemeinsam sind und liefert zur Veranschaulichung einige Beispiele aus dem amerikanischen Raum. Eine besondere Facette der Kataloge der nächsten Generation, den des Taggings, betrachten Christof Niemann und Stephan Müller in ihrem Artikel «Ein Tag sagt mehr als tausend Worte?» etwas genauer. Sie untersuchen die Frage «Welche Chancen entstehen aus dem Tagging für Erschließung mit kontrollierten Vokabularen?». Eine weitere Sicht auf das Thema Katalog 2.0 ist die Anwendung von Suchmaschinentechnologie. Hierzu wird Prof. Dr. Dirk Lewandowski in seinem Artikel «Der OPAC als Suchmaschine» einen Überblick geben.

Denken wir über zukünftige Kataloge und Webangebote nach, wird schnell klar, dass auf diese nicht nur mit PCs oder Laptops zugegriffen wird, sondern zunehmend auch mit Hilfe von anderen mobilen Endgeräten wie Smartphones. Der Frage, welche Möglichkeiten sich Bibliotheken bieten, Dienste für Smartphones zu gestalten, wird Regina Pfeifenberger in ihrem Artikel «Bibliothek für unterwegs» nachgehen.

Ein wichtiger Aspekt zukünftiger Bibliotheksdienstleistungen wird sein, wie diese durch Andere weiterverwendet werden können. Carsten Schulze erklärt uns hierzu in seinem Artikel «Mikroformate» das Prinzip von verschiedenen Möglichkeiten Metadaten so auszuzeichnen, dass man vorhandene Daten leichter weiterverwenden kann. Er liefert außerdem einen Ausblick, welche Rolle diese Ansätze in der Entwicklung des Semantic Web spielen werden.

Manfred Nowak, Lambert Heller und Sascha Korzen zeigen in ihrem Artikel «Mashups und Bibliotheken» die Möglichkeiten auf, die sich aus dem Kombinieren unterschiedlicher Dienste und Inhalte aus dem Web für zukünftige Bibliotheksdienstleistungen ergeben. Hierbei gehen sie auch der Frage nach, «welche strategischen Veränderungen Bibliotheken dabei helfen könnten, das Potential von Mashups besser auszuschöpfen.»

Anschließend an diese Aspekte neuer Bibliotheksdienstleistungen wenden wir uns verschiedenen Blickwinkeln von Social Media zu (denen im weitesten Sinne auch die Social Networks zugerechnet werden). Christian Spließ befasst sich in seinem Artikel «Podcasting: Das ungeliebte Social-Media-Stiefkind» mit einem im Bibliotheksbereich kaum verwendeten Medium, betreibt aber zugleich auch Ursachenforschung, wo die Hindernisse liegen. Anastasia Schadt, Jessica Euler und Dierk Eichel stellen uns in ihrem Artikel «Raus in die Öffentlichkeit mit Facebook & Co» verschiedene Dienste wie Facebook, Twitter, Blogs, Wikis, Social Bookmarking und Librarything im Überblick vor, deren Nutzung in der Praxis wir dann im 2. Teil (Teil B) des Handbuches wieder begegnen werden.

Sprechen wir über die Nutzung von Sozialen Netzwerken im Zusammenhang mit Bibliotheken, darf natürlich der Aspekt des Datenschutzes nicht fehlen. Bernd Juraschko zeigt in seinem Artikel «Datenschutz in der Bibliothek 2.0» auf, welche Dinge zu beachten sind und welche Möglichkeiten sich auch unter Beachtung des Datenschutzes für die Bibliotheken im Web 2.0 bieten. Er stellt auch heraus, welche Chancen sich für Bibliotheken in der Benutzerberatung bzw. Informationskompetenz in diesem Bereich bieten. In diesem Artikel wird nochmals deutlich, dass sich Datenschutz und die Beteiligung an sozialen Diensten im Web nicht ausschließen müssen. Im Anschluss bietet uns Dr. Rudolf Mumenthaler in seinem Artikel «E-Book-Reader und ihre Auswirkungen auf Bibliotheken» einen Überblick über die Vergangenheit und die mögliche Zukunft von E-Book-Reader, eReader und Tablets. Selbstverständlich hat er auch bereits das iPad in seine Betrachtung integriert und dies nicht auf der Basis von theoretischen Überlegungen. Den Abschluss des ersten Teils bildet Christoph Deeg mit seinen Gedanken zum Thema «Gaming als bibliothekarisches Zukunftsthema», in der er einen Blick auf die Verschmelzung von Web 2.0 und Gaming wirft und versucht, die Bedeutung dieser Entwicklung für Bibliotheken aufzuzeigen.

Im zweiten Teil unseres Handbuches (Teil B) werden wir einen Blick auf die tatsächliche Umsetzung der in Teil A angesprochenen Themen werfen. Hier berichten Bibliotheken von ihren Projekten, was gut und was vielleicht gar nicht funktioniert hat und warum. Hier finden Sie kleine wie große, öffentliche wie wissenschaftliche Bibliotheken. Wir möchten uns ganz besonders bei diesen Bibliotheken dafür bedanken, dass sie ihre Erfahrungen mit uns teilen, und zwar die erfolgreichen wie auch die nicht so erfolgreichen. Hier spiegelt sich in schöner Art und Weise wider, was im Zusammenhang mit der Bibliothek 2.0 und der damit verbundenen Kultur immer wieder (zu Recht) gefordert wird: Zu jedem kreativen Lernprozess gehört auch die Möglichkeit des Scheiterns. Dies muss in einer Organisation, die sich dieser prozesshaften Entwicklung im Web stellt, möglich sein und Teil der Kultur werden.

Den Anfang der Praxisberichte macht Sibylle Rudin, die in ihrem Artikel «Tuben, Festzeiten und Gesichtsbücher: Die Wahrnehmung einer neuen Informationswelt in einer öffentlichen Bibliothek» über die Umsetzung verschiedener Dienstleistungen im Bereich Web 2.0 aus der Kantonsbibliothek Baselland berichtet. Daran schließt sich der Bericht «Web 2.0 in einer Kleinstadtbibliothek» von Jochen Dudeck aus der Stadtbücherei Nordenham an. Jochen Dudeck war mit seiner Stadtbücherei in vielen Bereichen des Web 2.0 ein Vorreiter. Bereits 2005 setzte er LibraryThing für die Darstellung seiner Neuerwerbungen ein. Früh wurde hier die Kultur entwickelt, neue Dienste neugierig und kontinuierlich auszuprobieren, um sie in die bibliothekarische Praxis einzubinden - immer verbunden mit der Offenheit, auch mal ein Projekt wieder fallen zu lassen, wenn es sich nicht bewährt hat.

Darauf folgt der Artikel «Universitätsbibliothek Dortmund 2.0» von Hans-Georg Becker, Iris Hoepfner und Christian Kirsch aus der UB Dortmund, in dem sie besonders auf die drei Schwerpunkte Kommunikation, Erschließung der Bestände und Zugänglichkeit der Daten der Bestände („Öffnen der Datensilos") eingehen.

Eines der sehr angenehm zu lesenden institutionellen Blogs im deutschen Bibliotheksbereich ist das Blog der Stadtbibliothek Salzgitter. Claudia Rietdorf teilt in ihrem Artikel «"Man nehme..." Zutaten für ein abwechslungsreiches Blog à la Stadtbibliothek Salzgitter» ihr „Geheimrezept" für eine erfolgreich Strategie zum Thema Kommunikation und Öffentlichkeitsarbeit mit.

Von hier gehen wir dann erneut zu dem Thema Katalog 2.0. Hier berichtet Oliver Flimm in seinem Artikel «Anreicherungen, Mashups und Vernetzungen von Titeln in einem heterogenen Katalogverbund am Beispiel des Kölner UniversitätsGesamtkatalogs KUG» über den Aufbau des KUG-Kataloges, der mehr als 140 verschiedene Kataloge der Universität Köln verbindet, gemeinsam durchsuchbar macht und mit Hilfe von Datenanreicherung und Mashups zusätzliche Dienstleistungen bereitstellt. Danach berichtet Anne Christensen in ihrem Artikel «Katalog 2.0 im Eigenbau: Das beluga-Projekt der Hamburger Bibliotheken» über die Eigenentwicklung eines Katalog 2.0 in Hamburg. Das Projekt beluga wird von sechs wissenschaftlichen Bibliotheken in Hamburg unter der Federführung der Staats- und Universitätsbibliothek Hamburg durchgeführt. Hier wird eine Rechercheplattform erstellt, die Elemente aus dem Web 2.0, Suchmaschinentechnologie und Erkenntnisse zum Verhalten der Kunden bei der Suche nach Informationen verbindet und eine Integration in die verschiedenen Lernplattformen der Studenten ermöglichen soll.

Silvia Czerwinski und Jakob Voß geben im Anschluss in ihrem Artikel «LibraryThing – die kollaborative Bibliothek 2.0» einen interessanten Einblick in den Dienst LibraryThing. Ein Soziales Netzwerk und Werkzeug, dessen Potenzial für Bibliotheken in weiten Teilen der Bibliothekslandschaft noch nicht erfasst und erkannt wurde. Gerade mit den neuen Diensten wie „LibraryThing for Libraries" und als rein community-betriebenes Produkt ist es ein hoch spannendes Thema für Bibliotheken.

Bei soviel Wandel drängt sich die Frage nach einer adäquaten Form der Weiterbildung auf. Wie können wir die Mitarbeiter auf dem Weg begleiten, wie können sie sich zu diesen Themen weiterbilden? Hierzu stellen Christian Hauschke und Edlef Stabenau in ihrem Artikel «Lernen 2.0 - Bericht aus der Praxis» ihre eLearning-Projekte auf Basis der 23 Things von Helen Blowers vor, Selbstlernkurse zum Web 2.0, und erläutern die Entstehung und Hintergründe dieses Projekts. In ihrem Fazit ziehen sie eine Bilanz der bisherigen drei Durchläufe und geben einen kurzen Ausblick auf die weitere Anwendung dieses Selbstlernkurses.

Jürgen Plieninger und Wolfgang Thieme machen sich im Anschluss daran in ihrem Artikel «Welche Vorteile bringen Anwendungen des Web 2.0 für Weiterbilder in Bibliotheken? » Gedanken dazu, wie Weiterbilder die neuen Technologien konsequent für die Weiterbildung von Mitarbeitern in Bibliotheken anwenden können und was diese Entwicklungen auch für die Weiterbilder selbst (sowohl für jeden einzelnen als auch die Weiterbildungsinstitutionen) bedeuten.

Doch die Frage bleibt: Wohin geht die Reise?

Die alte aber schon etwas abgedroschene Weisheit «Der Weg ist das Ziel» gilt nach wie vor. Wie lassen sich neue relevante technologische Veränderungen erkennen? Was sind kurzzeitige Hypes und welche haben eine anhaltende Relevanz. Schon bei Schreiben des Buches haben wir das Gefühl, dass die Entwicklung uns überholt. Z.B. Apple, die mit dem iPad erfolgreich der Geräteklasse der Tablet-Computer Anschub verleiht. Oder wie das einflussreiche Computermagazin „Wired" titelt « Rise of the Machines – How Tablets will change the worlds. The iPad is only the beginning» (Ausgabe 18.04). Wie genau diese Geräteklasse unser Arbeiten verändern wird, ist heute nicht absehbar. Mit Sicherheit lässt nicht nur sagen, die Veränderung bleibt. Aus diesem Grund werden wir anhaltend und immer wieder zum Nachdenken über die Anpassung von Bibliotheksdienstleitungen gezwungen sein. Was bedeutet dies für die Strukturen in Bibliotheken? Die Einrichtung eines organisatorisch eingebundenen Innovationsmanagements für Bibliotheken wird hier unumgänglich sein. Dies kann dann auch nicht nur von einer Person in der Bibliothek geleistet werden, sondern muss fester Bestandteil der Kultur in der Bibliothek werden. Was können wir hier von hoch innovativen Organisationen wie z.B. Google lernen? Mit Sicherheit zwei Dinge:

1. Innovation braucht „Spielraum"[12],
2. Jeder kreative Lernprozess ist sowohl von Erfolgen wie auch von Scheitern begleitet.[13]

Kann sich eine Bibliothek in den neuen Sozialen Netzwerken bewegen und Dienstleistungen sowohl im virtuellen wie physischen Raum entwickeln ohne auch seine Kultur dem heutigen Lebensgefühl und Arbeitsweisen anzupassen? Auch hier können wir von den gelungenen Projekten in diesem Bereich lernen, dass der Erfolg eines Projektes auch immer mit einer Änderung der Kultur hin zu mehr Transparenz und Dialog einhergeht. Und dies gilt nicht nur in Bezug auf die Kunden, sondern auf die Arbeit miteinander. Das Verstehen der hinter dieser Dynamik der neuen Technologien stehenden Kultur ist somit ein wichtiger Lernprozess, wenn nicht der wichtigste Aspekt beim Erarbeiten neuer Dienstleistungen. Die Technik ist zwar vielfältiger, doch auch in den meisten Bereichen einfacher als vorher geworden, was das Erlernen der reinen „Bedienung" dieser Tools mit relativ geringem Aufwand möglich macht.

Zurück also zu unserer Frage: Wohin geht die Reise? Hier sind vielleicht einige Punkte herauszustellen.

Mobile Endgeräte

Der Trend ist heute schon abzusehen: der Nutzer und das Web werden mobiler. Es wird leichter, immer und jederzeit online zu sein. Dies ermöglicht auch neue Funktionen und Dienstleitungen auf diesen Endgeräten. Dabei sind die Anwendungsmöglichkeiten von Smartphones sowie von Tablet Computern zwar ähnlich,

---

12 Google erlaubt allen Mitarbeitern an einem Tag in der Woche (also an 20% ihrer Arbeitszeit) an eigenen Projekten zu arbeiten. Auf diese Weise sind Dienste wie Google Maps oder auch Google News entstanden. vgl. Auletta, 2009, S. 18, S .286 und S.288
13 Obwohl Google Wave mit sehr großen Erwartungen vor der Veröffentlichung verbunden war, hat sich dieses Projekt noch nicht besonders stark durchgesetzt.

jedoch aufgrund der unterschiedlichen Größe der Bildschirme können sich hier durchaus verschiedene Anwendungsmöglichkeiten ergeben. Auch die weitere Verbreitung des Touch Screen und damit der Rückkehr des Haptischen gibt Raum für neue Entwicklungen.

Location based Services

Moderne mobile Endgeräte werden wir nicht nur immer bei uns haben, sondern die Endgeräte werden dank GPS-Sensoren auch immer wissen, wo wir gerade sind. Hieraus ergibt sich eine Reihe von neuen möglichen Diensten.

Öffnen Sie z.B. die amerikanische Seite von Google[14], gibt es hier in den Optionen bereits eine Suchfunktion „nearby". Natürlich werden Suchmaschinen wie Google auch von mobilen Endgeräten aus genutzt und entwickeln sich in diese Richtung weiter.

Auf der anderen Seite erlaubt Geotagging Bildern (z.B. bei Flickr), Artikeln (beispielsweise in der Wikipedia[15]) oder auch Webdiensten und Webseiten Metadaten über die Position in der realen Welt hinzuzufügen.

Der Begriff Location Based Services bringt nun diese beiden Entwicklungen zusammen. Dienste können zum einen abhängig sein von der Position, an der man sich befindet, oder auch die angebotenen Informationen können sich bei gleicher Anfrage abhängig von der Position des Benutzers unterscheiden. Dass dies nicht nur ein Trend für mobile Endgeräte ist, zeigt sich auch darin, dass seit der Version 3.5 der Firefox Browser die W3C Geolocation Specification[16], unterstützt[17].

Hierzu möchten wir noch kurz auf zwei Beispiele eingehen. Zum einen auf die in den insbesondere in den USA sehr beliebte Anwendung Foursquare.

Foursquare ist eine Anwendung für das iPhone, die es erlaubt, sich an realen Plätzen „einzuloggen" und somit allen Bekannten anzuzeigen, dass man gerade hier ist. Zusätzlich kann man Tipps und Informationen über diesen Platz für seine Freunde hinterlassen. Zusätzlich hat Foursquare eine spielerische Komponente. Man kann verschiedene Trophäen erhalten, z.B. wenn man die Person ist, die sich an einem Platz am häufigsten angemeldet hatte. Foursquare erlaubt es sogar Bars, diese Personen besondere Belohnungen anzubieten.

Eine zweite Anwendung ist die Miles and More-Anwendung der Lufthansa. Diese bietet die Option, nach anderen Personen zu suchen, die sich ein Taxi teilen möchten, beispielsweise vom Flughafen in die Innenstadt.

---

14 Siehe http://www.google.com/
15 WikiProjekt Georeferenzierung in der Wikipedia http://de.wikipedia.org/wiki/Wikipedia:WikiProjekt_Georeferenzierung. Zuletzt besucht am 22.05.2010
16 http://dev.w3.org/geo/api/spec-source.html
17 siehe dazu: http://de.www.mozilla.com/de/firefox/geolocation/ Zuletzt besucht am 22.05.2010

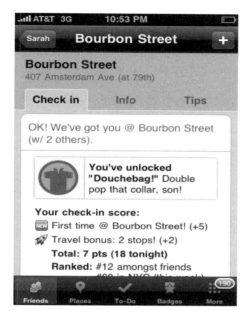

Abbildung 1 „OMG! Unlocked Douchebag badge on @foursquare for my UWS checkin! Best day ever " Gewinn der "Douchebag Belohnung by dpstyles™ CC-BY
http://www.flickr.com/photos/dpstyles/3722694984/

In der iPhone-Applikation der Öffentlichen Bibliotheken in Hongkong kann ich beispielsweise direkt sehen, wo sich die nächste Bibliothek befindet und ob diese noch geöffnet ist.

Aber hier beginnen die Möglichkeiten erst. Verknüpft man z.B. bibliographische Daten mit geographischen Tags, könnte man z.B. ermitteln, welcher Roman in meinem nächsten Reiseziel spielt. Hier wären viele weitere Varianten denkbar und führen direkt zur spannenden Schnittstelle des Seminatic Web.

Augmented Reality

Eine weitere Ausbaustufe ergibt sich mit den Möglichkeiten der „Augmented Reality" (AR): Unter "Augmented Reality" versteht man die Erweitung der Realität um zusätzliche Informationen. Hierzu wird beispielsweise über das Kamerabild eines Mobiltelefons eine Ebene mit digitalen Informationen gelegt.

Es gibt bisher zwei Ansätze. Zum einen das zusätzliche Erfassen der Blickrichtung. Hierzu sind die Anforderungen an die Endgeräte noch etwas höher als beim Location Based Service, da das Gerät zusätzlich einen Kompass enthalten muss.

Der zweite Ansatz ist, zusätzliche Information mittels CyberCode[18] eines 2DBarcode Systems zu kodieren. Dieses System wurde in dem Computerspiel „Eye of the Judgment"[19] verwendet, um Sammelkarten, auf die CyberCodes gedruckt sind, in das Computerspiel mittels einer Webcam zu integrieren und zum Leben zu erwecken. Aber auch die Buchindustrie versucht hier bereits verschiedene Ansätze, um Bücher um eine weitere Dimension zu erweitern. Dies können beispielsweise Lehrbücher über Vulkane mit Animationen sein, die man mittels einer Webcam sichtbar machen kann[20]. Die Firma Lego benutzt eine ähnliche Technik bereits in ihren Läden, um animierte 3-D Modelle auf die Schachteln projizieren zu können[21].

Abbildung 2: Plantronics_Worksnug_Oranienburger Straße_2 by plantronicsgermany cc-by-nd http://www.flickr.com/photos/plantronicsgermany/4540852750/

Hier ist ein großartiges Themenfeld für Bibliotheken. In der Bibliothek selbst können Hilfen zu Diensten eingeblendet werden. In den Benutzungsbereichen

---

18 Rekimoto Ayatsuka, 2000
19 Homepage des Computerspiels mit weiteren Informationen und Videos http://www.eyeofjudgment.com/
20 Projekt von HITLabsNZ, mindspace solutions und science alive. In diesem Projekt wurde noch ein eigenes Geräte zum Sichtbarmachen der Inhalte verwendet. http://www.hitlabnz.org/wiki/AR_Volcano
21 Henke, Rüdiger: Augmented Reality in der Realität ...im Lego-Store in queo blog 31.12.2009 http://www.queo-blog.com/2009/12/augmented-reality-in-der-realitat-im-lego-store/H

können zum Beispiel mit Hilfe von Cybercodes Benutzungsvideos zu Datenbanken oder Katalogen angeboten werden, und in der Stadt können bei uns gespeicherten Informationen mit Orten, Denkmälern etc. in Anwendungen verknüpft werden.

Open Linked Data Bewegung in Bibliotheken

Wenn wir bibliographische Daten mit anderen Informationen verknüpfen möchten, so müssen diese Daten auch Teil des Internets sein. Teil des Internets meint nicht, dass sie nur über unsere Kataloge online recherchierbar sind, sondern dass es mit Hilfe von Permalinks möglich sein muss, einzelne Datensätze zu verlinken. Dies ist auch für die immer stärker werdende Bewegung des Linked Data relevant. Linked Data ist ein Begriff, der von Tim Berners Lee mit den folgenden vier Regeln definiert ist[22]:

1. Verwende zur Bezeichnung von Objekten URIs!
2. Verwende HTTP-URIs, so dass sich die Bezeichnungen nachschlagen lassen!
3. Stelle zweckdienliche Informationen bereit, wenn jemand eine URI nachschlägt (mittels der Standards RDF und SPARQL)!
4. Zu diesen Informationen gehören insbesondere Links auf andere URIs, über die weitere Objekte entdeckt werden können.

Mit unseren bibliographischen Daten haben wir auf diesem Feld sehr gute Voraussetzungen, da wir bereits verschiedene Datensätze verlinken wie die Titelaufnahmen, Normdaten von Namen (beispielsweise die Personennormdatei (PND)), die wiederum schon mit der Wikipedia verknüpft ist. Hinzu kommen kontrollierte Vokabulare in der Erschließung und Klassifikationen. Wir müssen nur das Format, in dem diese Daten vorliegen, den Gebräuchen im Web anpassen, (Ausdruck der Daten in RDF). Gleichzeitig gilt es jedoch zu überlegen, inwiefern wir uns wünschen, dass die von uns hergestellten Daten auch in anderen Feldern verwendbar sind.

Während Publikationen den Bedingungen der Berlin Declaration genügen, wenn sie entweder unter der Creative Commons Attribution oder der Creative Commons Attribution Share-Alike Lizenz stehen[23], ist die Situation bei Daten etwas komplizierter.

Ähnlich wie sich durch die Arbeit an der Wikipedia die zunächst verwandte GFDL-Lizenz nicht als das Optimum herausstellte und nach einem sehr langen

---

22 Original in Tim Berners-Lee: Linked Data - Design Issues 27.07.2006 http://www.w3.org/DesignIssues/LinkedData.html Übersetzung ins Deutsche nach Seite „Linked Open Data". In: Wikipedia, Die freie Enzyklopädie. Bearbeitungsstand: 10. 03.2010, 09:32 UTC. URL: http://de.wikipedia.org/w/index.php?title=Linked_Open_Data &oldid=71684418 (Abgerufen: 24. 05. 2010, 08:21 UTC)
23 Unter einer dieser beiden Lizenzen stehen übrigens alle Beiträge des Handbuchs Bibliothek 2.0

Prozess eine nachträgliche Doppellizenzierung unter einer Creative Commons CC-BY-SA erreicht wurde, zeichnet sich bereits jetzt schon ab, dass das Lizenzchaos bei der unterschiedlichen Lizenzierung von Daten zu Problemen bei der Entwicklung von integrierten Diensten führen wird.

Aus diesem Grund wird in der Open Bibliographic Data Bewegung ein Verzicht auf die Ausübung der Rechte an der Datenbank favorisiert. Dazu können so genannte Public Domain Waiver verwendet werden, da eine Public Domain-Lizenzierung nach vielen Gesetzgebungen nicht möglich ist. In 2010 hat das CERN begonnen, bibliographische Daten als frei verfügbare Daten in das Netz zu stellen. Diesem Beispiel folgten bisher die Universitätsbibliothek in Gent und eine Reihe von Bibliotheken in Köln[24] in Kooperation mit dem hbz-Verbund. Weitere Bibliotheken in Deutschland wie Tübingen planen diesen nächsten logischen Schritt des Open Access. Hier können Bibliotheken zeigen, dass es ihnen Ernst mit dem „Open Access" ist und dass sie nicht nur andere dazu auffordern. Diese Chance sollten wir nutzen.

Das Web mehr als eine Zukunft

Neben dem Web of Data (in dem einige Protagonisten den Term Web 3.0 beanspruchen, dieser aber von anderen kategorisch abgelehnt wird) und dem mobilen Web (das auch schon als nächste Generation des Webs diskutiert wurde) gibt es eine Reihe von weiteren interessanten Ansätze, in welche Richtungen sich das Internet weiterentwickelt. Eine weitere Vision ist die Verschmelzung des Web 2.0 mit Computergames, wie es Christoph Deeg in seinem Artikel beschreibt - eine Entwicklung, die bereits in vollem Gange ist. So hat kürzlich die Firma GameHouse, eine Firma, die zu RealNetworks zählt, verkündet, dass sie nun eine Plattform anbietet, auf der Gamesentwickler ihre Spiele ablegen können, um sie dann auf verschiedensten Plattformen wie Gamesplattformen, Sozialen Netzwerken und Mobiltelefonen anzubieten[25]. Den Kunden dieser Spiele wird wiederum angeboten, sich plattformübergreifende Profile anzulegen und so ihre Spielfortschritte und Highscores auf den verschiedenen Plattformen mit ihren Netzwerken zu teilen. Auch Apple plant in der 4. Version des iPhone-Betriebssystems[26] den Dienst Gamecenter zu integrieren, in dem Benutzer ihre Highscores in verschiedenen Spielen miteinander teilen und so in einen Wettbewerb miteinander treten können.

---

24 Universitäts- und Stadtbibliothek Köln, die Hochschulbibliothek der Fachhochschule Köln, die Stadtbibliothek Köln, die Bibliothek/Mediathek der Kunsthochschule für Medien Köln und das Landesbibliothekszentrums Rheinland-Pfalz sowie etwas später die ZBSport
25 Siehe dazu http://www.zdnet.de/news/digitale_wirtschaft_internet_ebusiness_real_ networks_startet_plattform_fuer__social_games_story-39002364-41531577-1.htm, zuletzt besucht 15.05.2010
26 vgl.Zusammenfassung: Apple stellt iPhone OS 4.0 vor in MacLife Online 08.04.10 http://www.maclife.de/iphone-ipod/software/zusammenfassung-apple-stellt-iphone-os-40-vor Zuletzt besucht: 21.05.2010

Es gibt eine Reihe weiterer Indikatoren für diese Entwicklung. So zählen Spiele im sozialen Netzwerk Facebook zu den Standardfunktionen. Aus dem Computerspiel World of Warcraft (WoW) kann man twittern und Twitternachrichten empfangen. Dies hat nicht nur Einfluss auf mögliche zukünftige Dienste im Web, sondern auch auf das Lern- und Problemlösungsverhalten unserer Kunden bei der Suche, und wir sprechen hier bewusst nicht von der Recherche nach Informationen.

Eine weitere Perspektive ist die zunehmende Verschmelzung von Konsumergeräten wie Fernsehern mit dem Internet[27]. Auch dies ermöglicht eine neue Betrachtungsweise, wie und wann Informationen konsumiert werde. Welche der Zukunftsvisionen des Internets für uns die wichtigste ist, lässt sich nur schwer sagen. Wir sollten alle diese Trends im Auge behalten, da sie wesentliche Veränderungen für die Herangehensweise an unsere Arbeit sein können und gleichzeitig Einfluss haben sollten auf die Dienste, die wir gestalten.

Heutige Relevanz der Bibliothek 2.0

Sind wir hier schon am Ende der technologischen Entwicklungen angekommen? Ganz sicher nicht. Wandel wird uns also weiterhin begleiten und zwar ein Wandel, der sich schneller vollzieht als je zuvor und von uns eine organisatorische und kulturelle Anpassung unserer Institutionen fordert.

Wir denken, dass die Idee der Bibliothek 2.0 tiefer greift als nur auf die Anwendung der technologischen Ebene. Hinzukommen der Willen zum Ausprobieren und die Möglichkeit, auch einmal Fehler zu machen. Außerdem muss die Idee der perpetual Beta, die auf ständiger Anpassung basiert, viel stärker in den bibliothekarischen Alltag integriert werden. Was die Integration von Web 2.0-Technologie angeht, machen wir bereits immer mehr Fortschritte, jedoch die Integration der dahinter stehenden Ideen in die Organisationen steckt noch in den Kinderschuhen. Viele der Praxisartikel lassen sich daher auch aus zwei Blickwinkeln lesen: zum einen dem der Anwendung der Technologie, aber zum anderen, und dies ist manchmal vielleicht sogar der interessantere Aspekt, wie die Ideen des Web 2.0 auch in die Einrichtung integriert werden, damit aus einem innovativen Projekt ein erfolgreicher Service entsteht.

Wir denken, so können Bibliotheken wieder zu vitalen und zentralen Institutionen der Gesellschaft werden.

Legen Sie los, probieren Sie aus! Dies ist die Basis jeder Entwicklung und der einzige Weg herauszufinden, was für IHRE Zielgruppen die richtigen Werkzeuge und Dienstleistungen sind.

---

27 Auch Google ist mit dem Projekt Google TV dabei, diesen Markt zu besetzen. Vgl: Google TV bringt das Netz ins Fernsehen in heise.de 20.05.2010 http://www.heise.de/newsticker/meldung/Google-TV-bringt-das-Netz-ins-Fernsehen-1004831.html Zuletzt besucht: 21.05.2010

Wir möchten uns an dieser Stelle herzlich bedanken für die Hilfe, die uns bei unserem Buchprojekt zuteil geworden ist. Wie wir ja im Web 2.0 lernen, ist man immer nur so stark wie seine Community;0)

Wir möchten Michael Stephens für sein Vorwort zu diesem Handbuch danken und dafür, dass er seit Jahren seine Ideen zu diesem Thema mit uns allen teilt. Wir möchten uns bei unseren Autoren bedanken für ihre fantastischen Beiträge, ohne die es dieses Handbuch nicht gäbe, und für ihre Geduld mit uns und unserem ersten Buchprojekt. Wir möchten Frau Dr. Renate Rosenthal-Heginbottom für ihre Bereitschaft danken, den Text von Michael Stephens für uns ins Deutsche zu übersetzen. Unser ganz besonderer Dank gilt Hans-Jürgen Schmidt, der dieses Handbuch in tagelanger Detailarbeit immer und immer wieder Korrektur gelesen hat um Schreib-, Denk- und Tippfehler zu korrigieren. Ganz herzlichen Dank!

Wir möchten auch dem Verlag danken, der das Experiment mit uns eingeht, dieses Buch gleichzeitig in Print als auch als kostenlose eBook-Ausgabe zu publizieren. Danke für Ihren Mut!

Wie immer, wenn man ein so großes Projekt durchführt, sind es die nächsten Angehörigen, also Partner und Familie, die dies am meisten zu spüren bekommen. Hier möchten wir uns ganz herzlich für Zuspruch und Support sowie exzellente Verpflegung bedanken. Auch gilt unser Dank dropbox[28], einem Tool, das unsere Arbeit deutlich erleichtert hat.

Bedanken möchten wir uns auch bei Ihnen, liebe Leser, dass Sie sich dafür entschieden haben, dieses Buch zu lesen, und wir hoffen, dass es bei Ihnen viele Ideen freisetzt und Mut wie Willen es anzupacken.

Literaturverzeichnis

(Bradley, 2007) Bradley, Phil: How to Use Web 2.0 in Your Library. Facet Publishing, 2007

(Casey; Savistinauk, 2007) Casey, Michael E.; Savistinauk, Laura C . 2007. Library 2.0: A Guide to Participatory Library Service. Information Today Inc.

(Chad; Miller, o.J.) Chad, Ken und Paul Miller. o. J. "Do Libraries Matter? The Rise of Library 2.0." http://www.talis.com/applications/downloads/white_papers/DoLibrariesMatter.pdf.

(Danowski; Heller, 2006) Danowski, Patrick, und Lambert Heller. 2006. "Bibliothek 2.0 - Die Bibliothek der Zukunft?." Bibliotheksdienst 40:1250–1271. http://www.zlb.de/aktivitaeten/bd_neu/heftinhalte2006/DigitaleBib011106.pdf.

(Danowski; Heller, 2007) Danowski, Patrick, und Lambert Heller. 2007. "Bibliothek 2.0 ? Wird alles anders?." Bibliothek - Forschung und Praxis 31:130–136.

(Heller, 2008) Heller, Lambert. 2008. "Bibliothek 2.0 - Perspektiven, Probleme, Handlungsbereiche." http://eprints.rclis.org/13808/ (Zugegriffen November 29, 2008).

---

28 http://www.dropbox.com

(Hünnekens, 2010) Hünnekens, Wolfgang. 2010. Die Ich-Sender: Das Social Media-Prinzip - Twitter, Facebook & Communities erfolgreich einsetzen. 2. Aufl. Businessvillage.

(Kaden 2009) Kaden, Ben.: Library 2.0 und Wissenschaftskommunikation. Berlin : Simon, 2009

(Kaiser 2009) Kaiser, Ronald.: Bibliotheken im Web-2.0-Zeitalter : Herausforderungen, Perspektiven und Visionen, B.I.T. online : Innovativ. Wiesbaden : Dinges & Frick, 2008

(Miller, o.J.) Miller, Paul. o. J. "Web 2.0: Building the New Library." Ariadne. http://www.ariadne.ac.uk/issue45/miller/.

(Rekimoto Ayatsuka 2000) Rekimoto, Jun; Ayatsuka,Yuji: CyberCode: designing augmented reality environments with visual tags. In: *Proceedings of the 2000 ACM Conference on Designing Augmented Reality Environments (DARE 2000)*. Helsingør|Helsingør, Denmark : Association for Computing Machinery, 2000, S. 1–10

(Stephens, 2006) Stephens, Michael. 2006. Web 2.0 & libraries. Chicago, IL: ALA TechSource.

(Stephens, 2007) Stephens, Michael. 2007. Web 2.0 & libraries Part2: Trends & Technologies. Chicago, IL: ALA TechSource.

Karsten Schuldt

Openness: Die Bibliothek als demokratische und demokratiefördernde Einrichtung im Internetzeitalter

Die Grundthese des folgenden Textes lautet, dass Bibliotheken, wenn sie ihre Rolle als demokratische Einrichtungen ernst nehmen, verstehen müssen, welche Möglichkeiten und realen Entwicklungen – sowohl aus technischer als auch aus soziologischer Perspektive – das partizipative Web hervorgebracht hat. Insbesondere das hinter diesen Entwicklungen stehende Paradigma der Openness ist für die bibliothekarische Arbeit als demokratiefördernder Einrichtung essentiell. Diese These muss auch losgelöst von der Frage, ob der Einsatz von Web 2.0-Technologien für einzelne oder alle Bibliotheken effektiv ist, vertreten werden.

Folgerichtig wird sich dieser Text weniger den technischen Aspekten der Bibliothek 2.0 zuwenden als vielmehr den sozialen und gesellschaftlichen Fragen, die sich aus den Veränderungen der Kommunikations- und Partizipationsmöglichkeiten, welche allgemein unter der Figur Web 2.0 behandelt werden, und den damit einhergehenden Differenzierungen der tatsächlich in der Gesellschaft stattfindenden Informationsnutzung und Kommunikation beschäftigen. Grundsätzlich wird dabei die Bibliothek, und hier insbesondere die Öffentliche Bibliothek, als gesellschaftliche Institution verstanden, die von der Gesellschaft mit der Maßgabe unterhalten wird, eine Rolle bei der Bereitstellung von Informationen, der Ermöglichung von Wissensproduktion und Kommunikation sowie der Literarisierung zu spielen und die gleichzeitig eine Einrichtung darstellt, deren Bestehen und Arbeit einen Einfluss auf diese sie unterhaltende Gesellschaft hat. Die Bibliothek wird in diesem Text also innerhalb der Gesamtgesellschaft und ihres lokalen Umfeldes verortet. In diesem Zusammenhang stellen sich weniger verwaltungstechnische oder rein bibliothekarische Fragen, deren Relevanz für das Funktionieren von Bibliotheken damit allerdings nicht bestritten werden soll.

Weiterhin wird in diesem Text ein bibliothekarisches Ethos postuliert, das als eine der Hauptaufgaben bibliothekarischer Arbeit die Ermöglichung und notfalls auch Verteidigung von Meinungsfreiheit, demokratischer Diskussionskultur und einer auf die Selbstbestimmung des Menschen ausgerichteten Bildung beinhaltet. Diese Berufsauffassung wird nicht überall geteilt, obwohl sich gerade in der englischsprachigen Bibliothekswelt die offiziellen bibliothekarischen Verbände auf diese berufen.[1] Dennoch soll hier nicht davon ausgegangen werden, dass dieses Berufsethos sich automatisch aus der Institution Bibliothek ergibt. Vielmehr ist es eine bewusste Entscheidung, sich als Bibliothekarin, als Bibliothekar oder als gesamte Institution zu diesem Grundprinzip zu bekennen.[2] Gleichwohl gibt und gab es immer Bibliotheken in Diktaturen und antidemokratischen Organisationen und Bibliotheken, die sich als explizit nicht gesellschaftlich wirksame Einrichtungen verstanden. Dennoch sei im Folgenden vorausgesetzt, dass diesem Ethos der (Öffentlichen) Bibliothek als demokratischer und demokratisierender Einrichtung prinzipiell gefolgt wird.

Openness als demokratisches Prinzip

Nicht nur im technischen und wissenschaftlichen Bereich, sondern auch in der gesamten Gesellschaft haben in den letzten zwei Jahrzehnten Entwicklungen stattgefunden, die sich auf die Arbeit von Bibliotheken auswirken. Diese Entwicklungen fanden nicht kontextlos nebeneinander statt, vielmehr sind sie eng miteinander verschränkt. Die generell größere Offenheit beim Umgang mit Meinungen und Informationen, die erhöhten Partizipationsmöglichkeiten und die Wahrnehmung derselben durch eine relevant große Zahl von Menschen, welche das Web 2.0 auszeichnet, manifestieren sich parallel im gesellschaftlichen, im technischen und – zumindest im Publikationsverhalten – im wissenschaftlichen Bereich.

Man kann konstatieren, dass sich die grundsätzliche Idee einer größtmöglichen Offenheit und möglichst weitreichender Partizipationschancen kontinuierlich in der Gesellschaft verbreitet. Mit gewissen Einschränkungen kann festgestellt werden, dass bestimmte Grundüberzeugungen, welche die demokratischen, liberalen und libertären Bewegungen des frühen 19. Jahrhunderts getragen haben, in einer der Zeit angepassten Variante in den letzten Jahren wieder an Bedeutung gewonnen haben. Dies gilt insbesondere für die Vorstellungen,

dass grundsätzlich die Menschen selber über die gesellschaftliche Entwicklung entscheiden sollen und nur, wenn dies nicht anders zu handhaben ist, größere Strukturen wie Parteien oder Bürokratien, welche im Gegenzug möglichst demokratisch abgesichert sein sollten,

---

1   Vgl. z.B. Rösch, 2009. In Deutschland wird die Debatte um die Ethik des bibliothekarischen Berufes eher selten geführt. Nach der Veröffentlichung von Thesen von BID – Bibliothek und Information Deutschland 2007, gab es nur wenige Reaktionen (vgl. Hauschke, 2008). Die letzte eingehende Beschäftigung findet sich offenbar in einem Vortrag von Laura Held, 2010. Auch auf die insbesondere von Kuhlen, 2004 vertretene Informationsethik wird in bibliothekarischen Diskussionen erstaunlich selten zurückgegriffen, obwohl der Bezug zum Feld Bibliotheken ersichtlich ist.
2   Diese Entscheidung lässt sich allerdings durch die Geschichte der Institution Bibliothek in demokratischen Gesellschaften und der Geschichte als eine von verschiedenen Emanzipationsbewegungen der Neuzeit genutzten und geförderten Einrichtung als historisch gewachsen und fundiert beschreiben.

dass eine größtmögliche Transparenz staatlicher und quasi-staatlicher Strukturen und deren Entscheidungen für eine demokratische Gesellschaft und für qualifizierte Debatten innerhalb dieser Gesellschaft notwendig ist,

dass die Erstellung, Verbreitung und Bewertung von Informationen und Meinungen in einer demokratischen Gesellschaft gefördert und verteidigt werden muss und eine höchst aufklärerische Funktion hat

In den Sommer- und Herbstmonaten 2009, in welchen dieser Text entstand, konnte man die vorläufigen Höhepunkte zweier Bewegungen mitverfolgen, die auf diesen Überzeugungen aufbauten und nicht etwa zufällig, sondern gerade wegen dieser Vorstellungen mit dem Web 2.0 verbunden sind.

Zum einen hat die *Piratenpartei* in diesem Sommer aufgrund der von der Bundesregierung vorangetriebenen Webzensur einen bemerkenswerten Aufschwung erhalten und darauf aufbauend eine beachtliche Anzahl von Menschen, die sich nie gesellschaftlich engagiert haben oder aber schon vor längerer Zeit damit aufgehört hatten, mobilisiert.[3] Ein Charakteristikum dieser Partei ist – zumindest bisher – ihre selbst gewählte Reduzierung auf die beiden Kernthemen Recht auf informationelle Selbstbestimmung und Demokratisierung der Gesellschaft auf der Grundlage der vorhandenen technischen Kommunikationsmittel. Hinter diesen beiden Themen steht die Überzeugung, dass eine größtmögliche Offenheit von Diskussionen und Entscheidungsmöglichkeiten einen zu verteidigenden gesellschaftlichen Wert darstellt.

Zum anderen mehren sich die Anzeichen, dass die globale Internet- und Straßenaktivismusbewegung *Anonymous*, die im Januar 2008 mit der Erklärung entstand, die Sekte Scientology mithilfe von Internetaktivitäten, einer Konzentration auf den persönlichen Spaß der an dieser Bewegung Teilnehmenden und der proaktiven Informierung der Öffentlichkeit und der Sektenmitglieder zerstören zu wollen, diese Organisation tatsächlich in relativ kurzer Zeit an den Rand der Existenz gebracht hat.[4] Wenn dabei auch andere Faktoren eine Rolle gespielt haben, war es doch eindrucksvoll nachzuvollziehen, wie diese Bewegung relativ global[5] innerhalb weniger Tage im Januar und Februar 2008 entstand und über verschiedene Transformationsphasen hinweg eine bislang in dieser Form nicht bekannte Kampagne gegen eine bis dato als äußerst mächtig angesehene Organisation führte, deren Auswirkungen auf die Öffentlichkeit, die Sekte sowie die Aussteigerin-

---

3 Die erfolgreiche Teilnahme an der Bundestagswahl 2009 kann zwar als Katalysator für den Aufbauprozess dieser Partei gelten, war aber nur ein Faktor neben anderen, wie das zeitgleiche Entstehen von Piratenparteien in anderen westlichen Staaten ohne zeitnahe nationale Parlamentswahlen zeigt.

4 Vgl. das bekannte Video „Message to Scientology" vom Januar 2008, welches die erste öffentliche Äußerung dieser Bewegung darstellte (http://www.youtube.com/watch?v=JCbKv9yiLiQ, Zuletzt besucht am: 08.05.2010). Richtig wäre, vom Projekt Chanology der Bewegung Anonymous zu sprechen, was allerdings eine tiefergehende Einführung in diese Bewegung, als hier möglich ist, erfordern würde.

5 Fraglos ist die Bezeichnung global nicht ganz richtig. Die Bewegung fand sich dort, wo das Internet relativ weit verbreitet ist und zudem Scientology operiert, zusammen. Dies ist nicht überall auf der Welt der Fall. Dennoch war der Gestus dieser Bewegung global angelegt, beispielsweise wurden die Diskussionen über Kontinente hinweg geführt.

nen und Aussteiger der Sekte unerwartet tiefgreifend und nachhaltig war. Grundlegend war auch für *Anonymous* die Überzeugung, dass eine größtmögliche Offenlegung von Informationen, Diskussionen und die Transparentmachung der Aktivitäten von Scientology – verbunden mit einer Einstellung, welche die ganze Kampagne in bestimmter Weise als Spiel begriff – einen aufklärerischen Effekt haben würde.

Es soll hier nicht darum gehen, diese beiden Beispiele weiter zu beschreiben. Dies wird in naher Zukunft noch mehrfach geschehen. Wichtig sind sie, um darauf hinzuweisen, dass die im Weiteren beschriebenen Tendenzen eine reale Basis haben und nicht nur eine mögliche Zukunftsvision darstellen.[6]

Wir können diese Prozesse mit Rückgriffen auf die Machtanalysen *Michel Foucaults* und die Untersuchungen der sich entwickelnden Informationsgesellschaft von *Nico Stehr* ansatzweise erklären. Einer der nachhaltigsten Punkte von Foucaults Analyse der Macht war die Feststellung, dass es nicht ausreicht, Macht als Repression zu fassen. Vielmehr bestimmte er Macht als Handlungsmöglichkeiten über Dinge und Menschen, welche neben der reinen Unterdrückung hauptsächlich identitätsstiftend wirkt. Macht im gesellschaftlichen Kontext verstand Foucault nicht als Unterdrückung vorgeblich naturwüchsiger Identitäten und Strukturen, sondern als die Verteilung von Handlungsmöglichkeiten. Dieses Verständnis von Macht ermöglichte ihm unter anderem zu erforschen, wie in den gesellschaftlichen Auseinandersetzungen beständig Kämpfe um Handlungsmöglichkeiten, also um Macht selbst ausgetragen wurden. Seiner Analyse nach ist die gesamte Gesellschaft davon geprägt, dass kontinuierlich Kämpfe und Verhandlungen über die Verteilung von Macht stattfinden, was er allerdings nicht moralisch wertet. Vielmehr versteht er Macht als das Grundprinzip der Identitätsbildung von Personen und Gruppen. In einer funktionierenden Gesellschaft finden nach Foucault beständig im Mikro- und Makrobereich Verhandlungen darüber statt, wer in der gesellschaftlichen Lage ist, zu bestimmen, was genau mit welchem Effekt sagbar, machbar und vorstellbar ist. Diese Analyse ist zum Verständnis der aktuellen Gesellschaft hilfreich, weil sie – im Gegensatz beispielsweise zum Verständnis des bürgerlichen Diskurses bei *Jürgen Habermas* – zeigt, dass eine funktionierende Gesellschaft von beständigen Auseinandersetzungen um Handlungsmacht geprägt ist, die nicht etwa einen „Defekt" einer an sich perfekten

---

6 Im Frühjahr 2010, bei der Korrektur dieses Textes, hatte sich in den USA das sogenannte Tea Party Movement etabliert, welches – trotz interner Differenzierungen und teilweise divergierender Meinungen innerhalb der Bewegung – sich als Protestbewegung gegen die Regierung Barack Obamas und der Demokratischen Partei im US-Kongress eher als politisch rechts bzw. radikal konservativ und teilweise rechtsextrem einordnen ließ. Gleichzeitig konstituierte sich diese Bewegung in starker Anlehnung an die in diesem Text beschriebenen Entwicklungen, griff zur Mobilisierung und Gestaltung ihres politischen Handels stark auf Webtechnologien zurück und betonte, zumindest zu Beginn, stark ihre Unabhängigkeit von politischen Parteien. Es wäre also, wie dieses Beispiel zeigt, verfehlt, davon auszugehen, dass diese Transformation von Informationsnutzung und gesellschaftlicher Aktivität einer politisch-gesellschaftlichen Strömung zuzuordnen wäre. Vielmehr handelt es sich um einen allgemeinen Trend. (Vgl. Moorstedt, 2008, O'Hara, 2010.)

Gesellschaft darstellen, sondern vielmehr für die Konstitution der Gesellschaft notwendig sind.

An diese Vorstellungen lässt sich mit den Analysen Nico Stehrs anschließen, der insbesondere in seinem Werk *Die Zerbrechlichkeit moderner Gesellschaften* (Stehr, 2000) die Veränderungen gesellschaftlichen Engagements in modernen Gesellschaften untersucht. Er beschreibt das Aufkommen von gesellschaftlichen Gruppen und Ad-hoc-Bündnissen, die – mit Foucault gesprochen – in Auseinandersetzungen über Handlungsmacht mithilfe der kontextangepassten Nutzung von Informationen eingreifen, beziehungsweise diese Auseinandersetzungen erst hervorbringen. Stehr beschreibt diese Gruppen als Triebfeder einer aktuell stattfindenden Demokratisierung der Gesellschaft. Sie arbeiten vorrangig an einem eingegrenzten Thema, nutzen Informationen vorrangig dazu, handlungsmächtige Akteure – staatliche Organe, Firmen, Expertinnen und Experten – zu kritisieren und deren Position im Diskursfeld zu unterminieren. Gleichzeitig verorten sie sich nicht gegen, aber auch nicht explizit im herkömmlichen parlamentarischen System aus Parteien und großen Interessenvertretungsorganisationen, sondern vielmehr quer zu diesem. Die mit diesen Gruppen verbundene Demokratisierung sei das Ergebnis eines generell höheren Bildungsniveaus, der verbesserten Zugänglichkeit zu Information, der Möglichkeit, mit diesen Informationen selbständiger umgehen zu können und einer breiten gesellschaftlichen Verankerung demokratischer Werte.[7] Stehr beschreibt diese Entwicklung als eine gewisse Bedrohung eingefahrener Entscheidungsstrukturen, die zu begrüßen wäre, da sie eine weit demokratischere Gesellschaft ermögliche.

Sowohl die Piratenpartei als auch Anonymous lassen sich als Bewegungen verstehen, die Stehrs Beschreibungen entsprechen. Sie folgen nicht den eingespielten politischen Strukturen, sondern versuchen diese entweder grundlegend zu verändern, wie das bei der Piratenpartei mit ihrem Beharren auf eine möglichst transparente und partizipationsoffene Demokratie geschieht, oder sehen diese Strukturen als für das eigene Ziel nicht sinnvoll an, ohne deshalb etwa das Gesamtsystem der Demokratie abzulehnen, wie dies bei der Anonymous-Bewegung der Fall ist. Gerade Anonymous konstituierte sich – als explizite Internetbewegung – weder als Partei noch als Verein oder Bürgerbewegung, sondern als möglichst offene und flexible Bewegung autonomer, aber offen miteinander kommunizierender Zellen. Gleichzeitig setzte Anonymous darauf, mit der Recherche, Erstellung und Distribution von Informationen einigermaßen eingegrenzte Ziele zu erreichen. Beide Bewegungen rekurrieren auf Konzepte, die sich als Openness beschreiben lassen.

Es ist kein Zufall, dass ein solches Konzept und solche Bewegungen zu einem Zeitpunkt wirkungsmächtig werden, zu welchem mit dem Web 2.0 eine weithin genutzte Kommunikations- und Partizipationsumgebung in den Alltag einer steigenden Zahl von Menschen integriert ist. Vielmehr scheint es, als würde die Etab-

---

7 Diese Verankerung demokratischer Werte würde sich allerdings immer weniger im Beitritt zu Parteien und der Teilnahme an Wahlen niederschlagen, sondern verstärkt im Willen, sich persönlich für als relevant erachtete Themen einzusetzen. Vgl. auch Weßels, 2009.

lierung des Web 2.0 als Massenkommunikationsbasis die Verbreitung eines implizit geteilten Paradigmas, welche in diesem Text Openness genannt werden soll, in verschiedenen Bereichen der Gesellschaft erst vorantreiben.[8] Auch hierzu kann wieder auf die Piratenpartei, die sich grundsätzlich aufgrund von Auseinandersetzungen um die Bürgerrechte im Internet konstituiert hat und auf Anonymous, die als Bewegung erst im Internet zusammen fand,[9] bevor sie überhaupt auf der Straße erschien und innerhalb der weiterhin hauptsächlich über und in diesen Medien kommuniziert wird, verwiesen werden.

Openness beinhaltet nicht nur die Etablierung von gesellschaftlich aktiven Gruppen, deren Aufkommen und Erfolg sich mithilfe der Analysen von Stehr und Foucault beschreiben lassen. Zusätzlich kann man folgende Eigenheiten dieses Paradigmas benennen:

Openness als Potentialität. Im Paradigma Openness wird das Prinzip des Potentials beziehungsweise die Wichtigkeit von Wahlmöglichkeiten betont. Grundüberzeugung ist, dass es notwendig sei, den Menschen möglichst viele Optionen zur Verfügung zu stellen, die sie nutzen können, wenn sie dies wünschen. Dazu gehört selbstverständlich auch, Menschen dazu zu befähigen, diese Potentiale zu erkennen und nutzen zu können. Ein gutes Beispiel dafür ist die bekannte Argumentation der Open Software-Bewegung, in welcher beispielsweise betont wird, dass alleine die Möglichkeit, zwischen unterschiedlichen Betriebssystemen und an Aufgaben angepasste Distributionen von Betriebssystemen wählen zu können, einen Aspekt von Freiheit im Computerzeitalter darstellen würde. Dies wäre auch positiv zu bewerten, wenn sich beispielsweise alle Menschen für Windows als Betriebssystem entschieden. Insoweit wird der Wahlmöglichkeit und den möglichst breiten Angeboten an Wahlmöglichkeiten ein eigenständiger Wert zugeschrieben, der sich nicht in der Nutzung dieser Möglichkeiten niederschlagen muss. Es ist zum Beispiel wichtig, dass jede und jeder einer bestimmten Gruppe beitreten könnte, ohne von unnötigen Barrieren davon abgehalten zu werden, auch wenn niemand dieses Angebot tatsächlich nutzt. Das demokratische und freie Individuum wird als eines verstanden, welches in der Lage ist, bei möglichst vielen Punkten Alternativen zu identifizieren, zu werten und eine Entscheidung zu treffen. Die Aufgabe der Gesellschaft und von Akteurinnen und Akteuren innerhalb der Gesellschaft sei es, eine möglichst breite Palette von Wahloptionen anzu-

---

8   Das Aufkommen von gesellschaftlichen Bewegungen, die sich auf eine neue, technikbasierte Kommunikationssphäre beziehen und dabei grundlegend radikal-demokratische Prämissen vertreten, erinnert selbstverständlich an die „Californian Ideology" genannten Bewegungen der technikbegeisterten Gegenkulturen, welche hauptsächlich im Osten der USA nach dem Auslaufen der Hippiebewegung entstanden. (Vgl. Barbrook; Cameron, 1996) Obwohl es einige Unterschiede gibt – insbesondere das bisherige Fehlen von Debatten zur Ökonomie – sind die Parallelen zwischen den gesellschaftlich relativ breiten Entwicklungen, die hier thematisiert werden und der Californian Ideology tatsächlich beachtlich und sollten in weitergehenden Forschungen untersucht werden.
9   Anonymous fand sich gerade auf Imageboards, in IRC's und sozialen Netzwerken, also den Diensten, die angeführt werden, um das Web 2.0 von Web 1.0 abzugrenzen, zusammen.

bieten und Informationen zur Verfügung zu stellen, um informierte Entscheidungen treffen zu können.

Openness als Vergesellschaftung. Bewegungen und Einzelpersonen, die den Grundgedanken der Openness anhängen, verstehen die Prozesse der Herstellung und Distribution von Informationen und der Kommunikation mit den Mitteln und unter den Paradigmen der Web 2.0 als gesellschaftlich relevant und konstituierend für eine „gute Gesellschaft".[10] Das Internet wird beispielsweise nicht als weitere Unterhaltungsplattform wahrgenommen, sondern als Ort, an welchem sich unter anderem die Handlungsweisen ausprägen, die zur Veränderung der Gesellschaft beitragen. Dabei können die Beteiligten darauf verweisen, wie sehr bei ihnen Online-Kommunikation und der Umgang mit anderen Menschen im sogenannten Reallife, alltäglichen und gesellschaftlichen Aufgaben miteinander verschränkt sind. Implizit wird davon ausgegangen, dass ein solches Verhalten ebenso für Andere vorteilhaft wäre.

Demokratie als Lernprozess. Auffällig ist bei den Bewegungen und Einzelpersonen, die sich auf das Paradigma Openness beziehen, dass Demokratie offenbar nicht als einmal zu lernendes und dann vorhandenes Werkzeug verstanden wird, sondern als ständiger Lernprozess, der unterstützt werden kann. So finden sich immer wieder Texte oder Wikis, welche Einführungen in die Arbeit der Bewegungen oder Projekte liefern. Zumeist existiert ein beständig erneuertes Angebot, neue Mitglieder bei ihren ersten Schritten in einer Form von Mentoring zu betreuen. Parallel dazu wird Mitgliedern sehr schnell Verantwortung übertragen. Es geht anscheinend darum, den einzelnen Personen möglichst große Entscheidungs- und Tätigkeitsspielräume zu eröffnen und möglichst wenig für sie zu entscheiden.[11] Ein Grund für diese Haltung könnte sein, dass es sich

bei solchen Gruppen selten um schon gefestigte Organisationen mit einem eingespielten Set an Problemlösungsstrategien handelt. Gleichzeitig herrscht aber offenbar der Gestus vor, dass das, was von anderen Bereichen der Gesellschaft gefordert wird – nämlich die größtmögliche Partizipationsmöglichkeit und Transparenz – auch in der eigenen Organisation vorgelebt werden müsse. Demokratie wird also nicht als fertig und deshalb beispielsweise im Schulunterricht lehrbar begriffen, sondern als eine Form gesellschaftlichen Engagements, welche vor allem durch die Teilhabe an diesen Prozessen erlernt werden kann.

Festzuhalten ist, dass sich das Grundprinzip der Openness in unterschiedlichen Ausprägungen, aber mit einem einigermaßen konsistenten Kern in verschiedenen Bewegungen wiederfindet, die sich – wie Anonymous oder große Teile der OpenSource-Bewegung – nicht einmal als explizit politisch verstehen müssen. Foucault beschrieb bei seiner Analyse der Entwicklung der modernen Gesellschaft im 18. Jahrhundert ein solches Aufkommen von übereinstimmenden Grundprinzi-

---

10 „Gut" soll hier im Sinne der Frage nach dem ethisch „guten Leben" verstanden werden, wie sie in der Moralphilosophie gestellt wird.
11 Dass dieser Anspruch regelmäßig an realen Problemen scheitert, verhindert nicht, dass er beständig wiederholt wird. Offensichtlich ist er integraler Teil des Paradigmas.

pien in voneinander eher getrennten gesellschaftlichen Bereichen als Episteme.[12] Die Verbreitung und Durchsetzung solcher Episteme interpretierte Foucault – dem hier gefolgt werden soll – als Hinweis auf eine grundlegende gesellschaftliche Entwicklung.

Das Paradigma Openness lässt sich auch in den meisten Diensten des Web 2.0 ausmachen, obwohl ein Großteil dieser Dienste fraglos als kommerzielle Unternehmungen und nicht als Teil gesellschaftlicher Bewegungen entwickelt und betrieben wurden. Dies interpretieren die Nutzerinnen und Nutzer dieser Dienste offensichtlich anders und haben beispielsweise unter dem Hinweis auf ihr Recht, zu wissen, was mit ihren Daten geschieht, schon Dienste dazu gezwungen, ihre Geschäftspraxis anzupassen.[13] Gleichzeitig lässt sich die Vorstellung, dass eine möglichst große Transparenz und Wahlmöglichkeit für die Gesellschaft von Vorteil ist, in der Open Access-Bewegung nachweisen, welche gerade das Argument, dass wissenschaftliche Ergebnisse frei sein müssen, um gesellschaftlich wirksam werden zu können, kontinuierlich wiederholt. Nicht zuletzt ist die OpenSource-Bewegung, insbesondere die Projekte, welche sich um die quelloffenen Betriebssysteme GNU/Linux, Minix, BSD oder OpenSolaris gruppieren, zu nennen. Hier werden die Transparenz und freie Wahlmöglichkeit explizit als Vorteil für die Nutzerinnen und Nutzer und zugleich für die Qualität der Software angesehen.

Bibliotheken können sich einer solchen Entwicklung nicht entziehen. Wenn sich, wie hier postuliert wird, das Paradigma Openness im Sinne eines Epistems in der Gesellschaft kontinuierlich durchsetzt, beeinflusst das die Arbeit und die von der Gesellschaft gestellten Aufgaben von Bibliotheken. Dabei ist insbesondere zu bemerken, dass bei diesem Paradigma explizit die Frage verhandelt wird, wer wie welche Informationen nutzen kann und soll. Bibliotheken verstehen sich unter Anderem als Einrichtungen, welche Informationen für die Gesellschaft zur Verfügung stellen. Im nächsten Abschnitt soll diskutiert werden, wie sich Openness als Prinzip in die Arbeit von Bibliotheken integrieren lässt.

Openness als Paradigma bibliothekarischer Arbeit

Das Paradigma Openness scheint aktuell dasjenige Paradigma zu sein, welches in der Gesellschaft im Bezug auf Kommunikation und Informationen an Bedeutung gewinnt und welches sich gleichzeitig mit dem bibliothekarischen Ethos, das die

---

12 Foucault benannte vor allem die Vorstellung, dass sich Wissen und einzelne Dinge klar voneinander differenzieren und hierarchisch anordnen lassen als Epistem, welches beispielsweise in der Verwaltung, der Biologie, dem Straf- und dem Bildungssystem relativ unabhängig voneinander entwickelt wurde.

13 Prototypisch verlief beispielsweise der Protest der User des Socialnetwork-Dienstes *Facebook* im Februar 2009 gegen eine grundlegende Änderung der Allgemeinen Nutzungsbedingungen, welche dem Dienst eine allgemeine Verfügbarkeit über die Daten der Nutzerinnen und Nutzer zugesprochen und zudem weitgehend unangreifbare Rechte beim Ausschluss von Personen aus dem Netzwerk ermöglicht hätte. Vgl. Anonym, 2009a, Anonym, 2009b, Krotz, 2009.

Bibliothek als demokratisierende Institution ansieht, verbinden lässt. Nehmen Bibliotheken die Herausforderung an, in einer Gesellschaft, in welcher sich das Paradigma der Openness kontinuierlich als wünschenswertes Prinzip etabliert, als Einrichtungen zu wirken, welche die Gesellschaft und damit folgerichtig dieses Prinzip unterstützen, so wird dies nicht per se durch das Anbieten von Mediensammlungen geschehen können. Vielmehr bedarf es einer Reflexion der Möglichkeiten und expliziten Zielsetzungen von Bibliotheken. Diese Reflexion, welche vor der Einführung oder Nichteinführung von strukturellen Veränderungen in Bibliotheken stehen muss, kann als Bestandteil der Bibliothek 2.0 gelten. Die Bibliothek 2.0 kann sich nicht dadurch auszeichnen, ungesehen jede technisch mögliche Veränderung, welche unter dem Slogan Web 2.0 popularisiert wird, umzusetzen. Vielmehr muss sie zwar die technischen Entwicklungen und die tatsächliche Nutzung von Kommunikationsmitteln durch die Mitglieder der Gesellschaft beobachten, aber gleichzeitig einer Grundidee folgend als Organisation entwickelt werden.[14]

Infrastruktur

Folgt man der Vorstellung, dass Bibliotheken Medien zur Verfügung stellen, die unter anderem dazu beitragen, die individuelle Teilhabe an der Gesellschaft zu ermöglichen, dann kann man folgerichtig argumentieren, dass dies ebenso für eine softwaretechnische Infrastruktur gelten muss, zumindest solange diese nicht anderweitig zur Verfügung steht. Viele Öffentliche Bibliotheken stellen Internetrechner und WLAN-Zugänge zur Verfügung. Allerdings besteht ein großer Unterschied zwischen dem halbstündigen Nutzen eines Rechners, um Informationen zu recherchieren oder eine Bewerbung zu schreiben, wie dies an solchen Internetrechnern möglich ist, und der Integration des Rechners in den Alltag, wie dies gerade bei den aktiv am Web 2.0 Partizipierenden geschieht. Zudem sollte nicht übersehen werden, dass sich mittlerweile private Rechner und Internetzugänge in fast allen Haushalten finden, die daran ein Interesse haben. Unter Umständen sind deshalb die Internetrechner in Öffentlichen Bibliotheken in der bisherigen Form nicht ausreichend, um als Infrastruktur einer Bibliothek 2.0 zu dienen. Es ist zumindest nicht möglich, solche Angebote direkt mit einer Förderung des Openness-Gedankens gleichzusetzen.

Ein anderer Aspekt ist das Einbinden von Web 2.0-Diensten in Bibliotheken. Dies wurde insbesondere bei den sogenannten Social-OPACs in den letzten Jahren versucht. Die Erfahrungen mit diesen OPACs haben bislang vor allem ergeben, dass nicht jeder eingebundene Dienst von den Nutzerinnen und Nutzern in der

---

14 Es wäre falsch, davon auszugehen, dass Openness das letzte neue Paradigma wäre, welches sich in der Gesellschaft entwickelt. Zu einem späteren Zeitpunkt werden andere Themen wichtiger werden, vielleicht weil Auseinandersetzungen, welche heute um Informationsfreiheit und Transparenz als Element der Demokratie geführt werden, beendet und die Ergebnisse zum Allgemeingut der Gesellschaft geworden sind.

Weise verwendet wird, wie dies erwartet wurde. Vielmehr sind die Nutzenden sehr eigenständig in der Wahl ihrer Beteiligung. Zumeist arbeiten sie nicht aus altruistischen Motiven an Social-OPACs mit, sondern vor allem dann, wenn sie sich davon einen persönlichen Gewinn versprechen. Allerdings gibt es bislang ebenso nur wenige negative Erfahrungen mit missbräuchlichen Nutzungsweisen der Social-OPACs. Aus dem Paradigma der Openness heraus lässt sich argumentieren, dass das Zurverfügungstellen solcher Social-OPACs, auch wenn die eingebundenen Dienste letztlich nicht genutzt werden, einen Wert an sich bildet, da dies ermöglicht, dass Menschen die Entscheidung, wie und in welchem Maße sie sich auf die Angebote zur Mitarbeit in den Bibliotheken einlassen, überhaupt treffen können.

Lernort und Vorbildinstitution

Bibliotheken können zudem als Lernorte verstanden werden, die Menschen den Zugang zu freien Wahlmöglichkeiten eröffnen, indem sie ihnen ermöglichen, den Umgang mit einzelnen Diensten des Web 2.0 sowie der Kommunikation, Recherche, Erstellung und Distribution von Informationen zu erlernen. Hierzu müsste allerdings neben der technischen Infrastruktur ein ausreichend kompetentes Personal vorhanden sein. Es reicht nicht aus, wie dies in einer ganzen Anzahl von Bibliotheken geschieht, den Umgang mit Suchmaschinen und E-Mails zu lehren. Vielmehr muss kompetent auf die Breite der Dienste des Web 2.0 eingegangen werden. Dabei verbietet sich zum einen die teilweise vorhandene Haltung, jedes Netzangebot zuvörderst als potentielle Gefahr zu verstehen und zu präsentieren. Zwar ist es richtig, auf Gefahren bei der Nutzung des Web 2.0 hinzuweisen, insbesondere im Bezug auf die Veröffentlichung privater Informationen. Es sollte aber vorrangig darum gehen, Individuen zu Personen zu bilden, die eigenverantwortliche Entscheidungen treffen können. Dies bedeutet auch, grundsätzlich den Menschen zuzutrauen, dass sie für sich selbst sinnvolle und vertretbare Entscheidungen treffen können.

Gleichzeitig kann und muss eine Bibliothek, die als Lernort für eine an Openness orientierte Mediennutzung und Kommunikation gelten will, eine Vorbildfunktion einnehmen. Folgt sie diesem Leitbild, ist es notwendig, dass das Personal der jeweiligen Bibliothek beim Umgang mit dem Web 2.0 kompetent ist, dessen Vorteile und Grenzen in der eigenen Arbeit kennen lernt und an andere vermitteln kann. Zudem sollte das Personal in der Lage sein, diejenigen, welche mit dem Web 2.0 alltäglich umgehen, verstehen zu können: deren Motivation, deren Vorstellungen von einem guten Leben und deren Unverständnis, wenn es darum geht, Medien und Kommunikationsmittel in neu oder herkömmlich zu unterteilen und nicht als Medienvielfalt zu begreifen. Nur wenn eine Bibliothek vermitteln kann, dass sie selber eine kompetente Einrichtung ist, welche im Rahmen ihrer Mög-

Openness: Die Bibliothek 31

lichkeiten den Grundgedanken der Openness folgt, kann sie die nötige Vorbildfunktion erlangen, welche notwendig ist, um als Lernort anerkannt zu werden.[15]

Openness als Leitbild für die Arbeit mit den Nutzerinnen und Nutzern

Openness beschränkt sich, wie oben gezeigt wurde, gerade nicht darauf, softwaretechnische Neuerungen einzuführen, sondern stellt ein Set von Vorstellungen über die Formen von Freiheit, Mitbestimmung und Informationsnutzung in der modernen Gesellschaft dar. Das Web 2.0 ist gleichzeitig Ausdruck und Triebfeder dieser Vorstellung und von Bewegungen und Gruppen, welche sich implizit auf dieses Prinzip beziehen.

Eine kompetente Nutzung des Web 2.0 ist ohne Kenntnis und Anwendung des Paradigmas Openness nicht zu bewerkstelligen. Nur wer in der Lage ist, dem Gestus des möglichst transparenten Handelns und der damit einhergehenden Anforderungen an die eigene Arbeit zu folgen, ist in der Lage, im Web 2.0 sinnvoll zu kommunizieren oder mit Informationen zu arbeiten. Dies ist hier insbesondere auf Bibliotheken als Institution zu beziehen.

Eine Bibliothek, die sich als Bibliothek 2.0 versteht, sollte deshalb auch gewahr werden, dass sie daran gemessen werden wird, ob sie dem Paradigma der Openness nachkommt, insbesondere, wenn Bibliotheken als gesellschaftliche Einrichtungen definiert werden. Dabei werden sich zwei Fragen stellen. Erstens, wie die Bibliothek dazu beiträgt, tatsächlich die Partizipation und Kommunikation in der Gesellschaft zu unterstützen. Zweitens, und das ist weit wichtiger, wie offen die Bibliothek selber ist, d.h. wie groß die Partizipationsmöglichkeiten an der bibliothekarischen Arbeit für die Gesellschaft und für Einzelpersonen, wie transparent die Entscheidungen in Bibliotheken stattfinden und wie Bibliotheken auf gesellschaftliches Engagement, dass sie tangiert, reagieren.

Dabei ist es nicht entscheidend, ob beispielsweise Partizipationsmöglichkeiten tatsächlich genutzt werden. Es wird vielmehr entscheidend sein, ob Bibliotheken sich den gesellschaftlichen Herausforderungen stellen, die mit dem Konzept Bibliothek 2.0 einhergehen oder ob sie diesen Titel einzig als softwaretechnische Herausforderung verstehen. Es ist vorherzusehen, dass letzteres gerade von dem Teil der Gesellschaft, welcher im Web 2.0 und in aktuellen gesellschaftlichen Auseinandersetzungen aktiv ist, nicht kritiklos akzeptiert werden wird.

---

15 Bibliotheken müssen, wie andere Einrichtungen außerhalb des formalen Bildungssystems, Menschen erst davon überzeugen, dass eine Lernaktivität in ihren Räumen notwendig ist. Sich zum Lernort zu erklären, ist für sich alleine nicht ausreichend.

Openness als Leitbild für die Bestandsarbeit?

Bei allen Fragen, die sich im Bezug auf die Etablierung neuer gesellschaftlicher Paradigmen und Kommunikationsmittel stellen, bleibt die Hauptaufgabe von Bibliotheken die Entwicklung und Zurverfügungstellung eines Medienbestandes. Erstaunlich selten wird allerdings die Entwicklung des Bestandes im Zusammenhang mit anderen Themen besprochen. Es stellt sich die Frage, ob und wenn ja, wie der Bestand einer Bibliothek 2.0 aufgebaut und gepflegt werden soll. Wird sich das Paradigma der Openness auch auf die Entwicklung des Bestandes auswirken, und wenn ja, wie? Werden die Nutzerinnen und Nutzer öfter in die Anschaffungsentscheidungen eingreifen wollen? Werden sie ein Interesse daran entwickeln, die Grundzüge der Bestandspolitik mitzubestimmen? Es ist vorherzusehen, dass sich solche Fragen stellen werden.

Mögliche Entwicklungen

Strukturelle Differenzierung

Es ist bekannt, dass im Bibliothekswesen ebenso die Meinung vertreten wird, dass die Entwicklungen, welche für Einige die Bibliothek 2.0 als notwendig erscheinen lassen, real keine Auswirkungen auf die bibliothekarische Arbeit haben werden. Insbesondere im Bereich der Öffentlichen Bibliotheken wird relativ oft darauf verwiesen, dass der Großteil der Nutzerinnen und Nutzer die Bibliothek nicht als Bildungseinrichtung oder als Ort für die Internetnutzung aufsucht, sondern als Medien- und vorrangig als Büchersammlung. Diese Position kann mit Beobachtungen des Verhaltens von Nutzerinnen und Nutzern gerade in kleineren Bibliotheken untermauert werden. Es ist nicht zu erwarten, dass sich eine dieser beiden grundsätzlichen Extrempositionen vollständig durchsetzen wird. Zu erwarten ist eher, dass sich zwei unterschiedliche Einrichtungen entwickeln, die sich beide Bibliothek nennen könnten. Dies wird unter Umständen sogar das sein, was von der Gesellschaft gefordert wird, einmal als lokale Gemeinschaft, die eine nah gelegene Büchersammlung verlangt und einmal als weiter gefasste Gesellschaft, die von den Bibliotheken eine Unterstützung der Partizipation von Bürgerinnen und Bürgern erwartet.

Das Anerkennen dieser Differenzierung, welche an schon vorhandene Unterschiede anschließen würde, hätte den Vorteil, die Debatten um die Bibliothek 2.0 auf diejenigen Einrichtungen zu konzentrieren, welche tatsächlich von ihnen betroffen sind und gleichzeitig die immer wieder deutlich zu spürende Ablehnung dieser Debatten aus den Einrichtungen, welche sich auf die Pflege und das Verleihen eines Medienbestandes konzentrieren, ernst zu nehmen.

Tabelle 1: Mögliche Differenzierung von Bibliotheken

Bibliotheken als Medienorte	Bibliotheken als Kommunikationsorte
- Konzentration auf die Ausleihe von Medien und Literarisierung - Internet und Web 2.0 als Ergänzung (nicht unbedingt notwendig)	- Konzentration auf die Informationsinfrastruktur und Inhalte für Partizipation und gesellschaftliche Debatten - Web 2.0 und Openness als Kern der Organisation - Literarisierung etc. als Ergänzung

Bibliotheks- und Informationswissenschaft

Die Bibliotheks- und Informationswissenschaft wird sich zukünftig damit beschäftigen müssen, wie genau Kommunikations- und Medienverarbeitungsprozesse in der Gesellschaft stattfinden. Ganz offensichtlich hat sich die Form, wie und worüber gesellschaftliche Auseinandersetzungen stattfinden, durch das Web 2.0 verändert. Zu vermuten ist, dass Ähnliches in der alltäglichen Kommunikation oder anderen Sphären geschehen ist. Es steht außer Frage, dass dies die Bibliotheken vor neue Aufgaben stellt. Eine Bibliothekswissenschaft, die unter anderem Erkenntnisse produzieren will, welche für Bibliotheken nützlich werden können, wird nicht umhinkommen, diese Veränderungen zu untersuchen. Studien, die sich einzig auf die technischen Aspekte der Bibliothek 2.0 konzentrieren, sind trotz ihrer hohen verwaltungstechnischen Relevanz dafür nicht ausreichend, da dies die gesellschaftliche Sphäre, auf die bezogen Bibliotheken arbeiten, ausblenden würde. Einige mögliche Forschungsfragen seien zum Abschluss aufgezählt:[16]

Wie wird in der Gesellschaft kommuniziert? Fakt ist, dass eine immer weitergehende Aufsplitterung der Kommunikationsprofile stattfindet. Obgleich man immer wieder Gruppen mit ähnlichen Kommunikationsstilen findet, ist doch ersichtlich, dass es nicht mehr möglich ist, von einer einheitlichen Nutzung vorhandener Kommunikationsmittel auszugehen und ebenso nicht von einer einheitlichen Nutzung in einer Altersgruppe, beispielsweise von einer gleichförmigen Internetnutzung durch Jugendliche.

Wie hängen Kommunikations- und Informationsprozesse mit aktuellen gesellschaftlichen Aktivitäten zusammen?

Welche Formen der Kommunikations- und Informationsprozesse haben mit Bibliotheken zu tun? Ist nicht ein Großteil dieser Prozesse alltäglicher und privater Natur und damit außerhalb des von Bibliotheken erreichten Lebensbereiches von Individuen?

---

16 Für einen Überblick zu weiteren Forschungsfragen und damit zusammenhängend Fragen der Ausbildung vgl. Hobohm 2009

Gibt es Interdependenzen zwischen „neuen" und „alten" Medien und wenn ja, welche? Oder ist diese Differenzierung für die Nutzung von Medien in der heutigen Gesellschaft irrelevant?

Literaturverzeichnis

(Anonym, 2009a) / *Facebook-Anwender verärgert über AGB-Änderung [Update]*. – In: Heise, 17.02.2009, http://www.heise.de/newsticker/Facebook-Anwender-veraergert-ueber-AGB-Aenderung-Update--/meldung/132727 [Zuletzt besucht am: 08.05.2010]

(Anonym, 2009b) / *AGB: Facebook geht auf Proteste ein: Nutzungsbedingungen wieder auf dem alten Stand*. – In: Golem, 18.02.2009, http://www.golem.de/showhigh2.php?file=/0902/65356.html [Zuletzt besucht am: 08.05.2010]

(Barbrook; Cameron, 1996) Barbrook, Richard ; Cameron, Andy / *The Californian ideology*. – In: Science as Culture, 6 (1996) 1, S. 44 - 72

(BID, 2007) BID - Bibliothek und Information Deutschland (2007) / *Ethik und Information: Ethische Grundsätze der Bibliotheks- und Informationsberufe*. – http://www.bideutschland.de/download/file/allgemein/EthikundInformation.pdf [Zuletzt besucht am: 08.05.2010]

(Butler, 2001) Butler, Judith / *„Das Gewissen macht Subjekte aus uns allen" : Subjektivation nach Althusser*. – In: dies. / Psyche der Macht : Das Subjekt der Unterwerfung. – Frankfurt am Main : Suhrkamp, 2001. S. 101-123

(Foster, 2008) Foster, Sharon M. / *Predicting Public Library Website Interactivity using traditional measures of Library Resources and Services : Submitted in fulfillment of the requirements for ILS 680, Evaluation and Research, a required course for the degree of Master of Library Science* . - New Haven : Southern Connecticut State University, 2008

(Foucault, 2001)Foucault, Michel (/ *In Verteidigung der Gesellschaft*. – Frankfurt am Main: Suhrkamp, 2001 [1976])

(Foucault, 2005) Foucault, Michel / *Die Maschen der Macht*. – In: ders. / Schriften in vier Bänden : Dits et Ecrits ; Band IV 1980-1988. – Frankfurt am Main : Suhrkamp, 2005 [1981]). S. 224-244

(Fraser, 2003) Fraser, Nancy / *Von der Disziplin zur Flexibiblisierung? : Foucault im Spiegel der Globalisierung*. – In: Honneth, Alex ; Saar, Martin (Hrsg.) / Michel Foucault : Zwischenbilanz einer Rezeption ; Frankfurter Foucault-Konferenz 2001. – Frankfurt am Main : Suhrkamp, 2003. S. 239-258

(Gavrilis et. al., 2008) Gavrilis, Dimitris ; Kakali, Constantia ; Papatheodorou, Christos / *Enhancing Library Services with Web 2.0 Functionalities*. – In: Lecture Notes in Computer Science, 5173/2008, S. 148-159

(Hauschke, 2008) Hauschke, Christian / *Der kundige Code of Ethics*. – In: infobib, 31.03.2008. – http://infobib.de/blog/2008/03/31/der-kundige-code-of-ethics/ [Zuletzt besucht am: 08.05.2010]

(Held, 2010) Held, Laura / *Berufsethik und bibliothekarische Praxis. Stand und Perspektiven aus der Sicht des Arbeitskreises Kritische BibliothekarInnen*. – In: 99. Deutscher Bibliothekartag. – http://www.opus-bayern.de/bib-info/volltexte/2010/887/ [Zuletzt besucht am: 08.05.2010]

(Hobohm, 2009) Hobohm, Hans-Christoph / „Wir brauchen Informationswissenschaftler als Ökokrieger" : zu den Berufsaussichten von Bachelor- und Masterstudenten / Eine Tagung an der FH Potsdam. – In: BuB, 61 (2009) 7/8, S. 551-554

(Krotz, 2009) Krotz, Friedrich / Die Veränderung von Privatheit und Öffentlichkeit in der heutigen Gesellschaft. – In: merz 53 (2009) 4, S. 12-21

(Kuhlen, 2004) Kuhlen, Rainer / Informationsethik – Ethik in elektronischen Räumen. – Konstanz: UVK, 2004

(Mohrstedt, 2008) Moorstedt, Tobias / Jeffersons Erben : Wie die digitalen Medien die Politik verändern. – Frankfurt am Main : Suhrkamp, 2008

(O'Hara, 2010) O'Hara / A new american Tea Party : The counterrevolution against Bailouts, Handouts, reckless spending, and more taxes. – Hoboken, New Jersey : Wiley, 2010

(Rösch, 2009) Rösch, Hermann / Meinungs- und Informationsfreiheit durch Bibliotheken: Kein Problem – oder? : Zur Arbeit des IFLA-Komitees „Freedom of Access to Information and Freedom of Expression" (FAIFE). – In: BuB, 61 (2009) 7/8, S. 543-546

(Stehr, 2000) Stehr, Nico / Die Zerbrechlichkeit moderner Gesellschaften : Die Stagnation der Macht und die Chancen des Individuums. – Weilerswist : Velbrück Wissenschaft, 2000

(Stehr, 2003) Stehr, Nico / Wissenspolitik : die Überwachung des Wissens. – Frankfurt am Main : Suhrkamp, 2003

(Weßels, 2009) Weßels, Bernhard / Bürgervertrauen ist parteiisch : Von einer Krise der Repräsentation kann in Deutschland keine Rede sein. - In: WZB-Mitteilungen, 124/2009, S. 9-12

Fabienne Kneifel

Der Katalog 2.0: Mit Web 2.0 zum Online-Katalog der nächsten Generation

Online-Kataloge sind seit ihrem Aufkommen in den 1960er und 1970er Jahren[1] aus dem Service-Angebot von Bibliotheken nicht mehr wegzudenken. Gleiches gilt für das Internet, das sowohl in unserer Informationsgesellschaft als auch in Bibliotheken unverzichtbar geworden ist.[2] Das Internet hat die Arbeit von Bibliotheken von Anfang an geprägt: bis in die Mitte der 1990er Jahre waren Online-Kataloge von Bibliotheken sogar „one of the few catalog interfaces that most people used."[3] Doch während sich dann e-Commerce-Angebote wie Amazon[4] oder Suchmaschinen wie Google[5] schon lange vor dem Aufkommen des Begriffs "Web 2.0" immer weiter zu anwenderfreundlichen und stets zeitgemäßen Internet-Anwendungen entwickelt haben, bei denen Internetnutzer Informationen einfach und schnell finden und Inhalte mitgestalten dürfen, blieben Online-Kataloge von Bibliotheken noch lange statische, sich kaum verändernde Anwendungen, die lediglich zum Ziel hatten, ein zentrales Nachweisinstrument des Bibliotheksbestands zu sein; viele Kataloge sind dies zum größten Teil auch heute noch.

Das Internet aber hat sich rasant weiterentwickelt, es sind zahlreiche neue Technologien entstanden, aber vor allem auch eine andere Einstellung zum Internet, welches heute eben nicht mehr nur zum reinen Konsumieren von Informationen, sondern auch zum Mitgestalten der über das Internet verfügbaren Informationen von dessen Nutzern gebraucht wird.[6] Dadurch angestoßen findet in den letzten Jahren (zunächst im angloamerikanischen Raum, mittlerweile auch in Deutschland) langsam eine Entwicklung zum "Katalog 2.0" statt, zunächst theoretisch, dann praktisch durch die Implementierung der ersten "next generation catalogs".
Diese Entwicklung resultiert zum einen in der veränderten Erwartungshaltung der Bibliotheksnutzer: diese sind mittlerweile Suchmaschinen- und Web 2.0-Technologien sowie Einkaufsportale wie z.B. Amazon gewöhnt[7] - im Vergleich

---

1 Antelman et al., 2006: S. 128.
2 Vgl. dazu Steiner, 2007: S. 1.
3 Casey, 2007b: S. 15.
4 www.amazon.de
5 www.google.de
6 Als wohl bekanntestes Beispiel sei an dieser Stelle die Online-Enzyklopädie "Wikipedia" (http://www.wikipedia.de) genannt.
7 Vgl. dazu De Rosa et al., 2005.

dazu sind die meisten Bibliothekskataloge jedoch nach wie vor „antiquated and obstructionist".[8]

Zum anderen haben Bibliotheken erkannt, dass ihre Kataloge heute viel mehr sein sollten und müssen als ein reines Bestandsverzeichnis; sie sollten zu Online-Communities werden, an und in denen die Nutzer partizipieren können, also zu Katalogen, die sich an der Philosophie und den Technologien des Web 2.0 orientieren und sich durch Nutzerzentrierung, Interaktivität, Mitgestaltung durch und Kollaboration mit bzw. unter den Nutzern auszeichnen.

Dieser Artikel will einen Überblick geben über solche Kataloge der nächsten Generation, die Anforderungen an sie, ihre Bestandteile und den Weg dorthin.[9]

Definition

Der Begriff Katalog 2.0 bezeichnet sogenannte "next generation catalogs", in denen Elemente des Web 2.0 implementiert und die auf die Prinzipien der Bibliothek 2.0 ausgerichtet sind. Ein Katalog 2.0 ist „[a] new version of library interfaces [...], and it's more in tune with current Web technologies and user expectations. It's broader in scope, takes advantage of search technologies and techniques that are closer to the state-of-the-art, and offers more dynamic interactions with library users."[10]

Diese konkrete Umsetzung der Bibliothek 2.0 im Online-Katalog spiegelt sich sehr gut in folgender Formel wider: „OPAC + Browser + Web-2.0-Eigenschaften + Offenheit für Verbindungen zu Anwendungen Dritter = OPAC 2.0"[11]

Katalog 1.0

Dagegen ist ein Katalog 1.0 für viele Nutzer nur dazu da, Signaturen und Standorte von Ressourcen aufzurufen, die sie an ganz anderen Stellen gefunden hatten.[12] Er ist weit entfernt von den beliebten und vielgenutzten Suchumgebungen und -gewohnheiten,[13] in und mit denen Nutzer Informationen einfacher und schneller finden als in Online-Katalogen,[14] so dass Angebote wie Google und Wikipedia

---

8   Casey, 2007b: S. 17. Der Grund dafür liegt nach Casey darin, dass es in Online-Katalogen kein Ranking nach Relevanz oder Rechtschreibkorrektur gibt, die Oberflächen nicht benutzerfreundlich (da nicht intuitiv bedienbar), die verschiedenen Online-Angebote der Bibliothek nicht nahtlos miteinander verbunden und die Kataloge einseitig ausgerichtet sind, eine Partizipation durch die Nutzer also nicht gegeben ist.
9   Dieser Artikel basiert auf Kneifel, 2009.
10 Breeding, 2007a.
11 Danowski; Heller, 2006: S. 1261.
12 Antelman et. al., 2006: S. 128.
13 Dempsey, 2006.
14 Vgl. dazu auch Dellitt, 2007: S. 26.

mittlerweile „the people's encyclopedia of choice"[15] sind. Die OCLC-Studie „Perceptions of Libraries and Information Resources" zeigt, dass 84% der Befragten eine Informationssuche mit Suchmaschinen starten, aber nur 1% auf der Webseite einer Bibliothek.[16] Die meisten Befragten assoziieren darüber hinaus Bücher als die „library brand",[17] so dass es für Coyle nicht verwunderlich ist, dass Online-Kataloge meist nur dann genutzt werden, wenn Nutzer die Materialien, die sie mittels einer Recherche außerhalb der Bibliothek gefunden haben, zum Ausleihen in Buchform lokalisieren wollen.[18] Online-Kataloge sollten aber heutzutage mehr sein als nur ein „physical inventory of the library [...] that doesn't incorporate at least the basics of how people use the web today is dying",[19] da sich die Art und Weise, wie Menschen Informationen recherchieren, grundlegend geändert hat: Die traditionelle Suchanfrage an Online-Kataloge, „"Does my library have this book?" is now "Is this book available anywhere: offline, online, to buy, to borrow, to search within?" And "What does my library have on this topic?" has become "What exists on this topic, and how can I get it ...now?""[20]

Außerdem erwarten Nutzer, dass sie Ressourcen nicht nur konsumieren, sondern mit ihnen interagieren können;[21] Kataloge bieten dies jedoch nur in den seltensten Fällen. Gerade interaktive Funktionen können für den Nutzer einen wichtigen Mehrwert bei der Recherche ausmachen, denn so erhalten sie Feedback von anderen, welches ihnen hilft, ihren „information view"[22] zu verstehen und zu erweitern.

Die jetzigen Online-Kataloge sind also veraltet, weil sie nicht mehr mit den veränderten Nutzererwartungen und den neuesten Internet-Technologien übereinstimmen:[23] Sie bieten keine nutzerfreundlichen Oberflächen, umfassende Browsing-Möglichkeiten, Sortierung nach Relevanz, Rechtschreibkorrektur, zusätzlichen inhaltlichen Informationen oder Integration mit den anderen Online-Angeboten einer Bibliothek – von Personalisierung und Partizipation durch den Nutzer ganz abgesehen.[24] Kataloge der nächsten Generation sind daher nötig, um sicherzugehen, dass Nutzer „get to [...] valuable information by making it visible in the online world where they live, play, and learn."[25]

---

15 Markey, 2007.
16 De Rosa et al., 2005: S. 6-2.
17 Ebd.: S. 6-3.
18 Coyle, 2007a: S. 290.
19 Breeding, 2007a.
20 Coyle, 2007b: S. 414.
21 Vgl. dazu Coyle, 2007a: S. 290.
22 Ebd.
23 Vgl. dazu Pattern, 2007: S. 34.
24 Vgl. dazu Tennant, 2003 und Casey, 2007b: S. 17.
25 Coyle, 2007b: S. 414.

Anforderungen

Online-Kataloge der nächsten Generation sollten den folgenden Anforderungen genügen: Nutzerpartizipation, Personalisierbarkeit, größtmögliche Benutzerfreundlichkeit sowie verbesserte und erweiterte Suchmöglichkeiten.[26] Um dies zu erreichen, sollten sie laut einer Umfrage unter Bibliothekaren aus dem Jahr 2007 u.a. folgende Bestandteile implementieren:[27] Einbindung des Katalogs in andere Anwendungen, RSS Feeds, Kommentierung durch Nutzer, Personalisierte Empfehlungen, Rechtschreibkorrektur, Suchergebnisfilter, Tagging durch Nutzer, Sortierung nach Relevanz und Popularität, Inhaltliche Kataloganreicherung, Recommender-Systeme, Bewertung durch Nutzer, Metasuche über alle Online-Angebote.

Darüber hinaus werden in der Literatur viele weitere Funktionalitäten genannt, die sich in die folgenden vier Kategorien unterteilen lassen:[28]

Verbesserte Suchmöglichkeiten:

Hierzu zählen neben der Metasuche über alle Online-Angebote, Ranking von Suchergebnissen sowie Suchergebnisfilter eine einfache Suche, Volltext- und Assoziationssuche, Suchmaschinentechnologie, Suchverfeinerung, flexible Sortierungsmöglichkeiten und die Möglichkeit des Browsens ohne Eingabe eines Suchbegriffs.

Zusätzliche Inhalte:

Neben inhaltlicher Kataloganreicherung durch Cover, Inhaltsverzeichnisse, Klappentexte und weitere Informationen aus einem Medium selbst fallen hierunter auch zusätzliche Inhalte „from different sources to strengthen the visual appeal and increase the amount of information presented to the user":[29] Verknüpfung verschiedener Ausgaben und Formate eines Titels, Annotationen, Rezensionen und Verlinkungen zu externen Informationsquellen wie Wikipedia oder der Google Buchsuche. Zusätzliche Informationen entstehen auch durch umfangreiche Metadaten, die dem Nutzer die Auswahl der für ihn relevanten Dokumente erleichtern. Dies hat natürlich Auswirkungen auf das Katalogisieren,[30] die jedoch unausweichlich scheinen, denn „as the library changes, the catalog must change; and as the catalog changes then cataloging must change to fulfill its needs."[31]

Interaktivität:

Interaktive Funktionalitäten sind für einen Katalog 2.0 unverzichtbar, denn „[i]n the spirit of Web 2.0, a resource isn't just a one-way presentation of information, but rather invites user participation and involvement."[32] Sie umfassen zum

---

26 Casey, 2007b: S. 18.
27 Nach Pattern, 2007: S. 33 f.
28 Vgl. dazu u.a. Breeding, 2007a, Casey 2007b, S. 18 f., Danowski, 2006, S. 1262. Heller, 2010, Markey, 2007, Ostrom, 2006, Schneider, 2006a und Schneider, 2006b.
29 Breeding, 2007b.
30 Vgl. dazu auch Drauz; Plieninger, 2010: S. 48.
31 Coyle, 2007a: S. 289.
32 Breeding, 2007b.

einen partizipative Elemente wie Bewertungen, Kommentaren und Tagging; zum anderen tragen personalisierbare Elemente wie die Speicherung von Suchanfragen, das Anlegen von Listen, das Abonnieren von Benachrichtigungen, eine personalisierbare Oberfläche, der Export von Treffern, eine visuelle Standortanzeige sowie Literaturempfehlungen über Blogs zur Interaktivität bei der Nutzung des Online-Katalogs bei.

Der Katalog als "One-stop-shop" für Informationen:

Eine der wichtigsten Funktionalitäten eines Online-Katalogs der nächsten Generation ist sicherlich der "One-stop-shop": der Katalog 2.0 sollte ein „single point of entry to all the library's information"[33] sein.

Zusammenfassend lässt sich sagen, dass der Katalog der nächsten Generation nach den Prinzipien der Bibliothek 2.0 auf den Nutzer ausgerichtet sein sollte, „and its organizing principle will be the user's information needs, not just the need to use the library catalog."[34] Trotz vieler neuer Web 2.0-Funktionalitäten bietet er auch weiterhin die traditionellen Funktionalitäten wie Profisuche, Verfügbarkeitsanzeige, Vorbestellfunktionen und Einsicht ins Nutzerkonto an, vermittelt dem Nutzer jedoch auch „Freude am Entdecken von Informationen".[35]

Da kaum eine Bibliothek alle oben genannten Anforderungen auf einmal umsetzen kann, sondern zunächst nur die Funktionalitäten implementieren sollte, die den Bedürfnissen ihrer Nutzer entsprechen, sind die Hauptanforderungen an einen Katalog 2.0 Flexibilität sowie einfache Erweiterbarkeit. Sind diese beiden Anforderungen erfüllt, kann der Katalog sehr schnell an die sich verändernden Nutzerbedürfnisse sowie Veränderungen der Web 2.0-Technologien angepasst werden.
Im Folgenden werden nun einige Elemente aus den Anforderungen näher beschrieben und ihre Einsatzmöglichkeiten in Online-Katalogen der nächsten Generation aufgezeigt.

Elemente eines Katalog 2.0

Suche

Die im folgenden Abschnitt beschriebenen Suchmöglichkeiten und -hilfen sind Elemente, die den Nutzer bei der Recherche im Online-Katalog unterstützen sollen. Gute Suchfunktionen sind wichtig, „[b]ecause many people are searching online systems for something they do not know [...]".[36] Sie wollen wissen, was zu einem Thema in der Bibliothek zu finden ist und können daher keine exakten Suchanfragen formulieren, sondern möchten stattdessen lieber durch den Bestand browsen und dabei für sie interessante Medien entdecken. Nach Antelman et al.

---

33 Ebd.
34 Coyle, 2007b: S. 415.
35 Heller, 2010.
36 Markey, 2007.

ermöglicht dieses Browsen (wie das Browsen der Regale bei Beständen in Freihandaufstellung) Serendipität[37] und gibt den Nutzern einen „key part of their discover process"[38] zurück.

Einfache Suchzeile und erweiterte Suchmöglichkeiten

Internetnutzer sind heutzutage an Suchmaschinen gewöhnt und nutzen sie als Startpunkt für ihre Recherchen im Internet. Bei Google gefällt unter anderem die übersichtliche Startseite, auf der sich lange Zeit nur eine Suchzeile befand. Wer mit den Ergebnissen einer Suche über diese einfache Suchzeile nicht zufrieden ist, kann zur erweiterten Suche wechseln und dort seine Suche weiter verfeinern. Diese Gestaltung kann auch für Online-Kataloge als Vorbild dienen, da in den meisten Katalogen die "einfache" Suche oft bereits aus mehreren Feldern besteht, zwischen denen der Nutzer dann wählen muss. Komfortabler ist sicher eine Suchzeile, mit der man möglichst alle Teile des bibliographischen Datensatzes durchsuchen kann. Beispiele für solche einfachen Sucheinstiege in Online-Katalogen finden sich mittlerweile schon recht häufig.[39]

Auch wird auf vielen Webseiten, die Suchmöglichkeiten anbieten, bereits während der Eingabe in die Suchzeile ein Index in Form eines Dropdown-Menüs eingeblendet, aus dem der Internetnutzer die Einträge des Index auswählen bzw. danach suchen kann. Dies kann auch in Online-Katalogen eine geeignete Eingabehilfe sein, die den Nutzer bei der richtigen Wortwahl berät. Außerdem eignet sich diese Funktion zum Browsen durch den Bestand, wenn sich z.B. für die Felder Autor, Schlagwort, Reihentitel, Verlag, Titel, ISBN oder gar Stichwort bei der Eingabe des ersten Buchstabens ein Index automatisch aufblättert, der dem Nutzer die im Register vorhandenen Begriffe und die Anzahl der damit verknüpften Treffer anzeigt.

Natürlich muss trotz einer einfachen Suche weiterhin eine erweiterte Suchfunktion angeboten werden, um damit detailliertere Suchanfragen durchführen oder durch den Bestand browsen zu können.

Rechtschreibkorrektur

Auch hier sind Webseiten wie Amazon und Google gute Vorbilder für Online-Kataloge: Bei der Suche nach "Harry Poter" weisen beide Seiten auf den Rechtschreibfehler hin und suchen gleichzeitig auch nach der richtigen Schreibweise. Auch für einen Online-Katalog ist es eine wichtige Unterstützung der Suche, wenn Tippfehler erkannt sowie Korrekturvorschläge gemacht werden und automatisch nach dem richtigen Begriff gesucht wird, denn laut Dynkowska zählen „Tippfehler bei der Literatur- und Informationssuche, die vom System nicht erkannt werden, [...] zu häufigen Ursachen für Nutzungsprobleme. Viele Nutzer, die die Eingabekorrektur-Funktion der bekannten Suchmaschinen (Google, Yahoo etc.) gewohnt sind, ziehen eigene Tippfehler bei der Nutzung von Katalogen oft

---

37 Das zufällige Finden von ursprünglich nicht gesuchten Ressourcen, die sich dann als relevant erweisen.
38 Antelman et al., 2006: S. 130.
39 Beispielhaft sei hier auf WorldCat (http://www.worldcat.org/) und beluga (http://beluga.sub.uni-hamburg.de/) verwiesen.

nicht in Betracht".²²⁸ Online-Kataloge, die diese Hilfe bereits integriert haben, lösen das Problem der Tippfehler auf ähnliche Arten wie Amazon und Google, so z.B. die Kataloge der UB Karlsruhe und der NCSU Libraries.[40]

Suche mittels Tag-Cloud

Eine Tag-Cloud (auch als Wort- oder Stichwort-Wolke bezeichnet) ist „a textual display of the most popular tags in use within a particular website. The more popular tags appear in larger sizes and a bolder font".[41] Damit ist eine Tag-Cloud ein gutes Mittel zur „Informationsvisualisierung",[42] durch das die Nutzer auf einen Blick alle vergebenen Tags sehen, die Häufigkeit ihrer Verwendung erkennen und nach den ihnen zugeordneten Titeln browsen können. Neben einer Tag-Cloud für die von den Nutzern vergebenen Tags sind jedoch auch Tag-Clouds für diverse Felder des bibliographischen Datensatzes vorstellbar, wie z.B. Personennamen, Schlagwort, Sachgruppe, Erscheinungsjahr, Medienart, Bibliothek oder Exemplarstatus.

Darüber hinaus kann auch eine Tag-Cloud für die am häufigsten eingegebenen Suchbegriffe angeboten werden. Neben dem oben bereits angesprochenen Vorteil des Browsens gibt eine Tag-Cloud für die von den Nutzern vergebenen Tags außerdem einen guten Einblick in den Zeitgeist, welche Begriffe also gerade sehr beliebt sind und daher häufig als Tags verwendet werden.

Suchergebnisfilter

Mittels eines Suchergebnisfilters[43] können Suchergebnisse nach bestimmten Kriterien weiter eingeschränkt werden, so dass sie noch gezielter durchsucht und sondiert werden können. Diese Filter werden meist in einer gesonderten Spalte links oder rechts neben der Trefferliste präsentiert und können die unterschiedlichsten Kriterien beinhalten, die entweder exemplarbezogen (wie Verfügbarkeit und Standort) oder medienbezogen (wie Autor und Schlagwort) sind.[44] Neben den einzelnen Kriterien sollte der Nutzer in Klammern die Zahl der mit dem Kriterium verknüpften Treffer finden. So kann das Ergebnis nach und nach weiter eingeschränkt werden.

Visuelle Aufbereitung der Suchergebnisse und Assoziationssuche

Die visuelle Aufbereitung der Suchergebnisse und die Suche nach verwandten bzw. assoziativen Begriffen (z.B. Synonymen, Übersetzungen, unscharfen Begriffen) ist für den Nutzer eine weitere wichtige Suchhilfe sowie Navigationsmöglichkeit durch die Bestände der Bibliothek:[45] indem die Begriffe visuell aufbereitet und Synonyme, Übersetzungen, unscharfe Begriffe und andere Schreibweisen

---

40 Katalog der UB Karlsruhe http://www.ubka.uni-karlsruhe.de/hylib/suchmaske.html und Katalog der NCSU Libraries http://www.lib.ncsu.edu/catalog/. Zuletzt besucht am: 07.04.2010.
41 Kroski, 2007: S. 93.
42 Vgl. dazu den Wikipedia-Eintrag „Tagcloud": http://de.wikipedia.org/wiki/Tagcloud. Zuletzt besucht am: 07.04.2010.
43 Auch als facettiertes Browsen bzw. Navigieren oder als Drilldowns bezeichnet.
44 Vgl. dazu den Katalog der NSCU Libraries: http://www.lib.ncsu.edu/catalog/. Zuletzt besucht am: 07.04.2010.
45 Vgl. dazu Greifeneder, 2007: S. 38.

angezeigt werden, entdeckt er weitere Medien, die mit seinem Suchbegriff assoziiert sind und damit ebenfalls für ihn interessant sein könnten.[46] Auch können auf diese Weise ähnliche Autoren, Interessenkreise oder Schlagwörter visuell dargestellt werden, wie das Beispiel der "Literaturlandkarte" für Autorennamen zeigt.[47]

Recommender-Systeme

Recommender-Systeme[48] bieten Empfehlungen für Nutzer und lassen sich unterteilen in explizite und implizite, verhaltensbasierte Recommender-Systeme. Zum einen unterstützen deren Empfehlungen die Nutzer bei der Recherche, in dem ihnen gegebenenfalls Titel aufgelistet werden, zu denen es über die normalen Such- und Anzeigefunktionen keine Querverbindungen gegeben hätte; zum anderen bieten sie eine zusätzliche Informationsquelle.

Nutzern sind Recommender-Systeme von Webseiten wie Amazon bekannt; dort werden sowohl angemeldeten als auch nichtangemeldeten Nutzern verschiedene Arten von Empfehlungen ausgesprochen. Die Empfehlungen beruhen auf impliziten Recommender-Systemen und entstehen hier durch die Beobachtung und die Auswertung des Kauf- und Suchverhaltens der Kunden und werden auf vielfältige Art und Weise in Empfehlungen aufbereitet.

In Bibliotheken entspricht das der Auswertung des Ausleih- und Vorbestellverhaltens von Nutzern, ihren Suchanfragen, der Zahl der Aufrufe einer Vollanzeige und dem Auswerten von Klicks auf Links. Ein im bibliothekarischen Bereich schon verbreitetes, implizites Recommender-System ist BibTip.[49] Es beobachtet anonymisiert das Nutzerverhalten bei der Suche im Katalog, wertet die Daten statistisch aus und erzeugt daraus automatisch Empfehlungen. Diese erscheinen als Links in der Volltitelanzeige und führen so Nutzer zu inhaltlich verwandten Titeln.

Explizite Recommender-Systeme basieren dagegen auf Kommentaren und Bewertungen durch Nutzer; dies wird weiter unten vorgestellt.

Sortierung der Suchergebnisse nach Relevanz und Popularität

Für Casey[50] ist die Sortierung der Suchergebnisse nach Relevanz der erste Bestandteil, den ein Katalog 2.0 aufweisen muss. Auch hier sind Internetnutzer Google und dessen Ranking gewöhnt, wenngleich in einem Online-Katalog andere Ranking-Algorithmen zugrunde liegen als in Suchmaschinen. Casey gibt ein Beispiel, wie in Katalogen eine Sortierung nach Relevanz aussehen kann: „Search for a word that exists in only three records but in one record it appears twice as often as the other two records and there you have your relevancy."[51] Die Sortierung richtet sich in diesem Fall also danach, wie oft ein Suchbegriff in bestimmten

---

46 Vgl. den Katalog der Queens Public Library: http://www.queenslibrary.org/.
47 http://www.literaturlandkarte.de.
48 Vgl. dazu Greifeneder, 2007: S. 40.
49 http://www.bibtip.org/.
50 Casey, 2007b: S. 18.
51 Ebd.

Feldern des Datensatzes vorkommt und wie selten der Begriff in der gesamten Datenbank ist.[52]

Die Sortierung der Suchergebnisse nach Popularität basiert auf dem Nutzerverhalten und funktioniert ähnlich wie ein Recommender-System: in die Sortierung kann das Ausleih- und das Suchverhalten, die Zahl der aufgerufenen Vollanzeigen und die durchschnittliche Bewertung eines Mediums einfließen.

Interaktivität

Tagging[53]
Tags sind frei vergebene Schlagworte, mit denen eigene digitale Inhalte oder auch die Inhalte anderer beschrieben, organisiert und kategorisiert werden. Gerade das Tagging bietet eine gute Möglichkeit, alternative Suchwege und Ressourcen zu entdecken, die man vorher nicht kannte und die man vielleicht auch gar nicht erwartet hätte.

Die Funktion des Tagging kann im Online-Katalog auf zwei Arten zum Einsatz kommen: zum einen können Nutzer für die im Katalog nachgewiesenen Medien Tags vergeben und damit die bereits vergebenen Schlagworte um ihre eigenen ergänzen, zum anderen können sie mittels Tag-Clouds durch diese Tags und die damit verknüpften Medien browsen. Da die Nutzer Tags vergeben, die sie mit den Medien assoziieren und die aus ihrem Wortschatz stammen, entsteht zusätzlich zur SWD ein nutzergeneriertes Vokabular „that is broadly shared and comprehensible by the user base"[54] und es ihnen ermöglicht, die Medien des Online-Katalogs so zu kategorisieren und organisieren, dass sie diese später ganz intuitiv wiederfinden können.

Kommentierung und Bewertung von Medien
Internetnutzer können heutzutage in den vielfältigsten Internet-Anwendungen Produkte kommentieren und bewerten und gewöhnen sich mehr und mehr daran, von diesen Anwendungen Empfehlungen zu erhalten.[55] Ein gutes Beispiel für diese Funktionen ist sicherlich Amazon: dort hat man die Möglichkeit, Rezensionen zu den dort angebotenen Produkten zu schreiben und diese auf einer Skala von 1 bis 5 zu bewerten. In Online-Katalogen geben Kommentare und Bewertungen „hilfreiche, über die reine Titelaufnahme hinausgehende Informationen"[56] und lassen die Benutzer partizipieren. Außerdem sind Kommentierung und Bewertung

---

52 Im Katalog der NCSU Libraries liegen z.B. die Treffer höher im Ranking, die genau der Anfrage entsprechen, die (bei Anfragen aus mehreren Begriffen) aus der exakten Phrase bestehen und die in einem bestimmten Feld vorkommen.
53 Vgl. dazu auch Kroski, 2007: S. 91 und den Artikel von Christof Niemann in diesem Handbuch.
54 Wikipedia-Eintrag „Folksonomy" http://en.wikipedia.org/wiki/Folksonomy. Zuletzt besucht am: 07.04.2010.
55 Vgl. dazu auch Dempsey, 2006.
56 Dierolf; Mönnich, 2006.

von Produkten die Grundlagen für ein explizites Recommender-System, welches bei der Suche eine gute zusätzliche Informations- und Auswahlmöglichkeit bietet. Ein Nachteil dieser Funktionen ist die mangelnde Sachlichkeit und Neutralität beim Schreiben von Kommentaren und der Abgabe von Bewertungen. Neben der Entwicklung von Überwachungsmechanismen sollten daher Richtlinien zum Schreiben von Rezensionen festgelegt werden, mit denen sich die Bibliothek gleichzeitig rechtlich absichern kann.

Visuelle Standortanzeige[57]

Diese Funktion meint die Einbindung eines elektronischen Leit- und Orientierungssystems direkt im Online-Katalog, welches beim Aufrufen der Exemplardaten die Signatur eines Mediums mit seinem Standort im Lageplan der Bibliothek verknüpft. So erleichtert es gerade neuen Nutzern und solchen, die in verschiedenen Bibliotheken ausleihen, die Suche nach einem Medium in der Bibliothek, da es den Weg zu ausgehängten Raumplänen erspart. Je genauer dabei die Anzeige des Standorts in diesem Plan ist, desto einfacher wird der Nutzer es finden. So kann er sich besser in den Bibliotheken orientieren und direkt vom Katalog aus zum entsprechenden Stockwerk und Regal gehen, ohne vorher nach den Lageplänen an den Regalen, Wänden oder den Informationstheken Ausschau halten zu müssen, er kann gegebenenfalls bereits zu Hause den Plan ausdrucken und entlastet damit letztlich auch die Mitarbeiter an den Informationstheken von Anfragen zu den Standorten.

Voraussetzungen für eine leichte und eigenständige Bedienung sind ein übersichtlicher Lageplan, der wichtige Orientierungspunkte beinhaltet, und eine gute erkennbare Markierung des entsprechenden Mediums. Außerdem muss die Standortanzeige stets aktuell gehalten werden.

Personalisierbarkeit

"Personalisierbarkeit" bedeutet in den meisten Online-Katalogen das Einloggen in ein persönliches Konto, in dem der Nutzer seine ausgeliehenen und vorbestellten Medien sowie seine offenen Gebühren einsehen, Medien verlängern, sein Konto ausdrucken und seine E-Mail-Adresse sowie sein Passwort für den Konto-Zugang ändern kann. Dass aber Personalisierung noch viel mehr umfasst, zeigen Beispiele wie Amazon, Facebook, LibraryThing[58] oder auch der WorldCat, der recht umfangreiche Funktionen zum Personalisieren bietet.[59] Darauf aufbauend könnte eine Personalisierung des Online-Katalogs wie folgt aussehen: Nach der Anmeldung mit Ausweisnummer und Passwort wird dem Nutzer zunächst sein Konto angezeigt, darüber hinaus werden ihm jedoch auch persönliche Empfehlungen gemacht

---

57 Vgl. dazu auch Dilger, 2008 und Greifeneder, 2007: S. 31.
58 http://www.librarything.de.
59 Anzeigen verschiedener Zitierformate, Exportieren in Literaturverwaltungsprogramme, den Treffer als Bookmark ablegen, Permalink erstellen, Speichern in persönlichen Listen, Ergänzen um Rezension, Bewertung, Anmerkung oder gar Inhaltsverzeichnis.

und die von ihm vergebenen Tags als Tag-Cloud angezeigt. Außerdem werden seine letzten Suchanfragen gespeichert. Er kann seine abonnierten RSS Feeds oder E- Mail-Benachrichtigungen verwalten und vielfältige Favoritenlisten anlegen. Mit einem Klick kann er ein Medium, welches er gerne ausleihen (das aber vielleicht noch in Einarbeitung ist) oder noch mal lesen möchte, seiner Favoritenliste oder einem Merkzettel hinzufügen. Er kann des Weiteren seine Lieblingsmedien thematisch in Listen ordnen und diese Listen gegebenenfalls für andere Nutzer einsehbar machen. Die auf diese Weisen gespeicherten Medien kann er jederzeit per E-Mail versenden, als RSS abonnieren, in die gängigen Zitierformate exportieren oder in Literaturverwaltungsprogramme bzw. LibraryThing importieren. Persönliche Einstellungen umfassen neben Passwort und E-Mail-Adresse ein persönliches Profil, dass der Nutzer nach Bedarf anlegen kann, um seine Interessen anderen Nutzern mitzuteilen und um gemäß diesen Interessen automatisch Medienempfehlungen zu erhalten.

Sichtbarkeit

Die Suche im Online-Katalog oder das Angebot an elektronischen Medien kann über verschiedene Elemente an den Stellen präsent gemacht werden, wo die Nutzer sich am PC bzw. im Internet bewegen: ihrem Desktop, Browser, auf der personalisierbaren Startseite[60] oder in ihrem tagtäglich genutzten Online-Netzwerk – ohne dass dafür die Seiten der Bibliothek aufgerufen werden müssen.[61]

Browser-Add-On

Add-ons[62] werden für Browser verwendet, um sie weitere Funktionen wie den direkten Zugriff auf Wörterbücher und Suchmaschinen hinzuzufügen – oder eben die Suche im Online-Katalog direkt von der Symbolleiste aus.[63]

Widget

Über Widgets[64] werden dynamische Inhalte und Funktionen der verschiedensten Art in einem Programm zur Verfügung gestellt, welches dann auf einer personalisierten Startseite, in dem Apple Dashboard oder der Windows Vista Sidebar integriert werden kann. Als Widget im bibliothekarischen Bereich denkbar sind z.B. Konto-Funktionen, die Suche im Katalog, die Anzeige von Neuerwerbungen

---

60 Z.B. iGoogle: http://google.de/ig. Zuletzt besucht am: 07.04.2010.
61 Vgl. dazu auch den Artikel von Anastasia Schadt und Jessica Euler in diesem Handbuch.
62 Vgl. dazu auch den Wikipedia-Eintrag „Add-on" http://en.wikipedia.org/wiki/Add-on. Zuletzt besucht am: 07.04.2010.
63 Vgl. dazu das Angebot der University of Texas Libraries http://www.lib.utexas.edu/tools/. Zuletzt besucht am: 07.04.2010.
64 Vgl. dazu den Wikipedia-Eintrag zu „Desktop-Widgets" http://de.wikipedia.org/wiki/ Widget_%28Desktop%29. Zuletzt besucht am: 07.04.2010. Diese Programme werden - je nach Umgebung, in der sie verwendet werden - auch „Gadget", „Snippet", „Mini" oder „Flake" bezeichnet.

und den beliebtesten Medien, Medienempfehlungen und Linktipps, Informationen zur Bibliothek, Terminüberblick, Chat mit Bibliotheksmitarbeitern.[65]

Soziale Netzwerke

Soziale Netzwerke wie Facebook, MySpace und StudiVZ, aber auch Bild- und Videoportale wie Flickr und YouTube, erfreuen sich großer Beliebtheit.[66] Statt aus der Webseite oder dem Katalog der Bibliothek eine eigene, neue Online-Community zu machen, empfiehlt es sich, Präsenz in den schon existierenden Communities zu zeigen. Neben Informationen zur Bibliothek kann in diesen Netzwerken der Zugang zum Katalog über Widgets ermöglicht werden.[67]

Der Bestand lässt sich so auch auf virtuelle Weise neu präsentieren, z.B. über „Wall"-Posts in Facebook[68], aber auch Foto-Geschichten und Neuerscheinungsvorstellungen in Flickr.[69]

Ein weiterer Ansatz ist das Zurverfügungstellen bzw. Katalogisieren in sozialen Literaturverwaltungsprogrammen wie LibraryThing, wie es z.B. die Genderbibliothek der HU Berlin betreibt.[70]

Neue Informationswege & mehr Informationen

Neue Informationswege:
RSS-Feeds

RSS-Feeds[71] sind ein Service auf Webseiten, mit dem man bestimmte Inhalte dieser Seiten als sogenannte Feeds abonnieren kann. Darüber erhält man dann automatisch Aktualisierungen der abonnierten Inhalte in einem Feed-Reader.[72] Dort können mehrere verschiedene Feeds der unterschiedlichsten Seite – maßgeschneidert nach den eigenen Bedürfnissen – zusammengestellt sowie thematisch geordnet und gruppiert werden. Dadurch muss man die abonnierten Seiten nicht

---

65 Vgl. dazu das „Go-Go Google Gadget" der Ann Arbor District Library in einem Blog-Eintrag von John Blyberg: http://www.blyberg.net/2006/08/18/go-go-google-gadget/. Zuletzt besucht am: 07.04.2010.
66 Alexander Hüsing: Soziale Netzwerke boomen http://www.deutsche-startups. de/2009/12/10/soziale-netzwerke-boomen/. Zuletzt besucht am: 07.04.2010.
67 Vgl. dazu die Facebook-Seite der New York Public Library: http://www.facebook.com/newyorkpubliclibrary?v=box_3. Zuletzt besucht am: 07.04.2010.
68 Vgl. dazu die Facebook-Seite der Mediothek Krefeld: http://www.facebook.com/pages/Krefeld-Germany/Mediothek-Krefeld/272893302122. Zuletzt besucht am: 07.04.2010.
69 Vgl. dazu das Flickr-Set „Murder by the Book @ APL" http://flickr.com/photos/theloudlibrarian/sets/1282646 und das Flickr-Bild „July 13 new books" http://flickr.com/ photos/mclibrary/188864564. Zuletzt besucht am: 07.04.2010.
70 Katalog der Genderbibliothek in LibraryThing http://www.librarything.com/catalog/genderbibliothek/yourlibrary. Zuletzt besucht am: 07.04.2010. Vgl. dazu auch die Artikel von Jakob Voß und Silvia Czerwinski sowie Danilo Vetter und Marius Zierold in diesem Handbuch.
71 Vgl. dazu Bradley, 2007: S. 11-33 und Plieninger; Stabenau, 2006.
72 Z.B. dem Google Reader: http://www.google.de/reader/. Zuletzt besucht am: 07.04.2010.

mehr täglich nacheinander besuchen, um dort nach aktualisierten Informationen zu suchen, sondern erhält die neuesten Inhalte dieser Seiten automatisch an einer Stelle – sozusagen als eine Art „personal newspaper".[73] Der Einsatz von RSS Feeds im Online-Katalog ist in vier Bereichen vorstellbar:

Recherche:
Nachdem der Nutzer eine Suchanfrage gestellt hat, kann er diese abonnieren und sich damit über Neuerscheinungen, die dieser Suchanfrage entsprechen, informieren lassen. Genauso kann er vergebene Tags und bestimmte Datensatz-Felder[74] abonnieren, um auch hier automatisch über Neuerscheinungen benachrichtigt werden. Eine weitere Möglichkeit sind RSS Feeds für die populärsten und gerade zurückgegebenen Medien.

Konto:
In seinem Konto abonniert der Nutzer seine ausgeliehenen und vorbestellten Medien und kann sich so über Statusänderungen bzw. den anstehenden Ablauf der Ausleihfrist informieren lassen. Um diese Funktion nutzen zu können, muss er sich allerdings beim Abonnieren bzw. Abrufen des Feeds mit seiner Ausweisnummer und seinem Passwort anmelden.

Dienstleistungen abonnieren:
Mittels RSS-Feeds kann der Nutzer auch die verschiedenen Dienstleistungen der Bibliothek abonnieren. So wird er über Neuigkeiten, neue Veranstaltungen, Änderungen im Dienstleistungsangebot, veränderte Öffnungszeiten und neue Medienempfehlungslisten automatisch informiert.

Einbindung von Inhalten Dritter bzw. eigenen Inhalten auf anderen Seiten:
Über RSS-Feeds kann der Online-Katalog mit Inhalten anderer Anbieter angereichert werden: Empfehlungen zu bestimmten Themen könnten bei einem Social Bookmarking-Dienst wie „del.icio.us"[75] hinterlegt werden, die dem Nutzer über einen RSS-Feed zum Abonnement angeboten oder direkt in den Katalog eingebunden werden können. Aber auch eigene Angebote (wie z.B. das Blog der Bibliothek) können so in den Katalog integriert werden.

Parallel zu RSS-Feeds können E-Mail-Benachrichtigungen angeboten werden, die schon jetzt viele Bibliotheken einsetzen, um Nutzer per E-Mail über das Eintreffen von Vorbestellungen zu informieren oder an das Ablaufen der Ausleihfrist zu erinnern. Darüber hinaus kann in Trefferlisten und Vollanzeigen eine Funktion wie "Tell a friend" oder "Diesen Treffer als E-Mail verschicken" integriert werden, mit der ein Nutzer bestimmte Medien oder eine ganze Trefferliste an Freunde oder sich selbst per E-Mail schicken kann.

---

73 Wikipedia-Eintrag „Aggregator" http://en.wikipedia.org/wiki/Aggregator. Zuletzt besucht am: 07.04.2010.
74 Z.B. Autor, Schlagwort, Notation, usw.
75 http://del.icio.us.

Blogging:

Auch über Blogs[76] und Mikroblogging-Dienste wie Twitter[77] können Informationen auf neuen Wegen gestreut werden, z.b. die Vorstellung bzw. Besprechung von Medien: Neuerscheinungen oder bestimmte Teile des Bestandes können in regelmäßigen Abständen herausgezogen und vorgestellt werden.[78] Während Twitter durch die Beschränkung auf 140 Zeichen pro Beitrag nur zur Kurzvorstellung von Medien und die Verlinkung zum entsprechenden Katalogeintrag geeignet ist, eröffnet ein Blog auch die direkte Kommunikation mit den Nutzern, die über die Kommentar-Funktion zu den Rezensionen Stellung nehmen und eigene Empfehlungen aussprechen können.

Darüber hinaus können mittels Blogging Fachinformationen (z.B. neue bzw. interessante Medien, Ressourcen und Recherche-Tipps zu einem bestimmten Sachthema) vermittelt werden.

Mehr Informationen:

Mittels verschiedener Formen der Kataloganreicherung können einem Online-Katalog zusätzliche, nicht-bibliographische Informationen hinzugefügt werden, welche nicht nur weitere Hinweise auf den Inhalt eines Mediums liefern und damit die bibliographischen Angaben des Datensatzes ergänzen, sondern dadurch letztlich auch die Möglichkeiten des Browsens durch den Bestand verbessern.[79] Zu unterscheiden sind nach Löhrer[80] zusätzliche Informationen, die aus einem Medium selbst entnommen wurden und solche, die aus Quellen außerhalb eines Mediums stammen. Diese zusätzlichen Inhalte dienen den Nutzern „als wichtige Orientierungs- und Entscheidungshilfen bei der Auswahl der Literatur"[81] und informieren über den Inhalt eines gesuchten Mediums, ohne es physisch (z.B. das Buch aus dem Regal) in die Hand nehmen zu müssen.

Zusatzinformationen aus dem Medium selbst

Eingescannte Inhaltsverzeichnisse, Klappentexte, Sachregister und Auszüge aus Büchern, wie sie der Internetnutzer bereits aus Amazons "Search Inside" kennt und wie sie z.B. in den Katalogen der Vorarlberger Landesbibliothek und der Universitäts- und Landesbibliothek Darmstadt[82] integriert werden, sind nicht nur zusätzliche Informationsquellen, sondern bieten, sofern sie mittels einer OCR-Software und Volltextindexierung durchsuchbar gemacht wurden, auch zusätzli-

---

76 Wikipedia-Eintrag „Blog" http://de.wikipedia.org/wiki/Blog. Zuletzt besucht am: 07.04.2010.
77 Wikipedia-Eintrag „Twitter" http://de.wikipedia.org/wiki/Twitter. Zuletzt besucht am: 07.04.2010.
78 Vgl. dazu das „Books"-Blog der Ann Arbor District Library http://www.aadl.org/catalog/books und den Twitter-Account der Stadtbibliothek Freiburg http://twitter.com/StabiFR. Zuletzt besucht am: 07.04.2010.
79 Vgl. dazu Hildreth, 1995: Kapitel 5.
80 Vgl. dazu Löhrer, 2007: S. 10 f.
81 Haubfleisch; Siebert, 2008: S. 384.
82 Der Katalog der Vorarlberger Landesbibliothek http://www.vorarlberg.at/vlb/katalog.htm und der Katalog der ULB Darmstadt http://elib.tu-darmstadt.de/lhb. Zuletzt besucht am: 07.04.2010.

che Sucheinstiege im Online-Katalog; dadurch wird z.b. bei Sammelwerken und Sammlungen die Suche nach den darin enthaltenen Titeln und Autoren möglich. Neben diesen textbasierten Zusatzinformationen ist auch die Anzeige der Cover in der Vollanzeige oder gar in der Trefferliste eine bereits jetzt häufig verwendete zusätzliche Informationsquelle, die die Attraktivität des Bestands erhöht und die Suche unterstützt, da Nutzer anhand der Cover durch den kompletten Bestand browsen können.

Ein nächster Schritt der Kataloganreicherung mit Zusatzinformationen aus dem Medium selbst besteht darüber hinaus durch die Integration von Hörproben von Musikstücken oder Hörbüchern. Wenn solche Hörproben im Online-Katalog eingebunden sind, „kann sich der Nutzer in der Bibliothek, aber auch von zu Hause aus durch den CD-Bestand Ihrer Bibliothek navigieren, in die Songs der gesuchten CDs reinhören"[83] und somit z.B. noch vor dem Weg in die Bibliothek entscheiden, ob er die CD ausleihen möchte oder nicht.

Verlinkungen und Mashups[84]

Anstatt zusätzliche Informationen von kommerziellen Anbietern einzukaufen oder in Eigenproduktion herzustellen, können zusätzliche Inhalte auch mittels Verlinkungen oder Mashups in den Online-Katalog integriert werden. In Katalogen findet man sie z.B., um Medien mit der Google Buchsuche oder dem Kataloganreicherungsdienst der Deutschen Nationalbibliothek (DNB) zu verbinden.

Der Vorteil besteht u. a. darin, dass die auf diese Weise verknüpften Informationen vom Anbieter gepflegt werden und damit kein Mehraufwand für die Bibliotheken entsteht. Allerdings können diese Informationen nicht durchsucht werden und die Bibliotheken haben keinen Einfluss auf deren Qualität. Daher sollte immer die Quelle angegeben werden, damit der Nutzer die Glaubwürdigkeit der Informationen einschätzen und entsprechend bewerten kann.

Mittels Links können auch Dienstleistungen wie Formulare z.B. für Anschaffungsvorschläge und einen Online-Auskunftsdienst in den Online-Katalog integriert werden.[85]

Mashups[86] können als Weiterentwicklung von Verlinkungen hin zu Applikationen mit ganz anderen Möglichkeiten gesehen werden: Sie sind Web-basierte, relativ leicht erstellbare und sehr dynamische Applikationen, mit denen bereits bestehende Web-Inhalte, -Daten oder -Dienste anderer Anbieter umgenutzt und miteinander kombiniert werden, um ein gänzlich neues Angebot zu erzeugen. Sehr häufig findet man bereits heute Mashups mit Google Maps, so auch im "Toronto Public Library Finder".[87] Weitere Beispiele sind BibTip, die Integration der Wiki-

---

83 Audioservices von BOND http://www.library-service.de/audioservices.htm. Zuletzt besucht am: 07.04.2010.
84 Vgl. dazu auch den Artikel von Oliver Flimm in diesem Handbuch.
85 Vgl. dazu den Katalog der UB Johann Christian Senckenberg: https://lbsopac.rz.uni-frankfurt.de. Zuletzt besucht am: 07.04.2010.
86 Vgl. dazu den Wikipedia-Eintrag „Internet-Mashup" http://de.wikipedia.org/wiki/Mashup_%28Internet%29 und Alby 2007: S. 132. Zuletzt besucht am: 07.04.2010.
87 Toronto Public Library Finder http://www.pragmatic.ca/TPLmap/TPLmap.html. Zuletzt besucht am: 07.04.2010.

pedia im Kölner UniversitätsGesamtkatalog sowie die Integration von Amazon-Rezensionen im Katalog der Falvey Memorial Library.[88]

Der „One-stop-shop" für Informationen

Neben der Verbesserung von Online-Katalogen durch die in den vorherigen Abschnitten beschriebenen Elemente sollte das Ziel der Entwicklung hin zum Katalog 2.0 in einem „One-stop-shop" liegen.

Die Webseiten und Kataloge der Darien Public Library (DPL) und der University of Michigan Libraries (MLibrary)[89] bieten dafür sehr gute Ansatzpunkte, sind beide doch eben solche „One-stop-shops" für alle bibliotheksrelevanten Informationen, Angebote & Dienstleistungen. Die Suchzeile der DPL ist immer präsent und ermöglicht zunächst eine einfache Suche im Katalog (ggf. vorgefiltert nach Medienart), über die Bibliothekswebsite oder in Google. Alle wichtigen Informationen (Öffnungszeiten, Veranstaltungen) sind auf einen Blick ersichtlich, alle Angebote und Dienstleistungen (Blog, Katalog, Online-Auskunftsdienst) sind entweder über die Startseite bzw. wenige Klicks erreichbar:

Abbildung 2: Startseite der DPL

---

88 Der Kölner UniversitätsGesamtkatalog http://kug.ub.uni-koeln.de/ und der Katalog der Falvey Memorial Library http://library.villanova.edu/Find. Zuletzt besucht am: 07.04.2010.
89 http://darienlibrary.org und http://lib.umich.edu.

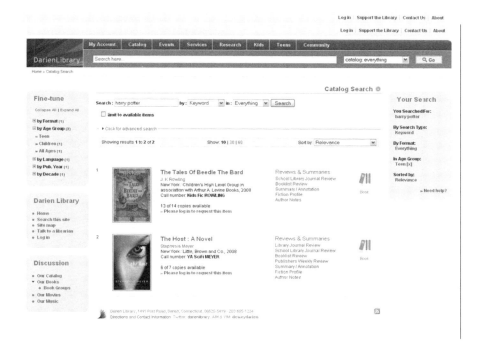

Abbildung 3: Katalog der DPL

Der Katalog selbst, der mit der „Social OPAC application suite" läuft,[90] integriert die meisten der oben beschriebenen Elemente wie Suchergebnisfilter, Abonnement der Suchanfrage als RSS Feed, Cover-Anzeige, Bewertungen, Kommentare und Tagging sowie Einbindung externer Rezensionen. Außerdem bietet die Startseite des Katalogs vielfältige Browsingmöglichkeiten, z.B. über eine Tag-Cloud oder Listen der beliebtesten Medien.

Auch die MLibrary bietet eine übersichtliche Startseite mit integrierter Suchzeile. Hinzu kommt eine Tagging-Funktion für jede einzelne Seite, nicht nur für Katalogeinträge. Eine Suche ohne Einschränkungen führt zu einer Übersicht über Suchergebnisse aus den Datenbanken, der Webseite, dem Katalog, dem Uni-Repositorium und den Online-Zeitschriften. Außerdem wird der zum Suchbegriff passende Fachreferent als Ansprechpartner aufgeführt:

Der Katalog, der auf der Open Source-Software „VuFind"[91] basiert, bietet ähnlich dem der DPL einige der vorgestellten Elemente, wie z.B. Anlegen von Listen, Speichern von Favoriten, Integration der e-Medien, permanente URL, Export in Zitierformate und Literaturverwaltungssysteme, E-Mailen und Simsen von Treffern sowie Anzeige von ähnlichen Titeln.

---

90 http://thesocialopac.net/.
91 http://vufind.org.

54　Fabienne Kneifel

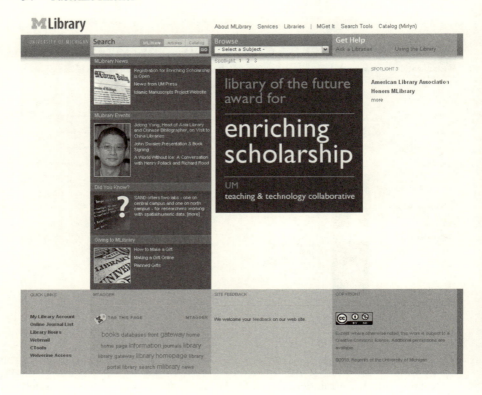

Abbildung 4: Die Startseite der MLibrary

Abbildung 5: Überblick über die Suchergebnisse

Abbildung 6: Mirlyn - der Katalog der MLibrary

Der Katalog als „One-stop-shop" umfasst also alle digitalen Angebote und Informationen einer Bibliothek unter einer Oberfläche; dazu sollten auch digitale Medien gehören, damit ein Nutzer online nicht nur nach Medien recherchieren, sondern auch direkt auf sie zugreifen kann. Zusammen mit vielfältigen Suchmöglichkeiten und zusätzlichen Inhalten wäre dann dafür gesorgt, dass der Katalog „discovery and "obtain" functions"[92] künftig in einem anbietet und der Entdeckungsprozess nicht mehr an anderer Stelle stattfindet.

Der Weg zum Katalog 2.0: Herausforderungen & Chancen

Das Zeitalter des Web 2.0 bietet Bibliotheken viele Möglichkeiten, ihre Online-Kataloge durch Anwendungen aus dem Bereich der sozialen Software und anderen Web 2.0-Elementen zu Katalogen der nächsten Generation, zu Katalogen 2.0, weiterzuentwickeln. Die Einbeziehung solcher Elemente auch im Online-Angebot von Bibliotheken wird von immer mehr Nutzern erwartet. Denn schon längst verbringen heutzutage nicht nur die "digital natives" einen Großteil ihrer Zeit im Internet mit Web 2.0-Anwendungen. Im Hinblick auf die Möglichkeiten dieser Anwendungen erscheinen heutzutage viele Online-Kataloge tatsächlich veraltet. Die Diskussionen um "Bibliothek 2.0" und "Katalog 2.0" zeigen die Mängel dieser Kataloge auf, geben Anforderungen sowie Hinweise mit auf den Weg, die den Bibliotheken, die ihre Dienstleistungsangebote an den Prinzipien des Web 2.0 orientieren wollen – Nutzerzentrierung, Partizipation und Kollaboration, um nur einige dieser Prinzipien abschließend zu nennen – die Richtung weisen können. Die Weiterentwicklung eines Online-Katalogs ist, wenn sie einmal begonnen

---

92 Coyle, 2007a: S. 290.

wurde, als eine konstante und zielgerichtete Veränderung zu betrachten: Der neue Katalog ist zwar auf Nachhaltigkeit angelegt; da er jedoch auch eine flexible und leicht erweiterbare Anwendung sein sollte, kann er den sich stets verändernden Bedürfnissen der Nutzer und dem technologischen Wandel leicht angepasst werden und bleibt so "perpetual beta". Die vorgestellten Elemente sind einige der Möglichkeiten, einen Katalog 2.0 zu schaffen, der folgende Vorteile bietet:
Er ist einfach bedien- und durchsuchbar; er macht die Medien einer Bibliothek über neue und erweiterte Such- und Browsingmöglichkeiten auffindbar und ermöglicht Serendipität.

Er ist interaktiv; Nutzer können mit den angebotenen Informationen interagieren und „verschlagworten" nach ihrem Vokabular zum Sortieren und leichten Wiederauffinden von Informationen. Kommentare und Bewertungen dienen den Nutzern als Recommender-System, ohne Mehrarbeit für die Bibliothek.

Er ist personalisierbar; Informationen können auf die eigenen Bedürfnisse zugeschnitten werden, der Katalog wird so zum Literaturverwaltungssystem. Personalisierte Empfehlungen helfen dem Nutzer, Neues zu entdecken.

Er ist sichtbar; der Zugriff auf die bibliothekarischen Angebote wird überall dort angeboten, wo Nutzer sich am PC und im Internet täglich aufhalten. Die Bibliothek platziert sich so aktiv in der Online-Welt der Nutzer.

Er vermittelt mehr Informationen, auch auf neuen Wegen; er bietet über die bibliographische Beschreibung hinaus vielfältige Informationen, die bei Auswahl und Bestimmung der Relevanz helfen. Diese Informationen werden über neue Wege wie RSS Feeds automatisch an die Nutzer geliefert.

Er ist ein „One-stop-shop" für Informationen; alle Angebote und Dienstleistungen werden unter einer einheitlichen Oberfläche angeboten. Durch Einbindung von e-Medien wird auch der direkte Zugriff auf Ressourcen möglich.
Auf dem Weg dorthin gilt es natürlich, einige Punkte im Auge zu behalten:
Da Nutzer auch in Bezug auf die Funktionalitäten eines Online-Katalogs oft ganz andere Bedürfnisse und Vorstellungen haben als Bibliothekare, sollten bei der Weiterentwicklung unbedingt die Wünsche der Nutzer mit eingebunden werden. Zur Erforschung eignen sich Umfragen, Usability-Studien und Fokusgruppen-Workshops. Hervorzuheben ist an dieser Stelle das beluga-Projekt zur Entwicklung eines Katalogs 2.0 für die Hamburger Bibliotheken.[93]

Da möglichst alle Zielgruppen, inklusive der Nicht-Nutzer, berücksichtigt werden sollen, können nie alle Bedürfnisse gleichzeitig abgedeckt und alle Wünsche sofort umgesetzt werden. Hier ist zu entscheiden, was sich mittels der verfügbaren Ressourcen und auch technisch realisieren lässt und inwieweit sich die Nutzerbedürfnisse mit der Ausrichtung der Bibliothek decken. Darauf aufbauend müssen die Anforderungen der Nutzer priorisiert und die sich daraus ergebenden Möglichkeiten abgewogen werden. Hilfreich ist daher eine wiederholte Evaluierung der angebotenen Dienstleistungen.

---

93 http://beluga.sub.uni-hamburg.de/. Vgl. dazu auch den Artikel von Anne Christensen in diesem Handbuch.

Das Angebot partizipativer Elemente (Tagging, Kommentierung, Bewertung) eröffnet immer auch die Gefahr des Missbrauchs. Eine Bibliothek muss sich zwar zum einen rechtlich dagegen schützen, sollte aber zum anderen ihren Nutzern zunächst Vertrauen entgegenbringen und auf die Selbstregulierung durch die Community bauen. Werden die Hürden zur Partizipation zu hoch gesetzt, hält dies ggf. auch potentiell interessierte Nutzer zurück. Zu beachten ist bei diesen partizipativen Funktionen – genauso wie bei denen zur Personalisierung – auch die Frage des Datenschutzes.[94]

Der Ressourcenaufwand wird sich bei der Entwicklung zu einem Katalog 2.0 sicherlich zunächst erhöhen; dies ist jedoch bei jeder Veränderung und Verbesserung sowie Ausweitung des Dienstleistungsangebots der Fall – egal, ob es sich um verlängerte Öffnungszeiten, Einführung der Selbstverbuchung oder eben Überarbeitung des Online-Angebots handelt.

Beim Anbieten von Zusatzinformationen (Klappentexte, Auszüge, Cover und Hörproben) muss natürlich das Urheberrecht beachtet werden. Hier gilt es, auf dem aktuellen Stand der Entwicklungen und auch der Diskussionen in diesem Bereich zu bleiben und die zusätzlichen Informationen stets daraufhin zu prüfen, ob sie rechtlich gesehen zur Kataloganreicherung verwendet werden dürfen oder nicht.

Sowohl für den Katalog als auch für einzelne Elemente stellt sich die Frage, ob eine Software bzw. ein Service gekauft oder selbst erstellt werden sollte. Hier ist abzuwägen zwischen den Kosten für kommerzielle Angebote und dem Aufwand der Eigenproduktion bzw. der Anpassung von Open-Source-Produkten.

Für Software spielt hier ggf. die Frage nach Barrierefreiheit eine entscheidende Rolle, denn einige Web 2.0-Technologien ermöglichen unter Umständen keinen absoluten barrierefreien Zugriff auf einzelne Dienstleistungen.[95]

Bei der Vermarktung eines Katalogs 2.0 dürfen nicht die Technologien an sich in den Vordergrund gestellt werden, sondern vor allem der Mehrwert, den diese Technologien für den Nutzer bedeuten.[96] Sollte der Katalog partizipative Elemente anbieten, ist gutes Marketing sogar noch wichtiger; denn diese Elemente bringen nur dann einen echten Mehrwert, wenn eine kritische Masse sie bereits nutzt. Hier können Anreizsysteme hilfreich sein, aber auch ein möglichst niedrigschwelliger Einstieg in die entsprechende Funktionalität. Ggf. können zum Umgang mit diesen Web 2.0-Elementen Nutzerschulungen angeboten werden; dadurch kann gleichzeitig auf die „Informationskompetenz 2.0" der Teilnehmenden gefördert werden.

---

94 Vgl. dazu den Artikel von Bernd Juraschko in diesem Handbuch.
95 Z.B. JavaScript, AJAX und Plugins.
96 Z.B. einfachere Suchmöglichkeiten, relevantere Suchergebnisse, inhaltliche Zusatzinformationen oder das Anlegen eigener Literaturlisten.

Diese und unter Umständen noch weitere Diskussionspunkte[97] müssen in die Weiterentwicklung eines Online-Katalogs hin zum Katalog 2.0 unbedingt mit einbezogen werden. Aber dennoch: „While it does require careful planning, the use of social software in libraries can lead to unprecedented online communication, collaboration, and community building"[98] – und damit zu einem zeitgemäßen Katalog, der die Wünsche und Bedürfnisse der Nutzer reflektiert, der sie dort erreicht, wo sie sich im Internet bewegen und der ihnen neben Google, Wikipedia & Co. eine attraktive und zugleich verlässliche Quelle zur Informationsbeschaffung ist.

Literaturverzeichnis

Alle online verfügbaren Quellen wurden zuletzt am 07.04.2010 aufgerufen.

(Antelman, 2006) Antelman, Kristin; Lynema, Emily; Pace, Andrew K.: Toward a Twenty-First Century Library Catalog. In: Information Technology and Libraries, Jg. 25 (2006), Nr. 3, S. 128 – 138. Online verfügbar unter http://eprints.rclis.org/archive/00007332/.

(Bradley, 2007) Bradley, Phil: How to use web 2.0 in your library. London : Facet Publ., 2007.

(Breeding, 2007a) Breeding, Marshall: The birth of a new generation of Library interfaces. In: Computers in Libraries, Jg. 27 (2007), Nr. 9, S. 34 – 37.

(Breeding, 2007b) Breeding, Marshall: Next generation catalogs. In: Library Technology Reports, Jg. 43 (2007), Nr. 4. Online verfügbar unter http://www.accessmylibrary.com/coms2/summary_0286-33114988_ITM.

(Casey, 2007b) Casey, Michael: Looking toward catalog 2.0. In: Courtney, Nancy (Hg.): Library 2.0 and beyond. Westport, Conn. [u.a.] : Libraries Unlimited, 2007, S. 15 – 24.

(Coyle, 2007a) Coyle, Karen: The library catalog in a 2.0 world. In: The Journal of Academic Librarianship, Jg. 33 (2007), Nr. 2, S. 289 – 291.

(Coyle, 2007b) Colye, Karen: The library catalog: some possible futures. In: The Journal of Academic Librarianship, Jg. 33 (2007), Nr. 3, S. 414 – 416.

(Danowski; Heller, 2006) Danowski, Patrick; Heller, Lambert: Bibliothek 2.0: die Bibliothek der Zukunft?. In: Bibliotheksdienst, Jg. 40 (2006), Nr. 11, S. 1259 – 1271.

(De Rosa et. al., 2005) De Rosa, Cathy et al.: Perceptions of Libraries and Information Resources. A Report to the OCLC Membership. Dublin, Ohio : OCLC, Online Computer Library Center, 2005. Online verfügbar unter http://www.oclc.org/reports/2005perceptions.htm.

(Dellit; Fitch, 2007) Dellit, Alison; Fitch, Kent: Rethinking the catalogue. Paper delivered to the Innovative Ideas Forum, National Library of Australia, 19th April 2007.Online verfügbar unter http://www.nla.gov.au/openpublish/index.php/nlasp/article/viewFile/1047/1316.

---

97 Z.B. die Kompatibilität mit der jetzigen Bibliothekssoftware oder organisatorische Gegebenheiten, wie die Einbindung des bibliothekarischen Internetauftritts in den der übergeordneten Institution.
98 Farkas, 2007: S. 255.

(Dempsey, 2006) Dempsey, Lorcan: The Library Catalogue in the New Discovery Environment: Some Thoughts. In: Ariadne, [Jg. 11] (2006), Nr. 48. Online verfügbar unter http://www.ariadne.ac.uk/issue48/dempsey/.

(Dierolf; Mönnich, 2006) Dierolf, Uwe; Mönnich, Michael: Einsatz von Recommendersystemen in Bibliotheken. In: B.I.T. Online, Jg. 9 (2006), Nr. 1.

(Dilger, 2008) Dilger, Lena: Wie Opacs die Nutzer zum Regal lenken können. In: BuB, Jg. 60 (2008), Nr. 3, S. 243 – 247.

(Drauz; Plieninger, 2010) Drauz, Susanne; Plieninger, Jürgen: Nutzerwünsche sind nur bedingt RAK-kompatibel. In: BuB, Jg. 62 (2010), Nr. 1, S. 40 – 48.

(Farkas, 2007) Farkas, Meredith G.: Social software in libraries. Building collaboration, communication, and community online. Medford, NJ : Information Today, 2007.

(Greifeneder, 2007) Greifeneder, Elke Susanne: Effektivität und Effizienz von Online-Hilfesystemen in deutschen Universitäts-OPACs. Berlin, 2007. Online verfügbar unter http://eprints.rclis.org/archive/00012865/.

(Haubfleisch; Siebert, 2008) Haubfleisch, Dietmar; Siebert, Irmgard: Catalogue Enrichment in Nordrhein-Westfalen. Geschichte, Ergebnisse, Perspektiven. In: Bibliotheksdienst, Jg. 42 (2008), Nr. 4, S. 384-391.

(Heller, 2009) Heller, Lambert: Was ist ein Katalog 2.0? - Versuch einer Definition. Online verfügbar unter http://biblionik.de/2009/12/21/katalog-20/, zuerst veröffentlicht am 21.12.2009.

(Hildreth, 1995) Hildreth, Charles R.: Online Catalog Design Models: Are We Moving in the Right Direction?. A Report Submitted to the Council on Library Resources August, 1995. Online verfügbar unter http://www.ou.edu/faculty/H/Charles.R.Hildreth/ clropac.html.

(Kneifel, 2009) Kneifel, Fabienne: Mit Web 2.0 zum Online-Katalog der nächsten Generation. Dinges & Frick : Wiesbaden, 2009. Online verfügbar unter http://www.b-i-t-online.de/daten/BIT_Innovativ_23_Kneifel.pdf.

(Kroski, 2007) Kroski, Ellyssa: Folksonomies and User-Based Tagging. In: Courtney, Nancy (Hg.): Library 2.0 and beyond. Westport, Conn. [u.a.] : Libraries Unlimited, 2007, S. 91 – 104.

(Löhrer 2007) Löhrer, Sabina: Kataloganreicherung in Hochschulbibliotheken. State of the Art Übersicht und Aussichten für die Schweiz. Chur : Hochschule für Technik und Wirtschaft, 2007. Online verfügbar unter http://e-collection.ethbib.ethz.ch/view/eth:29340.

(Markey, 2007) Markey, Karen: The online Library Catalog. Paradise Lost and Paradise Regained?. In: D-Lib Magazine, Jg. 13 (2007), Nr. 1/2. Online verfügbar unter http://www.dlib.org/dlib/january07/markey/01markey.html.

(Ostrom, 2006) Ostrom, Amy: Laundry list for NGC (long post). Online verfügbar unter http://thread.gmane.org/gmane.culture.libraries.ngc4lib/1226, zuerst veröffentlicht am 12.12.2006.

(Pattern, 2007) Pattern, David: Are you happy with your Opac?. In: Library + Information Update, Jg. 6 (2007), Nr. 10, S. 32 – 34.

(Plieninger; Stabenau, 2006) Plieninger, Jürgen; Stabenau, Edlef: Nutzung und Einsatz von RSS. 1. Aufl. 2006. Online verfügbar unter http://www.bib-info.de/fileadmin/media/Dokumente/Kommissionen/Kommission%20f%FCr%20One-Person-Librarians/Checklisten/check14.pdf.

(Schneider, 2006a) Schneider, Karen G.: How OPACs Suck, Part 1: Relevance Rank (Or the Lack of It). Online verfügbar unter http://www.techsource.ala.org/blog/

2006/03/how-opacs-suck-part-1-relevance-rank-or-the-lack-of-it.html, zuerst veröffentlicht am 13.03.2006.
(Schneider, 2006b) Schneider, Karen G.: How OPACs Suck, Part 2: The Checklist of Shame. Online verfügbar unter http://www.techsource.ala.org/blog/2006/04/how-opacs-suck-part-2-the-checklist-of-shame.html, veröffentlicht am 03.04.2006.
(Steiner, 2007) Steiner, Esther Susanne: OPAC 2.0. Mit Web 2.0-Technologie zum Bibliothekskatalog der Zukunft?. Stuttgart, 2007. Online verfügbar unter http://opus.bsz-bw.de/hdms/volltexte/2007/624/.
(Tennant, 2003) Tennant, Roy: Library Catalogs: The Wrong Solution. In: Library Journal. Online verfügbar unter http://www.libraryjournal.com/article/CA273959.html, zuerst veröffentlicht am 15.02.2003.

Alle Quellen wurden zuletzt am 07.04.2010 aufgerufen.

http://beluga.sub.uni-hamburg.de
http://beta.library.villanova.edu/Find
http://darienlibrary.org
http://de.wikipedia.org/wiki/Blog
http://de.wikipedia.org/wiki/Mashup_%28Internet%29
http://de.wikipedia.org/wiki/Tagcloud
http://de.wikipedia.org/wiki/Twitter
http://de.wikipedia.org/wiki/Widget_%28Desktop%29
http://del.icio.us
http://elib.tu-darmstadt.de/lhb/
http://en.wikipedia.org/wiki/Add-on
http://en.wikipedia.org/wiki/Aggregator
http://en.wikipedia.org/wiki/Folksonomy
http://flickr.com/photos/mclibrary/188864564
http://flickr.com/photos/theloudlibrarian/sets/1282646
http://google.de/ig
http://kug.ub.uni-koeln.de/
http://lib.umich.edu
http://thesocialopac.net
http://twitter.com/StabiFR
http://vufind.org
http://www.aadl.org/catalog/books
http://www.amazon.de
http://www.bibtip.org/
http://www.blyberg.net/2006/08/18/go-go-google-gadget/
http://www.deutsche-startups.de/2009/12/10/soziale-netzwerke-boomen
http://www.facebook.com/newyorkpubliclibrary?v=box_3
http://www.facebook.com/pages/Krefeld-Germany/Mediothek-Krefeld/272893302122
http://www.google.de
http://www.google.de/reader

http://www.lib.ncsu.edu/catalog/
http://www.lib.utexas.edu/tools/
http://www.library-service.de/audioservices.htm
http://www.librarything.de
http://www.librarything.com/catalog/genderbibliothek/yourlibrary
http://www.literaturlandkarte.de/
http://www.pragmatic.ca/TPLmap/TPLmap.html
http://www.queenslibrary.org/
http://www.ubka.uni-karlsruhe.de/hylib/suchmaske.html
http://www.vorarlberg.at/vlb/katalog.htm
http://www.wikipedia.de
http://www.worldcat.org/
https://lbsopac.rz.uni-frankfurt.de

Christof Niemann und Stephan Müller

Ein Tag sagt mehr als tausend Worte? – Kreatives Potenzial und Neotags in Tagging-Systemen

Einleitung

Im Kontext des Information Overload (Toffler, 1990) und begünstigt durch die hohe technische Entwicklungsdynamik des Internets (pointiert ausgedrückt nicht zuletzt in der Versionierungsmetapher „2.0") können die Strukturierung der Informationsmassen sowie die inhaltliche Erschließung digitaler Medien als größte Herausforderungen des heutigen Wissensmanagements bezeichnet werden. Neben dem „Klassiker", nämlich der Erschließung der Ressourcen durch Wissensexperten mittels kontrollierter Vokabulare, haben sich in der vernetzten Welt zwei weitere Methoden hierzu durchgesetzt: die automatische Erschließung mittels Suchalgorithmen, wie sie in Suchmaschinen und in der computerlinguistischen Methodik zur Anwendung kommen, sowie Community-basierte Methoden, bei denen die Teilnehmer von Netzwerken selbst Annotationen vornehmen, um diese für sich und andere zur Verfügung zu stellen. Jede dieser Methoden hat ihre spezifischen Vorzüge und Mängel: Kontrollierte Vokabulare bieten Sicherheit und Struktur, sind aber bezüglich neuer Entwicklungen und aufkommender Themen träge und statisch. Automatische Verfahren bestechen durch ihre hohe Effizienz und Verfügbarkeit, können aber ebenso wenig selbst Innovationen produzieren, wie sie Ambiguitäten und inhaltliche Besonderheiten blind ignorieren. Web 2.0-Systeme sind äußerst dynamisch und bezüglich der von ihnen abgedeckten Themen ebenfalls effizient, hängen bezüglich ihres Erschließungsgrades aber stark von den Interessen ihrer Nutzer ab und weisen teilweise eklatante Mängel im Hinblick auf ihre Strukturiertheit auf. Idealerweise müssten folglich alle drei Methoden kombiniert und/oder verknüpft werden, um dem genannten Overload effektiv zu begegnen. Die Erschließung von Inhalten würde dann z.B. wie im dargestellten „Annotationsdreieck" (vgl. Abbildung 1) ablaufen.

Die Vokabulare dienen in dem Modell als Basis der automatischen Verschlagwortung, deren Ergebnisse zur Anreicherung der Tagging-Systeme benutzt werden. So können Ressourcen mit jenen relevanten Schlagworten versehen werden, die durch die Tagger noch nicht zugewiesen wurden. Die eigenen Tags der Nutzer, die aktuelle Bedürfnisse und Entwicklungen beim Wissensmanagement am besten repräsentieren, werden dagegen als Inspirationsquelle und zur Ermittlung inhaltlicher Tendenzen bei der Pflege der kontrollierten Vokabulare herangezogen. Auf diese Weise schließt sich dann der Kreislauf der Annotation, wobei auch Bereinigungsmechanismen zur Entfernung veralteter Schlagworte usw. implementiert werden sollten. Konkrete Prozesse und „Schnittstellen" einer solchen Zusammenarbeit bei der Erschließung von Ressourcen müssen allerdings immer in Abhängigkeit von den jeweiligen Domänen und Bedürfnissen entwickelt werden.

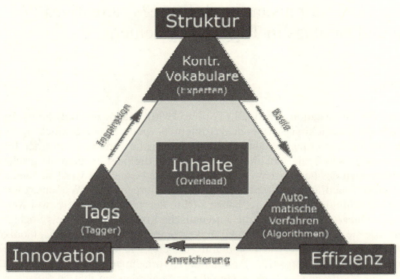

Abbildung 1: Annotationsdreieck zur Erschließung von Ressourcen

In diesem Beitrag liegt nun der Schwerpunkt auf der Web 2.0-Methode des Collaborative Tagging, das zu einer festen Größe des Wissensmanagements im Internet avanciert ist (Everitt und Mills, 2009). Auch die wissenschaftlichen Bibliotheken stehen vor der Aufgabe, die große Flut von Informationen in Gestalt digital publizierter Artikel und Werke möglichst inhaltlich erschlossen verfügbar zu machen. Entsprechend ist es nahe liegend, Tagging auch hier als Lösungsstrategie in Erwägung zu ziehen. Die Frage ist allerdings, ob die kollaborative Intelligenz der Nutzer für die Sacherschließung überhaupt eingesetzt werden kann. Während diese von der intuitiven und individuellen Wissensorganisation beim Tagging profitieren können, ist die große Freiheit bei der Vergabe von Deskriptoren für den Informationsexperten nämlich wie bereits angedeutet ein ambivalentes Phänomen: Kundennähe und kreatives Potenzial stehen der großen Menge völlig unkontrollierter Metainformationen gegenüber, deren inhaltliche Qualität und Aussagekraft nicht gesichert ist. Aus der Sicht stark strukturierter Wissensorganisation, wie sie etwa durch Fachreferenten und Bibliothekare realisiert wird, handelt es sich bei den zunächst unvermittelt nebeneinander stehenden Tags nämlich kurz gesagt um Chaos. Das in diesem Chaos aber auch sinnvolle Ideen und wertvolles Wissen als Gemeinschaftsprodukt erzeugt wird, kann mindestens durch den Erfolg der Systeme, teilweise aber auch durch die bisherigen Forschungsergebnisse als bestätigt gelten.

Tagging-Systeme als Forschungsgegenstand: Prioritäten und Fehlbestände

Während viel Aufwand darauf verwendet wurde und wird, die Strukturen und Beziehungen zwischen den Zeichenketten, die in Form von Tags in Tagging-Systemen vielfältige Funktionen erfüllen, aufzudecken, ist die Beschäftigung mit der tatsächlichen inhaltlichen Substanz dieser Zeichenketten deutlich unterrepräsentiert. Die Ursachen hierfür liegen zum einen in der „Sozialstruktur" der interessierten Community, zum anderen aber auch in der unmöglich erscheinenden Aufgabe, jedes einzelne der hunderttausende von Tags intellektuell zu evaluieren. Dennoch ist eine valide inhaltliche Evaluierung von Tags ausschließlich intellektuell zu haben. Das einzelne Tag würde so nämlich nicht nur als leere Zeichenfolge betrachtet, die mit weiteren Zeichenfolgen mit einer mehr oder weniger großen Wahrscheinlichkeit in einem inhaltlich nicht näher definierten Zusammenhang steht. Sie würde vielmehr als Träger von de facto semantischem Gehalt betrachtet.

Eine Evaluierung von 73 wissenschaftlichen Studien und Beiträgen, die in den letzten zwei Jahren in namhaften Publikationen (z.B. *Lecture Notes in Computer Science, Journal of Information Science* oder *Library Review*) zum Thema erschienen sind, zeigt als immer wiederkehrende Themen: *a)* allgemeine Betrachtungen jeglicher Art, etwa zum Wissensmanagement oder zum generellen Potenzial von Tagging-Systemen, *b)* Gruppen, typische Strukturen und Verteilungen von Tags, Nutzern und/oder Ressourcen, *c)* Interaktionsbeziehungen zwischen Nutzern, Tagging-Systemen und/oder Umweltbedingungen, *d)* Analysen von Netzwerkstrukturen und/oder systemimmanenten Dynamiken sowie *e)* (eher selten ausschließlich, aber in fast allen Beiträgen als methodische Zielsetzung) die Verbesserung und Bereitstellung von Algorithmen und automatischen Verfahren. Die Ausdifferenzierung der Forschung zeigt sich außerdem in „Orchideenstudien" wie etwa jene zur Charakterisierung von Angriffen auf Tagging-Systeme oder zu Reaktionen der Nutzer auf Veränderungen einer bestimmten Systemarchitektur. Erwartungsgemäß finden sich auch linguistisch orientierte Annäherungen, die sich etwa mit dem benutzten Vokabular, dem automatischen Auffinden und der Verknüpfung ähnlicher Begriffe oder der Anreicherung derselben mit Metainformationen beschäftigen.

Defizite der Tagging-Forschung

Trotz aller Komplexität und Vielschichtigkeit der Beiträge werden fast immer sprachstatistische Methoden und/oder maschinelles Lernen (Clustering-Verfahren,

Ähnlichkeitsalgorithmen usw.) zur Analyse eingesetzt. Nur sehr vereinzelt und nachgeordnet finden sich intellektuelle Evaluierungen, noch seltener Befragungen zur Validierung der automatisch generierten Ergebnisse. Dies überrascht zunächst, da Tagging-Plattformen ja ganz wesentlich auf sprachlichen Ausdrücken basieren, die ausschließlich durch den Menschen valide interpretiert und hinsichtlich ihrer semantischen Qualität bestimmt werden können. Auf dem zweiten Blick zeigen die Schwerpunkte der untersuchten Studien jedoch schlicht die methodischen Präferenzen der interessierten Fachöffentlichkeit, deren Vertreter im Wesentlichen aus informatiknahen Disziplinen bzw. solchen mit entsprechenden Schnittstellen (etwa digitale Bilbiotheksdienste, eLearning in der Pädagogik usw.) stammen. Auch ein erheblicher Teil der Nutzer selbst und fast alle „Poweruser" sind Personen dieser Tätigkeitsfelder zuzuordnen, wenngleich der Trend zu mehr Interdisziplinarität im Zuge der allgemeinen Popularisierung der Systeme anhaltend ist. Die klassischen Geisteswissenschaften sind aber in jedem Fall deutlich unterrepräsentiert.

Folgerungen

Die Verengung der wissenschaftlichen Beschäftigung mit Tagging-Systemen auf die (unbestreitbar wichtigen) „technischen" Aspekte bewirkt, dass die Diskussion der ebenso zentralen sozialen Dimension und auch typisch geisteswissenschaftliche Sichtweisen auf das Thema ausbleiben. Dies ist auch unter dem Eindruck vielfältiger Beiträge dieser Disziplinen zu Netzwerkthemen *allgemein* nicht nachvollziehbar (vgl. z.B. den Sammelband von Stegbauer, 2008). Darüber hinaus legen die vielfältigen (aufwändigen) Verfahren und Bestrebungen zur Nutzbarmachung von Tagging-Daten aber noch einen weiteren Schluss nahe: intelligent sind offenbar vor allem die Forscher, die im Nachhinein versuchen, das Chaos in den Tagging-Systemen zu ordnen und in den Griff zu bekommen. Das vermeintlich „intelligente" Kollektiv hingegen - so scheint es - produziert zunächst einmal nur ziemlich wahllos Inhalte. Eine nachgeordnete Strukturierung dieser Inhalte fördert nur kurzfristige Übereinkünfte der Nutzer darüber zu Tage, welche Deskriptoren gerade „gut" funktionieren, weil die Produktion von Ad-hoc-Innovationen ja stetig weitergeht. Dem Wunsch nach eindeutiger, idealer Weise hierarchischer Strukturierung steht also die Tatsache entgegen, dass Sprache als adaptives System abseits formaler Grammatiken ständigen Reorganisationen unterworfen und mithin niemals „fertig strukturiert" oder zu strukturieren ist. Diese „semiotische Dynamik", innerhalb derer eine Gruppe von Sprachagenten ihre Symbole ständig gegeneinander abgleicht, befördert den ständigen Wandel der Sprache (Steels, 2006). Insofern ist auch die Reorganisation der aus Sprache abgeleiteten Strukturen immer nur in Abhängigkeit von individuellen Zielsetzungen möglich. In diesem Beitrag wird allerdings nicht versucht, der Dynamik der Sprache über ihre Strukturierung durch feingliedrige automatische Justierungsmechanismen möglichst „dicht auf den Fersen" zu bleiben. Vielmehr sollen die im Prozess der Dynamik erzeugten „Sprachprodukte" auf ihre Eigenschaften hin geprüft und bewertet werden.

Intelligenz und Kreativität im Web 2.0

Intelligenz bedeutet, „anschauliche sowie abstrakte Beziehungen zu erfassen, herzustellen und zu deuten und sich dadurch an neuartige Situationen anzupassen und sie gegebenenfalls durch problemlösendes Verhalten zu bewältigen" (Hoffmann und Wolf, 2010).[1] Im Zusammenhang mit Web 2.0-Systemen wie Wikipedia, FlickR oder BibSonomy kommt nun immer wieder die Idee einer bestimmten Form von Intelligenz, nämlich der sogenannten „Schwarmintelligenz", ins Gespräch. Es handelt sich dabei um ein Phänomen, welches zunächst aus der Naturbeobachtung von Staaten bildenden Insekten abgeleitet wurde. Relativ unintelligente Einzelwesen produzieren durch ihr kooperatives Verhalten eine emergente, übergreifende Ordnung, mittels derer sie zur Lösung komplexer Allokations- und Optimierungsprobleme befähigt werden. Dabei ist grundsätzlich keine klare hierarchische Struktur auszumachen. Für den Versuch, dieses Phänomen auch in den Informationsströmen des Webs wiederzuerkennen, finden sich ebenso Befürworter wie auch Gegner (vgl. etwa Lévy, 1997; Wehner, 2001; Buhse et al., 2008; Kreye, 2008 oder - besonders prägnant - der Internetfinder und Visionär Jaron Lanier, Lanier, 2006). Einigkeit herrscht aber bezüglich der Ansicht, dass durch die „Nutzerschwärme" unfassbare Mengen an Informationen bereitgestellt werden, die geordnet und priorisiert werden müssen.

Intelligente Strukturen in Tagging-Systemen

Unserer Meinung nach können Web 2.0-Systeme in der Tat in bestimmter Hinsicht als Phänomen der Schwarmintelligenz betrachtet werden, weil in ihnen keine institutionellen oder wirtschaftlichen Interessen (abseits der Schaltung von Werbebannern, dem Anbieten spezieller Services o. ä.), mithin keine oder nur schwach ausgebildete hierarchische Strukturen die Produktion der Inhalte steuern. Wohl aber spielt der vom System vorgegebene *formale* Rahmen (z.B. allgemeine Zielsetzungen des Systems und entsprechende Funktionalitäten sowie der Grad an Strukturiertheit, den die Eingaben der Teilnehmer erfüllen müssen) und die absolute Anzahl der Eingaben und Teilnehmer insgesamt eine wichtige Rolle. Es wird also keine gänzlich eigene Ordnung aus sich selbst heraus produziert, sie muss vielmehr vorgegeben und stetig aktualisiert werden, um irgendetwas Sinnvolles entstehen zu lassen. Innerhalb der Ordnung kommt dann als zweite wichtige Dimension des Web 2.0 die Kreativität der Nutzer ins Spiel, ohne die keines der entsprechenden Systeme irgendeinen (Mehr-) Wert produzieren könnte. Ausschließlich die Nutzer liefern nämlich die „unfassbaren Mengen" an Informationen und ein schöpferisches Vermögen, das sich in ihrem „Handeln oder Denken

---

1   Die umfassende und interdisziplinäre Diskussion darüber, was Intelligenz bzw. Kreativität ist oder sein könnte, kann an dieser Stelle nicht wiedergegeben werden. Die verwendete Definition beinhaltet jedoch alle zentralen Aspekte des Phänomens und kann insofern als allgemein anerkannt gelten.

realisiert und einerseits durch Neuartigkeit oder Originalität gekennzeichnet ist, andererseits aber auch einen sinnvollen und erkennbaren Bezug zur Lösung technischer, menschlicher oder sozialpolitischer Probleme aufweist" (Hoffmann und Wolf, 2010). Die „Intelligenz" eines Tagging-Systems hängt also insgesamt davon ab, wie intelligent es aufgebaut ist bzw. wie gut es das Verhalten seiner Nutzer kennt und voraussagen kann. Es muss für bestimmte Probleme einfach passende Mechanismen bereitstellen, die das System aus sich selbst heraus (d.h. der „Nutzerschwarm" an sich) nicht hervorbringen kann.[2] Nur sehr begrenzt kann der Nutzerschwarm Konventionen, z.B. Präfixe oder Zeichenkombinationen für bestimmte Zwecke, entwickeln, die schließlich als allgemeine Sprachnorm eine Unzulänglichkeit des Tagging-Systems umgehen. Deshalb sind Letztere ohne konkretes Einwirken von Programmierern weitestgehend statisch und „dumm", sie können sich selbst nicht weiterentwickeln und nur sehr begrenzt Probleme lösen. Hier liegt ein gewichtiger Grund, warum der Begriff Intelligenz zumindest im Zusammenhang mit Tagging-Systemen zu optimistisch ist. Die Plattformen stellen lediglich einen Rahmen zur Verfügung, der in Bezug auf seine Zielsetzung und aus der Perspektive seiner Nutzer klug oder weniger klug angelegt sein kann.

Wenn nun ein Tagging-System an sich nicht intelligent ist, so kann es dennoch - durchaus im Sinne der Schwarmintelligenz - Strukturen und Ordnungen innerhalb seiner festgelegten Systemumwelt emergieren lassen. Die Grundannahme dabei ist, dass häufig zusammen auftretende Konstellationen zwischen den Teilnehmern des Netzwerkes (Nutzer, Quelle, Tag, vgl. Abschnitt 2) eine inhaltliche Verbundenheit zwischen diesen implizieren (Wu und Zhou, 2009). Nutzer, die z.B. immer wieder germanistische Quellen taggen, können diesem Fachbereich zugeordnet werden. Quellen, die mit ähnlichen Tags versehen werden, sollten sich auch inhaltlich ähneln. Und die verschiedenen Tags eines Nutzers spannen ein inhaltliches Spektrum auf, das diesen bezüglich seiner Interessen qualifiziert. Diese Gruppen- und Clusterbildung emergiert in der Tat „organisch" aus den Interaktionen des Netzwerkes selbst.[3] Die semiotische Dynamik (vgl. Abschnitt 1) sollte dabei in einer Menge von Tags die Dominanz von passenden und insofern „intelligenten" Deskriptoren bewirken. Daraus ergibt sich aber zuallererst das Problem, was ein solches „kluges" Tag überhaupt auszeichnet. Diesem Problem wird im Abschnitt 3 im Detail nachgegangen.

---

2   Steels nennt etwa ein Beispiel, bei dem die Suche nach dem Tag „nyc" anstelle eines Bildes von New York ein Bild vom Hund eines Freundes, der in New York lebt, zeigt (Steels, 2006). Für solche Probleme müssen z.B. Möglichkeiten für nutzergenerierte Kategorien o.ä. im Tagging-System geschaffen werden, um eine inhaltliche Administration der gespeicherten Informationen (sprich: einer Zensur) zu vermeiden. Diese würde fundamental der Philosophie des Social Taggings widersprechen.
3   Eine ausführliche Beschäftigung mit sprachlichen (Mehrebenen-) Netzwerken findet sich z.B. bei Mehler et al., 2008.

Zur Kreativität des Individuums

Nutzer von Tagging-Systemen bedienen sich verschiedener Strategien zur Bildung eines Tags, die je nach ihren Zielsetzungen und Eigenarten stark variieren können. Eine explorative Studie, in der 10 Probanden an der Hochschule der Medien in Stuttgart nach einem Tagging-Experiment ausführlich befragt wurden, ergab, dass 40% der Teilnehmer Tags ausschließlich aus den Wortformen der betreffenden Artikel wählten.[4] Die Hälfte der Teilnehmer nutzte Mischstrategien aus textbasierten, eigenen sowie Komposita-Tags. Lediglich ein einziger Teilnehmer personalisierte die verwendeten Tags und entnahm sie nicht aus den zu taggenden Artikeln. Die Tendenz zur simplen Übernahme bereits gegebener Informationsfragmente bei der Lösung der Tagging-Aufgabe zeigt sich auch in weiteren Ergebnissen der Studie. So zeigte der Vergleich von zwei Gruppen, bei denen die erste keine, die zweite Gruppe hingegen alle Tags von anderen Nutzern als Vorlage hatte, dass es eine starke Tendenz zur Übernahme vorhandener Tags gibt (auch auf die Gefahr hin, dass diese eventuell nicht ganz so treffend sind). Entsprechend hat sich in anderen Untersuchungen gezeigt, dass z.B. für Bookmarks als erste verwendete Tags regelmäßig auch später die Häufigkeitsliste der Tags für dieses Bookmark anführen (Wu und Zhou, 2009). In Anlehnung an das „Priming"-Konzept in der Psychologie, dass ersten Eindrücken während der Frühentwicklung von Lebewesen eine unwiderrufliche, prägende Bedeutung beimisst, kann dieses Phänomen als „Tag-Priming" bezeichnet werden.

Abgrenzung zur Sacherschließung

In den bisherigen Abschnitten dieses Beitrags wurde bewusst nicht von „Sacherschließung" gesprochen. Dieser Begriff ist mit der professionellen Inhaltserschließung durch Informationsexperten (etwa Bibliothekaren) assoziiert, die sich bei der Erfassung einer Quelle auf verschiedene Formen kontrollierter Vokabulare stützen. In gewisser Weise komprimieren auch sie den Inhalt einer Quelle und ordnen ihn in hierarchische oder paradigmatische Gefüge ein. Naturgemäß sind ihre kreativen Möglichkeiten dabei allerdings erheblich eingeschränkt, da die Sicherheit vorgegebener Schlagworte oder relativ starrer Hierarchiepositionen kurzfristige dynamische Anpassungen und Verbesserungen konterkarieren. Die Prozesse der Erzeugung und der Anwendung eines Vokabulars sind bei dieser Form der Inhaltserschließung relativ streng getrennt. In Tagging-Systemen vollziehen sie sich dagegen immerfort, gleichzeitig und gemeinschaftlich. Diese Grundarchitektur bedingt gleichzeitig das Potenzial wie auch die „Gefahr" des Chaos in den Systemen. Es hat sich aber gezeigt, dass gewisse Strukturvorgaben in Form von Kategorien u.ä. den Tagger bei der Vergabe positiv unterstützen können, sodass der Grad an Homogenität und Präzision im System steigt (Bar-Ilan et al., 2008). Die

---

4 Die Autoren bedanken sich bei Annika Hager für die Durchführung der Befragung.

Vergabe mit diesen Kategorien sollte allerdings freiwillig sein, zudem sollte der Nutzer eigene Kategorien zur Struktur hinzufügen können. Systeme zur Unterstützung des Nutzers können auf Seiten des Tagging-Systems selbst aber auch durch Mittlersysteme, die zugleich das Problem des Cross Taggings zu lösen versuchen, bereitgestellt werden (ein solches System findet sich etwa bei Peters und Weller, 2008).

Gründe für Wortneubildungen

Die hohe Gebundenheit bei der Auswahl eines Tags an den Titel bzw. Text des betreffenden Artikels ist nicht überraschend, da sich der Inhalt desselben mit seinen eigenen Begriffen sehr einfach und schnell beschreiben lässt. Dies gilt umso mehr, wenn hierfür mehrere Ausdrücke benutzt werden. Das „Chaos" in den Tagging-Systemen lässt sich aber am besten aus den vielfältigen Motivationen erklären, die die Tagger bei der Vergabe verfolgen. Tags können z.B. als Themenfinder, zur Quellenstrukturierung, als Literatursammlung, für private Bewertungen, zur Organisation von Teams oder zur *Quick&Dirty*-Speicherung eingesetzt werden. Ähnlich wie in alltagssprachlichen Kontexten führt der persönliche Wunsch, inhaltlichen Bedeutungsverschiebungen, Perspektivwechseln oder Differenzierungen Ausdruck zu verleihen, zur Manipulation bzw. zur kompletten Neugestaltung der sprachlichen Symbole. Je nach Motivation werden dann auch bestimmte Tag-Kategorien wahrscheinlicher.[5] Weitere Gründe für Sprachmanipulationen können z.B. sein (Lemnitzer und Jonas 2007):

- **Nachträgliche Differenzierung:** Beschreibung neuer Sachverhalte (z.B. „Hochladen", „Dateitransfer" oder Unterscheidungen wie „Analog-" und „Digitalkamera").
- **Persönliche/soziale Differenzierung:** Bildung und Abgrenzung sozialer Gruppen (z.B. in der zielgruppenspezifischen Werbung mit „inhaltsleeren" Floskeln wie „Feel the difference" oder „Happyologie").
- **Sprachökonomie:** leicht verständliche und einfach zu bildende Wortverkürzungen wie z.B. „HSV-Transfer" oder „Unterwegsradio" (meist Gelegenheitsbildungen).
- **Kreativität:** z.B. „Mondscheintarif" oder „Bierdeckelsteuer".

Sollen also „Personalisierungen" und/oder das spätere Wiederauffinden einer Quelle bei der Suche eines passenden Tags berücksichtigt werden, so müssen durch diese Zeichenfolge zusätzliche Eigenschaften ausgedrückt werden, die eine betreffende Ressource möglichst eindeutig von den anderen abgrenzt (Steels 2006). Dass solche speziellen Anforderungen durch den einfachen Rückgriff auf lexikalisch bereits verfügbare Ausdrücke erfüllt werden können, darf als Ausnah-

---

5 Unterschieden werden können etwa die Kategorien „Thema", „Zeit", „Ort", „Art/Format", „Autor", „Meinung/Qualität", „Benutzungskontext" und „Selbstreferenz" (Bischoff et al., 2009).

me gelten, zumal die übrigen Nutzer ja auf den gleichen allgemein verfügbaren Wortschatz zurückgreifen. Deshalb wird in einem solchen Fall die *kreative* Suche nach geeigneten Begriffen seitens des Nutzers wahrscheinlich. Die durch die Zielsetzung des Taggers und die Vorgaben des Tagging-Systems entstandene Lücke im mentalen Lexikon wird dann geschlossen, indem z.B. Ausdrücke zusammengezogen werden, die vorher nicht kompositorisch vereint waren. Eine andere Möglichkeit besteht darin, ganz neue Wörter zu bilden, um einen bestimmten Sachverhalt bzw. mehrere Dimensionen eines Sachverhaltes zu erfassen.

Die kognitiven Investitionen der Tagger

Aus den Strategien, die bei der Vergabe von Tags üblicherweise angewendet werden, lässt sich ein erstes Kriterium für die Kreativität von Tagging-Systemen gewinnen: der Grad der semantischen Kompression. Diese ist nämlich keinesfalls ein triviales Problem, denn der Nutzer nimmt dabei innerhalb kurzer Zeit eine Vielzahl von (mehr oder weniger bewussten) Abwägungen vor, ehe er sich für eine bestimmte (komponierte, neue) Wortform entscheidet. Das Ziel dabei ist, einen mehr oder weniger komplexen und vielschichtigen Inhalt mit einer einzigen (oder sehr wenigen) Wortform(en) zu erfassen. Ähnlich einer SMS oder eines *Tweets* ist auch beim Tagging das Medium an der Formung des Inhaltes beteiligt: Tagging-Systeme motivieren und provozieren begriffliche Kompression. Gleichzeitig stellt sie die einfachste Form eines kreativen Aktes dar: der ursprüngliche Gegenstand (Textressource) wird unter Beibehaltung seiner individuell als wichtig beurteilten Kerninhalte verformt, reduziert und/oder um passende Aspekte ergänzt (Annotation). Die verdichtende Manipulation von Zeichenketten kann folglich als Motivator und als eine wichtige Größe zur Beurteilung der Kreativität eines Tagging-Systems betrachtet werden. Für das grundsätzliche Funktionieren des Tagging-Systems ist diese kognitive Leistung jedoch nicht unbedingt notwendig, es handelt sich ja nicht um einen „Kreativitätswettbewerb". Die Verortung einer Quelle in einem System von weiteren Quellen - sei es in hierarchischer oder in paradigmatischer Hinsicht - kann entsprechend auch durch den einfachen Rückgriff auf bereits bestehende Ausdrücke gelingen. In diesem Fall zeigt sich sprachliche Kreativität in semantischen Verschiebungen bzw. Neu- und Redefinitionen von Wörtern. Welchen „Wert" eine solche semantische Verschiebung hat, kann jedoch nicht an der Zeichenkette selbst abgelesen werden. Vielmehr handelt es sich um eine soziale Übereinkunft, ob ein bestimmtes sprachliches Symbol „sinnvoll" und „aussagekräftig" ist. Ein starker Beleg hierfür ist die Intensität der „Nachnutzung" eines Tags, die operationalisiert und in die Beurteilung eines Tags miteinbezogen werden (vgl. Abschnitt 4) kann.

Resümee: Intelligenz und Kreativität in Tagging Systemen

Die eigentliche Intelligenz und Kreativität eines Tagging-Systems liegt in seinen Nutzern und Administratoren. Diese Erkenntnis ist eigentlich wenig überraschend, sie ist aber angesichts der regelmäßig wiederkehrenden Anläufe, dem Internet oder seinen Subsystemen esoterische und/oder metaphysische Weihen zu Teil werden zu lassen, offenbar notwendig zu betonen. Es sei der globalen Vernetzung jedoch zugestanden, dass sie gewissermaßen ein neues Bewusstsein für den Status quo der menschlichen Evolution und eine dynamische und jederzeit zugängliche Enzyklopädie des menschlichen Wissens schafft, die eine gewaltige Beschleunigung der Erkenntnisproduktion nach sich zieht. Diese wird jedoch immer noch durch den Menschen geleistet. Ein Computer löst ebenso wie ein Netzwerk an sich kein einziges Problem. Ohne das Themenfeld an dieser Stelle zu überdehnen, kann bei Tagging-Systemen demnach in gleicher Weise für einen winzigen (aber relevanten) Informationsausschnitt aus dieser Enzyklopädie von einem klugen und nützlichen Organisationsinstrument gesprochen werden. Da sich die Intelligenz und Kreativität der Nutzer dieses Instrumentes sprachlich äußert, kann nicht zuletzt an seinen dominanten Zeichenfolgen eine Qualifizierung seines Potenzials festgemacht werden.

Vermessungen zur Kreativität der Sprache

In dieser Untersuchung dienen sprachliche Ausdrücke als potenzielle Manifestationen von Kreativität zur Qualifizierung von Tagging-Systemen. Die Art und Weise der Tag-Formung, d.h. die Komplexität und das Ausmaß kognitiver Investitionen zur Rekombination sprachlicher Symbole, wird zu diesem Zweck messbar gemacht. Daher ist zunächst eine allgemeine Begutachtung aller Möglichkeiten notwendig, die ein Sprachsystem zur Generierung neuer Symbolkombinationen bereithält. Anschließend werden für Tagging-Systeme relevante Kombinationsformen bezüglich ihres kreativen Gehaltes eingeschätzt und in eine entsprechende Rangliste eingeordnet. Im empirischen Teil (vgl. Abschnitt 4) werden dann nach einem mehrstufigen Auswahlverfahren Kandidaten für besonders kreative Tags ausgesucht und qualifiziert.

Neotags als Manifestationen sprachlicher Kreativität

Zugrunde gelegt wird das im Zusammenhang mit sprachlichen Ausdrücken allgemein anerkannte triadische Zeichenmodell von Ogden und Richards, das unter anderem jedem Wort einen Ausdrucks- (Zeichen, Symbol, Schriftzeichen usw.) und einen Bedeutungsbestandteil (Sinn, Inhalt, „Begriff" usw.) zuordnet (Ogden und Richards, 1974). In dem Modell beantwortet die Ausdrucksseite die Frage, *wie* ein Wort gebildet wird, die Bedeutungsseite, *was* es bedeutet (welchen „Begriff" man sich von etwas macht), während das Ding (ein Sachverhalt, Gegenstand usw.) dasjenige ist, *warum* bzw. *wofür* ein Wort benutzt wird. Anhand dieser drei Aspekte eines sprachlichen Ausdrucks ergeben sich im Zusammenhang mit Neologismen verschiedene Definitionsprobleme.

1. Das Problem des „Neuen"

Durch die Unterscheidung von Form und Bedeutung ergeben sich bezüglich des „Neuen" am Neologismus unterschiedliche Konstellationen. Demnach kann ein Neologismus verschiedenes sein:

- ein neu gebildetes Wort mit neuer Bedeutung (und damit ein „Neulexem", Herberg, 2002b)
- ein neu gebildetes Wort mit alter Bedeutung (und damit ein „Neuformatismus", Schippan, 2005) (z.B. „Hausmeister" wird zu „Facility-Manager")
- ein altes Wort, bei dem sich die Bedeutung verändert hat (Neusemantismus, Schippan, 2005; z.B. Maus: früher nur als Bezeichnung für das Lebewesen, heute auch als „PC-Steuerungsgerät")

2. Das Problem der „Nachhaltigkeit"

Bewertet man situative Einmal-, Augenblicks- oder Gelegenheitsbildungen (zusammen auch „Okkasionalismen" genannt) als Neologismen? Inwieweit müssen diese von der Allgemeinheit verwendet werden, um als „gültig" betrachtet zu werden? Wann und wie lange war/ist ein bestimmtes Wort ein Neologismus bzw. ab wann ist es keiner mehr?

3. Das Problem des Bezugssystems

Welche Sprachnorm ist für die Bewertung von Neologismen anzusetzen? Sind Wörter aus Dialekten, Soziolekten und z.B. Fachsprachen Neologismen, wenn sie plötzlich in der Hochsprache allgegenwärtig sind? Sind Wörter aus der Hochsprache, die plötzlich in einem bestimmten Soziolekt, Dialekt oder in einer Fachsprache mit anderer Denotation verwendet werden Neologismen? Ist außerdem ein Wort, welches aus einer anderen Sprache stammt, erst ein Neologismus im Deutschen, wenn es nach deutschen Grammatikregeln flektiert bzw. dekliniert wird und bis dahin ein Fremdwort? Oder sind Fremdwörter noch vor ihrer Anpassung an das deutsche Grammatiksystem als Neologismen zu bewerten, wenn die anderen Faktoren für die Bewertung als Neologismus sprechen?

Der hier aufgezeigte Problemraum könnte nochmals erweitert werden: Sind auch Phrasen, Akronyme und Abkürzungen Neologismen, oder lässt sich dieses Prädikat nur einzelnen, vollständigen Wörtern verleihen? Wie sieht es mit der „Wohlgeformtheit" aus, sind etwa simple neue Komposita (wie sie in Tagging-Systemen üblich sind) bereits Neologismen?

Neotags

Im Zusammenhang mit Wortneubildungen zeigt sich wie dargestellt ein sehr komplexes Feld an möglichen Einflussgrößen, Kriterien und Problemen, die eine eindeutige Definition des Neologismus-Begriffs für jeden Untersuchungskontext immer wieder neu notwendig machen (vgl. z.B. Lemnitzer und Jonas, 2007; Herberg, 2002b oder Elsen, 2004). Tags können entgegen diesen Definitionen allerdings nur begrenzt als Neologismen bezeichnet werden, da ihr Entstehungshintergrund und ihre Benutzung nicht mit „normalen" Sprachnutzungssituationen vergleichbar sind. Tags entstehen nicht dynamisch im Gespräch oder als neue Wörter in Fließtexten. Sie sind zunächst einmal funktional, tendenziell individuell und verfolgen nicht die Ziele einer allgemeinen Verständlichkeit oder der Wohlgeformtheit. Zur Vermeidung von Missverständnissen, aber auch, um der besonderen Herkunft Ausdruck zu verleihen, soll die für Tagging-Systeme angemessene Definition neuer sprachlicher Ausdrücke mit der Einführung einer intuitiv verständlichen Bezeichnung (diesmal in der Tat eines Neologismus') verbunden werden. Im Folgenden wird deshalb von „Neotags" gesprochen werden. Zur Definition: Ein Neotag ist eine Wortneubildung, die unter den besonderen Gegebenheiten und Zweckmäßigkeiten eines Tagging-Systems durch einen Nutzer gebildet und einer Ressource zugeordnet wurde, um diese als mehr oder weniger komplexes Gebilde in einer einzelnen Wortform insoweit zu erfassen, dass eine spätere Identifikation, Organisation und/oder inhaltliche Bestimmung der Ressource problemlos möglich ist. Anhand der Neotags soll schließlich das kreative Potenzial eines Tagging-Systems sichtbar gemacht werden.

Definitorische Eingrenzungen

Neotags können ausschließlich Neuformatismen oder Neulexeme sein. Neusemantismen (Bedeutungsveränderungen identischer oder neuer Zeichenketten) können nur durch die intensive Betrachtung des Wortkontextes erschlossen werden, wobei auch hier immer ein Restrisiko der Fehlinterpretation erhalten bleibt. Es wäre allerdings eine Analyse der durch ein Tag bezeichneten Quellen mittels automatischer Verfahren (etwa Textmining-Verfahren) zu erwägen, was allerdings nicht Gegenstand dieses Beitrages ist.

Neotags können hingegen keine situativen Einmal-, Augenblicks- oder Gelegenheitsbildungen (Okkasionalismen) sein. Ein neues Wort muss erst eine gewisse Streuung erfahren, um als Neologismus anerkannt zu werden. Als Gradmesser für diese Etablierung werden oft die Aufnahme und die Konstitution in einem Standardwörterbuch genannt. Entsprechend müssen Neotag-Kandidaten mit verschiedenen Korpora abgeglichen werden, um ihre eventuell bereits bestehende lexikalische Existenz auszuschließen. Dabei kann eine Differenzierung in Korpora verschiedener Jahrgänge Aufschluss darüber geben, ab wann ein Ausdruck oder eine Variation eines Ausdrucks bereits im Wortschatz enthalten war. In Anlehnung an diese Kriterien wird ein Tag nur dann als Neotag bezeichnet, wenn es neben den anderen Voraussetzungen auch zum Standardvokabular des Tagging-

Systems gehört. Hierfür muss es von überdurchschnittlich vielen Nutzern überdurchschnittlich häufig benutzt werden. Außerdem werden die Steigungsgrade im Zeitverlauf berücksichtigt und auf dieser Basis ein Ranking vorgenommen. Regelmäßige Steigerungen von Nutzeranzahl und absoluter Häufigkeit implizieren eine hohe Gültigkeit und Verständlichkeit des Neotags. Wie bei der Bewertung von Neologismen wird für Neotags die allgemeine deutsche Hochsprache als Bezugsgröße gewählt (vgl. z.B. Herberg, 2002b: S. 196).[6] Ebenso wird mit neuen Phrasen und eindeutig neuen, durch den Nutzer entwickelten Akronymen und Abkürzungen verfahren, die sonst nicht als Neologismen betrachtet werden (Elsen, 2004). Da es sich bei Tagging-Systemen um per se mehrsprachig nutzbare Plattformen handelt bzw. dies explizit gewünscht und gefördert wird, ist der „Fremdwort-Aspekt" als Kriterium zur Beurteilung der Durchdringung der Sprachen untereinander kaum sinnvoll auf solche Systeme anzuwenden.

Ranking der Kreativität

Zur Bewertung der kreativen Leistung der Nutzer eines Tagging-Systems soll eine begründete Auswahl von Tag-Kandidaten durch ein Punktesystem messbar gemacht werden. Jedes Tag, das nicht aus dem Titel, dem Abstract, dem Volltext oder als lexikalisch existente Zeichenfolge übernommen wird, kann als mehr oder weniger „kreativ" eingestuft werden. Grundlegend für das Ranking sind die vom Nutzer angewendeten Wortbildungsprozesse[7], die je nach Komplexität eine Stufe zwischen 1 und 8 erreichen können, wobei 1 die „kreativste" Form repräsentiert, die die höchsten kognitiven Investitionen erfordert. Nach eigenen Recherchen konnte kein bekanntes Kreativitätsranking aufgrund von Wortbildungsprozessen gefunden werden, sodass ein eigenes Ranking (Tabelle 1) erstellt wurde.
  Zur weiteren Erklärung einiger der linguistischen Kategorien:

- Konversion (Wechsel der Wortklasse) (Stufe 6)

Zum Beispiel Wechsel von Verb oder Adjektiv zum Substantiv und umgekehrt.

- Kurzwortbildung (Stufe 5)

Etwa *Abkürzungen* (wie ein Wort ausgesprochen, z.B. Nato, Sars; Zusammenfassungen aus den Anfangsteilen von Wörtern, z.B. Kripo, Soko), *Kurzwörter* (Folge ausgesprochener Buchstaben, z.B. SPD, CDU), *Kopfwörter* (bestehen nur aus dem Anfang eines Wortes, z.B. Limo: Limonade) usw.[8].

- Kontamination (Verschmelzung) (Stufe 4)

---

6 Grundsätzlich können aber auch beliebige andere Wortsammlungen als Maßstab eingesetzt werden, etwa eine Sammlung neuer jugendsprachlicher Begriffe (vgl. z.B. Niegel et al., 2010).
7 Lemnitzer und Jonas, 2007
8 Weitere Formen sind Schwanzwörter (Bus: Omnibus, Rad: Fahrrad), Klammerwörter (Apfelblüte: Apfelbaumblüte), Rumpfwörter (Lisa: Elisabeth) und Initialwörter (E-Mail, S-Bahn).

Ähnlich der Komposition, allerdings verlieren die Wörter bei dieser Zusammenführung Teile ihrer eigenen Lautkette (z.B. „Breakfast" und „Lunch" werden zu „Brunch").

- Multiple Mischformen (Stufe 3)

Als multiple Mischformen werden Neotags bezeichnet, die mehrere Wortbildungsprozesse in sich vereint tragen.

- Analogiebildung (Stufe 2)

Bei der Analogiebildung dienen nicht grammatikalische Regeln, sondern Wortbildungsmuster als Grundlage des Wortbildungsprozesses. Ein Beispiel hierfür ist das Wort „-gate", welches seit dem Watergateskandal allgemein als Muster für politische Skandale benutzt wird. So werden andere Skandale mit dem Element „-gate" gebildet: Teletubbiegate, Spygate, Isargate, Bedgate (Lemnitzer und Jonas 2007).

- Neulexem (Stufe 1)

Völlig neue Wortkreationen, die mit alter oder neuer Bedeutung versehen sein können.

Tabelle 1: Ranking der Kreativität bei der Tag-Vergabe

Zeichenbildung	Stufe
Tag aus Titel	10
Tag aus Abstract/Text	9
Existent, aber nicht in Quelle	8
Komposition und Derivation (Aneinanderreihung/Affixe/Suffixe)	7
Konversion (unerwartete Wortklassenwechsel)	6
Kurzwortbildungen (Verkürzung)	5
Kontamination (Verschmelzung)	4
(Multiple) Mischformen	3
Analogiebildung	2
Neulexem	1

Empirische Erhebung und Analyse

Im Folgenden wird ein Analyse-Modell vorgestellt, das durch die Kombination eines geisteswissenschaftlichen Zugangs mit (computer-)linguistischen und sprachstatistischen Verfahren intellektuelle Aussagen zur Qualität eines Tagging-Systems ermöglicht. Automatische Verfahren dienen zur ersten Strukturierung der Datenmengen, um sodann über verschiedene Filterungsmethoden zur Identifikation geeigneter Analysekandidaten zu gelangen. Von diesem „Kern" der wichtigsten Tag-Kandidaten ausgehend, kann dann je nach Forschungsabsicht und -möglichkeit die Größe der Datenbasis reguliert werden. Exemplarisch wird das geschilderte Vorgehen anhand der Analyse des „kreativen Potenzials" des Tagging-Systems „BibSonomy" durchgeführt. Aufgegriffen wird dabei die immer wieder geäußerte These, dass in großen Kommunikationsverbünden „mehr" Intelligenz als in autonomen Einzelwesen stecke. Als Datenbasis der Untersuchung dienen Datenabzüge aus BibSonomy, die etwa in sechsmonatigem Rhythmus bereitgestellt werden. Die 500 häufigsten, lexikalisch nirgends verzeichneten Tags aus dieser Datenmenge wurden mittels eines spezialisierten Kategoriensystems formal und inhaltlich evaluiert, damit schließlich ein „Kreativitätsranking" zur Anwendung gelangen kann, das die sprachliche Schöpfungsfreude der Tagger bzw. des Tagging-Systems einzuschätzen ermöglicht.

Datenstruktur

Da es zum Prinzip des Taggings gehört, dass die Nutzer bei der Vergabe von Deskriptoren in keiner Weise eingeschränkt werden, sind die zugrunde gelegten Daten höchst heterogen. Deshalb erfolgte als erstes eine Analyse der linguistischen Struktur des gesamten Tagging-Systems (Niemann, 2009). Die Separierung grammatikalischer Einheiten wurde mittels Part-of-Speech-Tagging („POS-Tagging") realisiert. Bei dieser computerlinguistischen Methode wird ein zu analysierender Begriff mit einem Wörterbuch verglichen, um seine Wortart und seine Grundform zu bestimmen. Zusätzlich werden über verschiedene Heuristiken, etwa über die Großschreibung deutscher Substantive u.ä., Wahrscheinlichkeiten für eine Zuordnung ermittelt, sollte ein direkter lexikalischer Vergleich erfolglos bleiben. Im untersuchten Datensatz konnten durch POS-Tagging insgesamt 41.591 (42%) der Tags mindestens einer Sprache zugeordnet und mit einer Information über die jeweilige Wortart versehen werden. Knapp 43% dieser Tags sind in deutscher Sprache und in ihrer Mehrheit (80%) Substantive oder Eigennamen. Die englischen Tags sind hier wesentlich heterogener, sie enthalten anteilig doppelt so viele Adjektive und dreimal so viele Verben. Insgesamt stellen aber auch unter ihnen Substantive und Eigennamen die Mehrheit (72%).

Identifikation des Kreativen Potenzials

Die Anwendung von POS-Tagging und Matching-Verfahren hatte primär den Zweck, eine Vorstrukturierung der Datenmenge zu erreichen, welche eine Auswahl von Kandidaten besonders kreativer Tags ermöglicht. In den BibSonomy-Daten ist eine internationale Nutzergemeinde offenbar geworden, die klar von englisch- und deutschsprachigen Taggern dominiert wird. Lexikalisch konnte eine annähernde Drittelung der Daten festgestellt werden, die in die Gruppen „existent", „Wortketten" und „nicht existent" (Abkürzungen, Neologismen bzw. Neukombinationen von Sprache jeglicher Art) zerfiel. Als besonders interessant im Sinne der These von „Intelligenz" und „wertvollem Wissen" in den Daten kann diese letzte Gruppe gelten. Die ausführliche Beschreibung dieser sprachlichen Phänomene wurde bereits im Abschnitt 3 geleistet.

Intellektuelle Erschließung I: Inhaltliche Struktur

Im ersten Teil wurden zunächst die „Hardfacts" der Tags (Ausdruckslänge, Nutzeranzahl und Wortart) untersucht. Die intellektuell erschlossenen Wortarten (Nomen, Verb, Adjektiv, Pronomen und Präposition) wurden entsprechend ihrer üblichen Definition vergeben, während für die besonderen Gegebenheiten in Tagging-Systemen weitere Wortklassen (Akronyme, Abkürzungen, Neologismen, Eigennamen und Nichtwörter) nach eigenen Identifikationsmerkmalen entwickelt wurden. Da Tags sehr häufig Kompositionen mehrerer Wortarten bzw. -klassen sind, wurde jedem Teilausdruck eines Tags zusätzlich seine individuelle Wortart zugeordnet (z.B. „bioinformatics": „bio" = Abkürzung, „informatics" = Nomen).

Ergebnisse des ersten Analyseabschnitts

Die lexikalischen Strukturen der Tags erlauben zwar noch keine Rückschlüsse auf konkrete semantische Gehalte, dafür liefern sie aber erste wichtige Hinweise für die grundsätzliche inhaltliche Beschaffenheit der Tags:

Ausdruckslänge

Die Anzahl der Zeichen eines jeden Tags wurden automatisch gezählt. Zusätzlich liegen Vergleichswerte aus der „Korpusbasierten Grund-/Wortformenliste" (DeReWo) des Instituts für Deutsche Sprache als natürlichsprachlicher Korpus vor.[9] Dieser weist bezüglich der Häufigkeitsverteilung bestimmter Wortlängen Ähnlichkeiten mit jener aller Tag-Daten auf. Beide Korpora bestehen zum überwiegenden Teil aus Ausdrücken mit fünf bis vierzehn Zeichen. Bei den Tags ist die Verteilung allerdings insgesamt flacher, wobei ein deutlicher Ausreißer nach oben bei Längen von drei bis vier Zeichen besteht. Dies ist auf die große Anzahl von Akronymen und Abkürzungen zurückzuführen. Zudem fällt die Kurve in den Bereichen über vierzehn Zeichen wesentlich langsamer ab als im Vergleichskor-

---

9 http://www.ids-mannheim.de/kl/projekte/methoden/derewo.html

pus, was auf häufige Zusammensetzungen lexikalisch ursprünglich getrennter Wörter schließen lässt. Betrachtet man nur die 500 häufigsten Tags, so fällt ein deutlicher Ausreißer bei drei Zeichen auf, dem ein abrupter Einbruch bei fünf Zeichen und ein erneut steiler Anstieg folgen. Diese überproportionale Häufigkeit ist erneut durch die große Menge von Abkürzungen zu erklären, da sich anschließend ab einer Länge von fünf Zeichen beide Verteilungen bezüglich ihrer relativen Häufigkeiten wieder ähneln.

Nutzeranzahl

Die Anzahl unterschiedlicher Nutzer, die gemeinsam ein Tag benutzen, gibt Aufschluss über den Anteil der „collaborativeness", also der „Vergemeinschaftung", im Tagging-System. Zudem ist dieser Wert zusammen mit der absoluten und der relativen Häufigkeit des Tags ein Hinweis für die allgemeine Gültigkeit eines Neotags. Für das BibSonomy-System gilt, dass gut 60% der Tags von nur einem oder zwei Nutzern verwendet wurden. Dieser klassische „Long Tail"[10] besteht also aus etwa 23.000 sehr speziellen Wortformen, die offenbar nur auf die individuellen Bedürfnisse einzelner Nutzer passen. 16,32% der Tags werden von drei bis fünf Nutzern verwendet. Diese 6.133 Wortformen beschreiben vermutlich sehr gut das inhaltliche Spektrum des Tagging-Systems bzw. bilden vereinzelt das Organisationsbedürfnis kleinerer Gruppen ab, die sich z.B. für den Aufbau gemeinsamer Ressourcenlisten auf ein bestimmtes Tag geeinigt haben. Die restlichen gut 22% der Tags werden von mindestens sechs Nutzern verwendet, wobei mit zunehmender Nutzeranzahl eine unabhängige Nutzung der betreffenden Wortform immer wahrscheinlicher wird. Die in diesen 8.433 Tags aufgefundenen Neotags können als besonders aussichtsreiche Kandidaten für allgemein gültige Neuschöpfungen gelten, die gleichzeitig kreative und allgemein verständliche Züge tragen.

Der Vergleich der Tag-Daten aller Tags mit den Nutzerverteilungen der 500 am häufigsten Vergebenen zeigt signifikante Unterschiede bis zu einer Anzahl von fünf Nutzern. Erwartungsgemäß werden die sehr häufigen Tags wesentlich seltener von nur einem oder zwei Nutzern verwendet. Der Anteil der im eigentlichen Sinne kollaborativen Tags ist dagegen mit über 40% doppelt so hoch als in der Vergleichsmenge, zudem spielen hier Fünfergruppen keine besondere Rolle mehr. Diejenigen Nutzer, die es alleine mit einem Tag in die „Top 500" der häufigsten Tags geschafft haben, können als „Poweruser" bezeichnet werden. Von besonderem Interesse wird es sein, aus welchen Fachbereichen diese Tagging-Pioniere mehrheitlich stammen.

Wortarten

Die Ergebnisse der Wortartverteilung liefern je nach Zählart, d.h. der Berücksichtigung der einzelnen Glieder eines Tags (z.B. bei „visualcommunication" das Adjektiv „visual" und das Nomen „Communication"), nur leicht variierende Werte. Wortarten, die mit unter 2% vertreten sind, wurden hier aufgrund ihrer fehlen-

---

10 Anderson, 2004 sowie bezogen auf Tags Barnett, 2006.

den Relevanz nicht berücksichtigt. Für die 500 häufigsten Tags zeigt sich eine klare Dominanz nominativer Wortformen (zwischen 45 und 50%), die als Ergebnisse der Motivation einer inhaltlichen Erschließung betrachtet werden können. Dies gilt grundsätzlich auch für die zweitgrößte Gruppe, die aus 129 Akronymen besteht (20%). Eigennamen dienen als Autoren bzw. Nutzernamen zumeist der Grobstrukturierung der eigenen Literatursammlung und sind im Sinne des kreativen Potenzials nicht weiter relevant. Ähnlich verhält es sich mit den ebenfalls mit 10% noch signifikant vertretenen Adjektiven, die insbesondere als allein stehende Deskriptoren nur in Bezug auf eine konkrete Quelle Sinn machen bzw. als sehr allgemeine Attribute (z.B. „social", „own" oder „visual") kaum Diskriminationskraft besitzen.

Intellektuelle Erschließung II: Kreatives Potenzial

Um das kreative Potential der „nicht existenten" Zeichenketten zu untersuchen, wurden die 500 häufigsten Tags dieser Gruppe (die 44,6 % der Nutzung des Gesamtsystems repräsentieren) intellektuell (grammatikalisch und inhaltlich) erschlossen.

Neotag-Identifikation

Für die Identifikation der Neotags innerhalb der Tagmenge wurden zunächst alle bekannten Akronyme und Abkürzungen (25 % der ersten 500 Tags) aussortiert, da diese keine innovative, vom Nutzer selbst entwickelte Zeichenkette darstellen. Anschließend wurde überprüft, ob ein Tag bereits im *British National Corpus*[11] *(BNC)* vorhanden war, wodurch es sich als Neotag disqualifizieren würde. Darüber hinaus wurde getestet, ob es im *Corpus of Contemporary American English*[12] *(COCA)* einen Treffer vor dem Jahr 2006 gab. Da das Vorkommen eines Tags in BibSonomy seit 2006 nachgewiesen werden kann, kann ab diesem Zeitpunkt nicht mehr eindeutig entschieden werden, an welcher Stelle die Wortform zum ersten Mal aufgetaucht ist. Sollte es allerdings bereits zuvor aufgetreten sein, so kann es sich nach unserer Definition nicht um ein Neotag handeln. Alle verbliebenen Tags wurden als Neotags bewertet, da sie in irgendeiner Form neue Manipulationen von Sprache repräsentierten.

---

11 http://www.natcorp.ox.ac.uk; Das Korpus enthält Texte bis zum Entstehungsjahr 1976.
12 http://www.americancorpus.org

Spreading

Ein zentraler Aspekt der These über das kreative Potenzial in Tagging-Systemen ist, dass sich „kluge" neue Deskriptoren schnell und stetig verbreiten. Um diesen positiven Widerhall durch das Netzwerk zu untersuchen, wurden die nach den vorgeschalteten Filterverfahren verbliebenen 150 Neotags auf ihren Steigungsgrad im Zeitraum vom 30.03.2006 bis zum 01.01.2010 überprüft. Die absoluten Nutzerzahlen sowie die absoluten Häufigkeiten eines Tags wurden zu neun Stichtagen normalisiert und verglichen. Anschließend wurden die Differenzen zwischen allen Stichtagen, sowohl für die Nutzeranzahl als auch für die Häufigkeit der Tags, berechnet und aufsummiert. Je höher diese Gesamtsteigungsrate ist, desto schneller hat sich ein bestimmtes Tag über die letzten 4 Jahre in BibSonomy verteilt und je eher handelt es sich um eine gelungene kreative Leistung eines Nutzers. Zu beachten ist, dass das Spreading zwar ein wichtiger Indikator für die allgemeine Verständlichkeit und die Akzeptanz eines Tags ist, über die Komplexität der Wortform und ihren Bildungsprozess selbst jedoch wenig aussagt. Für diese zweite, wichtige Dimension der Kreativität kommt deshalb das Bewertungssystem wie in Abschnitt 3.2 erläutert zum Einsatz.

Ergebnisse des zweiten Analyseabschnitts

Zu beobachten ist, dass Neotags häufig aus der Komposition zweier Wörter entstehen (Stufe 7, vgl. auch Tabelle 2). Auch die Übernahme von neuen Wörtern direkt aus dem Titel, dem Abstract oder dem Text der getaggten Ressource tritt häufig auf (Stufen 9 und 10). Neben diesen beiden Phänomenen ist die Verkürzung (Stufe 5) eines Wortes, welches dann als Tag dient, ein beliebtes Verfahren, das bereits unter den ersten 500 Tags mit einem Anteil von 25 % aufgefallen war. Neotags, die eine höhere kognitive Leistung erfordern, sind hingegen eher dünn gesät. Unter den 15 Neotags mit dem höchsten Steigungsrad finden sich aber auch einige sehr interessante Kandidaten. Das Tag „socialnetworking" z.B., welches durch die Komposition von „social" und „network" zum Neotag „socialnetwork" wurde, hatte sich nach seiner Bildung zusätzlich durch eine Konversion vom Nomen zum Verb weiter von seinen Grundformen emanzipiert. Auch die Neotags „semweb", „socialnets" und „wwwkap2" nehmen an mehreren synchronen Wortbildungsprozessen Teil. So ist „semweb" eine Komposition aus „sem" und „web", die nur aufgrund der vorausgegangenen
    Verkürzung von „semantic" auf „sem" stattfinden konnte. Hervorzuheben sind nicht zuletzt Analogiebildungen (Stufe 2), die durchaus in BibSonomy zu finden sind. Die Ausdrücke „open" in „openaccess" oder „opensource" sowie „social" in „socialnets" und „socialnetworking" können als Analogiebildungselemente aufgefasst werden. Außerdem wurde jedem Tag ein Kompressionsgrad zugewiesen, der die Anzahl der miteinander verknüpften semantischen Ebenen anzeigt. So hat das Tag „OpenSource" beispielsweise die zwei semantischen Komponenten „open" und „source". Entsprechend der Komplexität der Wortneu-

bildungen zeigte sich, dass in der Mehrheit der Fälle lediglich zwei Komponenten zusammengeführt wurden, der Kompressionsgrad einzelner Tags also überwiegend gering ist.

Tabelle 2: Top 15 Neotags sowie einige ausgewählte kreative Kandidaten

Rang (Nachnutzung)	Tag	Steigung	Bewertung
1	Statecharts	3,66010622	7
2	Mythesis	2,83569057	7
3	Folkrank	2,80379841	9
4	Socialnetworking	2,77894016	2
5	to-read	2,77378644	7
6	OpenSource	2,73755705	2
7	Tagora	2,73239376	9
8	Bibsonomy	2,73239376	9
9	Openaccess	2,53415483	2
10	Visualcommunication	2,48995848	7
11	Eval	2,45024911	5
12	Toread	2,40823997	7
13	Graphicdesign	2,39988648	7
14	semantic-web	2,39794001	7
15	Myown	2,29264014	7
30	Semweb	1,83078209	3
57	ByZz	1,07918125	5
58	Ipe	1,00372787	5
69	Socialnets	0,82736927	2
71	wwwkap2	0,81131961	3

Resümee und Ausblick

In diesem Artikel wurde ein Modell zur inhaltlich-intellektuellen Analyse eines Tagging-Systems vorgestellt und am Beispiel der Kreativität bei der Tagvergabe erprobt. Anlass hierfür war neben den Defiziten der Tagging-Forschung die These wahrscheinlich wertvoller Informationen im „Wortformen-Chaos" eines Tagging-Systems, dessen theoretische und empirische Fundierung kritisch hinterfragt wurde. Laut des vorgestellten Annotationsdreiecks könnte das Tagging insbesondere die Innovationsfunktion im Rahmen der durch den *Information Overload* notwendigen distributiven Inhaltserschließung erfüllen. „Neotags" wurden deshalb als Kandidaten innovativer Erschließungsversuche identifiziert und ein linguistisch begründetes System zur Beurteilung derselben entwickelt. Anhand des konkreten Beispiels BibSonomy wurde zunächst die Funktionsweise der Filterverfahren (POS-Tagging, Korpus-Vergleich, Spreading) erläutert und auf diesem Wege eine Menge aussichtsreicher Tag-Kandidaten für kreative Wortneubildungen ermittelt. Die Analyse und Einordnung dieser ersten Kandidaten in das Ranking zeigte, dass nur eine geringe Anzahl von Tags bei ihrer Bildung eine hohe kognitive Investition erfordert hat. Auch wenn sich keine Neuwörter im strengen Sinne innerhalb der Neotags fanden, so ist dennoch in bestimmten Fällen eine nennenswerte kreative Leistung zu beobachten, insbesondere, wenn mehrere Wortbildungsprozesse kombiniert auftraten. Um in diesem Zusammenhang zu repräsentativen Aussagen zu gelangen, ist allerdings die Ausweitung der zunächst explorativen Betrachtung von 500 Tags notwendig. Das vorgestellte Analysemodell hat sich hierfür als fruchtbar und praktikabel gezeigt, zumal bisher kein vergleichbarer Ansatz zur systematischen Bestimmung der Kreativität von Sprachprodukten existiert. Weitere Forschungsbemühungen sollten deshalb die Optimierung und Erprobung des Modells, nicht zuletzt auch in anderen Sprachkontexten wie etwa der Werbesprache oder in Diskurstexten, ins Auge fassen.

Für den bibliothekarischen Kontext sind Tagging-Systeme ein ernst zu nehmendes Phänomen, denn in gewisser Hinsicht stellen sie die „wilde Konkurrenz" des professionellen Wissensmanagements dar. Die Besorgnis im Hinblick auf die Präzision und die Vollständigkeit einer Recherche mittels Tags ist dabei gerechtfertigt. Gleichzeitig erfreut sich das voraussetzungsfreie Tagging ebenso wie die intuitiv zu bedienenden Suchmaschinen einer besonders hohen Beliebtheit bei den Nutzern. Letztere befassen sich in den seltensten Fällen mit der Frage, ob ein Rechercheergebnis auch im bibliothekarischen Sinne „gut" und vollständig ist, oder eben nicht. Informationsexperten müssen sich also mit der parallelen Existenz aller drei Erschließungsmethoden befassen und sich als legitime „Sachwalter" begrifflicher Ordnungen empfehlen, die ganz offensichtlich Sinn und Struktur in das „Chaos" bringen können. Mit dieser anspruchsvollen Aufgabe können sie sich intensiv beschäftigen, weil sie sich von anderen Pflichten befreien: der sprachlichen Dynamik können sie durch die Beobachtung der Tagging-Plattformen „in Echtzeit" folgen, effiziente Recherchen werden durch automatische Verfahren auf der Basis ihrer Strukturierungsleistung erreicht. Die zunehmende Verknüpfung der

„OPACs" mit sozialen Netzwerken, aber auch der Einzug von Suchmaschinentechnologie in die Online-Kataloge weisen in diese Richtung. Erneut handelt es sich hier um eine technisch basierte „Pionierarbeit", die von Informationsexperten kritisch und konstruktiv begleitet werden sollte.

Literaturverzeichnis

(Anderson, 2004) Anderson, C.: The Long Tail: The future of entertainment is in the millions of niche markets at the shallow end of the bitstream. Wired Magazine, 12(10). 2004, S. 170–177.

(Bar-Ilan et. al., 2008) Bar-Ilan, Judit; Shoham, Snunith; Idan, Asher; Miller, Yitzchak und Shachak, Aviv: Structured versus unstructured tagging: a case study. Online Information Review, Volume 32, Number 5, 2008, S. 635-647.

(Barnett, 2006) Barnett, A.: The Long Tail of Tags. 2006. URL: http://alexbarnett.net/blog/archive/2006/09/16/The-Long-Tail-of-Tags.aspx

(Bischoff et. al., 2009) Bischoff, K., Firan, C. S., Kadar, C., Nejdl, W., und Paiu, R.: Automatically Identifying Tag Types. In: Ronghuai Huang, Qiang Yang, Jian Pei, João Gama, Xiaofeng Meng, und Xue Li, (Hrsg.), ADMA, Jahrgang 5678 von Lecture notes in computer science. Springer, 2009, S. 31–42.

(Buhse et. al., 2008) Buhse, W., Mühlner, J., und Rausch, A.: Gespräch mit Peter Kruse. DNAdigital, 2008, S. 81–99.

(Elsen, 2004) Elsen, H.: Neologismen: Formen und Funktionen neuer Wörter in verschiedenen Varietäten des Deutschen, Jahrgang 477 von Tübinger Beiträge zur Linguistik. Narr, Tübingen, 2004.

(Everitt; Mills, 2009) Everitt, D. und Mills, S.: Cultural anxiety 2.0. Media, Culture & Society, 31(5), 2009, S. 749–768.

(Herberg, 2002a) Herberg, D.: Der lange Weg zur Stichwortliste: Aspekte der Stichwortselektion für ein allgemeinsprachliches Neologismenwörterbuch. In: Haß-Zumkehr, U., Kallmeyer, W., Zifonun, G., und Stickel, G., (Hrsg.), Ansichten der deutschen Sprache: Festschrift für Gerhard Stickel zum 65. Geburtstag, Jahrgang 25 von Studien zur deutschen Sprache. Narr, Tübingen, 2002, S. 237–250.

(Herberg, 2002b) Herberg, D.: Neologismen in der deutschen Gegenwartssprache. Probleme ihrer Erfassung und Beschreibung. Deutsch als Fremdsprache 39, 2002, S. 195–200.

(Hoffmann; Wolf, 2008) Hoffmann, B. und Wolf, K. H.: Brockhaus Enzyklopädie Online, 2010.

(Kreye, 2008) Kreye, A.: Das Ende der Weisheit der Vielen: Serie: Kapitalismus in der Krise. Süddeutsche Zeitung, 2008.

(Lanier, 2006) Lanier, J.: Digital Maoism: The Hazards of the New Online Collectivism. Edge, 2006.

(Lemnitzer; Jonas, 2007) Lemnitzer, L. und Jonas, J.: Von Aldianer bis Zauselquote: Neue deutsche Wörter; wo sie herkommen und wofür wir sie brauchen. Narr, Tübingen, 2007.

(Lévy, 1997) Lévy, P.: Die kollektive Intelligenz: Für eine Anthropologie des Cyberspace. Kommunikation & neue Medien. Bollmann, Mannheim, 1997.

(Mehler et. al., 2008) Mehler, A., Frank-Job, B., Blanchard, P., und Eikmeyer, H.-J.: Sprachliche Netzwerke. In: Stegbauer, C. (Hrsg.), Netzwerkanalyse und Netzwerktheorie: Ein neues Paradigma in den Sozialwissenschaften, Jahrgang 1 von Springer-11776 /Dig. Serial], 2008, Seite 413–427. VS Verlag für Sozialwissenschaften / GWV Fachverlage GmbH Wiesbaden, Wiesbaden.

(Niegel et. al., 2010) Niegel, C., Straeter, G., und Betz, E.: Hä? ? Jugendsprache unplugged 2010: Deutsch - Englisch - Spanisch - Französisch - Italienisch. Langenscheidt, Berlin, 2010.

(Niemann, 2009) Niemann, C.: Intelligenz im Chaos: Collaborative Tagging als neue Form der Sacherschließung. In: Barth, R., (Hrsg.), Die Lernende Bibliothek 2009: Wissensklau, Unvermögen oder Paradigmenwechsel?, Jahrgang 33 von Churer Schriften zur Informationswissenschaft, Chur, 2009, S. 59–66.

(Ogden; Richards, 1974) Ogden, C. K. und Richards, I. A.: Die Bedeutung der Bedeutung: Eine Untersuchung über den Einfluß der Sprache auf das Denken und über die Wissenschaft des Symbolismus = The meaning of meaning. Theorie. Suhrkamp, Frankfurt am Main, 1. Aufl. edition, 1974.

(Peters; Weller, 2008) Peters, Isabella und Weller, Katrin: Tag Gardening for Folksonomy Enrichment and Maintenance. Webology, Volume 5, Nummer 3, 2008.

(Schippan, 2005) Schippan, T.: Neologismen und Archaismen. Fallstudien. In: Cruse, D. A., Ungeheuer, G., Wiegand, H. E., Steger, H., und Brinker, K., (Hrsg.), Lexikologie /Lexicology, Handbücher zur Sprach- und Kommunikationswissenschaft, S. 1373–1380. de Gruyter, Berlin, 2005.

(Steels, 2006) Steels, L.: Collaborative tagging as distributed cognition. Pragmatics Cognition, 2006, 14: S. 287–292.

(Stegbauer, 2008) Stegbauer, C., (Hrsg.): Netzwerkanalyse und Netzwerktheorie: Ein neues Paradigma in den Sozialwissenschaften, Jahrgang 1 von Springer-11776 /Dig. Serial]. VS Verlag für Sozialwissenschaften / GWV Fachverlage GmbH Wiesbaden, Wiesbaden, 1. Aufl. edition, 2008.

(Toffler, 1990) Toffler, A.: Future shock. Bantam Books, New York, 1990

(Wehner, 2001) Wehner, R.: Miniaturgehirne und kollektive Intelligenz: Zur Evolution biologischer Komplexität; Rede; Dies academicus 2001 anlässlich der 168. Stiftungsfeier der Universität Zürich. Zürcher Universitätsschriften. Univ., Zürich, 2001.

(Wu; Zhou, 2009) Wu, C. und Zhou, B.: Semantic Relatedness in Folksonomy. In: NISS '09: Proceedings of the 2009 International Conference on New Trends in Information and Service Science, 2009, S. 760–765. IEEE Computer Society.

Dirk Lewandowski

Der OPAC als Suchmaschine

Einleitung

Bibliotheken werden durch Suchmaschinen nun bereits seit einigen Jahren herausgefordert, wenn nicht gar bedroht. Wie allerdings auf diese Herausforderung zu antworten ist, ist trotz längerer Diskussion noch nicht klar. Sicher ist aber auf jeden Fall, dass die Suchmaschinen Konkurrenten der Bibliotheken – oder doch wenigstens ihrer Kataloge – bleiben werden. Insofern ist es nur konsequent, dass Bibliotheken sich die Stärken der Suchmaschinen zunutze machen und ihre OPACs nun mit deren Technologie ausstatten, um die eigenen Inhalte besser durchsuchbar zu machen.

Doch die technologische Verbesserung ist nur die eine Seite. Verschwiegen werden soll hier nämlich nicht, dass selbst bei technologischer Überlegenheit und besseren Inhalten im Bibliothekskatalog noch lange keine Garantie dafür gegeben wäre, dass die Nutzer den OPAC (bzw. die dann existierende Bibliothekssuchmaschine) dann als alleiniges oder wenigstens primäres Rechercheinstrument bei ihrer Suche nach wissenschaftlichen Inhalten ansehen würden. Um dies zu erreichen, würde es nicht nur einer sporadischen Schulung der Nutzer bedürfen, sondern eines systematischen Aufbaus von Informationskompetenz. Diese ist zwar nicht Thema dieses Artikels, soll aber bereits hier am Anfang erwähnt werden, um klar zu machen, dass es eine alleinige technische Lösung des „OPAC-Problems" nicht geben kann.

Was kann nun aber auf technischer Seite getan werden? Um die technischen Notwendigkeiten zu erfassen, ist zunächst einmal ein Blick auf den Nutzer nötig: Wo findet wissenschaftliche Recherche *außer im OPAC* noch statt? Hier sind sicher an erster Stelle die allgemeinen Suchmaschinen (und hier natürlich vor allem Google) zu nennen, andererseits aber auch Wissenschaftssuchmaschinen, interdisziplinäre Datenbanken, fachlich spezialisierte Datenbanken, wissenschaftsorientierte Social Software sowie die Angebote der Verlage und Online-Buchhändler. Diese Aufzählung zeigt, dass die OPACs nur mehr ein Angebot unter vielen sind und sich klar zu den konkurrierenden Angeboten positionieren müssen, um auch in Zukunft eine Bedeutung zu haben, die über die reine Bestandsabfrage von Einzeltiteln hinausgeht.

Im Zuge der Digitalisierung bzw. des „digital only" wurde schon häufig die Frage gestellt, wie sich eigentlich der Bestand einer Bibliothek noch definieren lässt. Bibliotheken müssen hier vor allem auch die Antwort auf die Frage finden, welche Form der Recherche ihre Nutzer überhaupt wünschen. Soll zuerst im lokalen Bestand gesucht werden und dann die Recherche ggf. auf weitere Bestände ausgedehnt werden? Oder soll vielmehr der „Top-Down"-Ansatz verfolgt werden, bei dem der Nutzer zuerst wie in einer Bibliographie recherchiert und erst in weiteren Schritten auf den lokal verfügbaren Bestand gelenkt wird? Je nachdem, wie diese Frage entschieden wird, haben wir es entweder mit einem OPAC-Ansatz oder aber mit dem Ansatz einer Wissenschaftssuchmaschine zu tun, was Konsequenzen für den Aufbau des Systems hat.

Ich werde in diesem Aufsatz die bekannten Web-Suchmaschinen als Vergleich zu den OPACs heranziehen. Gerade dieser Vergleich ist von besonderer Bedeutung, da die Suchmaschinen die Standards definieren, nach denen sich andere Informationssysteme (und bei weitem nicht nur die Suchsysteme der Bibliotheken) werden richten müssen, wenn sie denn weiterhin von den Nutzern akzeptiert werden wollen.

Man kann auf der einen Seite davon sprechen, dass die Suchmaschinen durch ihren Aufbau und das Eingehen auf das typische Rechercheverhalten die Nutzer zu einem „schlechten" Rechercheverhalten erziehen. Allerdings haben sie auf der anderen Seite auch gezeigt, dass mittels elaborierter Rankingverfahren selbst einfach gestellte Anfragen zufriedenstellend beantwortet werden können. Insofern sind die Suchmaschinen Vorbild dahingehend, dass sie auf das tatsächliche Rechercheverhalten ihrer Nutzer (bzw. deren Recherchekenntnisse) eingehen und versuchen, das Beste daraus zu machen.

Neben ihrem nicht zu unterschätzenden Einfluss auf das Rechercheverhalten sind die Web-Suchmaschinen noch aus einem anderen Grund besonders interessant für einen Vergleich mit Bibliotheksangeboten: Sie haben nämlich Angebote entwickelt, die auf den Kernbereich der Bibliotheken zielen. An dieser Stelle sollen nur beispielhaft die beiden Angebote Google Books und Google Scholar genannt werden, welche Suchmaschinentechnologie (und elaborierte Rankingverfahren) für die Suche in „Bibliotheksinhalten" einsetzen. Doch nicht nur von diesen Spezialsuchmaschinen, sondern auch vom Ranking der allgemeinen Web-Suchmaschinen können sich die Bibliotheksangebote einiges abschauen.

In diesem Kapitel soll zuerst ein Überblick über den Entwicklungsstand moderner OPACs gegeben werden. Dann soll beschrieben werden, welche Lücken die momentan vorhandenen OPACs haben und wie diese im Sinne einer Suchmaschinenorientierung zu schließen sind. Ich werde argumentieren, dass sich die OPAC nur zu konkurrenzfähigen Suchsystemen wandeln werden, wenn sie vor allem durch ein klar durchdachtes, nutzergerechtes Ranking bestechen. Ich werde aufzeigen, welche Faktoren für ein solches Ranking verwendet werden können. Abschließend werde ich Anregungen geben für die Weiterentwicklung der OPACs in Forschung und Praxis.

Entwicklungsstand der OPACs

In diesem Kapitel gehe ich davon aus, dass der OPAC den zentralen Sucheinstieg zu den Inhalten der Bibliothek darstellen soll. Ich werde im Folgenden die Bereiche Inhaltsspektrum, Kataloganreicherung (und Nutzerpartizipation) sowie Discovery behandeln.

Das Inhaltsspektrum der Bibliothek wird von den Katalogen nur unvollständig abgebildet (LEWANDOWSKI, 2006), da Nachweise von Zeitschriftenaufsätzen, von Aufsätzen aus Sammelbänden sowie Inhalte aus den von der Bibliothek lizenzierten Datenbanken in der Regel fehlen. Neuere OPAC-Ansätze begegnen diesem Problem durch die Hinzunahme weiterer Titelaufnahmen (Aufsätze) und/oder einer automatischen Erweiterung der Suche auf weitere Datenbestände (Datenbanken). Für Nutzer bleibt jedoch in der Regel unklar, in welchen zusätzlichen Beständen sie nun recherchieren bzw. zu welchem Grad diese eine Informationsmenge abdecken. Zum Beispiel dürfte es den Nutzern nicht klar sein, welche Zeitschriftenaufsätze innerhalb der normalen Recherche durchsucht werden: Sind es tatsächlich die Aufsätze aus allen in der Bibliothek vorhandenen Zeitschriften, die Aufsätze aller von der Bibliothek lizenzierten elektronischen Zeitschriften oder ist es gar eine vollkommen eigenständige Kollektion, die vom Bestand der Bibliothek unabhängig ist und weder deren Bestand vollständig abdeckt noch sich auf diesen Bestand beschränkt? Die Aufsätze mögen einer nette Dreingabe in der Recherche sein, das Beispiel zeigt jedoch, dass man wohl kaum von einem systematischen Ausbau der bibliographischen Daten sprechen kann.

Hinsichtlich der (Literatur-)Datenbanken sieht die Situation ähnlich aus: Hier wird versucht, mittels *Federated Search* bzw. neuerdings auch mit dem Aufbau von „Gesamt-Indices" weitere Datenquellen zu integrieren. Im ersten Fall wird dann aber erstens nur eine beschränkte Anzahl von Datenbanken abgefragt und zweitens nur eine stark begrenzte Anzahl von Treffern je Datenbank berücksichtigt. Der zweite Fall versucht diese Probleme (und ebenso die mit der Federated Search einhergehenden Performanzprobleme) zu beheben. Es dürfte sich dabei um den zukunftsträchtigeren Ansatz handeln, wenn auch der Index-Aufbau (nicht zuletzt wegen lizenzrechtlicher Probleme) große Anstrengungen bedeutet.

Im Bereich der Kataloganreicherungen werden die Titelaufnahmen durch zweierlei Quellen unterstützt: Auf der einen Seite werden zusätzliche Informationen gezielt zugekauft oder im Prozess der Erstellung der Katalogdaten ergänzt, auf der anderen Seite werden die Bibliotheksnutzer eingebunden, die selbst zusätzliche Inhalte zu den Titelaufnahmen generieren sollen („user generated content"). Während es sich im ersten Fall vor allem um Inhaltsverzeichnisse, Klappentexte und ggf. Rezensionen handelt, werden durch die Nutzer vor allem Bewertungen und Rezensionen ergänzt. Wie von allen Systemen, die auf *user generated content* setzen, bekannt ist, ist das Erreichen einer kritischen Masse von Nutzern, die tatsächlich bereit sind, selbst Inhalte zu erstellen, der kritische Faktor solcher Systeme. Dabei ist zu beachten, dass nur ein Bruchteil derjenigen Nutzer, die sich von Nutzern generierte Inhalte wünschen und/oder diese nutzen, auch bereit sind, selbst solche Inhalte zu erstellen. Insofern ist bei diesem Ansatz dringend zu raten, Daten zwischen einer möglichst großen Anzahl von Bibliotheken auszutauschen, anstatt sich auf die eigene Nutzerschaft zu beschränken bzw. zu verlassen.

Unter „Discovery" wird die Exploration von Datenbeständen verstanden, wobei Ansätze des Suchens und des Browsens integriert werden. Der Nutzer begibt sich also auf die Informationssuche, wobei noch nicht klar sein muss, ob es sich dabei tatsächlich um eine Suche (zielgerichtet) oder eher um ein Stöbern im Bestand handelt. In vielen Fällen lassen sich diese Bereiche auch nicht klar voneinander trennen, sondern es handelt sich bei den Suchvorgängen um ein abwechselndes Suchen und Browsen, d.h. der Nutzer gibt einerseits in manchen Schritten seiner Suche Suchbegriffe ein, in anderen stöbert er – unterstützt durch Angebote des Systems – in der Treffermenge. Man spricht in diesen Fällen auch von *exploratory search*.

Bei der Exploration der Treffermenge helfen vom Suchsystem angebotene Drill-Down-Menüs, mit deren Hilfe die Treffermenge beispielsweise nach Medientyp, Schlagwort, Erscheinungsjahr u.ä. eingeschränkt werden kann. Der Nutzer erhält durch diese Angebote eine einfache Möglichkeit, die Treffermenge seiner initialen Suchanfrage einzuschränken und so zu einer für ihn durchsehbaren Menge von Treffern zu kommen. Ein großer Nutzen entsteht daraus, dass die in den Drill-Down-Menüs angebotenen Vorschläge aus der initialen Treffermenge generiert werden, d.h. eine dynamische Reaktion auf die ursprünglich gefundenen Treffer sind (im Gegensatz zu einem statischen Browsing, welches sich auf feste Klassifikationen bzw. Indices stützt).

Zusätzliche Informationen aus der Kataloganreicherung unterstützen den Nutzer bei der Bewertung der Treffer. Erweiterte Trefferbeschreibungen erleichtern eine Evaluierung der Medien vor deren eigentlicher Sichtung. Insbesondere, wenn die beiden genannten Funktionen mit einer Listen-/Warenkorbfunktion verbunden werden, erleichtern sie die explorative Literatursuche und bieten gegenüber reinen Such- bzw. Browsingansätzen einen klaren Mehrwert.

Während moderne OPAC-Entwicklungen[1] also die Nutzer grundsätzlich gut sowohl bei der Einschränkung von Treffermengen als auch bei der Sichtung der gefundenen Treffer unterstützen, liegt deren Problem m.E. vor allem in der mangelhaften Unterstützung der zielgerichteten Suche und dort vor allem in einem mangelhaften Ranking der Ergebnisse. Zwar orientieren sich die neueren OPAC-Ansätze durchaus an den Nutzern, allerdings bleiben sie in einem Punkt dem traditionellen Verständnis der Informationsrecherche durch einen Information Professional verhaftet: Sie gehen nämlich davon aus, dass der Nutzer in der Lage ist (und die Notwendigkeit sieht), die Treffermenge so weit einzuschränken, dass eine für ihn überschaubare Treffermenge herauskommt, die dann tatsächlich vollständig gesichtet wird. Gerade das durch die Web-Suchmaschinen geschulte Verhalten zeigt jedoch, dass sich Nutzer sehr stark auf die durch die Suchmaschine vorgenommene Reihung der Treffer verlassen, anstatt sich mit einer weiteren Ein-

---

1 Einen Überblick moderner OPAC-Entwicklungen in Europa bietet beispielsweise http://www.communitywalk.com/map/list/363838?order=0.

schränkung der Treffermenge zu befassen. Studien zum Selektionsverhalten innerhalb der Trefferlisten zeigen eine sehr starke Fokussierung auf die ersten Trefferplätze, von Bedeutung für die Selektion bestimmter Treffer sind neben deren Position höchstens noch Hervorhebungen innerhalb der kurzen Trefferbeschreibungen (ausführlicher zum Selektionsverhalten s.u.). Nutzer erwarten einen schnellen Weg zu den Ergebnissen und sind nicht bereit, lange über die Formulierung einer Suchanfrage nachzudenken. Eine besondere Bedeutung erhält die initial auf eine Suchanfrage generierte Trefferliste, vor allem durch die Tatsache, dass auf ihrer Basis entschieden wird, ob und ggf. wie die Recherche fortgeführt wird. Es ist also immens wichtig, die initiale Trefferliste so zu gestalten, dass auf den vorderen Positionen bereits relevante Treffer gezeigt werden. Für einen signifikanten Anteil der Suchanfragen ist sogar nur die initiale Trefferliste zur Beantwortung der Suchanfrage nötig. Ich werde weiter unten noch darauf eingehen.

Betrachtet man nun die Stärken und Schwächen der Suche in OPACs im Vergleich zu den Web-Suchmaschinen (Tabelle 1), so zeigt sich, dass die Stärken der OPACs in den Bereichen liegen, die für eine elaborierte Recherche (durch Information Professionals) von Belang sind, während die Suchmaschinen in allen Punkten, die auf die Nutzung durch weitgehend ungeschulte Nutzer zielen, ihre Stärken zeigen. So bieten OPACs in der erweiterten Suche einen guten Funktionsumfang, der eine zielgenaue Recherche ermöglicht, allerdings auch gute Kenntnisse von Einschränkungsmöglichkeiten und Suchsprachen erfordert. Suchmaschinen hingegen haben nur einen sehr beschränkten Funktionsumfang in ihren erweiterten Suchen, wobei einige Funktionen sogar nur eingeschränkt funktionstüchtig sind (LEWANDOWSKI, 2004; LEWANDOWSKI, 2008). Die zweite Stärke der OPACs liegt in ihrer Datenbasis mit dem Vorhandensein von Metadaten, die in der Suche ausgenutzt werden können. Allerdings werden diese, wie oben gezeigt wurde, weniger in der zielgerichteten Suche als zur Unterstützung des Browsings ausgenutzt. Hier bietet sich noch eine echte Chance zur Verbesserung der Systeme.

Tabelle 1: Vergleich der Stärken und Schwächen von OPACs und Suchmaschinen

	OPAC	Suchmaschine
Einfache Suche	schwach, da Anordnung der Treffer nach Datum	stark, da gutes Ranking
Erweiterte Suche	Guter Funktionsumfang	Geringer Funktionsumfang, fehlerhafte Funktionen (!)
Trefferanordnung / Ranking	schlecht, da nur Anordnung nach Datum	gut, da durchdachtes Ranking und Durchmischung der Trefferlisten
Trefferpräsentation	wenig flexibel durch Autor/Titel/Jahr	Trefferbeschreibung mit statischen und kontextabhängigen Elementen
Datenbestand	nur ein Teilbestand des Bibliotheksangebots	Einbindung aller von der SM aufgebauter Kollektionen
Metadaten	Mit hohem Aufwand erstellte Qualitätsdaten	Kaum Ausnutzung von Metadaten; keine eigene Erstellung

Anfragetypen und Suchintentionen

Die Bewertung von Suchsystemen muss sich stets an den Anfragen orientieren, die an diese spezielle Art von Suchsystemen gestellt wird. Wenn ein individuelles System getestet/optimiert werden soll, so ist es sogar sinnvoll, tatsächlich an dieses Suchsystem gestellte Anfragen zur Evaluierung zu verwenden. Von besonderer Bedeutung ist dabei, dass in Tests unterschiedliche Anfragetypen verwendet werden, um damit unterschiedliche Suchintentionen der Nutzer abzudecken. In der Analyse von Suchanfragen hinsichtlich der (potentiellen) Suchintentionen und der Optimierung des Systems auf diese Intentionen hin ist der Schlüssel zu einer erfolgreichen Beantwortung von Suchanfragen zu sehen.

In der Informationswissenschaft wird unterschieden zwischen dem konkreten und dem problemorientierten Informationsbedarf (*concrete information need* CIN; *problem-oriented information need* POIN; s. FRANTS ET AL., 1997: S. 38). Beim konkreten Informationsbedarf wird nach einer Fakteninformation gefragt, was zur Folge hat, dass das Informationsbedürfnis mit einem einzigen Faktum (bzw. auf das Dokumentretrieval bezogen: mit einem einzigen Dokument, welches das gesuchte Faktum enthält), befriedigt ist. Im Gegensatz dazu wird beim problemorientierten Informationsbedarf in der Regel eine (mehr oder weniger große) Menge von Dokumenten zur Befriedigung des Informationsbedürfnisses benötigt. Tabelle 2 fasst die Unterscheidungsmerkmale von CIN und POIN zusammen.

Überträgt man problemorientierten und konkreten Informationsbedarf auf die Recherche im OPAC, so kann man zwischen der thematischen Suche auf der einen Seite und der Suche nach einem Titelnachweis auf der anderen Seite unterscheiden. Im letzten Fall spricht man auch von einer *known item search* (KANTOR, 1976), da ja schon bekannt ist, *dass* der entsprechende Titel existiert. Er soll ja nur noch im Bestand gefunden werden.

Tabelle 2. Konkreter vs. problemorientierter Informationsbedarf (aus STOCK, 2007: S. 52)

CIN	POIN
Thematische Grenzen sind klar abgesteckt.	Thematische Grenzen sind nicht exakt bestimmbar.
Die Suchfrageformulierung ist durch exakte Terme ausdrückbar.	Die Suchfrageformulierung lässt mehrere terminologische Varianten zu.
Eine Fakteninformation reicht i.d.R. aus, um den Bedarf zu decken.	In der Regel müssen diverse Dokumente beschafft werden. Ob der Informationsbedarf damit abschließend gedeckt ist, bleibt offen.
Mit der Übermittlung der Fakteninformation ist das Informationsproblem erledigt.	Mit der Übermittlung der Literaturinformationen wird ggf. das Informationsproblem modifiziert oder ein neuer Bedarf geweckt.

Broder (2002) unterscheidet bei Anfragen an Web-Suchmaschinen drei Intentionen: informationsorientiert, navigationsorientiert und transaktionsorientiert.

Mit navigationsorientierten Anfragen soll eine Seite (wieder)gefunden werden, die dem Benutzer bereits bekannt ist oder von der er annimmt, dass sie existiert. Beispiele sind die Suche nach Homepages von Unternehmen („DaimlerChrysler") oder nach Personen („John von Neumann"). Solche Anfragen haben in der Regel ein richtiges Ergebnis. Das Informationsbedürfnis ist befriedigt, sobald die gewünschte Seite gefunden wird.

Bei informationsorientierten Anfragen ist das Informationsbedürfnis meist nicht durch ein einziges Dokument zu befriedigen (POIN). Der Nutzer möchte sich stattdessen über ein Thema informieren und liest deshalb mehrere Dokumente. Informationsorientierte Anfragen zielen auf jeden Fall auf statische Dokumente, nach dem Aufruf des Dokuments ist also keine weitere Interaktion auf der Website nötig, um an die gewünschten Informationen zu gelangen.

Mit transaktionsorientierten Anfragen wird eine Website gesucht, auf der anschließend eine Transaktion stattfindet, etwa der Kauf eines Produkts, der Download einer Datei oder die Recherche in einer Datenbank.

Auch Broders Unterteilung lässt sich auf die OPACs übertragen. So existieren auch hier unterschiedliche Suchintentionen, die von dem gleichen Informationssystem zufriedenstellend beantwortet werden müssen. Die navigationsorientierte Anfrage entspricht dabei der Known-Item-Suche, die informationsorientierte Anfrage der thematischen Suche und die transaktionsorientierte Suche der Suche nach einer geeigneten Quelle für die weitere Recherche (s. Tabelle 3). Heutige OPACs sind nicht an diese verschiedenen Anfragetypen angepasst und die Anfragetypen werden auch bei der Evaluierung nicht unterschieden (anders als bei der Evaluierung von Suchmaschinen, vgl. LEWANDOWSKI, 2010; LEWANDOWSKI; HÖCHSTÖTTER, 2007). Im Zuge einer stärkeren Nutzerorientierung sollte die Entwicklung von OPACs anhand der verschiedenen Anfragetypen geführt werden. Außerdem ist eine Unterscheidung nach Anfragetypen für ein adäquates Ranking essentiell, da für das Herausstellen geeigneter Dokumente die Kenntnis der Nutzerintention von enormer Bedeutung ist. Oder anders gesprochen: Ohne Kenntnis der Nutzerintention ist ein gutes Ranking nicht möglich!

Tabelle 3: Übertragbarkeit der Anfragetypen nach Broder (2002) auf Bibliotheks-OPACs

Anfragetyp nach Broder	Analoger Anfragetyp im OPAC	Beispielanfrage	Erläuterung
informationsorientiert	thematische Suche	kollaborative Inhaltserschließung	Suche nach Literatur zu einem Thema, mehrere Dokumente gewünscht
navigationsorientiert	known item search	Wolfgang Stock Information Retrieval	Suche nach dem Nachweis eines bestimmten Titels; eine Titelaufnahme gewünscht
transaktionsorientiert	Quellensuche	Datenbank Gerichtsentscheidungen	Suche nach einer Quelle/Datenbank, in der die Recherche fortgeführt werden kann.

Wie aber nun kann man Einblick in die Nutzerintentionen bzw. Anfragetypen gewinnen? In der Regel führen Bibliotheken Nutzerstudien in Form von Befragungen oder kleineren Laboruntersuchungen (zum Beispiel qualitative Befragung, Suchaufgaben unter Beobachtung, Fokusgruppen) durch. Diese Methoden sind m.E. nur wenig geeignet, um die benötigten Daten zu produzieren. Vielmehr ist eine Untersuchung (und kontinuierliche Beobachtung) der eigenen Logfiles nötig. Zwar wurden Logfileuntersuchungen auch für Bibliothekskataloge bereits in der Vergangenheit durchgeführt (zum Beispiel HENNIES, DRESSLER, 2006; LOWN, HEMMINGER, 2009; OBERMEIER, 1999; REMUS, 2002), diese fragen aber vor allem nach der Länge der Suchanfragen, nach der Nutzung der Feldsuche und erweiterter Suchfunktionen sowie im Falle von Lown & Hemminger nach der Nutzung der Drill-Down-Menüs. Die Analyse der Suchanfragen stand in diesen Untersuchungen im Hintergrund.

Rankingverfahren als zentrales Hilfsmittel der Informationsrecherche

In diesem Abschnitt wird noch einmal ausführlicher auf das Recherche- und Selektionsverhalten bei Web-Suchmaschinen eingegangen – wieder unter der Prämisse, dass dieses Rechercheverhalten von den Nutzern auf andere Typen von Informationssystemen übertragen wird und diese Systeme sich daher an dieses Verhalten anpassen müssen (anstatt von den Nutzern eine (zu hohe) Anpassungsleistung an das jeweilige System zu verlangen). Danach werden die bei den Web-Suchmaschinen üblichen Rankingfaktoren diskutiert und nach ihrer Tauglichkeit für Bibliotheks-OPACs gefragt. Ich werde ein Set von geeigneten Rankingfaktoren vorschlagen, aber auch auf ein grundlegendes Problem des Rankings (Bevorzugung des immer gleichen) hinweisen. Auch für dieses Problem werde ich eine Lösung basierend auf den Verfahren der Web-Suchmaschinen vorschlagen.

Das Nutzerverhalten in Suchmaschinen zeichnet sich vor allem durch folgende Charakteristika aus:

- Suchanfragen bestehen zum überwiegenden Teil aus nur wenigen Wörtern; am häufigsten sind aus nur einem Wort bestehende Suchanfragen, gefolgt von Zweiwortanfragen (die aktuellsten für deutsche Suchanfragen stammenden Zahlen kommen aus HÖCHSTÖTTER; KOCH, 2008). Die durchschnittliche Länge der Suchanfragen liegt bei deutschsprachigen Anfragen bei etwa 1,7 Wörtern (HÖCHSTÖTTER; KOCH, 2008: S. 55). Eine Veränderung des Nutzerverhaltens hin zu längeren Suchanfragen ist nicht festzustellen.

In Untersuchungen konnte festgestellt werden, dass sich das Nutzerverhalten hinsichtlich der Anfrageformulierung und -länge in Bibliothekskatalogen nicht signifikant von dem in den Web-Suchmaschinen unterscheidet (HENNIES; DRESSLER, 2006). Während allerdings die Web-Suchmaschinen in hohem Maß an dieses Anfrageverhalten angepasst sind, liefern konventionelle OPACs auf solche Anfragen naturgemäß sehr lange Trefferlisten zurück, welche einzig nach der Aktualität der Datensätze sortiert sind.

- Das Selektionsverhalten innerhalb von Suchmaschinen-Trefferlisten zeigt eindeutig, dass sich Nutzer sehr stark auf die von der Suchmaschine vorgegebene Rangfolge der Treffer verlassen (GRANKA ET AL., 2004; JOACHIMS ET AL., 2005; LORIGO ET AL., 2008). Nicht nur beschränkt sich ein großer Teil der Nutzer auf die Betrachtung der ersten Ergebnisseite (zusammenfassend dargestellt in HÖCHSTÖTTER; KOCH, 2008: S. 52), sondern es findet sogar eine sehr starke Fokussierung auf die ersten Resultate statt.

Zwar ist nicht alleine die Position des Treffers entscheidend – sondern beispielsweise auch die Beschreibung der Treffer innerhalb der Trefferliste (LEWANDOWSKI, 2008) –, jedoch zeigen Studien, in deren Rahmen Manipulationen an der Reihung von Treffersets vorgenommen wurden, dass die Präsentation niedriger gerankter Treffer auf vorderen Positionen das Selektionsverhalten nur geringfügig beeinflusst (BAR-ILAN ET AL., 2009; KEANE ET AL., 2008).

Die Charakterisierung der wichtigsten Aspekte des Nutzerverhaltens in Web-Suchmaschinen und die damit einhergehenden Erwartungen an andere Informationssysteme verdeutlichen, von wie großer Bedeutung ein angemessenes Ranking der Trefferliste nicht nur für den Erfolg (im Sinne von Effizienz und Effektivität) von modernen Informationssystemen, sondern auch für deren Nutzerakzeptanz ist. Kommerzielle Anbieter von wissenschaftlichen Suchsystemen haben dies bereits seit einigen Jahren erkannt und ihre Informationssysteme an diese Gegebenheiten angepasst. Beispielhaft seien an dieser Stelle *Google Scholar* und Elseviers *Scirus* genannt. Beide verwalten sehr große Datenbestände aus dem Wissenschaftsbereich und bieten dem Nutzer intelligent sortierte Trefferlisten an, ohne (zumindest im Falle von Scirus) die im Wissenschaftsbereich traditionell wichtigen Möglichkeiten der komplexen Recherche zu vernachlässigen. Insofern können diese Wissenschaftssuchmaschinen als Vorbild für die Anwendungen der Bibliotheken dienen (vgl. LEWANDOWSKI, 2006).

Auch hinsichtlich der im Ranking verwendeten Faktoren können die Web-Suchmaschinen als Vorbilder für andere Informationssysteme gelten. Zwar ist unbestritten, dass sich die Erkenntnisse, die aus dem Ranking der Web-Inhalte gewonnen wurden, nicht eins zu eins auf andere Inhalte übertragen lassen, jedoch können die umfassenden Vorarbeiten aus diesem Bereich durchaus fruchtbar für die Verbesserung des Rankings in anderen Kontexten eingesetzt werden.

Es wurde schon früh versucht, Ranking auf bibliothekarische Titelaufnahmen anzuwenden, jedoch beschränken sich auch heute noch die meisten OPACs, welche die Treffer ranken, auf *text matching* und Feldgewichtung (siehe zum Beispiel DELLIT; BOSTON, 2007). Bibliothekskataloge, die darüber hinausgehen, experimentieren beispielsweise mit Popularitätsfaktoren (FLIMM, 2007) sowie Exemplar- und Ausleihdaten (MERCUN, ZUMER, 2008; SADEH, 2007). Gemeinsam ist diesen Experimenten, dass sie versuchen, einzelne Faktoren zu integrieren, ohne jedoch systematisch deren Eignung und den praktischen Einsatz zu prüfen.

Der Kern der Ranking-Problematik ist mittlerweile nicht mehr in dem Abgleich zwischen Suchanfragen und Dokumenten zu sehen (also dem *text matching*), sondern vielmehr in der Qualitätsbewertung der potentiell relevanten (also durch das text matching gewonnenen) Dokumente. Dies ist im Web-Kontext einerseits aus der schieren Masse an Dokumenten zu erklären, die auf die typischen Suchanfragen gefunden werden, andererseits durch die dort nur sehr eingeschränkte Qualitätsbewertung im Zuge der Indexierung. Zwar scheiden auch Web-Suchmaschinen sog. SPAM-Dokumente und Dubletten nach Möglichkeit schon in diesem Prozess aus, dieser ist jedoch in keiner Weise mit einem Qualitätsbewertungsprozess wie bei Bibliotheken (Qualitätsbewertung durch die Auswahl eines Titels für die Bibliothek) zu vergleichen.

Im Suchmaschinenbereich haben sich drei Bereiche der Qualitätsbewertung herausgebildet, welche als Anhaltspunkt für die Verbesserung auch des Rankings in Bibliothekskatalogen dienen können (LEWANDOWSKI, 2009):

- Popularität: Die Popularität eines Dokuments, gemessen beispielsweise anhand der Nutzerzugriffe und der Verweildauer auf dem Dokument sowie – bestimmend für das Ranking von Web-Dokumenten – anhand der Verlinkung des Dokuments innerhalb des Web-Graphen, wird zur Bewertung der Qualität des Dokuments herangezogen. Dabei wird nicht einfach auf die Masse der Klicks bzw. Links gesetzt, sondern es kommen gewichtete Modelle zum Einsatz, die eine differenzierte Bewertung ermöglichen. Diese Modelle sind in der Literatur gut dokumentiert (unter anderem CULLISS, 2003; DEAN ET AL., 2002; KLEINBERG, 1999; PAGE ET AL., 1999) und können in ihren wesentlichen Elementen auf die Dokumentbewertung in Bibliothekskatalogen adaptiert werden.
- Aktualität: Die Bewertung der Aktualität spielt bei Web-Suchmaschinen auf zwei Ebenen eine Rolle. Einerseits geht es um die Ermittlung des tatsächlichen bzw. relativen Erstellungs- bzw. Aktualisierungsdatums der Dokumente (Acharya et al., 2005), andererseits um die Frage, in welchen Fällen es sinnvoll ist, bevorzugt aktuelle Dokumente anzuzeigen. Während der erste Punkt bei Bibliotheksinhalten entfällt, ist die zweite Frage gerade in Hinblick auf unterschiedliche Fachkulturen hoch relevant. Während aktuelle Literatur in sich schnell verändernden Fächern bevorzugt werden sollte, ist insbesondere in den stärker historisch orientieren Disziplinen eine solche Bevorzugung nicht sinnvoll und sollte entsprechend beschränkt werden.

Lokalität: Für Suchmaschinen essentiell, im Bibliothekskontext jedoch bisher kaum beachtet ist die Bewertung von Dokumenten nach ihrer Nähe zum Nutzer (vgl. LEWANDOWSKI, 2009). Nähe kann hier gesehen werden als der Ort des Nutzers (Nutzung in der Bibliothek, von der Hochschule aus, von zu Hause aus) und/oder als der Ort des Mediums (Zentralbibliothek, Fachbibliothek, Medium verfügbar / nicht verfügbar, ohne Ort im Falle von online direkt verfügbaren Medien, usw.).

Bei Bibliotheksinhalten findet schon eine starke Qualitätsbewertung aufgrund der Auswahl der Medien durch die Bibliothek statt. Allerdings ist besonders bei der Beantwortung von Suchanfragen, die stark auf die *Precision* der Suchergebnisse orientiert sind (Anwendungsfall: Ein Nutzer sucht einige relevante Titel, um sich grundlegend über ein Feld zu informieren), ein qualitätsorientiertes Ranking essentiell.

Aus dem vorangegangenen wird ersichtlich, dass Qualität als Ziel des Rankings nur über Hilfskonstruktionen (wie gewichtete Popularität) definiert wurde. Dies mag auf einer theoretischen Ebene zwar zu kurz gegriffen sein, im Sinne einer pragmatischen Herangehensweise ist diese Art der Qualitätsbestimmung aber tragfähig. Zu bedenken ist an dieser Stelle auch, dass ein Rankingverfahren niemals die Gesamttreffermenge verändert, sondern sie nur in eine bestimmte Reihenfolge bringt. Das Ranking bietet damit gegenüber den bisherigen Verfahren einen *Zusatz*nutzen und schränkt die bisherigen Möglichkeiten vor allem für Profi-Nutzer in keiner Weise ein.

Leider existieren (nicht nur) in der Bibliothekswelt einige Missverständnisse bezüglich Rankingverfahren. So wird argumentiert, ein einziges klares und für die Nutzer nachvollziehbares Sortierkriterium sei besser als ein elaboriertes Ranking. Unabhängig von der Frage nach der Bewertung beider Verfahren durch die Nutzer ist dem zu entgegnen, dass weitere Sortiermöglichkeiten ergänzend zum Relevanzranking ohne Probleme angeboten werden können.

Ein Missverständnis ist auch, dass bisherige OPACs ohne Ranking arbeiten würden. Diese Annahme erscheint nur auf den ersten Blick richtig und es stellt sich in der Tat die Frage, inwieweit man bei einer Sortierung nach Erscheinungsjahr von einem Ranking sprechen sollte. Wenn man Ranking aber schlicht als eine nicht-willkürliche Anordnung der Trefferliste betrachtet, dann handelt es sich auch bei der Datumssortierung um ein solches. Dann allerdings muss man auch die Frage stellen, ob diese Form des Rankings die für den Nutzer bestmögliche ist.

Ein drittes Missverständnis besteht darin, Relevanzranking mit der Begründung abzulehnen, es würde schlicht nicht funktionieren. Richtig ist, dass es sehr schwer ist, „Relevanz" zu bestimmen und diese stets kontextabhängig ist. Allerdings kann dies nicht darüber hinwegtäuschen, dass ein Ranking nach *angenommener* Relevanz zumindest in der Lage ist, eine befriedigende Trefferanordnung zu liefern. Kriterium für die Bewertung der so generierten Trefferlisten kann wiederum nur die Bewertung durch den Nutzer sein.

Das letzte Ranking-Missverständnis beruht gerade auf der entgegenstehenden Position des dritten. Hier wird Ranking als einfach lösbar angesehen. In der Regel werden dann Standardverfahren des Textmatching (mittels TF/IDF) angewendet. Das allein kann aber nicht zu befriedigenden Ergebnissen führen. Ich habe gezeigt, dass die Web-Suchmaschinen weit über ein allein textbasiertes Ranking hinausgehen und ein solches Ranking gar nicht zum Erfolg führen könnte. Bei den Bibliothekskatalogen mit ihren knappen bibliographischen Daten stehen wir vor einem ähnlichen Problem: Wir müssen das textbasierte Ranking um geeignete Faktoren ergänzen, die vor allem auf besondere Qualitäten der Dokumente abzielen. Welche Faktoren dafür verwendet werden können, werde ich im Weiteren aufzeigen. Ich werde mich dabei an den vier Gruppen der Rankingfaktoren orientieren: Textstatistik, Popularität, Aktualität und Lokalität. Außerdem werde ich OPAC-spezifische Rankingfaktoren nennen, die sich nicht zu einem dieser Bereiche zuordnen lassen. Tabelle 4 fasst alle im Weiteren genannten Rankingfaktoren zusammen.

Tabelle 4: Rankingfaktoren für Bibliothekskataloge (übersetzt und modifiziert aus LEWANDOWSKI, 2009)

Gruppe	Rankingfaktor	Bemerkung
Textstatistik	Wörter • innerhalb der bibliographischen Daten • innerhalb der angereicherten Daten • innerhalb des Volltext	Bibliographische Daten allein enthalten nicht genug Text für ein textstatistisches Ranking. Die Textmenge pro Katalogeintrag variiert stark, daher ist es nicht möglich, für die drei genannten Arten von Titelaufnahmen denselben Rankingalgorithmus zu verwenden.
	Feldgewichtung	Vorkommen der Suchbegriffe wird je nach Feld unterschiedlich gewichtet.
	Vorhandensein von Text: • Rezension • Inhaltsverzeichnis • Volltext	Schon das Vorhandensein von zusätzlichen Informationen kann zur besseren Bewertung einer Titelaufnahme führen.
Popularität	Anzahl der lokal vorhandenen Exemplare	Basierend auf einzelnem Titel
	Wie häufig wurde die Titelaufnahme angesehen?	Basierend auf einzelnem Titel
	Auflage	Basierend auf einzelnem Titel
	Anzahl von Downloads	Basierend auf einzelnem Titel
	• Autor • Verlag • Buchreihe • Nutzerbewertungen • Zitationen	Basierend entweder auf einzelnem Titel oder einer Gruppe von Titeln.

Aktualität	Veröffentlichungsdatum	Basierend auf einzelnem Titel (wobei es auch in Relation gestellt werden kann zu den Veröffentlichungsdaten innerhalb seiner Gruppe, bspw. Systematikgruppe oder Fach).
	Anschaffungsdatum	Basierend auf einzelnem Titel (wobei es auch in Relation gestellt werden kann zu den Veröffentlichungsdaten innerhalb seiner Gruppe, bspw. Systematikgruppe oder Fach).
Standort	Physischer Standort des Nutzers (zu Hause, in der Bibliothek, auf dem Campus)	Standort kann über IP-Adresse ermittelt werden.
	Physischer Standort des Titels - Zentralbibliothek - Zweigstelle - Elektronisch verfügbar, d.h. kein physischer Standort von Belang für den Nutzer	
	Verfügbarkeit des Titels - als Download verfügbar - in der Bibliothek verfügbar - momentan nicht verfügbar	
Sonstige	Umfang des Titels (z.B. Seitenzahl)	
	Dokumenttyp (Monographie, Herausgeberband, Zeitschriftenaufsatz, usw.)	Kann in Relation gestellt werden zur Bedeutung des jeweiligen Dokumenttyps innerhalb eines bestimmten Fachs.
	Nutzergruppe (z.B. Professor, Studenten, Doktoranden)	

1. Textstatistik

Textstatistische Verfahren verwenden in der Regel Standardverfahren wie TF/IDF (term frequency / inverted document frequency) und können erfolgreich eingesetzt werden bei textuellen Kollektionen, bei denen die Qualitätskontrolle bereits bei der Aufnahme der Dokumente in den Datenbestand durchgeführt wurde (bspw. Pressedatenbanken). Bei Bibliothekskatalogen ergibt sich allerdings auf der einen Seite das Problem, dass die Titelaufnahmen in ihrer üblichen Form zu kurz sind, um ein gutes Ranking nach textstatistischen Verfahren zu ermöglichen. Werden doch alleine textstatistische Verfahren verwendet, so führt dies zu unbefriedigenden Ergebnissen. Leider wird oft Ranking mit textstatistischem Ranking gleichgesetzt und daraus der Schluss gezogen, dieses eigne sich grundsätzlich nicht für OPACs (so in BEALL, 2008).

Auf der anderen Seite ergibt sich bei teilweise angereicherten Katalogdaten das Problem, dass sich der Umfang der dann vorhandenen Titelaufnahmen stark unterscheidet, was ein Ranking mithilfe des gleichen Verfahrens unmöglich macht. Vielmehr muss dann vorab anhand der vorhandenen Zusatzinformationen differenziert werden und die Dokumente erst nach dem initialen Ranking dann wieder in eine gemeinsames Ranking zusammengeführt werden.

Zusätzlich zur Auswertung von Text kann auch das schlichte Vorhandensein von Text als ein Rankingfaktor herangezogen werden. So können beispielsweise Titelaufnahmen, zu denen ein Volltext vorliegt oder denen zumindest ein Inhaltsverzeichnis beigegeben ist, anderen Titelaufnahmen gegenüber bevorzugt werden.

2. Popularität

Auch Popularitätsfaktoren können verwendet werden, um Bibliotheksmaterialien zu ranken. Popularität kann dabei entweder auf der Basis einzelner Titel oder aber auf der Basis von Gruppen von Titeln bewertet werden. Zum Beispiel können Gruppen gebildet werden aus allen Titeln eines Verfassers (bzw. aus allen Titeln, an denen ein bestimmter Verfasser mitgewirkt hat), aus allen Titeln eines Verlages oder aus allen Titeln einer Buchreihe.

Alle diese Popularitätsdaten sind anfrageunabhängig. Dies bedeutet, dass die Werte in dem Moment der Suchanfrage nicht neu berechnet werden müssen, sondern bereits im Voraus zu den Titelaufnahmen hinzugefügt werden können und nur in gewissen Abständen aktualisiert werden müssen. Selbst wenn Nutzerbewertungen in das Ranking mit einbezogen werden sollen, können die Popularitätswerte in periodischen Abständen berechnet werden, obwohl sie sich im Detail vielleicht inzwischen verändert haben.

3. Aktualität

Zwar ist die Aktualität (gemessen anhand des Erscheinungsjahrs) das zurzeit bestimmende Sortiermerkmal in OPACs, jedoch kann Aktualität im Ranking weit mehr bedeuten als eine einfache Sortierung nach dem Datum. Zuerst einmal muss bestimmt werden, inwieweit aktuelle Literatur für die jeweilige Suchanfrage überhaupt von Nutzen ist. Dies variiert von Fach zu Fach: Zum Beispiel mag Aktualität für einen Informatiker essentiell sein, für einen Philosophen werden andere Faktoren (wie Autorität) in der Regel eine höhere Rolle spielen.

Das Beispiel zeigt, wie wichtig es ist, die Notwendigkeit aktueller Literatur zu einer Anfrage zu bestimmen. Dies kann zum Beispiel aus den Ausleih- bzw. Nutzungsdaten zu bestimmten Fächern oder sogar einzelnen Klassen oder Schlagwörtern erfolgen. Auch hier können die Werte im Voraus berechnet werden und verbrauchen damit kaum Rechenzeit bei der Generierung einer Trefferliste zu einer Anfrage.

4. Standort

Unter „Standort" kann sowohl der Standort des Nutzers als auch der Standort des Titels gefasst werden. Zum Beispiel kann ein Titel, der in der nächstliegenden Zweigstelle der Bibliothek vorhanden ist, höher gerankt werden als einer, der nur in weiter entfernten Filialen vorhanden ist. Auch Ausleihdaten können für ein solches standortbasiertes Ranking verwendet werden: Für manche Nutzer sind nicht direkt vorhandene Titel nicht oder von geringerem Interesse; diese können daher niedriger gerankt werden.

Auch der Standort des Nutzers kann verwendet werden. Wenn ein Nutzer von zu Hause aus recherchiert, kann angenommen werden, dass er Titel bevorzugt, die er direkt herunterladen kann (MERCUN;ZUMER, 2008). Wenn er sich allerdings in der Bibliothek aufhält, können Titel, die in Printform vorhanden sind, ebenso hoch bewertet werden wie die elektronisch vorhandenen Titel. Der Standort des Nutzers kann beispielsweise durch die IP-Adresse seines Rechners ermittelt werden.

5. Andere relevante Rankingfaktoren

Während es sich bei den unter ersten vier Punkten genannten Rankingfaktoren um Adaptionen von bei Web-Suchmaschinen verwendeten Faktoren handelt, so gibt es doch einige Rankingfaktoren, die keine Entsprechung in einem der genannten Bereiche haben bzw. dort nur eine untergeordnete Rolle spielen. So kann beispielsweise der Umfang oder der Dokumenttyp eines Titels für das Ranking herangezogen werden. Beispielsweise können so Monographien gegenüber Aufsätzen, Bücher oder Buchkapitel gegenüber Zeitschriftenaufsätzen, gedruckte Materialien gegenüber elektronischen Materialien bevorzugt werden – natürlich jeweils auch umgekehrt und auch in allen sonst denkbaren Kombinationen. Auch hier sollten allerdings wieder die unterschiedlichen Bedürfnisse der einzelnen Fächer in die Berechnung mit eingehen. Beispielhaft lässt sich das wieder an der Gegenüberstellung von Informatik und Philosophie zeigen: Während in der Informatik größerer Wert auf (aktuelle) Literatur aus Konferenzbänden gelegt werden sollte, so wäre in der Philosophie die monographische Literatur zu bevorzugen.

Auch unterschiedliche Nutzergruppen können im Ranking berücksichtigt werden. Da sich die Informationsbedürfnisse beispielsweise von Professoren wesentlich von denen von Studienanfängern unterscheiden, dürfte eine Berücksichtigung der Nutzergruppe sinnvoll sein. Im Falle der Studienanfänger könnte beispielsweise Lehrbüchern ein höheres Gewicht gegeben werden.

Die Unterteilung in Nutzergruppen wirft die Frage nach einer Personalisierung der Suchergebnisse auf. Da die Personalisierung jedoch sowohl individuelle Nutzerdaten als auch die Klickdaten aus der Navigation benötigt, soll an dieser Stelle davon abgeraten werden. Höchstens sollten personenbezogene Daten im Ranking verwendet werden, wenn der Nutzer diese Option explizit ausgewählt hat und ihm klar ist, welche Daten für diese Form des Rankings gesammelt werden. Allerdings gibt es viele Möglichkeiten zur Verbesserung der Suchergebnisse auf der Basis von anonymisierten statistischen Daten (vom allgemeinen Nutzerverhalten innerhalb des System bis hin zum Verhalten bestimmter Nutzergruppen), sodass eine „echte" Personalisierung (also auf den einzelnen Nutzer) gar nicht nötig sein dürfte.

Die hier aufgezeigten Rankingfaktoren sind geeignet, das Ranking in Bibliothekskatalogen wesentlich zu verbessern bzw. überhaupt erst einmal ein elaboriertes Ranking zu implementieren. Aber natürlich ist die Identifizierung von geeigneten Rankingfaktoren nur ein Teil der Lösung. Erst die Kombination und Gewichtung der Faktoren kann zu einem guten Ranking führen. Wie dieses dann aussieht, ist für den individuellen Fall dann auszutarieren.

Abschließend soll nicht verschwiegen werden, dass jedes Ranking ein Problem hervorruft, das zu lösen ist. Es handelt sich um die Bevorzugung des „immer gleichen" durch die Rankingalgorithmen. Da jedem Item nach der gleichen Formel ein bestimmter Wert zugeteilt wird, finden sich in der Trefferliste Items mit gleichem oder sehr ähnlichem Wert nebeneinander. Wenn wir nun von einer Dublette ausgehen, die sich durch keine weiteren Faktoren (wie Ausleihhäufigkeit, Standort, o.ä.) von ihrem Gegenstück unterscheidet, so werden diese beiden Items nebeneinander stehen. Dem ist entgegenzuwirken, indem (Fast-)Dubletten erkannt und entsprechend geclustert werden. Ein Beispiel hierfür ist Google Scholar, wo unterschiedliche Versionen eines Artikels (bspw. Verlagsversion und Preprint) in der Trefferliste zu einer Einheit zusammengefasst werden, wobei die verschiedenen Versionen bei Bedarf einzeln eingesehen werden können. So einfach eine solche Gruppierung von zusammengehörigen Items auf den ersten Blick aussehen mag, so schwierig kann sie doch in der Praxis sein. Auf jeden Fall muss sie das Ranking unterstützen, da es sonst nicht zu befriedigenden Ergebnissen führen kann.

Weiterhin muss das Ranking durch eine gewollte Durchmischung der Trefferlisten unterstützt werden. Auch wenn das Dublettenproblem gelöst ist, so kann es durchaus vorkommen, dass bei manchen Suchanfragen nur bestimmte Dokumenttypen bzw. -arten auf den ersten Trefferplätzen auftauchen. Auch darüber sollte man sich schon im Vorfeld Gedanken machen und das Thema Nutzerintentionen nicht nur von der Anfrageseite her angehen, sondern auch von der Ergebnisseite: Welche Treffer erwartet ein Nutzer auf seine Suchanfrage hin bzw. welche Treffer wünscht er sich zu seiner Suchanfrage?

Dabei ist es ein großer Unterschied, ob ein Nutzer eine allgemeine oder eine spezifische Suchanfrage stellt. Gehen wir von einer allgemeinen Suchanfrage aus, so wäre es beispielsweise sinnvoll, auf den ersten Positionen der Trefferliste ein Nachschlagewerk, ein Lehrbuch, eine einschlägige Datenbank, eine einschlägige

Zeitschrift und ein aktuelles Werk zum Thema zu präsentieren. Dadurch wäre schon eine kleine Auswahl gegeben, bei der mit einer hohen Wahrscheinlichkeit zumindest ein für den Nutzer brauchbarer Titel dabei ist. Dieses Beispiel zeigt, dass es neben dem Nachdenken über geeignete Rankingfaktoren auch auf ein Nachdenken über eine geeignete Durchmischung der Trefferlisten ankommt. Beides geht Hand in Hand, und das eine wird ohne das andere nicht erfolgreich sein können.

Fazit

Ich habe in diesem Aufsatz versucht, zu zeigen, dass aktuelle OPACs (auch solche, die sich als „Next Generation OPACs" bezeichnen lassen) zwar in vielerlei Hinsicht die Literaturrecherche unterstützen können, jedoch weiterhin eine mangelnde Nutzerorientierung aufweisen. Eine Lücke wurde vor allem identifiziert bei der Verarbeitung von Suchanfragen und der Präsentation einer sinnvoll angeordneten Trefferliste. Es wurden für den Bibliothekskontext geeignete Rankingfaktoren identifiziert und diskutiert.

Schließen möchte ich diesen Aufsatz mit einigen Empfehlungen, wie Forscher in der Bibliotheks- und Informationswissenschaft, aber auch Entwickler in Unternehmen oder Bibliotheken sowie verantwortliche Bibliotheksmitarbeiter an der Weiterentwicklung von OPACs hin zu „Bibliothekssuchmaschinen" mitwirken können:

Für die Verbesserung von OPACs ist zuerst einmal eine genaue Kenntnis der Nutzerintentionen notwendig. Nur durch eine systematische Auswertung von Massendaten aus den Logfiles der OPACs können Erkenntnisse über die Informationsbedürfnisse der Nutzer in einem Maße gewonnen werden, welches eine Verbesserung der Systeme abseits von Einzelwünschen möglich macht. Nur aus den Logfiles können tatsächliche Suchhäufigkeiten zu jeder Anfrage ermittelt werden. Auf Basis solcher Anfragen sollte sich das jeweilige Bibliotheksteam Gedanken machen, wie diese idealerweise beantwortet werden sollten.

Ebenfalls aus den Logfiles sollten diejenigen Anfragen gezogen werden, die keine Treffer ergaben. Ergänzend sollten die Klickpfade der Nutzer, die eine solche Anfrage eingegeben haben, nachvollzogen werden. Hieraus sollten Strategien entwickelt werden, mit welchen Mitteln sich diese Nulltreffermengen vermeiden lassen bzw. wie auf die nicht vermeidlichen reagiert werden sollte.

Zur Identifikation unterschiedlicher Anfragetypen kann unterstützend eine Analyse der Klickdaten aus den Logfiles herangezogen werden. Aus den Klickhäufigkeiten lassen sich Erkenntnisse über den Anfragetypen gewinnen (vgl. JOACHIMS, 2002; VON MACH, OTTE, 2009).

Entwicklung und Implementierung geeigneter Rankingverfahren. Dabei sollten klare Vorstellungen über den Aufbau der „idealen Trefferliste" entwickelt werden, bevor daraus Rankingverfahren entwickelt werden. Der traditionelle Ansatz, der von den Faktoren ausgeht und durch deren Gewichtung dann zu einem geeigneten Ranking gelangen möchte (also beispielsweise davon ausgeht, dass ein von einem Bibliothekar vergebenes Schlagwort per se wichtig ist und daher stets doppelt gewichtet werden sollte), erscheint nicht erfolgversprechend.

Literaturverzeichnis

(ACHARYA ET AL., 2005) Acharya, Anurag ; Cutts, Matt ; Dean, Jeffrey ; Haahr, Paul ; Henzinger, Monika ; Hoelzle, Urs ; Lawrence, Steve ; Pfleger, Karl ; Sercinoglu, Olcan ; Tong, Simon: Information retrieval based on historical data. Fairfax (VA), 2005. http://www.seocertifiedservers.com/google.pdf. Zuletzt besucht am: 01.04.2010

(BAR-ILAN ET AL., 2009) Bar-Ilan, Judit ; Keenoy, Kevin ; Levene, Mark ; Yaari, Eti: Presentation bias is significant in determining user preference for search results: A user study. In: Journal of the American Society for Information Science and Technology 60 (2009), Nr. 1, S. 135-149

(BEALL, 2008) Beall, Jeffrey: The weaknesses of full-text searching. In: The Journal of Academic Librarianship 34 (2008), Nr.. 5, S. 438-444

(BRODER, 2002) Broder, Andrei: A taxonomy of web search. In: SIGIR Forum 36 (2002), Nr.: 2, S. 3-10

(CULLISS, 2003) Culliss, Gary A: Personalized search methods. Emeryville (CA): Ask Jeeves, Inc., 2003. US-Patent Application No. 09/684,209

(DEAN ET AL., 2002) Dean, Jeffrey A. ; Gomes, Benedict ; Bharat, Krishna ; Harik, Georges ; Henzinger, Monika H.: Methods and apparatus for employing usage statistics in document retrieval. Mountain View (CA): Google, Inc., 2002. US-Patent Application No. 09/797,754

(DELLIT; BOSTON, 2007) Dellit, Alison ; Boston, Tony: Relevance ranking of results from marc-based catalogues: From guidelines to implementation exploiting structured metadata. National Library of Australia, 2007. http://sawjetwinfar.59.to/openpublish/index.php/nlasp/article/viewFile/1052/1321. Zuletzt besucht am: 01.04.2010

(FLIMM, 2007) Flimm, Oliver: Die Open-Source-Software OpenBib an der USB Köln - Überblick und Entwicklungen in Richtung OPAC 2.0. In: Bibliothek Forschung und Praxis 31 (2007), Nr. 2, S. 2-20

(FRANTS ET AL., 1997) Frants, Valery I. ; Shapiro, Jacob ; Voiskunskii, Vladimir G.: Automated information retrieval: Theory and methods. Library and information science. San Diego: Academic Press. 1997

(GRANKA ET AL., 2004) Granka, L. A. ; Joachims, T. ; Gay, G.: Eye-tracking analysis of user behavior in www search. In: Proceedings of Sheffield SIGIR - Twenty-Seventh Annual International ACM SIGIR Conference on Research and Development in Information Retrieval (2004), S. 478-479.

(HENNIES, DRESSLER, 2006) Hennies, Markus ; Dressler, Juliane: Clients information seeking behaviour: An opac transaction log analysis. Paper presented at CLICK06, In: ALIA 2006 Biennial Conference (2006). http://conferences.alia.org.au/alia2006/Papers/Markus_Hennies.pdf. Zuletzt besucht am: 01.04.2010

(HÖCHSTÖTTER; KOCH, 2008) Höchstötter, Nadine ; Koch, Martina: Standard parameters for searching behaviour in search engines and their empirical evaluation. In: Journal of Information Science 34 (2008), S. 45-65

(JOACHIMS, 2002) Joachims, Thorsten: Optimizing search engines using clickthrough data. In: SIGKDD (2002), S. 133-142

(JOACHIMS ET AL., 2005) Joachims, Thorsten ; Granka, Laura ; Pan, Bing ; Hembrooke, Helene ; Gay, Geri: Accurately interpreting clickthrough data as implicit feedback. In Conference on Research and Development in Information Retrieval (2005), S.154-161

(KANTOR, 1976) Kantor, P. B.: Availability analysis. In: Journal of the American Society for Information Science 27 (1976); Nr. 5-6, S. 311-319

(KEANE ET AL., 2008) Keane, Mark T. ; O'Brien, Maeve ; Smyth, Barry: Are people biased in their use of search engines? In: Communications of the ACM 51 (2008), Nr. 2, S. 49-52

(KLEINBERG, 1999) Kleinberg, Jon M.: Authoritative sources in a hyperlinked environment. In: Journal of the ACM 46 (1999), Nr. 5, S. 604-632

(LEWANDOWSKI, 2004) Lewandowski, Dirk: Date-restricted queries in web search engines. In: Online Information Review 28 (2004), Nr. 6, S. 420-427

(LEWANDOWSKI, 2006) Lewandowski, Dirk: Suchmaschinen als Konkurrenten der Bibliothekskataloge: Wie Bibliotheken ihre Angebote durch Suchmaschinentechnologie attraktiver und durch Öffnung für die allgemeinen Suchmaschinen populärer machen können. In: Zeitschrift für Bibliothekswesen und Bibliographie 53 (2006), Nr. 2, S. 71-78

(LEWANDOWSKI, 2008A) Lewandowski, Dirk: Problems with the use of web search engines to find results in foreign languages. In: Online Information Review 32 (2008), Nr. 5, S. 668-672

(LEWANDOWSKI, 2008B) Lewandowski, Dirk: The retrieval effectiveness of web search engines: Considering results descriptions. In: Journal of Documentation 64 (2008), Nr. 6, S. 915-937

(LEWANDOWSKI, 2009) Lewandowski, Dirk: Ranking library materials. In: Library Hi Tech 27 (2009), Nr. 4, S. 584-593

(LEWANDOWSKI, 2010) Lewandowski, Dirk: The retrieval effectiveness of search engines on navigational queries. In: ASLIB Proceedings (2010), http://www.bui.haw-hamburg.de/fileadmin/user_upload/lewandowski/doc/ASLIB2009_preprint.pdf. Zuletzt besucht am: 01.04.2010

(LEWANDOWSKI; HÖCHSTÖTTER, 2007) Lewandowski, Dirk ; Höchstötter, Nadine: Qualitätsmessung bei Suchmaschinen: System- und nutzerbezogene Evaluationsmaße. In: Informatik Spektrum 30 (2007), Nr. 3, S. 159-169

(LORIGO ET AL., 2008) Lorigo, L. ; Haridasan, M. ; Brynjarsdóttir, H. ;. Xia, L ; Joachims, T. ; Gay, G. ;. Granka, L, ; Pellacini, F. ; Pan, B.: Eye tracking and online search: Lessons learned and challenges ahead. In: Journal of the American Society for Information Science and Technology 59 (2008), Nr. 7, S. 1041-1052

(LOWN; HEMMINGER, 2009) Lown, Cory ; Hemminger, Brad: Extracting user interaction information from the transaction logs of a faceted navigation opac. In: code4lib Journal (2009), Nr. 7. http://journal.code4lib.org/articles/1633. Zuletzt besucht am: 01.04.2010

(MERCUN; ZUMER, 2008) Mercun, Tanja ; Zumer, Maja. New generation of catalogues for the new generation of users: A comparison of six library catalogues.In: Program: electronic library and information systems 42 (2008), Nr. 3, S. 243 - 261

(OBERMEIER, 1999) Obermeier, Franz: Schlagwortsuche in einem lokalen OPAC am Beispiel der Universitätsbibliothek Eichstätt: Benutzerforschung anhand von OPAC – Protokolldaten. In: Bibliotheksforum Bayern 27 (1999), Nr. 3, S. 296–319

(PAGE, 1999) Page, Lawrence ; Brin Sergey ; Motwani, R. ; Winograd, T.: The pagerank citation ranking: Bringing order to the web. 1999. http://dbpubs.stanford.edu: 8090/pub/1999-66. Zuletzt besucht am: 01.04.2010

(REMUS, 2002) Remus, Ingo: Benutzerverhalten in Online-Systemen. Potsdam : Fachhochschule Potsdam, 2002. http://freenet- homepage.de/Remus/TLA.htm. Zuletzt besucht am: 01.04.2010

(SADEH, 2007) Sadeh, Tamar: Time for a change: New approaches for a new generation of library users. In: New Library World 108 (2007), Nr. 7/8, S. 307-316

(STOCK, 2007) Stock, Wolfgang: Information Retrieval : Informationen suchen und finden. München [u.a.], Oldenbourg : 2007. ISBN 978-3-486-58172-0

(VON MACH; OTTE, 2009) Von Mach, Sonja ; Otte, Jessica: Identifikation von navigationsorientierten und kommerziellen Suchanfragen anhand einer Klickdatenanalyse. In: HAW Abstracts in Information Science and Services 1 (2009), Nr. 01, S. 39–52. http://www.bui.haw-hamburg.de/fileadmin/haiss/2009MachOtte.pdf. Zuletzt besucht am: 01.04.2010

Regina Pfeifenberger

Bibliothek für unterwegs

Keine andere Technologie wurde jemals zuvor so schnell und in so großem Umfang angenommen wie die mobile Kommunikation (Castells et al., 2007 in Dempsey, 2009, S. 1). Mobile Geräte wie Apples iPhone, Googles G1 und andere Smartphones werden aufgrund erhöhter Bandbreite und Usability immer populärer, fließen auf ihnen doch die Funktionen eines Computers, eines Audio-Players, einer Foto- bzw. Videokamera und eines Mobiltelefons zusammen. In Zusammenhang mit diesen neuen Technologien nimmt die mobile Nutzung des Internets drastisch zu.

Durch das mobile Internet wird eine permanente Verbundenheit zum eigenen E-Mail-Account, sozialen Netzwerken, zu Blogs usw. möglich, wodurch sich zunehmend das berufliche Leben mit dem Freizeitleben vermischt und sich zudem Konzepte von Raum und Zeit verändern. Diese Entwicklung stellt auch an Bibliotheken die Herausforderung, ihre Dienstleistungen in virtuelle Umgebungen einzubetten und Inhalte und Dienste für mobile Endgeräte anzubieten.

In diesem Aufsatz sollen nach einem einleitenden Abschnitt zum mobilen Internet, bereits im Einsatz befindliche mobile Bibliotheksdienste vorgestellt und ausgewertet werden.

Das mobile Internet

Mobile Dienste, also Angebote für Mobiltelefonnutzer, umfassen eine breite Spanne an verschiedenen Dienstleistungen. Automatische SMS-Benachrichtigungen, Podcasts und andere Audio-Dateien sind weit verbreitet und funktionieren heute auf nahezu allen Mobiltelefonen. Mit dem mobilen Zugang zum Internet ist nun ein ganz neuer Zweig mobiler Dienste entstanden. Um die Bedeutung des mobilen Internets zu verstehen, ist es wichtig, einen kurzen Blick auf die Entwicklungsgeschichte der „zwei Revolutionen", den Mobilfunk und das World Wide Web, zu werfen (Alby, 2008, S. XIIf).

Das World Wide Web wurde 1991 zur weltweiten Nutzung freigegeben. Damit konnte man erstmalig vom heimischen PC aus auf Informationen aus aller Welt zugreifen. War die Datenübertragung anfangs noch sehr langsam und musste man für jede Minute, die man mit dem Internet verbunden war, bezahlen, sind heute um ein vielfaches schnellere DSL-Flatrates der Standard. Die Breitbandtechnologie sowie die preisgünstige Nutzung des Internets öffneten u.a. auch den Weg für eine neue Form der Internetnutzung, bekannt unter dem Begriff „Web2.0". Web2.0 ist der Name einer neuen Generation von Web-Diensten, die offener und flexibler sind als zuvor. Kennzeichnend ist, dass der Nutzer selbst Inhalte und Anwendungen erzeugen kann. Plattformen dafür sind etwa Wikis, Blogs, Mikro-Blogs (z.b. Twitter) und Portale wie Facebook, MySpace oder YouTube. Diese sogenannte soziale Software spielt bei der mobilen Nutzung des Webs eine wichtige Rolle, gehört sie doch zu den meistgenutzten mobilen Anwendungen. Für 60 Prozent der Deutschen ist das Internet mittlerweile unverzichtbar geworden, bei den Jüngeren – Hauptnutzer der Web2.0 Angebote – sind es sogar fast 90%.[1]

Die Technologie des Mobilfunks machte Telekommunikation erstmals unabhängig vom Aufenthaltsort, denn Mobiltelefonnummern werden einer Person und nicht mehr einem Ort zugewiesen, wie es bei Festnetznummern der Fall ist.

Die Entwicklung des Mobilfunks ist dadurch gekennzeichnet, dass zum einen die Geräte immer handlicher und billiger werden, zum anderen deren Nutzung immer günstiger wird. Insgesamt existieren mittlerweile mehr als 4,9 Milliarden Mobiltelefonverträge - bei einer Weltbevölkerung von ca. 6,9 Milliarden. Und jedes Jahr werden eine Milliarde neue Mobiltelefone produziert (Horizon Report 2010, S. 9).

Die beiden Technologien, das Internet und der Mobilfunk, haben das private und berufliche Leben nachhaltig verändert. Nicht nur, dass Computer und Mobiltelefone immer schneller und billiger wurden, ihre Vereinigung brachte zudem eine neue „Revolution" hervor: das mobile Internet, das uns ermöglicht, immer und überall online zu sein.

Die ersten Versuche Ende der 1990er Jahre mit WAP das Internet mobil zu nutzen, enttäuschten, da die Geschwindigkeit viel zu gering und die Displays der meisten Mobiltelefone zu klein waren. Zudem konnten nur spezielle WAP-Seiten aufgerufen und angezeigt werden. Mit der Entwicklung von GPRS, Edge und UMTS wurden die Datenraten immer schneller, und mittlerweile werden die meisten Smartphones zudem mit einem WLAN-Adapter ausgestattet (vgl. Alby, 2008, S. 21ff). Weiterhin sollte man die Entwicklung des mobilen Standards LTE verfolgen, der in Deutschland, mag man T-Mobile Glauben schenken, bereits im Jahre 2010 in die Pilotphase gehen wird und eine Datenübertragung verspricht, die um ein Hundertfaches schneller ist als die heutigen Standards.[2] Auch die Preise der Mobilfunkanbieter werden immer günstiger, und sie bieten sowohl Datenvolumen oder Minutenkontingente an als auch Flatrates ohne Daten- oder Zeitbegrenzungen.

Momentan hat die mobile Nutzung des Internets jedoch noch einige Schwierigkeiten zu überwinden. So existiert eine Unmenge verschiedenster Mobiltelefone der unterschiedlichsten Hersteller, mit etlichen Browsern und Programmober-

---

1 http://faz-community.faz.net/blogs/netzkonom/archive/2010/03/01/fuer-60-prozent-der-deutschen- ist-das-internet-unverzichtbar.aspx
2 http://www.computerwoche.de/knowledge_center/mobile_wireless/1887820/

flächen. Dadurch gibt es auch eine Vielzahl an Displaygrößen, die die Inhalte einer Website unterschiedlich anzeigen. Neben diesen Herausforderungen an die Interoperabilität, gilt es auch einige Probleme der Usability zu bewältigen. Durch die kleinen Displays der mobilen Geräte und weitere Einschränkungen z. B. bei der Navigation (kein Mauszeiger) oder der Unfähigkeit vieler Geräte, Javascript oder Flash lesen zu können, ist es nicht möglich, eine Website oder Anwendung 1:1 auf einem mobilen Gerät anzuzeigen bzw. zu nutzen (siehe Abb.1). Deshalb existiert neben den „konventionellen" Websites derzeit eine Vielzahl spezieller Websites, die schlichter, kleiner und ohne große Bilder erstellt wurden, die z. B. auf /mobi, /iphone oder /pda enden, oder mit http://m. oder http://mobile beginnen. Nicht immer werden Nutzer, die mobil auf eine Seite zugreifen möchten, auch direkt auf diese mobile Seite geleitet, oftmals müssen sie die spezielle URL kennen. Für Websites, die (noch) keine spezielle mobile Version haben, gibt es so genannte Transcoding-Dienste, die die Oberflächen der Websites für die Ansicht auf den kleinen Displays der Mobiltelefone umwandeln. Die Qualität ist jedoch nicht zufriedenstellend, oftmals wirken die angezeigten Seiten deformiert (vgl. Fox 2008 und Abb. 1).

Abb. 1: „Konventionelle" (links), transcodierte (mitte) und mobile Website (rechts)

Da sich die mobile Technologie sehr schnell verändert und weiterentwickelt, ist es weniger wichtig, einzelne mobile Websites zu erstellen, sondern vielmehr ein System zu entwickeln, das die Inhalte automatisch von der „konventionellen Website" übernehmen kann und auf dem zugreifenden Gerät in entsprechender Anpassung anzeigt. Dazu muss das System analysieren, welches Handy bzw. welcher Browser die Informationen abruft, um daraufhin die entsprechend optimierten Inhalte zu senden, sodass diese Informationen je nach Medium passgenau dargestellt werden (Franzreb, 2009, S. 84; Alby, 2008, S. 34). Die „Mobile Web Best Practice Working Group" des W3C hat Standards erstellt, durch die Websites unter einer einheitlichen URL erreicht und auf verschiedenen Endgeräten passgenau angezeigt werden können.[3]

---

3   http://www.w3.org/TR/mobile-bp/

Neben diesen Herausforderungen stecken auch große Potenziale im mobilen Internet. Durch in das Gerät integrierte Technologien, wie beispielsweise die Standorterkennung via GPS, ein satellitengestütztes System zur weltweiten Positionsbestimmung, ist eine ganz neue Form der Nutzung verschiedener Anwendungen möglich. Zudem sind die Geräte individueller als PCs; der Nutzer trägt sein Mobiltelefon immer bei sich und so nah am Körper wie kein anderes Gerät. Anwendungen können ganz auf die Bedürfnisse und Wünsche des mobilen Nutzers zugeschnitten werden und ermöglichen so eine breitere Nutzung.

Bereits heute gibt es weltweit mehr internetfähige Mobiltelefone als Computer mit Internetanschluss. Die Nutzung des mobilen Internets hat sich in den USA von 10 Millionen Nutzern im Januar 2008 über 22 Millionen Nutzer im Januar 2009 auf 84 Millionen Nutzer im Januar 2010 erhöht.[4] Laut der internationalen Delphi-Studie „Zukunft und Zukunftsfähigkeit der Informations- und Kommunikationstechnologien und Medien" von 2009 werden in sechs bis zehn Jahren 75 Prozent aller Mobilfunknutzer regelmäßig das Internet über ihr Mobilfunkgerät nutzen. In Deutschland griffen 2009 immerhin schon 35 Prozent der vom Bundesverband Digitale Wirtschaft (BVDW) Befragten regelmäßig auf das mobile Internet zurück, weitere 21 Prozent möchten es innerhalb des Jahres 2010 nutzen[5]. Auch die derzeitige Finanzkrise scheint kaum Einfluss auf den Kauf von Mobiltelefonen zu haben. Nach einer kürzlich in Deutschland, England und Frankreich durchgeführten Studie würden nur die wenigsten der Befragten aus Spargründen auf ihr Mobiltelefon verzichten.[6] Mittlerweile wird das Internet zu zwei Dritteln „konventionell" und zu einem Drittel mobil genutzt. Allein im Jahr 2008 stieg der mobile Datenverkehr in Westeuropa um 132 Prozent. Nokia Siemens Netwoks prognostiziert bis 2015 ein 300faches Wachstum des mobilen Datenverkehrs und The Pew Internet & American Life Project geht in ihrem Bericht „The Future of the Internet III" gar davon aus, dass im Jahre 2020 die Internetnutzung überwiegend von mobilen Endgeräten aus erfolgen wird.[7] Dieses schnelle Wachstum ist sicherlich auf die Entwicklung des Mobiltelefonmarktes der letzten Jahre zurückzuführen, der mit dem Erscheinen von Smartphones deren Nutzern ganz neue Möglichkeiten bietet.

Die ersten Smartphones wie Blackberry und Palm, die bis heute noch zu den Marktführern in dieser Sparte gehören, wurden hauptsächlich in Büroumgebungen genutzt, da ihre Funktionen mit E-Mail und anderen Office-Anwendungen über die Dienste eines „normalen" Handys (Telefon, SMS) hinaus gingen und sich dadurch besonders auf Dienstreisen als sehr nützlich erwiesen. Smartphones verfügen über ein Betriebssystem, das das Installieren von Programmen und Anwen-

---

4   http://www.readwriteweb.com/archives/comscore_mobile_internet.php und
    http://techcrunchies.com/category/mobile-internet/
5   http://www.bvdw.org/medien/bvdw-sieht-starkes-wachstumspotenzial-des-mobilen-
    internets?media=724
6   http://www.canalys.com/pr/2009/r2009034.htm
7   http://www.economist.com/business/displayStory.cfm?story_id=13234981 und http://www.
    pewinternet.org/Reports/2008/The-Future-of-the-Internet-III.aspx

dungen ermöglicht. Zudem haben viele eine QWERTZ-Tastatur. Heute geht der Trend dahin, Smartphones als persönliches privates und berufliches digitales Speichergerät zu nutzen, das die Funktionen eines Kalenders, Notizbuches sowie Speichermediums für Fotos und Musik in einem Gerät vereint. Die Smartphonesparte wächst auf dem Mobiltelefonmarkt am schnellsten. In Deutschland ist bereits jedes dritte verkaufte Mobiltelefon ein Smartphone.[8] Die Geräte werden immer leistungsstärker und zudem sind sie günstiger und mobiler als Notebooks, da sie in jede Jacken- oder Hosentasche passen, was in Japan bereits dazu geführt hat, dass viele Jugendliche gar nicht mehr daran denken, sich einen PC zu kaufen:

„Younger students in particular tend to feel that they don't need a PC if they have a cell phone. Some even say that if they had enough money to buy their own PC, they would rather upgrade to a better cell phone". (Minoru Sugiyama)[9]

Apples iPhone setzte u. a. mit seinem Multi-Touchscreen neue Maßstäbe und beherrschte innerhalb kürzester Zeit den Markt. Seit seinem Erscheinen im Juli 2007 bis Ende 2009 wurde es weltweit über 43 Millionen Mal verkauft (Canalysis 2010, 2008). Zudem wurden im Jahr 2009 66% der gesamten Nutzung des mobilen Internets über iPhones getätigt.[10] Inzwischen haben viele der auf dem Markt erscheinenden Smartphones ebenfalls ein Touchdisplay, integriertes GPS (hier ist das Schlagwort location-awareness oder auch location based services) und verschiedene Bewegungssensoren, ganz nach Vorbild des iPhones.

Mit dem 2008 eröffneten iTunes App Store setzte Apple erneut einen Trend, da es sich hierbei um ein ganz neues Konzept der Vermarktung von Software für Mobiltelefone handelte. Der App Store dient als Distributionskanal einzelner Entwickler, die ihre Produkte über diese Plattform verkaufen können. Jeder kann so genannte „third party Apps" entwickeln, die dann erst nach einer Prüfung durch Apple für den App Store zugelassen werden. Apps werden jedoch für nur ein spezielles Betriebssystem entwickelt, in diesem Fall Apple OS; auf browserbasierte Websites kann hingegen von allen Geräten aus zugegriffen werden. Applikationen werden einmalig heruntergeladen und lokal auf dem Gerät installiert. So können iPhone-Inhaber den Funktionsumfang ihres iPhones beeinflussen, indem sie die Auswahl der Apps selbst bestimmen. Jeder andere Weg, Software auf das iPhone zu installieren, ist jedoch von Apple untersagt und führt zu Garantieverlust. Mit einem Klick auf das Icon einer App wird diese umgehend gestartet. Um zu browserbasierten Anwendungen zu gelangen, muss man in die Adressleiste des Browsers die URL eingeben oder die gewünschte Seite bei den gesetzten Lesezeichen heraussuchen (vgl. hierzu Koster, 2010).

---

8   http://www.computerbase.de/news/consumer_electronics/kommunikation/2010/februar/smartphone- markt_zuwachszahlen/
9   http://www.ojr.org/japan/wireless/1047257047.php
10 http://www.macworld.com/article/139142/2009/03/iphone_metrics.html?lsrc=rss_weblogs_iphonecentral

Die meisten Apps kosten unter einem Euro, viele sind kostenlos, was sicherlich dazu beitrug, dass seit 2008 bereits über 175.000 verschiedene Applikationen über 3 Milliarden Mal heruntergeladen wurden.[11]

Andere Hersteller folgten Apple und brachten ähnliche Geräte, Anwendungen und Shopsysteme auf den Markt. So z. B. das Open-Source-Betriebssystem Android von Google und der Open Handset Alliance, das – im Gegensatz zum Apple OS – auf vielen verschiedenen Geräten unterschiedlichster Hersteller läuft. Für Smartphones mit Android eröffnete Google den „Android Market", auf dem es Ende März 2009 etwa 2300 verschiedene Anwendungen gab. Anfang 2010 waren es bereits knapp 20.000, mehr als die Hälfte davon kostenlos.[12]

Palm, der Mobilfunkanbieter Vodafone sowie RIM mit der „Blackberry App World" und Microsoft mit dem „Windows Marketplace for Mobile" zogen nach. Bezogen auf die Größe des Shops liegt Apple nach wie an der Spitze, gefolgt von Android. Aufgrund der hohen Dynamik auf diesem Markt muss jedoch weiter beobachtet werden, wer sich langfristig durchsetzt.

Damit mobile Dienstleistungen Erfolg haben, ist es wichtig zu wissen, wer die Zielgruppe ist, in welchen Situationen mobile Dienste genutzt werden und nach welchen Informationen und Services überhaupt mobil gesucht wird. Im Folgenden soll deshalb näher auf die Gruppe der so genannten „Digital Natives" eingegangen werden. Zudem soll kurz beleuchtet werden, wie sich die mobile Kommunikation auf unser Leben auswirkt und wie sich unser Leben durch das mobile Web weiter verändern wird.

Die Nutzer des mobilen Internet

In dem viel zitierten Buch „Educating the Net Generation" charakterisiert Oblinger diese Generation wie folgt: Net Gens sind nach 1980 geboren und somit nicht nur die Ersten, die mit digitaler Technologie aufgewachsen sind, sondern auch die erste Generation, für die digitale Technologie auch selbstverständlich ist (Oblinger, 2005, S. 2.10). Sie zeigen großes Interesse an neuen Technologien, die sie ohne Hemmschwellen intuitiv anwenden. Zudem nutzen sie ein breites Spektrum an Web2.0-Diensten, wie Twitter, Facebook, MySpace, StudiVZ oder Chat-Dienste wie Skype oder ICQ, aber auch Blogs und Wikis, mit deren Hilfe sie Inhalte schaffen, teilen und kommentieren. In den sozialen Medien des Web2.0 konstituieren sie Online-Identität(en), in denen sich das private und das öffentliche Leben immer mehr vermischen (vgl. Blowers 2009; Ebner 2009). Nahezu alle Angehörigen der Net Generation der industrialisierten Länder besitzen ein eigenes Mobiltelefon das, so wie das Internet, völlig in ihren Alltag integriert ist und auf das sie nicht mehr verzichten wollen. Bisher werden mit dem Mobiltelefon noch hauptsächlich E-Mails abgefragt, SMS verschickt und Fotos aufgenommen (Gib-

---

11 http://www.mobilecrunch.com/2010/02/15/mobile-companies-ban-together-and-rise-against-apple/
12 http://www.readwriteweb.com/archives/the_truth_about_mobile_application_stores.php

bons, 2007, S. 77). Mit der Verbreitung des mobilen Internets werden aber auch Web2.0-Anwendungen zunehmend mobil genutzt.

Die beschriebenen Charakteristiken sind nicht unbedingt generationenabhängig, sondern lassen sich auf technikaffine Menschen jeden Alters übertragen. Treffender bezeichnet diese Gruppe m. E. der Begriff „Digital Natives", der, anders als die „Net Generation", das dargestellte Nutzerverhalten nicht an einer Generation festmacht.

Mit dem Mobiltelefon und der mobilen Nutzung des Internets ändert sich die Art der Kommunikation. Durch die Kombination beider Technologien dieser hoch individualisierten Geräte ist man permanent, überall und zu jeder Zeit verbunden, vorausgesetzt das Mobilfunknetz des jeweiligen Anbieters ist gut ausgebaut. Mobile Kommunikation findet zunehmend impulsgesteuert statt: Den Bedürfnissen jemanden anzurufen, eine E-Mail zu schreiben oder ein Wort nachzuschlagen kann momentgenau Rechnung getragen werden; es ist kein Aufschub bis zur Ankunft zuhause oder im Büro mehr notwendig. Durch diese permanente Verbindung ändert sich also der Umgang mit Zeit und Raum. Einstmals „tote" Reise- oder Wartezeit kann nun, z.B. über einen virtuellen Zugang zum Büro, zur produktiven Arbeitszeit werden. Darüber hinaus verschwimmen die Grenzen zwischen Arbeit und Freizeit immer mehr. Dempsey spricht in diesem Zusammenhang von „semi-public spaces" und „ad-hoc workspaces" (2009, S. 10f; vgl. auch Alby, 2008, S. 46).

Mobile Dienste – Einige Beispiele

Das Bedürfnis nach einer mobilen Nutzung von Internetdiensten haben viele Anbieter erkannt und ihre Websites und Anwendungen für Mobiltelefone optimiert. Im folgenden Abschnitt möchte ich kurz einige der Dienste vorstellen, die besonders erfolgreich sind und von großem Interesse für Bibliotheken sein könnten.
Mobile Suche: Die mobile Suche zählt zu den erfolgreichsten Sparten der mobilen Dienste (Kroski 2007, S. 27). Besonders hervorgehoben werden soll an dieser Stelle die visuelle Suche, die mittels der eingebauten Handykamera funktioniert und somit mühseliges Tippen vermeidet. Anwendungen, wie z. B. Snap Tell oder Kooaba erkennen das fotografierte Produkt und verlinken direkt zu Online-Shops, YouTube und Wikipedia, um dem Nutzer weitere Informationen über das Produkt zu liefern (Preis, Inhaltsstoffe, Bewertungen anderer Nutzer usw.). Googles Goggles für das Betriebssystem Android soll langfristig alle fotografierten Gegenstände erkennen und benennen (Gebäude, Gemälde, Tiere, Pflanzen). Zudem übersetzt Goggles abfotografierte Texte mittels einer Texterkennungssoftware (OCR) und dem Google Translator.

Technisch wesentlich weniger aufwändig ist die visuelle Suche mithilfe so genannter 2D-Barcodes. Unter den 2D-Barcodes haben sich QR-Codes (Quick Response) besonders durchgesetzt (Abb. 2). Der Vorgang, bei dem der Code nach dem Abfotografieren mittels einer Handykamera von einem (auf dem Telefon installierten) QR-Code-Reader dekodiert wird, wird „Mobile Tagging" genannt. Hinter dem Code kann sich eine URL, aber auch Text oder eine Telefonnummer verbergen, an die man automatisch weitergeleitet wird.

Abb. 2: QR-Barcode mit hinterlegter URL

Soziale Netzwerke: Eine der meist genutzten mobilen Anwendungen ist Facebook. Im Februar 2009 meldete Facebook 25 Millionen mobile Nutzer. Der Mikro-Blogging-Dienst Twitter, bei dem angemeldete Nutzer Nachrichten mit maximal 140 Zeichen senden und empfangen können, wird ebenfalls zunehmend mobil genutzt, ermöglicht die mobile Nutzung doch sofortige Updates über das soeben Erlebte, Gesehene, Gedachte oder Fotografierte.

Chat: Dienste wie ICQ und Skype sind ebenfalls mobil nutzbar, mit Skype könnte man theoretisch sogar über das Internet telefonieren (VoIP) und so Telefongebühren sparen. Zwar untersagen deutsche Mobilfunkunternehmen derzeit die Nutzung dieser Funktion, doch drohen ihnen deswegen Sanktionen der Europäischen Union, die die Ausbremsung innovativer Dienste und die Ausnutzung der Marktmacht kritisiert.

News: Die großen Tageszeitungen (u.a. Süddeutsche Zeitung, Frankfurter Allgemeine Zeitung, Die Welt), Wochenmagazine (z.B. Die Zeit, Stern und Spiegel) und einige Nachrichtensender (z.B. BBC und CNN) haben mittlerweile ihre Websites für die mobile Nutzung optimiert: Ihre Angebote sind durch eine einfache Navigation und übersichtliche Darstellung gekennzeichnet und binden teilweise multimediale Inhalte, z.B. Videosequenzen, ein. Nicht zu vergessen ist zudem die mobile Nutzung von RSS-Feedreadern, Blogs und Mikro-Blogs, die ihre Leser mit aktuellen Informationen versorgen.

Nachschlagewerke: Der mobile Zugriff auf Enzyklopädien, Lexika, aber auch Wörterbücher ermöglicht den sofortigen Zugriff auf die (Erst-)Information, die der Nutzer von unterwegs benötigt. Wikipedia zählt in dieser Rubrik zu den am meisten geladenen mobilen Anwendungen.

Bücher: Auch E-Books werden zunehmend auf Mobiltelefonen gelesen. Eine zentrale Management-Software, ähnlich dem iPod für die Verwaltung von Musik auf dem iPhone, gibt es bisher jedoch nicht. Neben „konventionellen" Büchern findet man auch Bücher bzw. Texte, sogenannte Handyromane, die speziell für das Lesen auf dem Mobiltelefon geschrieben und teilweise mit Videosequenzen angereichert wurden. In Japan lesen bereits 86% der Schüler Handyromane, ein Titel wird bis zu 400.000mal gekauft.[13]

E-Book-Reader: Neben den E-Books existiert auch eine Anzahl an E-Book-Reader-Software (z. B. Stanza, Amazons Kindle), die meist zwischen 0 und 10$ kostet und verschiedene Formate wie EPUB, PDF und XML unterstützt. E-Book-Reader-Software, die alle Formate lesen kann, gibt es bisher nicht. E-Book-Reader für Mobiltelefone haben den Vorteil, dass man eben dieses nutzen kann und kein zusätzliches (teures) Gerät kaufen und bei sich tragen muss, auf dem ausschließlich gelesen werden kann.

Durch das existierende breite Angebot an mobilen Diensten und der schnellen Verbreitung des mobilen Internets erwarten die Nutzer, dass Dienste auch für eine mobile Nutzung angeboten werden. Für Bibliotheken bedeutet dies, dass auch sie im mobilen Netz sichtbar werden müssen, um ihre Nutzer überall zu erreichen und neue Nutzer gewinnen zu können (Kroski, 2007, S. 41).

Mobile Bibliotheksdienste

Mobile Bibliotheksdienstleistungen umfassen eine breite Spanne verschiedener Dienste. Bei der Adaption mobiler Dienste sind US-amerikanische Bibliotheken weiter fortgeschritten als deutsche. Dennoch haben auch einige deutsche Bibliotheken, wenn auch bisher in sehr kleinem Umfang, mobile Dienste eingeführt. Eine Übersicht liefert dazu das Library Success-Wiki, das versucht, alle Bibliotheken aufzulisten, die bereits mobile Dienste anbieten.[14] Im Folgenden sollen die verschiedenen, an Bibliotheken bereits existierenden Dienste kurz vorgestellt und ausgewertet werden.

SMS

Benachrichtigungen per SMS, sobald ein Buch zur Abholung bereit liegt oder die Leihfrist bald abläuft, sind ein von vielen Nutzern gern angenommener und oft gewünschter Dienst. In den USA bieten Bibliotheken darüber hinaus automatische SMS-Benachrichtigungen über Neuerwerbungen, Veranstaltungen der Bibliothek, Veränderungen der Öffnungszeiten sowie weitere aktuelle Meldungen an. Ob dieser Dienst in Deutschland genauso gut angenommen würde, ist jedoch fragwürdig, da ein solcher Dienst auch zu einem Informationsüberfluß führen kann, von dem die Nutzer eher genervt wären.[15]

Neben diesen sogenannten SMS-Alerts, die ein Nutzer automatisch bekommt, wenn er sich für diesen Dienst angemeldet hat, bieten immer mehr Bibliotheken auch Auskunftsdienste via SMS an. Die Nutzer können eine SMS mit ihren Fra-

---

13 http://stephenslighthouse.sirsidynix.com/archives/2009/02/cel_phone_novel.html
14 http://www.libsuccess.org/index.php?title=M-Libraries
15 Ein Hinweis darauf findet sich hier: http://www.derwesten.de/nachrichten/staedte/dortmund/2009/5/4/news-118852911/detail.html

gen an die Bibliothek schreiben und erhalten dann auch die Antwort per SMS. In den meisten Fällen kostet das die Nutzer die Gebühr der versandten SMS, manchmal ist der Dienst kostenlos, und in wenigen Fällen müssen die Nutzer auch die Antwort-SMS bezahlen. Die Bibliotheksmitarbeiter können dabei die Anfragen, die per SMS ankommen, genauso an ihren Rechnern beantworten und verwalten wie Fragen, die per Mail oder IM/Chat gestellt wurden, da oftmals alle drei Dienste auf einer Oberfläche zusammengefasst werden. In den USA setzen die meisten Bibliotheken den kostenlosen Dienst AIM (AOL Instant Messenger) ein, über den nicht nur SMS, Instant Messages und E-Mails vom PC aus geschrieben, sondern auch empfangen und verwaltet werden können. In Deutschland ist dieser Dienst allerdings kostenpflichtig. 60 US-amerikanische Bibliotheken haben sich im Rahmen des Pilot-Projektes „My Info Quest" für einen kollaborativen SMS-Auskunftsdienst zusammengeschlossen, der es ihnen ermöglichen soll, zwischen acht Uhr morgens und zehn Uhr abends sowie am Wochenende Antworten innerhalb von zehn Minuten zu liefern.[16]

In Deutschland bietet bisher keine Bibliothek Auskunft via SMS an, obwohl dieser Dienst auch hier Potenzial hätte, stellen SMS hier doch den am meisten genutzten Mobilfunkdienst dar. Über 29 Milliarden SMS wurden im Jahr 2008 in Deutschland versandt. Zudem wird das Versenden von SMS immer günstiger und viele Nutzer der jüngeren Generation haben eine SMS-Flatrate. SMS wird weit häufiger genutzt als Chat und E-Mail, was ebenfalls für einen SMS-Auskunftsdienst spricht, für dessen Nutzung nicht einmal ein internetfähiges Mobiltelefon notwendig wäre.

Audiodateien

Podcasts und andere Audiodateien werden mittlerweile von vielen Bibliotheken zu ganz unterschiedlichen Themen angeboten. So werden z. B. die Nutzungsbedingungen oder aktuelle Meldungen aus der Bibliothek, E-Learningkurse z. B. zur Vermittlung von Informationskompetenz, aber auch Lesungen und Vorlesungen den Bibliotheksnutzern zum Download bereitgestellt. Ob die Podcasts dann von einem mobilen oder stationären Gerät aus angehört werden, bleibt den Nutzern überlassen.

Einige Bibliotheken bieten zudem Audioführungen an, die sich die Nutzer oftmals als MP3-Dateien direkt auf ihren MP3-Player oder ihr Mobiltelefon laden können. Die Audioführungen eignen sich besonders für neue Bibliotheksnutzer, da sie ihnen die Möglichkeit bieten, sich selbstständig und ihrer eigenen Zeitplanung folgend, einen ersten Überblick über die Bibliothek zu verschaffen.

Der Erfolg von Audioführungen hält sich bislang jedoch sowohl in US-amerikanischen als auch in deutschen Bibliotheken in Grenzen. Einzig die Alden Bibliothek der Ohio University konnte von einer guten Nutzung berichten. Gerade ausländische Studierende würden gern auf die Audioführungen, die in verschiedenen Sprachen angeboten werden, zurückgreifen.

Doch trotz der geringen Nutzung können die meisten Bibliotheken den Einsatz von Audio-Guides grundsätzlich empfehlen. Der Produktionsaufwand ist

---

16 http://www.myinfoquest.info/

relativ niedrig, die Kosten sind überschaubar und das Feedback der Nutzer ist durchweg positiv.

Mehrsprachige Audioführungen scheinen sich besonders dort anzubieten, wo ein hoher Prozentsatz fremdsprachiger Nutzer zu verzeichnen ist. Zudem bieten sich Audiotouren dort an, wo das Interesse an Führungen (z. B. bei einem Bibliotheksneubau) groß ist, oft stattfindende Führungen aber zu massiven Störungen der Lernenden führen würden. Aber auch Nutzer von kleinen Bibliotheken, die aus personellen Gründen keine regelmäßigen Führungen anbieten können, könnten von einer Audioführung profitieren.

Doch warum werden die Audio-Guides dann so wenig genutzt? Leider ist es sehr schwierig, die Führungen auf den jeweiligen Websites der Bibliotheken zu finden. Manchmal sind sie nur auffindbar, wenn man weiß, dass es das Angebot überhaupt gibt. Ist einem die URL der Website, auf der die Führungen angeboten werden bekannt, sind diese meist sehr lang und das Abtippen der URL in den mobilen Browser ist dadurch fehleranfällig. Bisher weist einzig das Orange County Library System (OCLS) von der mobilen Website aus auf ihr Angebot der Audioführung hin.

Bilder oder integrierte Videos, die zu einer weiteren Orientierung in der Bibliothek beitragen würden, fehlen bei den Audio-Guides bisher gänzlich oder sind als Flash-Datei auf vielen Mobiltelefonen nicht nutzbar. Doch gerade multimedial angereicherte Inhalte bis hin zu Elementen der „Augmented Reality", bei der computergenerierte Zusatzinformationen und virtuelle Objekte über das Kamerabild in die reale Umgebung eingebettet werden können, würden Führungen durch die Bibliothek interessanter gestalten und wesentlich mehr Möglichkeiten zur Informationsvermittlung bieten als reine Audioführungen. Eine breitere Nutzung hängt zudem mit der verfügbaren Internetverbindung zusammen. Daher empfiehlt sich eine freie WLAN-Verbindung, die von den meisten Bibliotheken bzw. Universitäten bisher jedoch nicht angeboten wird.

Der Zugang zu den Audio-Dateien muss also gewährleistet und der Nutzer über das Angebot informiert sein. Für die Übermittlung komplizierter URL-Adressen wären QR-Codes besonders geeignet. Mit ihrer Hilfe kann direkt auf die Audiotour verklinkt werden, ganz ohne lästigen Abtippen der URL.

QR-Codes

Die University of Bath Library und die University Library of Huddersfield in England nutzen QR-Codes bereits auf vielfältige Weise. Zum Beispiel wurden auf jeder Etage der Bibliothek QR-Codes angebracht, die direkt zu MP3-Dateien verlinken, welche Informationen zum jeweiligen Stockwerk enthalten. Hier dienen QR-Codes also als Ergänzung zum Leitsystem. Zudem wurden QR-Codes an die einzelnen Zeitschriftenboxen in der Bibliothek angebracht, die direkt zum elektronischen Exemplar verlinken, wenn die Zeitschrift in elektronischer Form vorhanden ist. Außerdem wurden QR-Codes an verschiedene elektronische Geräte, wie etwa den Ausleihautomaten, angebracht, die unmittelbar zu einem Video führen das erklärt, wie man das Gerät benutzt. Des Weiteren haben beide Bibliotheken QR-Codes in ihre „konventionellen" Online-Kataloge integriert. Jeder Titel erhält einen eigenen QR-Code, den die Nutzer aus dem Katalog abfotografieren können. So erhalten sie Informationen über den Standort und die Signatur des gewünschten Mediums direkt auf das Mobiltelefon und müssen sich diese Informationen nicht mehr merken oder abschreiben.[17]

Ein ähnlicher Dienst wurde in der Universitätsbibliothek von Oulu in Finnland bereits 2003 angeboten. Das Projekt SmartLibrary sollte den Nutzer direkt zu dem Regal leiten, in dem das gewünschte Buch steht. Nach einer mobilen Suche im Online-Katalog öffnete sich ein Lageplan, der über WLAN den Standort des Nutzers erkannte und ihn auf dem kürzesten Weg zu dem Regal führte, in dem das Buch stand. Dieser Dienst wurde nach einiger Zeit jedoch wieder eingestellt, da kaum ein Studierender ein WLAN-fähiges Handy besaß und die benötigte Technologie zu teuer wurde (Aittola et al 2003, 2004). Der Einsatz von RFID in Bibliotheken könnte diesen Dienst wieder ermöglichen, da immer mehr Mobiltelefone mit RFID-Readern ausgestattet werden. Zudem könnten die Nutzer ihre Medien dann sogar direkt über ihr Mobiltelefon verbuchen.

Mobile Interfaces

„We think that mobile devices represent the future of information retrieval and that optimized interfaces will significantly increase use of library resources on mobile devices." (Hinsdale Public Library)

Websites

Mit dem Einzug des mobilen Webs auf den Massenmarkt sind natürlich auch mobile Bibliothekswebsites auf dem Vormarsch. Zurzeit existiert noch eine Handvoll älterer mobiler Websites, die für kleine Displays und Geräte mit geringer Rechenleistung optimiert wurden. Aber es werden zunehmend neue den größeren Touch-Displays und erweiterten Funktionen der Smartphones angepasste Websites erstellt.

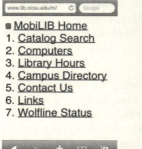 

Abb. 3: NSCU.[18] Generationenwechsel

---

17 http://www.slideshare.net/andy_walsh/qr-codes-text-a-librarian-and-more (mit Tonaufnahme)
18 http://www.lib.nscu.edu/m

Sie bieten Informationen zu den Öffnungszeiten und Kontaktdaten; Telefonnummern können über das Touchdisplay angeklickt und auf diese Weise sofort gewählt werden. Besonders die Integration dynamischer Karten, wie z. B. die mobile Version von Google Maps, die über GPS den Standort des Nutzers erkennen und die Route zur nächsten Bibliothek anzeigen, sind mit einem Mehrwert für die Nutzer verbunden. Einige Bibliotheken haben zudem Informationen zu ihren Veranstaltungen in die mobilen Websites eingebunden. Viele Universitätsbibliotheken bieten darüber hinaus die Möglichkeit, über das Mobiltelefon nachzusehen, wie viele Computerarbeitsplätze auf dem Campus noch frei sind, um ggf. einen davon über das Mobiltelefon zu reservieren.

Abb. 4: NYPL.[19] Startseite und Standortanzeige

Online-Kataloge

Es liegt nahe, in das Angebot mobiler Bibliothekswebsites auch mobile Online-Kataloge zu integrieren. Die Nutzer können so von überall und zu jeder Zeit nach Literatur recherchieren und nachschauen, ob das gewünschte Exemplar verfügbar oder bereits ausgeliehen ist. Die wenigsten der existierenden Kataloge gehen bisher jedoch über die reine Literaturrecherche hinaus, doch werden sie zunehmend um weitere Funktionen ergänzt. Denn gerade die Möglichkeit auch vom Mobiltelefon aus Literatur zu bestellen, vorzumerken und entliehene Medien zu verlängern oder gar ausstehende Gebühren direkt über das Handy zu bezahlen, sind wichtige Funktionen, um die mobile Online-Kataloge unbedingt erweitert werden sollten.

Darüber hinaus wären besonders die Kataloge der so genannten „Nächsten Generation" (z. B. KUG, siehe Flimm in diesem Band; VuFind; Beluga, siehe Christensen in diesem Band) mit ihren interaktiven Web2.0-Elementen auch für eine mobile Nutzung interessant.

Auch immer mehr Bibliothekssoftwarehersteller haben den Trend erkannt und mobile Online-Kataloge für eine Nutzung auf Smartphones wie dem iPhone, Palm und Blackberry entwickelt. Innovative Interfaces (III) hat z. B. kürzlich den von vielen US-Bibliotheken genutzten mobilen Online-Katalog, AirPAC, für eine Nutzung auf dem iPhone optimiert. Der Bibliothekssoftwareanbieter SirsiDynix

---

19 http://m.nypl.org/

plant ebenfalls mobile Anwendungen für Smartphones. ExLibris hat für Primo eine mobile Version entwickelt, OCLC ist für Touchpoint noch dabei. Wesentlich günstiger – und mit unterschiedlichster Bibliothekssoftware kompatibel – ist das Angebot „Library Anywhere"[20] von LibraryThing, das neben einem mobilen Katalog auch Öffnungszeiten, Standorte und Veranstaltungen der einzelnen Bibliotheken mit einbindet.[21]

Abb. 5: OCLS.[22] Literatursuche

Apps

Einige wenige Bibliotheken bzw. Bibliotheksverbünde in den USA haben spezielle mobile Anwendungen, sogenannte Apps, entwickelt. In Deutschland werden (noch) keine Apps von Bibliotheken angeboten.

Die District of Columbia Public Library (DCPL) war die erste Bibliothek, die eine speziell für das iPhone entwickelte Anwendung angeboten hat. Mit der iPhone App kann man nachsehen, wo welche Bibliothek liegt, wann sie geöffnet hat und unter welcher Telefonnummer man dort die Auskunft erreicht. Die einzelnen Bibliotheksstandorte sind mit Google Maps verlinkt, und durch die GPS-Funktion des iPhones kann der Nutzer von seinem aktuellen Standort aus direkt zu der von ihm gewählten Bibliothek geleitet werden. Außerdem ist es möglich, im Online-Katalog zu recherchieren, Literatur zu bestellen und einen Abholort zu bestimmen.

Die App ist sehr übersichtlich gestaltet und durch eine intuitive Navigation gekennzeichnet, die die Nutzer mit wenigen Klicks zum gewünschten Ziel und wieder zurück leitet. Die Programmierung der iPhone App dauerte etwa 100 Arbeitsstunden, der Programmier-Code ist frei zugänglich[23]. Der Dienst wurde gut angenommen: Mitte 2009 wurden ca. 80 Bestellungen wöchentlich über das iPhone getätigt.

Der Großteil der bis heute existierenden mobilen Interfaces ist nach 2006 entstanden. Ihre Zahl wächst stetig; sie zu entwickeln dauerte in den meisten Fällen nicht länger als sechs Monate und kostete hauptsächlich Personal. Doch genau

---

20 http://www.librarything.com/thingology/2010/01/library-anywhere-mobile-catalog-for.php
21 siehe auch den Artikel von Czerwinski und Voß.
22 http://m.ocls.info/
23 http://dclibrarylabs.org/code/DCPL_App.zip

dies stellt in vielen deutschen Bibliotheken das Problem dar, gibt es dort doch viel zu wenig IT-Entwickler, was dazu führt, dass keine Zeit für eigene Entwicklungen bleibt.

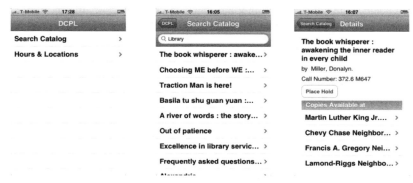

Abb. 6: DCPL. Literatursuche Online-Katalog

Universitätsbibliotheken könnten einen gemeinsamen mobilen Webauftritt mit weiteren Dienstleistern der Universität anbieten, da sich ein gemeinsames Angebot unter der Zielgruppe der Studierenden besser vermarkten und bekanntmachen lässt und es die unmittelbaren Bedürfnisse der Studierenden unter einer Oberfläche zusammenbringt. Den Erfolg sieht man am Beispiel der Duke University[24] und auch der Universität zu Köln[25], deren Angebot rege genutzt wird.

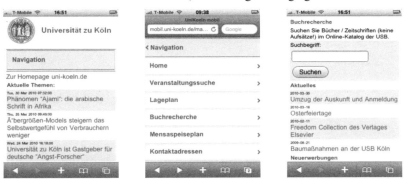

Abb.7: Universität Köln

Mobile Inhalte

Der mobile Zugang zu lizenzierten Datenbanken und elektronischen Medien ist in den USA wie auch in Deutschland derzeit noch sehr begrenzt. Einzig der Bereich Medizin bildet hier eine Ausnahme. Da das Lesen von elektronischem Text auf dem Mobiltelefon immer mehr zunimmt, ist es auch für Bibliotheken wichtig,

---

24 Apple iTunes App und http://m.duke.edu
25 http://mobil.uni-koeln.de

digitalisierten und genuin digitalen Text für die verschiedensten Geräte und Formate zugänglich zu machen (vgl. Griffey, 2008). Bei den bisherigen Angeboten, wie z. B. der ZB Medizin in Münster, ist ein Zugang zu den mobilen elektronischen Datenbanken nur über VPN möglich, der jedoch bisher nur für das iPhone kostenlos ist.[26] Hier wäre es wesentlich einfacher und weniger umständlich, eine Identifizierung über eine Benutzerkennung (z. B. den Bibliotheksausweis) ohne VPN zu ermöglichen, was sich bisher bei den Lizenz-Verhandlungen mit den Verlagen jedoch oft als schwierig bis unmöglich erwiesen hat.

Die Duke University hat über ihre App „DukeMobile" die komplette digitale Fotosammlung der Bibliothek mobil zugänglich gemacht. Hier kann man nach bestimmten Fotos oder Themen suchen und sich u. a. historische Aufnahmen der Universität anschauen und auf dem Mobiltelefon speichern.

Des Weiteren könnten auch Videos und Online-Spiele, z. B. für eine mobile Vermittlung von Informationskompetenz, von Bibliotheken entwickelt und bereitgestellt werden. Das Orange County Library System hat beispielsweise ihre mobile Website mit ihrem ebenfalls mobil optimierten YouTube-Kanal verlinkt, auf dem man sich verschiedene Videos zu vergangenen Veranstaltungen der Bibliothek, Einführungen in die Nutzung der Bibliothek in Second Life und der mobilen Nutzung der Website anschauen kann. Auch ein Einführungsvideo in die Nutzung der „Guide by Cell" Audiotour ist dort zu finden.

Abb. 8: OCLS. Videokanal

Bibliothek für unterwegs - Fazit

Der Horizon Report, welcher jährlich sechs technische Entwicklungen beschreibt, die in den kommenden ein bis fünf Jahren Einfluss auf den Bildungsbereich haben werden, geht in den Berichten von 2009 und 2010 davon aus, dass mobile Geräte binnen höchstens eines Jahres relevant in der Lehre, dem Lernen und der Forschung sein werden (2009, S. 3 und 2010, S. 9):

---

26 http://medbib.klinikum.uni-muenster.de/m/services/vpn.html

„New interfaces, the ability to run third-party applications and location-awareness have all come to the mobile device in the past year, making it an ever more versatile tool that can be easily adapted to a host of tasks for learning, productivity and social networking." (2009, S. 4)

Im Bereich des M-Learnings werden bereits seit 2000 mobile Dienste vielfältig eingesetzt, z. B. zum Erlernen von Sprachen, für graphische dreidimensionale Rechnungen und in der Medizin (vgl. Traxler 2008, S. 47).

Auch Bibliotheken müssen sich auf diesen Wandel vorbereiten. Sie sollten nicht nur Inhalte für unterschiedliche Arten von mobilen Geräten nutzbar machen, sondern sich auch bezüglich virtueller sozialer Netzwerke weiterbilden. Um konkurrenzfähig und aktuell zu bleiben, müssen Bibliotheken ihr Angebot an mobilen Diensten erweitern und in die Arbeitsabläufe ihrer Nutzer einbinden. Dies hieße, um es mit Gibbons Worten zu sagen, „find users at their point of need" (2007, S. 95): Um nicht in der Welt des Internets und der virtuellen sozialen Netzwerke unsichtbar zu werden, müssen Bibliotheken ihre Nutzer an den Orten abholen, an denen sie sich aufhalten (vgl. Griffey, 2008 und Dempsey, 2009). Und diese Orte werden zukünftig immer mehr im mobilen Internet zu finden sein. In Deutschland ist ein Anfang gemacht, doch es muss noch weit mehr getan werden, um Bibliotheken im mobilen Web sichtbar und erlebbar zu machen.

„Essentially it is a matter of socializing the idea with students that cell phones are a perfectly appropriate and welcomed way to interact with the library." (Gibbons, 2007, S. 85)

Bibliotheken sollten zeigen, dass ihnen mehr zu Mobiltelefonen einfällt, als sie auf Verbotsschildern abzubilden. Bibliotheken sollten jenseits einer vereinfachten Debatte um Lärmbelästigung die Potenziale von Mobiltelefonen nutzen, um über sie ihre vielfältigen Dienste bekannt zu machen und anzubieten, damit sie effizient die immer größer werdende Gruppe von Nutzern erreichen, die das Internet zunehmend mobil nutzt. Mobile Technologien und Mobiltelefone sollten daher nicht als Gefahr, sondern als Potenzial für die Bibliotheken der Gegenwart und der Zukunft angesehen werden, um nicht nur in den Alltag der Menschen, sondern auch in den der Bibliotheken integriert werden zu können.

Literaturverzeichnis

(AITTOLA ET AL., 2004) AITTOLA, M. ; PARHI, P. ; VIERUAHO, M. ; OJALA, T.: Comparison of mobile and fixed use of SmartLibrary. In: Proc. 6th International Conference on Human Computer Interaction with Mobile Devices and Services, Glasgow, Scotland (2004), S. 383–387. URL http://www.rotuaari.net/downloads/publication-28.pdf – Zuletzt besucht am: 11.05.2010

(AITTOLA ET AL., 2003) AITTOLA, M. ; RYHÄNEN, T. ; OJALA, T.: SmartLibrary - Location-aware mobile library service. In: Proc. Fifth International Symposium on Human Computer Interaction with Mobile Devices and Services, Udine, Italy (2003), S. 411–416. URL http://www.rotuaari.net/downloads/publication-2.pdf. – Aktualisierungsdatum: 2003 – Zuletzt besucht am: 11.05.2010

(ALBY, 2008) ALBY, Tom: Das mobile Web : [3G, 3GP, ANDROID, EDGE, GSM, HSPA, IPHONE, LBS, PTT, UMTS, WAP, WCDMA, WIMAX, WML, WURFL]. München : Hanser, 2008

(BLOWERS, 2010) BLOWERS, Helene: *Strategies or Digital Natives.* URL http://www.slideshare.net/hblowers/strategies-for-digital-natives - Zuletzt besucht am: 11.05.2010

(BUNDESMINISTERIUM, 2009) BUNDESMINISTERIUM FÜR WIRTSCHAFT UND TECHNOLOGIE: Zukunft und Zukunftsfähigkeit der Informations- und Kommunikationstechnologien und Medien, Internationale Delphi-Studie 2009 - Executive Summary und Methodik. Stuttgart, 2009. URL http://www.tns-infratest.com/presse/pdf/Zukunft_IKT/ Zukunft_und_Zukunftsfaehigkeit_der_IKT_2009.pdf - Zuletzt besucht am: 11.05.2010

(BUNDESVERBAND, 2009) BUNDESVERBAND DIGITALE WIRTSCHAFT (BVDW) E.V.: *BVDW sieht starkes Wachstumspotenzial des mobilen Internets.* URL http://www.bvdw.org/medien/bvdw-sieht-starkes-wachstumspotenzial-des-mobilen-internets?media=724 3. April 2009 - Zuletzt besucht am: 11.05.2010

(CANALYSIS, 2006) CANALYSIS, Expert analysis for the high-tech industry: *Smart mobile device shipments hit 118 million in 2007, up 53% on 2006.* URL http://www.canalys.com/pr/2008/r2008021.html - Zuletzt besucht am: 11.05.2010

(Canalysis, 2010) CANALYSIS, Expert analysis for the high-tech industry: Majority of smart phones now have touch screens. URL http://www.canalys.com/pr/2010/r2010021.html - Zuletzt besucht am: 11.05.2010

(Canalysis, 2008) CANALYSIS, Expert analysis for the high-tech industry: *Global smart phone shipments rise 28%.* URL http://www.canalys.com/pr/2008/r2008112.html - Zuletzt besucht am: 11.05.2010

(Canalysis, 2007) CANALYSIS, Expert analysis for the high-tech industry: *Smart mobile device shipments hit 118 million in 2007, up 53% on 2006.* URL http://www.canalys.com/pr/2008/r2008021.html- Zuletzt besucht am: 11.05.2010

(CLARK, 2003) CLARK, Tim. Japan's Generation of Computer Refuseniks. In: Japan Media Review, 4. April 2003. URL http://www.ojr.org/japan/wireless/1047257047.php - Zuletzt besucht am: 11.05.2010

(DEMPSEY, 2009) DEMPSEY, Lorcan: *Always on: Libraries in a world of permanent connectivity.* In: First Monday 14 (2009), Nr. 1. URL http://firstmonday.org/htbin/ cgi-wrap/bin/ojs/index.php/fm/article/view/2291/2070 – Zuletzt besucht am: 11.05.2010

(Ebner, 2009) EBNER, Martin (2009). *Digital Natives auf dem Weg zum Livestream.* Vortragsfolien im Rahmen der Vorlesung: "Gesellschaftliche Aspekte der Informationstechnologie". TU Graz. URL http://www.slideshare.net/mebner/digital-natives-auf-dem-weg-zum-livestream?type=presentation - Zuletzt besucht am: 11.05.2010

(Fox, 2008) FOX, Megan K.: Information Anywhere : Megan K. Fox shares the major mobile services and tools you need to know about to serve your patrons better. In: NetConnect Library Journal (15.10.2008). URL http://www.libraryjournal.com/article/ CA6599045.html – Zuletzt besucht am: 11.05.2010

(FRANZREB, 2009) FRANZREB, Danny: *Handliche Designkonzepte.* In: *Page* (2009), Nr. 2, S. 84–87

(GIBBONS, 2007) GIBBONS, Susan L.: The academic library and the net gen student : Making the connections. Chicago : American Library Association, 2007

(GRIFFEY, 2008) GRIFFEY, Jason: Stranger Than We Know : Let Jason Griffey take you on a guided tour into the future of mobile computing, where access is ubiquitous and librarians ply their trade in the information cloud. In: NetConnect Library Journal (15.10.2008). URL http://www.libraryjournal.com/article/CA6599046.html

(JOHNSON ET AL., 2010) JOHNSON, L., LEVINE, A., SMITH, R., & STONE, S.: *The 2010 Horizon Report.* Austin, Texas, 2010. URL http://wp.nmc.org/horizon2010/ - Zuletzt besucht am: 11.05.2010

(JOHNSON ET AL., 2009) JOHNSON, Laurence F. ; LEVINE, Alan ; SMITH, Rachel S.: *The 2009 Horizon Report.* Austin, Texas, 2009. URL http://wp.nmc.org/horizon2009/ - Zuletzt besucht am: 11.05.2010

(KOSTER, 2010) KOSTER, Lukas: *Mobile App or Mobile Web.* In: *Commonplace net*, 21. Februar 2010. URL http://commonplace.net/2010/02/mobile-app-or-mobile-web/ - Zuletzt besucht am: 11.05.2010

(KROSKI, 2008) KROSKI, Ellyssa: On the Move with the Mobile Web: Libraries and Mobile Technologies. In: Library Technology Reports 44 (2008), Nr. 5, S. 1–48.

(LARDINOIS, 2009) LARDINOIS, Frederic: *ComScore: Mobile Internet Usage Doubled in 2008.* In: *Read Write Web*, 16.03.2009. URL http://www.readwriteweb.com/archives/comscore_mobile_internet.php - Zuletzt besucht am: 11.05.2010

(LIBRARYTHING, 2010A) LIBRARYTHING: *Library Anywhere, a mobile catalog for everyone.* In: Thingology Blog. 16.01.2010 URL http://www.librarything.com/thingology/2010/01/library-anywhere-mobile-catalog-for.php - Zuletzt besucht am: 11.05.2010

(LIBRARYTHING, 2010B) LIBRARYTHING: *Library Anywhere Prices (Public!)*: In: Thingology Blog. 26.01.2010 URL http://www.librarything.com/thingology/2010/01/library-anywhere-prices-public.php- Zuletzt besucht am: 11.05.2010

OBLINGER; OBLINGER, 2005) OBLINGER, Diana ; OBLINGER, James L.: Is it Age or IT: First Steps toward understanding the Net Generation. In: OBLINGER, Diana; OBLINGER, James L. (Hrsg.): Educating the Net Generation /// Educating the net generation. Boulder CO : EDUCAUSE, 2005, S. 2.1 -2.20

(PAUL, 2009) PAUL, Ian: *iPhone rules—thanks to the apps.* In: *iPhone Central*, 3. März 2009. URL http://www.macworld.com/article/139142/2009/03/iphone_metrics.html?lsrc=rss_weblogs_iphonecentral - Zuletzt besucht am: 11.05.2010

(PEREZ, 2010) PEREZ, Sarah: *The Truth about Mobile Application Stores.* In: *Read Write Web*, 22. February 2010. URL http://www.readwriteweb.com/archives/the_truth_about_mobile_application_stores.php - Zuletzt besucht am: 11.05.2010

(PEW INTERNET, 2008)PEW INTERNET & AMERICAN LIFE PROJECT: *The Future of the Internet III.* Dezember 2008. URL http://www.pewinternet.org/Reports/2008/The-Future-of-the-Internet-III.aspx - Zuletzt besucht am: 11.05.2010

(RIßKA, 2010) Rißka, Volker: *Smartphone-Markt mit rasanten Zuwachszahlen.* In: Computer Base. 11.02.2010 URL http://www.computerbase.de/news/consumer_electronics/kommunikation/2010/februar/smartphone-markt_zuwachszahlen/ - Zuletzt besucht am: 11.05.2010

(SCHMIDT, 2010) SCHMIDT, Holger: *Für 60 Prozent der Deutschen ist das Internet unverzichtbar.* In: *FAZ.Net*; F.A.Z. Blogs, 01. März 2010. URL http://faz-community.faz.net/blogs/netzkonom/archive/2010/03/01/fuer-60-prozent-der-deutschen-ist-das-internet-unverzichtbar.aspx - Zuletzt besucht am: 11.05.2010

(THE ECONOMIST, 2009) THE ECONOMIST: *Boom in the bust. Mobile telecoms in the recession*, 5. März 2009. URL http://www.economist.com/business-finance/displaystory.cfm?story_id=13234981 - Zuletzt besucht am: 11.05.2010

(TRAXLER, 2008) TRAXLER, John M.: Use of mobile technology for mobile learning and mobile libraries in a mobile society. In: NEEDHAM, Gill; ALLY, Mohamed (Hrsg.): *M-libraries; libraries on the move to provide virtual access /// M-Libraries!* 1. Aufl. London : Facet; Facet Publishing, 2008, S. 47–56

(Walsh, 2010) Walsh, Andrew: QR Codes, text a librarian and more... URL http://www.slideshare.net/andy_walsh/qr-codes-text-a-librarian-and-more - Zuletzt besucht am: 11.05.2010

(W3C, 2008) W3C – MOBILE WEB INITIATIVE: *Mobile Web Best Practices 1.0. Basic Guidelines*, 29. Juli 2008. URL http://www.w3.org/TR/mobile-bp/ - Zuletzt besucht am: 11.05.2010

Carsten M. Schulze

Mikroformate

Was sind Mikroformate und wozu braucht man sie?

Wer schon einmal etwas von Mikroformaten gehört hat, der denkt wahrscheinlich an die durch den Web 2.0-Hype bekannt gewordenen Microformats[1], über die ich später noch sprechen werde. Nun, um es vorwegzunehmen: Nicht alle Mikroformate sind Microformats, jedoch sind alle Microformats Mikroformate. Um es anders auszudrücken: Es gibt neben den bekannten Microformats eine ganze Reihe von Mikroformaten, wie Microdata, eRDF, RDFa, COinS und unAPI mit unterschiedlichen Ursprung und Zweck.

Dieser Umstand macht eine Definition von Mikroformaten schwierig, aber alle Mikroformate haben gemein, dass sie mittels semantischer Auszeichnung von Daten in (X)HTML für ihren jeweiligen Bereich Probleme lösen. Genauer nutzen Mikroformate die (X)HTML-Infrastruktur, um Daten für die jeweilige Wissensgemeinde semantisch zu annotieren.

Der Zweck der meisten Mikroformate ist es, Datenfragmente in (X)HTML-Dokumenten derart zu beschreiben und zusammenzuführen, dass die Daten interoperabel werden, d.h. zwischen verschiedenen Systemen, möglichst ohne Informationsverlust, ausgetauscht werden können. Mikroformate, die dem Zweck der Datenformatierung dienen, erleichtern das Arbeiten im Web und damit die Mensch-Maschine-Kommunikation.

Andere Mikroformate sind nur für Maschinen gedacht, wie z.B. das Microformat rel="nofollow"[2], das Vorschläge an Robots von Suchmaschinen macht, die die Verfolgung von Hyperlinks betrifft oder das unAPI-Mikroformat[3], das das reine Vorhandensein und den Pfad eines unAPI-Servers anzeigt:
 <link rel="unapi-server" type="application/xml"
 title="unAPI" href="http://example.com/unAPI/">

Lower Case Semantic Web

Das Lower Case Semantic Web oder auch das Semantic Web von Unten beschreibt die Bestrebungen, Daten im Web durch Mikroformatierungen für Ma-

---

1 http://microformats.org
2 http://de.wikipedia.org/wiki/Nofollow
3 http://unapi.info/specs/unapi-revision-3.html

schinen nutzbar zu machen. Im Gegensatz zum Upper Case Semantic Web, also dem „richtigen" Semantic Web, ist das Lower Case Semantic Web nicht unabhängig von Webseiten, HTML, CSS, Browsern etc.

Mikroformate bedürfen nicht einer komplexen RDF/XML-Syntax, sondern bleiben im Rahmen von (X)HTML.[4] Im Gegensatz zum Upper Case Semantic Web sind hier die „Konsumenten" in erster Linie Menschen, die mittels ihres Browsers mit den Mikroformaten interagieren. Dabei können CSS-Formatierungen den Menschen helfen, mikroformatierte Daten zu entdecken.

Der Erfolg von Mikroformaten hängt zum einen unmittelbar damit zusammen, dass Mikroformate relativ einfach zu verstehen und durch Autoren von Webseiten leicht anzuwenden sind. Zum anderen erkennen die Nutzer dieser Websites schnell den Nutzen und die Vorteile von Mikroformaten und lernen diese schätzen.

Microformats

Hat man den Vorteil von Mikroformaten erkannt und möchte man seinen Nutzern die Nachnutzung seiner Daten erlauben, dann steht die Frage im Raum, welches Mikroformat zu verwenden sei.

Abbildung 7: Microformats Logo

Wie schon oben erläutert, gibt es verschiedene Mikroformate für unterschiedliche Zwecke. Bei Daten wie z.B. Namen, Adressen oder Termine, die häufig auf Webseiten auftauchen, bieten die oben erwähnten Microformats ein umfangreiches Reservoir an Datenformatierungen an. Bekannte Microformats sind z.B. hCard[5] für Namen, Kontakt- und Adressinformation und hCalendar[6] für Termine.

Um die Interoperabilität mit verbreiteter Software zu gewährleisten, versuchen viele Mikroformate etablierte Datenformate zu imitieren und übernehmen dazu deren Vokabular. Das Microformat hCard ist z.B. dem Standard „vCard

---

4   Dennoch können umfangreiche Mikroformate eine komplexe Struktur annehmen.
5   http://microformats.org/wiki/hcard
6   http://microformats.org/wiki/hcalendar

MIME Directory Profile"[7] nachempfunden, welches schon lange das Standardaustauschformat vieler elektronischer Adressbücher ist.
Standard VCARD:

-       BEGIN:VCARD
-       FN:Mr. Carsten M. Schulze
-       ORG:Staatsbibliothek zu Berlin
-       ADR:Potsdamer Straße 33;Berlin;10785;Deutschland
-       TEL;WORK;VOICE:+49-30/266-435781
-       EMAIL;Internet:carsten.schulze@sbb.spk-berlin.de

END:VCARD

Microformat hCard:

```
<div class="vcard">
 <span class="fn n">
 <span class="given-name">Carsten</span>
 <span class="additional-name">M.</span>
 <span class="family-name">Schulze</span>
 </span>
 <div class="org">Staatsbibliothek zu Berlin</div>
 <a class="email" href="mailto:carsten.schulze@sbb.spk-berlin.de">carsten. schulze@sbb.spk-berlin.de</a>
 <div class="adr">
 <div class="street-address">Potsdamer Straße 33</div>
 <span class="country-name">Deutschland</span>
 <span class="postal-code">10785</span>
 <span class="locality">Berlin</span>
 </div>
 <div class="tel">+49-30/266-435781</div>
</div>
```

An dem Beispiel ist gut zu erkennen, wie Mikroformate aufgebaut sind. Wie schon oben erwähnt, nutzen Mikroformate die (X)HTML-Infrastruktur. In diesen Fall nutzt das Mikroformat hCard die HTML-Elemente DIV, SPAN und A, sowie das @class-Attribut.

Das @class-Attribut des obersten DIV-Elements enthält z.B. die Namenskonvention „vcard", was darauf hinweist, dass die eingebetteten Elemente Kontaktdaten nach dem vCard-Standard enthalten. Und tatsächlich enthalten die @class-Attribute des hCard-Microformats die gleichen Schlüssel wie die vCard: FN (full name), ORG (organization), ADR (address) etc. Analog funktioniert dies auch mit dem Microformat hCalendar, das in Anlehnung an den iCalendar-Standard[8] entworfen wurde.

Microformats sind zudem so modular aufgebaut, so dass sie leicht kombiniert werden können. Bei Microformats unterscheidet man von vornherein zwischen

---

7   http://www.ietf.org/rfc/rfc2426.txt
8   http://www.ietf.org/rfc/rfc2445.txt

elementaren Microformats (elemental microformats) und verbundenen Microformats (compound microformats).

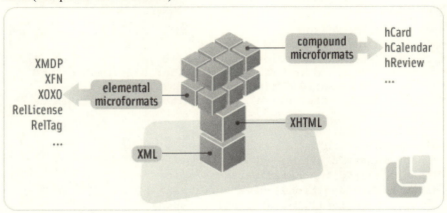

Abbildung 8: Architektur von Microformats

Abschließend sollen hier noch einmal die wichtigsten Microformats aufgelistet werden:

hCard: Kontaktinformation

hCalendar: Termine

hReview: Berichte

hAtom: Syndikation von News

hResume: Lebensläufe

rel-license: Lizenzinformation

rel-nofollow: Anweisungen für Robots

rel-tag: Verschlagwortung

VoteLinks: Abstimmungen

XFN: soziale Beziehungen

XOXO: Listen

XMDP: Metadatenprofile

xFolk: Blog-Posts

geo: Geoinformation

adr: Adressinformation (z.B. in hCard)

Screen Scraping und Tools

Der direkte Mehrwert, den Mikroformate versprechen, liegt in der Interaktion mit dem Nutzer, der mittels des Browsers (Maschine) mit den Daten arbeiten kann (Screen Scraping). Browser benötigen dazu allerdings kleine Helfer-Programme, wie z.B. das Firefox-Add-On „Operator"[9]. Mit dem Microformat hCard ausgezeichnete Daten können so im Handumdrehen in das eigene elektronische Adressbuch kopiert werden.

Neben dem Firefox Add-On Operator gibt es allerdings noch eine ganze Reihe weiterer Tools und Services, mit denen Microformats zu erstellen sind oder die mit Microformats arbeiten können. Eine Liste von Tools ist am Ende dieses Kapitels zu finden.

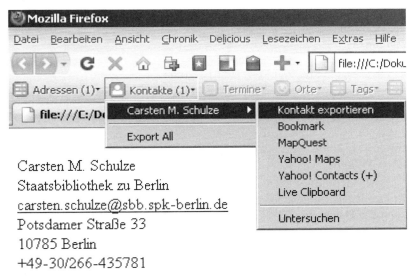

Abbildung 9: Extraktion von Kontaktdaten mittels Firefox Add-On "Operator"

COinS und unAPI

COinS

Literaturverwaltungssysteme sind ein unerlässliches Hilfsmittel zur Erstellung einer wissenschaftlichen Arbeit, und der Online-Katalog ist die primäre Quelle für die benötigten bibliographischen Daten. Bibliotheken sollten ihren Nutzern nun nicht nur den Service bieten, ihre Kontaktdaten oder Termine mit Mikroformaten

---

9 http://kaply.com/weblog/operator

zu versehen, sondern auch ihre bibliographischen Daten können sie dem Nutzer nun zur einfachen Nachnutzung anbieten.

Die Mikroformate COinS und unAPI sind dabei sinnvolle Ergänzungen zu der Z39.50-Schnittstelle oder dem Download der Daten in BibTeX10 oder RIS11. COinS12 steht für OpenURL ContextObject in SPAN und dient dazu, eine OpenURL in HTML einzubetten. Eine OpenURL (Z39.88)13 ist ein standardisiertes Datenformat, das zumeist in Form einer URL beschrieben und im Bibliotheksbereich vor allem in durch das Produkt SFX[14] bekannt geworden ist.

Ein OpenURL besteht aus zwei Teilen: dem Basis-URL und dem ContextObject, welches dazu dienen kann, bibliographische Daten zu beschreiben.

Zeitschriftenaufsatz:

```
Chudnov (2005): Opening up OpenURLs with Autodiscovery. Erschienen in: Ariadneinfo (ISSN 1361-3200), Heft 43, April 2005.http://www.ariadne.ac.uk/issue43/chudnov/
```

ContextObject:
```
ctx_ver=Z39.88-2004
&rft_val_fmt=info:ofi/fmt:kev:mtx:journal
&rft.title=Ariadne
&rft.aulast=Chudnov
&rft.atitle=Opening+up+OpenURLs+with+Autodiscovery
&rft.issue=43
&rft.issn=1361-3200
&rft.date=2005-04
&rft_id=http://www.ariadne.ac.uk/issue43/chudnov/
```

Um dieses OpenURL ContextObject nun auf einer Webseite seinen Nutzern zur Nachnutzung der Daten zur Verfügung zu stellen, bedient sich COinS der schon erprobten Praxis der Microformats. Ähnlich wird also das ContextObject in die Website eingebunden:

COinS:
```
<span class="Z3988" title="ctx_ver=Z39.88-2004
&amp;rft_val_fmt=info:ofi/fmt:kev:mtx:journal
&amp;rft.title=Ariadne
&amp;rft.aulast=Chudnov
&amp;rft.atitle=Opening+up+OpenURLs+with+Autodiscovery
&amp;rft.issue=43
```

---

10 http://de.wikipedia.org/wiki/BibTeX
11 http://en.wikipedia.org/wiki/RIS_(file_format)
12 http://ocoins.info/
13 National Information Standards Organization (NISO): The OpenURL Framework for context-sensitive services. An American national standard. 2004. Aufl. (2005). Bethesda, Md.: NISO Press (ANSI/NISO, ANSI/NISO Z39.88). ISBN: 1-88012-461-0.
14 http://www.exlibrisgroup.com/category/SFXOverview

&rft.issn=1361-3200&rft.date=2005-04
&rft_id=http://www.ariadne.ac.uk/issue43/chudnov/">
</span>
```

Wie der Name es schon sagt, nutzt COinS das HTML-Element SPAN, sowie die Attribute @class und @title. Das Attribut @class enthält analog zu den Microformats eine Konvention (Z3988), die einem Programm den Hinweis darauf geben kann, um welches Datenformat es sich hier handelt. Das Attribut @title enthält das ContextObject mit den Schlüsseln und Werten des Datensatzes.

Wenn auch noch nicht sehr bekannt, ist COinS in Bibliothekswesen schon länger im Einsatz. COinS ist beispielsweise im WorldCat[15] und im GVK[16], um bekanntere Beispiele zu nennen, implementiert. Auch der Web 2.0-Katalog VuFind[17] und die Metasuchmaschine iPort[18] von OCLC unterstützen inzwischen COinS.

Abbildung 10: Einstellungen im Firefox Add-On OpenURL-Referrer

Ebenso unterstützen Literaturverwaltungssysteme wie z.B. Citavi, Zotero[19], RefBase[20] und Mendeley[21] das Mikroformat COinS oder sind in der Lage, ein ContextObject einer OpenURL zu verarbeiten.

---

15 http://www.worldcat.org
16 http://gso.gbv.de
17 http://vufind.org
18 http://oclcpica.org/?id=1078&ln=de
19 http://www.zotero.org
20 http://refbase.sourceforge.net
21 http://www.mendeley.com
```

Eine weite Anwendungsmöglichkeit bezieht sich auf die eigentliche Stärke von OpenURL. Das Firefox Add-On OpenURL-Referrer[22] bedient sich COinS und verbindet das ContextObject mit einer frei wählbaren Basis-URL, um somit wieder eine vollständige OpenURL zu generieren. Dieser OpenURL kann dann unter dem Basis-URL[23] von einem OpenURL-Resolver aufgelöst werden und verschiedne Services (z.B. die Konvertierung des ContextObjects in andere Formate) können angeboten werden.

unAPI

Auch wenn unAPI[24] mehr als ein Mikroformat ist, dient es jedoch dem gleichen Zweck: Es soll Daten auf Webseiten derart beschreiben, dass Maschinen die Daten sinnvoll verarbeiten können. unAPI bedient sich jedoch nicht der Daten, die auf der Webseite zu finden sind, wie es bei den anderen Mikroformaten der Fall ist, sondern legt eine Fährte, um weitergehende Information für Maschinen auffindbar zumachen. Die Daten die letztendlich der Nutzer bekommt stammen aus anderen Quellen, wie z.B. einer Datenbank.

Um dies zu bewerkstelligen, besteht unAPI aus drei Komponenten:

Ein Identifier Mikroformat
Der Verweis auf den unAPI-Server
Der unAPI-Server

Das Identifier Mikroformat bedient sich des HTML ABBR Elements mit dem Attribut @class, dessen Wert die Konvention „unapi-id" darstellt, und dem Attribut @title, dessen Wert ein eindeutiger Identifier eines Datensatzes darstellt.

unAPI Identifier Mikroformat:
```
<abbr class="unapi-id" title=" isbn:1590598148"></abbr>
```

Der Verweis auf den unAPI-Server, wie ich ihn am Anfang dieses Kapitels schon einmal vorgestellt hatte, befindet sich im HEAD-Bereich der HTML-Seite. Er besteht aus dem HTML Element LINK und dem Attribut @rel, dessen Wert die Konvention „unapi-server" ist, dem Attribut @type mit dem Wert „application/xml", dem Attribut @title, dessen Wert die Konvention „unAPI" ist und dem Attribut @href, dessen Wert der URI des unAPI-Servers darstellt.

Verweis auf den unAPI-Server:
```
<link rel="unapi-server" type="application/xml"
title="unAPI" href="http://example.com/unAPI/">
```

---

22 http://www.openly.com/openurlref
23 Ein Basis-URL mit OpenURL-Resolver ist z.B. http://www.openurl.de
24 http://unapi.info

Zuguterletzt braucht es noch den unAPI-Server, der eigentlich nur ein kleines Script sein muss, um die Aufgabe des Content Negotiation zu übernehmen. Content Negotiation meint in diesem Zusammenhang, dass der Client sich mit dem unAPI-Server „unterhält" und die beiden unter sich die Übergabekriterien für die angeforderten Daten klären (siehe Zeichnung 1).

unAPI hat einen höheren Implementierungsaufwand als andere Mikroformate. Dafür sind die Möglichkeiten, die mit unAPI entstehen, ungleich größer, denn das Datenformat kann mit unAPI zwischen Client und Server ausgehandelt werden, die beide allein die Grenzen des Machbaren bestimmen. So können über unAPI z.B. ganze digitale Objekte wie z.B. Videofiles, METS-Dokumente oder sogar Software vom unAPI-Server an den Client übergeben werden. Viele Projekte, wie z.B. der GBV[25], WikiD[26] oder RefBase, verfügen sogar schon über unAPI. Auf der Seite der Literaturverwaltungssysteme ist es allerdings bisher nur mit Zotero möglich, über unAPI bereit gestellte Daten zu importieren.

Zeichnung 1: Content Negotiation zwischen einem Client und einem unAPI-Server

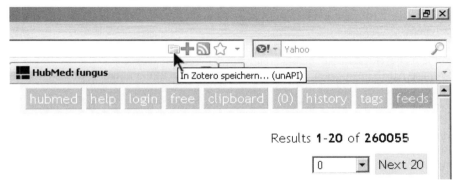

Abbildung 11: Zotero Import von Titeln mittels unAPI

RDFa und Microdata

RDFa

RDFa[27] (RDF attributes) ist eine W3C-Recommendation und hat das Ziel, die Aussagekraft von RDF in XHTML einzubetten, so dass aus diesem XHTML+RDFa RDF extrahiert[28] werden kann. XHTML+RDFa ist XHTML, das

---

25 http://unapi.gbv.de
26 http://alcme.oclc.org/wikid/WikiDApis
27 http://www.w3.org/TR/rdfa-syntax
28 Dies kann z.B. durch GRDDL geschehen. Siehe dazu http://www.w3.org/TR/grddl

um ein paar Attribute erweitert wurde. XHTML+RDFa hat seine eigene DTD[29] und hat folgenden Dokumententyp:

```
<?xml version="1.0"?>
<!DOCTYPE html PUBLIC "-//W3C//DTD XHTML+RDFa 1.0//EN"
"http://www.w3.org/MarkUp/DTD/xhtml-rdfa-1.dtd">
```

Die neuen Attribute, die RDFa zur Verfügung stehen, sind:
@about
Ein URI oder CURIE[30] bildet das Subjekt der Aussage ab.
@property
Eine durch Leerzeichen getrennte Liste von CURIEs bildet die Beziehung zwischen dem Subjekt und dem Objekt in Form eines Literals als Prädikat der Aussage ab.
@resource
Ein URI oder CURIE bildet das Objekt der Aussage ab.
@datatype
Ein CURIE bestimmt den Datentyp eines Literals.
@typeof
Eine durch Leerzeichen getrennte Liste von CURIEs, die die RDF-Typen des Subjekts beschreibt und einen leeren Knoten erzeugen kann.
Weitere Attribute aus dem XHTML-Namespace, die RDFa nutzt, sind:
@rel
Eine durch Leerzeichen getrennte Liste von CURIEs bildet die Beziehung zwischen zwei Ressourcen als Prädikat der Aussage ab.
@rev
Eine durch Leerzeichen getrennte Liste von CURIEs bildet die inverse Beziehung zwischen zwei Ressourcen als Prädikat der Aussage ab.
@name
Enthält Werte in Form einer Zeichenkette.
@content
Enthält eine Zeichenkette in maschinenlesbarer Form.
@href
Ein URI bildet das Objekt der Aussage ab.
@src
Ein URI bildet das Objekt der Aussage ab, wenn dieses im Dokument eingebettet ist.

Der große Vorteil von RDFa ist es, verschiedene Vokabulare einbinden zu können und diese auch kombinieren zu können. RDFa ist damit nicht auf ein paar Datenformate festgelegt. Jedem steht es frei sein eigenes Vokabular zu erstellen, auch wenn bei RDFa der Grundsatz gilt, schon vorhandene und viel genutzte Vokabulare primär zu verwenden.

---

29 http://www.w3.org/TR/rdfa-syntax/#a_xhtmlrdfa_dtd
30 compact URIs

RDFa:
```
<?xml version="1.0" encoding="UTF-8"?>
<!DOCTYPE html PUBLIC "-//W3C//DTD XHTML+RDFa 1.0//EN"
 "http://www.w3.org/MarkUp/DTD/xhtml-rdfa-1.dtd">
<htmlxmlns="http://www.w3.org/1999/xhtml"
xmlns:foaf="http://xmlns.com/foaf/0.1/"
xmlns:bio="http://vocab.org/bio/0.1/"
xmlns:xsd="http://www.w3.org/2001/XMLSchema#" xml:lang="en">
<head profile="http://www.w3.org/1999/xhtm/vocab">
[...]
</head>
<body>
 <div typeof="foaf:Person">
 <span property="foaf:givenname">Carsten</span>
 <span property="foaf:family_name">Schulze</span>
 <span rel="foaf:homepage"
resource="http://www.collidoscope.de/">
 http://www.collidoscope.de/</span>
 <span property="bio:Birth" datatype="xsd:date">
 1975-09-01</span>
 </div>
```

Dieses RDFa-Beispiel entspricht in etwa dem hCard Microformat und verwendet die Vokabulare FOAF und bio, sowie RDF- und XSD Sprachelemente. Ein RDFa-Parser würde folgende Triple aus dem Code extrahieren:

RDF Turtle-Syntax:
```
@prefix foaf:       <http://xmlns.com/foaf/0.1/> .
@prefix rdf: <http://www.w3.org/1999/02/22-rdf-syntax-ns#> .
@prefix xsd: <http://www.w3.org/2001/XMLSchema#> .
@prefix bio: <http://vocab.org/bio/0.1/> .
 _:a     rdf:type              foaf:Person ;
foaf:givenname       "Carsten" ;
foaf:family_name     "Schulze" ;
foaf:homepage<http://www.collidoscope.de/> ;
bio:Birth            "1975-09-01"^^xsd:date .
```

Die RDFa-Syntax scheint etwas komplizierter zu sein als die der Microformats, was daran liegt, dass HTML nicht dafür entwickelt wurde, RDF zu transportieren. RDFa verfolgt also mehr die Verbreitung des Semantic Web, anstatt sich an kleinen Copy&Paste-Problemen aufzuhalten. Das bedeutet allerdings nicht, dass RDFa nicht auch für andere Problemstellungen eine Lösung bieten kann.[31]

---

31 Siehe hierzu http://rdfa.info/wiki/Rdfa-use-cases

Microdata

Microdata ist das jüngste Kind in der Mikroformat-Familie, und eigentlich ist es zum Erstellungszeitpunkt dieses Kapitels noch gar nicht geboren. Da Mikrodata im Zusammenhang mit HTML5[32] entwickelt wird und dieser Prozess noch nicht abgeschlossen ist, liegt mir aktuell nur der W3C Working Draft[33] vor. Dennoch sollte Mikrodata in diesem Kapitel nicht fehlen, denn es vereint die Stärken von Microformats (Einfachheit) und RDFa (Ausdrucksfähigkeit).

Das RDFa-Beispiel würde mit Microdata folgendermaßen aussehen:
Microdata:

```
<!doctype html>
 <div itemscope
itemtype="http://xmlns.com/foaf/0.1/Person">
 <span itemprop="givenName">Carsten</span>
 <span itemprop="familyName">Schulze</span>
 <span itemprop="http://vocab.org/bio/0.1/Birth"
datetime="1975-09-01">01.09.1975</span>
 </div>
```

Wie zu erkennen ist, hat Microdata ebenfalls ein paar neue Attribute hinzubekommen, um seine Aufgabe zu erfüllen. Bevor HTML5 jedoch nicht veröffentlicht wurde, dürfte es sinnlos sein, hier neue Attribute aufzulisten, da sich diese täglich ändern könnten.

Festzuhalten bleibt jedoch, dass Microdata eine ernst zu nehmende Alternative für Microformats und RDFa darstellen könnte.

Ausblick

Das Thema Mikroformate kommt langsam in den Bibliotheken an. Immer mehr Bibliotheken implementieren COinS und unAPI in ihre Kataloge, da diese Mikroformate ihren Nutzern eine verbesserte Nutzung ihrer bibliographischen Daten garantieren. Jedoch sind die Grenzen des Machbaren hier noch lange nicht erreicht.

Andere Mikroformate warten noch auf ihren Durchbruch im Einsatz von Visualisierungen von bibliographischen Daten auf Karten (z.B. das Mikroformat geo[34]) oder bei der Einbindung von Lizenzinformation mittels RDFa.

Auch wenn die Implementierung und Nutzung von Mikroformaten noch etwas schwierig und kompliziert erscheint, wird, wenn der Bedarf weiterhin beste-

---

32 Siehe aktuelle Publikation des W3C der HTML5-Spezifiaktion: http://www.w3.org/TR/html5
33 http://www.w3.org/TR/2010/WD-microdata-20100304
34 http://microformats.org/wiki/geo

hen bleibt, Daten auf Webseiten semantisch zu annotieren, um diese besser für Maschinen nutzbar zu machen, das Thema Mikroformate an Gewicht gewinnen. Unter dieser Voraussetzung könnten auch HTML5 und Microdata die Entwicklung einige Schritte voran bringen.

Liste von Tools

Diese Liste soll einen Überblick über die aktuellen Anwendungen im Bereich Mikroformate geben und zum Ausprobieren und Mitmachen einladen.

Microformats erstellen:

- hCard Creator
  Formular zur Erstellung eines hCard Microformats
  http://microformats.org/code/hcard/creator
- hCalendar Creator
  Formular zur Erstellung eines hCalendar Microformats
  http://microformats.org/code/hcalendar/creator
- hReview Creator
  Formular zur Erstellung eines hReview Microformats
  http://microformats.org/code/hreview/creator
- XFN Creator
  Formular zur Erstellung eines XFN Microformats
  http://gmpg.org/xfn/creator
- Windows Live Writer
  Blogging Tool mit Plug-Ins zur Erstellung von hCard und hCalendar Microformats
  http://download.live.com/writer

COinS Generator Formular zum Erstellen von ContextObjects in Span (COinS)
http://generator.ocoins.info

Auslesen und Transformation von Microformats

Operator
Firefox Add-On zur Extraktion und Weiterverarbeitung von Mikroformaten
http://kaply.com/weblog/operator

- michromeformats
  Erweiterung für den Browser Chrome zur Anzeige verschiedener Microformats
  http://ryckbost.com/blog/archives/2010/04/21/chrome-microformats-michromeformats/
- Swignition
  Umfangreiches Transformationstool für verschiedene Mikroformate
  http://buzzword.org.uk/swignition
- Oomph
  Toolkit zur Extraktion, Transformation und Gestaltung von Microformats
  http://oomph.codeplex.com

- Optimus-Microformats Transformer
  API zur Validierung und Transformation von Microformats in die Datenformate XML, JSON und RSS
  http://microformatique.com/optimus
- transformr
  Extraktion und Transformation verschiedener Mikroformate
  http://transformr.co.uk
- X2V
  Transformation von hCard und hCalendar in die entsprechenden Austauchformate
  http://suda.co.uk/projects/X2V
- GEO Microformats to XML
  Transformation von geo Microformats in verschiedene XML-Dialekte
  http://suda.co.uk/projects/microformats/geo
- OpenURL-Referrer
  Add-On für Firefox und Internet Explorer zur Nutzung von OpenURL ContextObject in Span (COinS)
  http://www.openly.com/openurlref
- Greasemonkey
  Firefox Add-On zum Ausführen von Userscripts. Userscripts stehen für diverse Mikroformate bereit.
  http://www.greasespot.net
- Talis Export
  Firefox Add-On zur Extraktion von Microformats
  https://addons.mozilla.org/de/firefox/addon/2240
- LibX
  Individuell anpassbares Browser Add-On speziell für Bibliotheken mit OpenURL/COinS-Funktionalitäten
  http://www.libx.org
- Minimap Sidebar
  Firefox Add-On zum Auslesen von geo Microformats und Darstellung der Geoinformation auf einer Karte
  http://minimap.spatialviews.com
- Tabulator
  Firefox Add-On zur Visualisierung von RDF-Triples
  http://dig.csail.mit.edu/2007/tab

Literaturverzeichnis

(Schulze, 2008) Schulze, C.: Mikroformate für bibliographische Daten : Vergleich verschiedener Konzepte zur semantischen Annotation. Potsdam, Fachhochschule Potsdam, 2008

Manfred Nowak, Lambert Heller und Sascha Korzen

Mashups und Bibliotheken

Vorbemerkung

Die Entwicklungen im Bereich des Webs sind rasant. Den gesamten Artikel einschließlich aller Beispiele finden Sie daher auf unserer Seite „Mashup your Library" im BibCamp-Wiki (BibCamp Wiki Community, o. J.). Er kann und soll dort fortlaufend kommentiert, korrigiert oder auch ergänzt werden. Daneben gibt es eine offene Gruppe mit allen Quellenangaben bei Zotero, für die das gleiche gilt.

Mischen possible – Was sind Mashups? Wovon handelt dieses Kapitel?

Der Begriff Mashup ist unscharf, nicht nur einem Fachgebiet zuzuordnen und selbst in Englisch-Wörterbüchern oft nicht zu finden. Der Ursprung ist aber eindeutig dem Bereich Musik zuzuordnen. Dort werden Musikstücke, die in einer Art Collage miteinander vermischt werden (to mash = mischen) und so einen neuen eigenständigen Song ergeben, als mash-up bezeichnet. Auf dem Gebiet der Webentwicklung ist, vereinfacht ausgedrückt, die Vermischung von Informationen aus unterschiedlichen Quellen auf einer eigenen Oberfläche damit gemeint. Oder, präziser, die Schaffung einer Applikation, die ihren Inhalt aus mehr als einer Quelle bezieht. (Vgl. zur Etymologie und Eingrenzung Stelzenmüller, 2008, 11 ff.)
Dies kann natürlich in sehr unterschiedlichen Ausprägungen und mit verschiedenen Technologien stattfinden. Das macht die Eingrenzung des Themas umso schwieriger. Daher erläutern wir in Unterkapitel 3 bis 6 zunächst einige modellhafte Beispiele aus ganz verschiedenen Bereichen.

Im Unterkapitel 7 erläutern wir kurz einige technische Grundlagen. Wer will, kann diesen Teil zunächst überspringen und vielleicht später nachlesen.

In den Unterkapiteln 8 bis 12 stellen wir uns die Frage, ob und ggf. in welchen Bereichen Mashups für Bibliotheken und ähnliche Einrichtungen sinnvoll sein könnten, welche Schwierigkeiten bei der Umsetzung auftreten können, und welche strategischen Veränderungen Bibliotheken dabei helfen könnten, das Potential von Mashups besser auszuschöpfen. Abschließend wagen wir einen Ausblick auf die zukünftige Bedeutung des ganzen Themas.

Personalisierte Startseiten – einen Zeh in den Ozean der Mashup-Möglichkeiten eintauchen...

Die ersten praktischen Erfahrungen mit Mashups können sehr leicht auf sogenannten personalisierten Startseiten gesammelt werden. Netvibes, Pageflakes und i-Google sind Plattformen die die Erstellung einer solchen Seite anbieten. Nach der Anmeldung erhält man dort die Möglichkeit, der eigenen Seite RSS-Feeds, Videos, Suchergebnisse oder einfache Widgets hinzuzufügen.

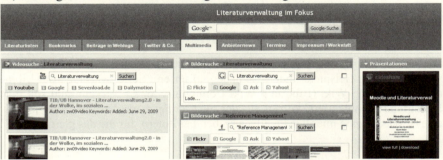

Abb. 1: Eine thematische Sammlung von Inhalten zum Thema Literaturverwaltung. (Stöhr, o. J.)

Den Möglichkeiten sind auf diesen Plattformen kaum Grenzen gesetzt. Die Einbindung von HTML und (je nach Plattform) Javascript, Flash bis hin zur Programmierung eigener Widgets ist möglich. Die fertigen Seiten können privat genutzt, aber auch mit Freunden geteilt werden. Auch die Veröffentlichung einer solchen Seite, wie im in Abb. 1 gezeigten Beispiel, ist möglich.

Mashup halb und halb – Inhalte aus fremden Quellen dynamisch in die eigene Website einbinden

Eine weitere Möglichkeit ist das Hinzufügen von Informationen zu einer bestehenden öffentlichen Website. Über eine Benutzungsschnittstelle lassen sich z.B. Standortinformationen in das Angebot von Google Maps integrieren. Diese Web-Inhalte können nun über eine einfache Javascriptausgabe auf der eigenen Homepage präsentiert werden.

Viele Webseiten enthalten Anfahrtsbeschreibungen. Eine einfache Ergänzung dieser Information ist die Einbindung eines Kartenausschnitts oder die Möglichkeit, in einer Box die Fahrpläne der öffentlichen Verkehrsmittel abzufragen. Diese Daten liegen nun nicht auf dem Server des Webseitenbetreibers, sondern werden mit dem Aufruf der Seite zeitgleich geladen und angezeigt. (Vgl. Beispiel in Abb. 2)

Wegbeschreibung

Bremer Straße 2
30880 Laatzen/Rethen

Stadtbahn: Von der Stadtmitte (Kröpcke / Hauptbahnhof) mit der Stadtbahnlinie 1 (Richtung Sarstedt) bis zur Haltestelle "Rethen Nord" oder Stadtbahnlinie 2 (bis zur Endhaltestelle Rethen). Von dort sind es ca. 15 Min.Fußweg. Sie können von dort aus auch die Buslinien 340 und 341 nehmen (Richtung Messe/Ost (EXPO-Plaza), Haltestelle Bremer Straße). Oder Sie steigen bereits vorher an der Haltestelle Bahnhof Laatzen/Eichstr. oder Laatzen Centrum in die Buslinien 340 und 341 um, Richtung Pattensen, Haltestelle Bremer Straße.

Mit der **S-Bahn** (S4 Richtung Hildesheim) vom Hauptbahnhof Hannover bis Bahnhof Rethen. Stündliche Abfahrtzeiten, Fahrzeit ca. 10 Min. Vom Bahnhof führt ein Fußweg von ca. 14 Min. (1,2 km) zu uns.

Auch Parkplätze sind in ausreichender Zahl vorhanden.

Google Maps

Ein Klick auf die Symbole in der Karte liefert weitere Informationen.

Abb. 2: Standortinformationen und Anfahrtsbeschreibungen aus Google Maps als Einbindung in eine Webseite mit Standortinformationen. (TIB/UB Hannover o. J.)

Diese collagenartige Darstellung von Inhalten auf einer Plattform ist jedoch nur bedingt als Mashup zu bezeichnen. Die Darstellung verschiedener Inhalte auf einer Plattform ist schon aus den Frühzeiten des Web bekannt und wurde damals mit der heute nicht mehr genutzten (X)HTML-Frame-Technik (das Laden mehrerer Webseiten unter einer Oberfläche) umgesetzt. (Redaktion SELFHTML, 2005) Die technischen Möglichkeiten sind heute vielfältiger und ermöglichen darüber hinaus auch die Kombination der Inhalte zu einem eigenständigen Werk.

Neues Schaffen – Web-Inhalte neu kombinieren

Oben war erwähnt worden, dass der Begriff Mashup auf die Musikbranche zurückgeführt wird. Dort versteht man unter einem Mashup eine Vermischung zweier Musikstücke, aus der sich ein neuer eigenständiger Song ergibt. Übertragen auf das Web kann unter einem Mashup also die Mischung unterschiedlicher Informationen zu einer neuen eigenständigen Applikation verstanden werden.

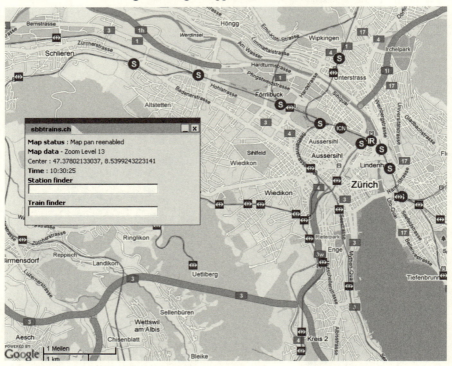

Abb. 3: Swisstrains.ch stellt die Fahrten fast aller Züge in der Schweiz animiert auf einer Karte dar. Wenn Sie einen Zug selektieren und auf „follow" klicken, können Sie dem Zug auf seine Reise folgen. Probieren Sie es aus! (SBB, 2010)

Im Beispiel in Abb. 3 wird einfach eine aktuelle Google-Maps-Karte als Grundlage verwendet und mit den Fahrplandaten der Schweizer Bahn angereichert. Die einzelnen Züge bewegen sich als Logos auf den hervorgehobenen Bahnlinien. Durch einen Klick auf das Logo erhält man weitere Informationen zu dem jeweiligen Zug. Geplant sind die Einbindung weiterer aktueller Informationen und die eventuell auftretenden Verspätungen. Auch eine Version für das iPhone sei geplant.

Das Beispiel Swisstrains.ch macht anschaulich, wie verschiedene Informationen, die von unterschiedlichen Diensten angeboten werden, durch Mischen und neues Zusammenfügen zu einer sinnvollen neuen Informationsquelle werden können.

Die beiden letzten gezeigten Beispiele zeugen auch von der besonderen Beliebtheit sogenannter Karten-Mashups. Fast die Hälfte aller Mashups ist in diesem

Bereich anzusiedeln. Sie bieten daher die Möglichkeit, sich im wahrsten Wortsinne anschaulich den Mashups zu nähern.

Eigene Anwendungen schaffen – mit fremden Werkzeugen

Auf frei zugänglichen Plattformen wie Yahoo Pipes können Informationen aus verschiedenen Quellen aggregiert, gefiltert und neu kombiniert und dann Dritten zur Verfügung gestellt bzw. auf der eigenen Website angeboten werden (Serverseitiges Mashup). Auch so können wirklich neue Funktionalitäten geschaffen werden. Die neue Anwendung kann dann aber nur mit Hilfe der jeweils verwendeten Plattform ausgegeben werden. Webservices werden in diesem Fall miteinander verknüpft und bilden einen neuen Webservice. (Zu den Fachbegriffen vgl. auch Unterkapitel 7.)

Die Bedeutung von Mashups richtet sich nicht nur auf das Angebot von Informationen im weltweit zugänglichen Internet. Im Intranet von Firmen können Mashups für das Wissensmanagement genutzt werden. So bietet IBM ein Enterprise-Werkzeug zum Erstellen von Mashups an. Mit der IBM Mashup Center-Software können Statistiken, Datenbanken, Abteilungsinformationen sowie interne und externe Websites über eine Point-and-click-Oberfläche zu einem Mashup verknüpft werden.

„A new report from Forrester Research predicts that Mashups will be coming to the enterprise in a big way with a USD 700 Mio market by 2013." (Hoyer und Fischer, 2008)

Ein Argument, das im Zusammenhang mit Anwendungen wie dem IBM Mashup Center oft genannt wird, ist die Entlastung der IT-Abteilung. Oft lassen sich Mashups auf der Oberfläche eines Anbieters erzeugen, hosten und müssen nur noch in die Webseite eingefügt werden. Dies ermöglicht selbst Nichtprogrammierern die Erstellung einfacher Mashups.

Auch andere Plattformen bieten Nichtprogrammierern die Möglichkeit, Mashups zu erstellen, so z.B. ARIS MashZone 1.0 (der sich ebenfalls als Enterprise Mashup Editor versteht), aber auch konsumentenorientiertere Dienste wie Yahoo Pipes oder Dapper. An anderer Stelle ist bereits die Anwendung von Werkzeugen zur Erstellung von Karten-Mashups für Bibliotheken dargestellt worden. (Stelzenmüller, 2008)

Thank you for calling customer service – Technische Grundlagen in Kürze

Viele einfache Mashups (vgl. Unterkapitel 4) lassen sich bereits durch die Einbindung von *ATOM*- oder *RSS*-Feeds realisieren. RSS steht für „Really Simple Syndication". Hinter diesen Abkürzungen verbirgt sich eine Reihe von XML-

Formaten zur wohlgeformten Beschreibung von Daten. Content Management Systeme können Inhalte statt in HTML auch in einem solchen Format ausgeben. Die Daten sind dann so aufbereitet, dass sie mit Feed Readern oder anderen Anwendungen ausgelesen werden können.

Ein Benutzer kann mit einem Feed Reader Neuigkeiten von verschiedenen Websites „an einem Ort" lesen, ohne jede einzelne Website wiederholt auf solche Neuigkeiten prüfen zu müssen. Ausgewählte Inhalte aus mehreren Quellen werden also an einer Stelle zusammengeführt (aggregiert) und als neues Ergebnis ausgeben – personalisiert für einen Leser (Bloglines, Google Reader) oder auch als öffentliche Aggregation von Nachrichten zu einem speziellen Thema, etwa in einem sogenannten „Planet". Das funktioniert, solange die gewünschten Daten im ATOM- oder RSS-Feed abrufbar sind.

Um bereits gezielt nur bestimmte Informationen abzufragen, braucht man die Möglichkeit, auch gezielt auf die Daten des Anbieters zuzugreifen. Dies geschieht mit Hilfe einer *API* (Application Programming Interface). An der Bezeichnung Interface ist schon zu erkennen, dass hier grundsätzlich eine Schnittstelle gemeint ist. Schnittstellen ermöglichen die Interaktion zwischen zwei Systemen, im Bereich des Webs ist damit in der Regel der Austausch von Daten und Inhalten gemeint.

Damit die Schnittstelle auch für Programmierer nutzbar ist, müssen gewisse Standards eingehalten werden. Bekannte Standards oder auch Protokolle sind SOAP, XML-RPC, REST oder SRU.

Auch die Daten müssen in einem standardisiert Format vorliegen. Standards sind hier z.B. XML oder JSON.

Webservice – Ein Webservice ist allgemein als Schnittstelle zu betrachten. Durch Veröffentlichung dieser Schnittstellen können verschiedene Systeme miteinander verbunden werden. Im Wesentlichen haben sich zwei Webservice-Ausprägungen herauskristallisiert:

Ausprägung: SOAP – SOAP ist ein Protokoll für den Austausch von Nachrichten. Dabei ist jede Nachricht in XML definiert.

Ausprägung: REST – REST ist eine Menge von HTTP-Operationen (GET, POST, DELETE, PUT). Hierbei kann jede Ressource (Daten) über eine URI angesprochen und bearbeitet werden.

XML-RPC – Remote Procedure Call ist eine Methode, Funktionen in entfernten Systemen aufzurufen. Die Daten selbst liegen im XML-Format vor. Die Anweisungen werden mit HTTP-POST an die Schnittstelle geschickt, dort verarbeitet und als XML-Datensatz zurückgeschickt.

SRU – Search/Retrieve via URL ist eine Weiterentwicklung des Z39.50-Protokolls, eines Standards für den Austausch bibliographischer Daten aus dem Bibliotheksbereich.

JSON – ein kompaktes Format zur Beschreibung von Daten. Der wesentliche Vorteil von JSON ist die Kompaktheit, z.B. im Vergleich zu XML. Daten können mit JSON deutlich kompakter beschrieben und daher z.B. sehr einfach als zusätzliche Information in ein Webdokument eingebunden werden.

Um eine Mashup-Seite zu erstellen wird oft *AJAX* verwendet. AJAX ist ein Akronym und steht für „Asynchronous JavaScript and XML". Klassisch baut sich eine Webseite vollständig auf, wenn dies vom Benutzer explizit angefordert wird, z.B. durch das Anklicken eines entsprechenden Links. Es wird ein Anfrage an den Server gesendet, dieser verarbeitet die Anfrage und sendet eine Antwort zurück. Da das HTTP-Protokoll zustandslos ist, wird jede Webseite vollständig (abhängig von Cache-Einstellungen) neuübertragen.

AJAX ermöglicht demgegenüber das Nachladen einzelner Elemente einer Seite. Es werden somit nur die tatsächlich angeforderten Daten gesendet. Eine AJAX Anwendung verwendet verschiedene Techniken, um eine Website möglichst „flüssig" auf Benutzereingaben reagieren zu lassen. Der Benutzer hat idealerweise den Eindruck, auf einer lokal installierten Anwendung, mit lokal vorhandenen Daten zu arbeiten.

Hinter AJAX verbirgt sich tatsächlich eine Sammlung verschiedener Technologien. Im Wesentlichen werden damit Kommunikationsvorgänge zwischen Client und Server geregelt, welche ohne erneute Benutzeraktivität vonstatten gehen. Weiterhin ermöglicht AJAX die gezielte Manipulation einzelner Elemente im *DOM* (Document Object Model – eine standardisierte Hierarchie, nach der Webdokumente aufgebaut sind.) Hierdurch wird eine zweckmäßige oder ansprechendere Darstellung der Anwendung erreicht. All dies hilft dabei, Websites wie interaktive Anwendungen wirken und reagieren zu lassen, die man als solche auch gern benutzt. In diesem Zusammenhang ist häufig auch von RIA (Rich Internet Applications) die Rede.

Die Nachnutzung von Online-Katalogen und anderen Bibliotheksanwendungen durch Dritte, beispielsweise in Gestalt von Mashups, ist ein Weg, den Nutzen der eigenen Bibliothek zu vermehren. Es ist ein realistischer Weg, solange man es vermeidet, ausschließlich Standards zu verwenden, die praktisch nur im Bibliotheksbereich Verwendung finden. Um gute Voraussetzung für die Nachnutzung der „eigenen" Daten und Dienste durch Dritte zu schaffen, sollten Bibliotheksanwendungen daher möglichst mit Schnittstellen entwickelt werden, die offenen Standards sowie insbesondere den oben beschriebenen Web-Standards folgen. (Vgl. zur Relevanz offener und Web-Standards Voß, 2007)

Mashup or Shutup? – Beispiele für Mashup-Anwendungen im Bibliotheksbereich

Unter dem Motto „Mashup or Shutup" rief Yahoo im Jahr 2006 interessierte Entwickler zu einem „Hack Day" zusammen, um gemeinsam zu erproben, welche Applikationen auf Grundlage der Yahoo-Technologie realisierbar sind. Prinzipiell entstehen viele Mashupentwicklungen nach diesem Vorgehen. Eine Schnittstelle wird angeboten und Entwickler probieren aus, was sich mit den verfügbaren Daten für neue Anwendungen bauen lassen. (Lemm, 2006)

Für dieses und die folgenden Unterkapitel wollen wir die Frage anders stellen: In welchen bibliothekarischen Anwendungsbereichen sind Mashups realisierbar und sinnvoll? Wir meinen, dass sich die Anwendungsbereiche von Mashups grob in drei Kategorien einordnen lassen: Visualisieren (wie z.B. in Abb. 4), Kombinieren und Aggregieren. (Zu einer umfassenden, aktuellen Darstellung von Mashup-Anwendungen im Bibliotheksbereich vgl. Engard, 2009)

Abb. 4: Beispiel für die Visualisierung von Suchergebnissen aus Bibliothekskatalogen, hier mit der Mashup-Anwendung ZACK Bookmaps. (Schneider, o. J.)

Im Beispiel in Abb. 5 wird mit Hilfe des Mashup-Editors Yahoo Pipes ein Profildienst zu einem Thema ausgegeben. Ausgewählte RSS-Feeds werden abgerufen, nach dem Vorkommen eines Begriffes untersucht und die so gefilterten Informationen neu sortiert in einem Feed ausgegeben, der dann in die eigene Website eingebunden werden kann. Ein weiteres Modul ist in diesem Fall die Abfrage von Bibliothekskatalogen. Die Suchergebnisse einer Suche mit den relevanten Stich- oder Schlagworten wird wieder gefiltert und nach definierten Vorgaben in einem Feed ausgegeben. So lassen sich beliebig im Web verfügbare Informationen weiterverarbeiten und zu einer übersichtlichen Darstellung aktueller Information formen.

In vielen Bibliotheken werden Linklisten gepflegt, z.B. Fachinformationsführer. Bookmarkdienste im Web haben sich inzwischen zu stabilen, populären Plattformen entwickelt. Was liegt also näher, als beide Dienste miteinander zu verknüpfen? Linklisten können dann unabhängig von einer eigens zu erstellenden Anwendung bequem von den MitarbeiterInnen bei einem Bookmarkdienst angelegt und gepflegt werden.

Mashups und Bibliotheken 151

Profildienst Factory Outlet
... Information im Überblick

[Info]

Bibliothek
Nieders. Ministerium für Ern...
und Landesentwicklung, Ans...

Grundlage des Profildienstes sind RSS-Feeds, die automatisch aktualisiert und aufbereitet werden. Die Feeds folgender Institutionen werden ausgewertet:

Rechtsprechung: EuGH, BVerwG, Nieders. Verwaltungsgerichte, div. Datenbanken (u.a. OpenJur, Lexetius, Online Contents ...)

Navigation:
Rechtsprechung | Veröffentlic...

Veröffentlichungen: Aufsatzdatenbank Online Contents (30 Mio. Aufsatztitel) und Katalog des Gemeinsamen Bibliotheksverbundes

Abonnement:
RSS-Feed | E-Mail

Politik, Verbände, Presse: Europäisches Parlament, Bundestag, Bundesrat sowie Verbände (DIHT, Handelskammern ...) und Presseportale (Google News, Yahoo Nachrichten)

Rechtsprechung

OVG Saarland - 19.2.2009 - 2 A 254/08 - "Ortskerngefährdung" durch großflächigen Einzelhandel in kleinen Gemeinden
In: Baurecht, ISSN 0340-7489, Bd. 41 (2010), 3, S.431-433

Bauplanungsrecht - OVG NRW - 30.9.2009 - 10 A 1676/08 - Factory-Outlet-Center, Flächennutzungsplanung
In: Baurecht, ISSN 0340-7489, Bd. 41 (2010), 3, S.426-430

BVerwG - 05.11.2009 - 4 C 3.09 - Gemeindeklage gegen Zielabweichungsbescheid für Factory-Outlet-Center Montabaur unzulässig
In: Deutsches Verwaltungsblatt, ISSN 0012-1363, Bd. 125 (2010), 3, S.180-183

BVerwG - 5.11.09 - 4 C 3/09 - Zulässigkeit eines Factory-Outlet-Centers
In: NVwZ, ISSN 0721-880X, Bd. 29 (2010), 2, S.133-136

Abb. 5: Erschließung von Informationen und Datenaggregation im Intranet einer Behörde, als Service der Behördenbibliothek. Feeds zu einem bestimmten Thema werden ausgelesen und angeboten. Weitere Informationen zu diesem Mashup erhalten Sie beim Urheber Stefan Götz (stefan.goetz@ml.niedersachsen.de).

Eine Anwendung, die auf Bookmarkverwaltung spezialisiert ist, kann nicht nur die Bibliothek entlasten, sondern auch einen Zusatznutzen für Benutzer bedeuten. (Vgl. Abb. 6) Benutzern ist es z.B. möglich, neu eingestellte Links, evtl. auch selektiv nur Links zu einem bestimmten Tag, per RSS zu abonnieren, oder einen eigenen Account bei dem jeweiligen Bookmarkdienst anzulegen und die Links der Bibliothek ganz oder teilweise zu übernehmen (was umgekehrt der Bibliothek ein interessantes Feedback über die reale Benutzung ihrer Links geben mag).

Vielleicht hat der Benutzer aber auch längst einen Account bei dem jeweiligen Dienst (der im o.g. Beispiel verwendete Dienst Delicious hat viele Millionen Benutzer weltweit) und „stolpert" erst bei der aktiven oder passiven Benutzung des Dienstes zufällig über die Links der Bibliothek. In diesem Fall entdeckt er die Bibliothek und deren Fachinformationen sozusagen durch Serendipity im sozialen Netzwerk.

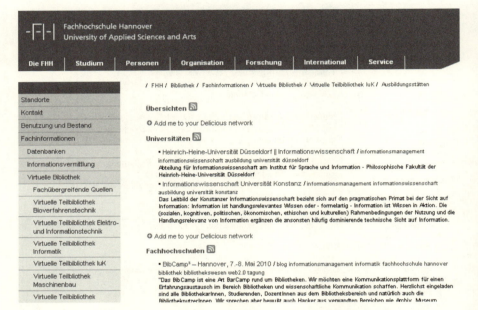

Abb. 6: Auf dieser Bibliotheks-Website wurde der Bookmarkdienst Delicious genutzt, um thematische Linklisten anzulegen. Jeder Link ist von Bibliothekaren mit einem Titel, einer Beschreibung und frei vergebenen Schlagworten (Tags) versehen worden. Die Listen können dann nach Schlagworten sortiert wieder auf der eigenen Webseite ausgegeben werden. (FHH Bibliothek, o. J.)

BibMap ist eine Software, die serverseitig (als Servlet) auf dem System der Bibliothek läuft und eine Visualisierung von Buchstandorten aus dem Katalog heraus erlaubt. Dazu werden in den Titelansichten des Katalogs Links zu Standortplänen mit Signaturangaben generiert. Klickt der Katalogbenutzer den Link an, hat er eine Karte vor sich, die ihm zeigt, auf welcher Etage und in welchem Regal er den gesuchten Titel findet. (Vgl. Abb. 7 und 8. Ausführlich zu BibMap und anderen Mashup-Anwendungen aus Sicht der sie einsetzenden Bibliothek: Schulze und Hahn, 2009)

Mashups und Bibliotheken 153

Abb. 7: Titelaufnahme in einem Bibliothekskatalog. Als Teil der Angabe hinter „Standort:" wird ein Link „Wo finde ich diesen Titel?" angezeigt. Ein Klick auf den Link ruft eine Seite auf, wie sie in Abb. 8 dargestellt wird. (HSU Bibliothek, o. J.)

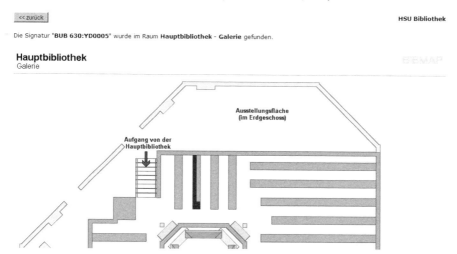

Abb. 8: Diese mit BibMap generierte Ansicht, von der aus Platzgründen hier nur ein Ausschnitt zu sehen ist, zeigt einen Etagen-Grundriss des Bibliotheksgebäudes. Das Regal, in dem die Signaturengruppe aufgestellt ist, zu der das in Abb. 7 gesuchte Buch gehört, wird farblich hervorgehoben. (HSU Bibliothek, o. J.)

Der Gemeinsame Verbundkatalog des Gemeinsamen Bibliotheksverbundes (GBV) und viele andere Bibliothekskataloge nutzen mittlerweile die API der Google-Buchsuche, um in die Titelanzeige dynamisch den Verfügbarkeitsstatus des jeweiligen (Buch-)Titels bei Google einzublenden. Das Symbol ist natürlich zugleich ein Link zum jeweiligen Titel bei der Google Buchsuche. (Vgl. Abb. 9)

Abb. 9: Eine Titelansicht im Gemeinsamen Verbundkatalog des GBV; rechts unten wird der Verfügbarkeitsstatus des Titels bei Google angezeigt.

Das in Abb. 10 gezeigte Beispiel aus dem SWB Online-Katalog des Bibliotheksservice-Zentrums Baden-Württemberg (BSZ) zeigt, dass Mashups mit zahlreichen verschiedenen Informationsquellen (in diesem Fall: Verfügbarkeitsinformationen zahlreicher Buchhändler) auch Konsequenzen für das Design der Webanwendung haben sollten. Die eingebundenen Informationen sind hier zu einer leicht verständlichen visuellen Darstellung („Ampel-Symbole") verkleinert, vereinheitlicht und zudem in eine übersichtliche Listenform gebracht worden.

Abb. 10: Eine Titelansicht im SWB Online-Katalog des BSZ; rechts wird von mehreren Buchhändlern angezeigt, ob der Titel bei ihnen verfügbar ist.

Darf man das? – Einige rechtliche Fragen

Der Begriff Mashup kommt aus der Musikbranche, und genau in diesem Bereich, der Unterhaltungsindustrie, finden heute kontinuierlich Kontroversen über die Zulässigkeit des Remix' im digitalen Zeitalter und seiner Grenzen zum Plagiat statt. So hatte z.B. der Rapper Bushido Passagen aus den Liedern anderer Musikgruppen als Hintergrund für seinen Sprechgesang genutzt und wurde daraufhin prompt auf Schadensersatz verklagt. (Frank, 2010)

Für Bibliotheken kann allein schon die Nutzung web-öffentlich zugänglicher RSS-Feeds für ein Mashup problematisch werden. Verständlicherweise hat der Urheber eines Feeds Interesse an der Verbreitung, aber eben auch daran, in welchem Umfeld seine Informationen angeboten werden. Ein wichtiger Gesichtspunkt sind dabei Werbeeinnahmen. Wenn fremde RSS-Feeds in einem werbefreien Kontext für eigene, kostenlos angebotene Mashup-Anwendungen nachgenutzt werden, fällt tatsächlich bereits ein potentieller Konflikt weg. (Zu weiteren potentiellen rechtlichen Problemen für Urheber von Mashup-Anwendungen vgl. Ott, 2007)

- Es sollte im Vorfeld geprüft werden:
Darf der RSS-Feed weitergenutzt werden?
- Liegen explizite Bedingungen für die Nutzung vor (z.B. nur nichtkommerzielle Seiten), etwa durch eine entsprechende Creative-Commons-Lizenz?
- Gibt es Vorgaben für die Art der Ansicht (z.B. nur in einem neuen Browserfenster)?
- Wird die Nennung der Quelle gewünscht?
- Wird eine Speicherung der Information auf fremden Servern untersagt?

Liegen solche oder ähnlich Regeln nicht direkt im Feed oder auf der Webseite des Anbieters vor, sollte bei Unsicherheit eine Nachfrage beim Anbieter erfolgen. Da das angebotene Mashup in der Regel automatisch erzeugt wird und eine Kontrolle des Inhalts im Vorfeld nicht möglich ist, sollte zusätzlich geprüft werden, ob ein entsprechender rechtlicher Hinweis für das Mashup notwendig ist. In der Regel finden sich solche Hinweise im Impressum oder in einem separaten Disclaimer.

Etwas anders sieht es aus, wenn eine API (Schnittstelle) eines Anbieters genutzt wird. Durch die Bereitstellung der Schnittstelle ist nicht automatisch von einem komplett freien Umgang mit den verfügbaren Daten auszugehen. Hier wird in der Regel ein Lizenzvertrag mit dem Anbieter der API geschlossen. Bei Nutzung einer Schnittstelle sollten im Vorfeld also die Geschäftsbedingungen genau geprüft werden.

Sky is the limit? – Probleme und Grenzen von Mashups

In den vorangegangenen Abschnitten sind verschiedene Voraussetzungen beleuchtet worden, die gegeben sein müssen, um Informationen unterschiedlicher Quellen bzw. Urheber so miteinander zu verbinden, dass daraus ein „echtes" Mashup, also eine neue Applikation entsteht, die möglicherweise einen neuen Nutzen bietet. Damit sind indirekt auch schon die Schwächen und Risiken des Konzepts Mashups genannt worden.

Voraussetzungen für eine funktionierende Mashup-Anwendung sind:
Dass eine oder mehrere Datenquellen, die ich – als der Urheber der neuen Mashup-Anwendung – nicht kontrolliere, existieren.
Dass diese Datenquellen, wenn es sich um fortlaufend aktualisierte Daten handelt, auch weiterhin aktualisiert werden.
Dass die Daten weiterhin in dem Format ausgegeben werden, das ich in meinem Mashup verarbeite. (Wenn die Daten in einem maschinenlesbaren Format wie RSS oder JSON ausgegeben werden, ist das selten ein Problem, wenn ich die Daten jedoch erst durch Screenscraping aus einer HTML-Seite gewinne schon

eher – im letzteren Fall reicht eine Layout-Änderung, um den Datenstrom meines Mashups abbrechen zu lassen.)

Dass ich technisch laufend Zugriff auf die Daten habe, dass aber auch...

...rechtlich gewährleistet ist, dass ich die Daten im Rahmen meines Mashups weiterverwenden darf.

Nur so lange jeweils für alle Datenquellen meines Mashups alle oben genannten Bedingungen erfüllt sind, halten die Kettenglieder, und mein Mashup funktioniert.

The Beta the better?

Grundsätzlich sollte das oben genannte Risikopotential niemanden davon abhalten, nützliche Mashup-Applikationen anzubieten. Allerdings sollte man sich der Implikationen bewusst sein. Wer für die öffentlich angebotenen IT-Anwendungen der eigenen Bibliothek hundertprozentige Perfektion beansprucht, wird nicht damit leben können, seinen Benutzern notfalls mitteilen zu müssen: „Bitte entschuldigen Sie, aber aus Gründen, auf die wir keinen Einfluss haben, ist unser Angebot XY ab sofort und bis auf weiteres nicht mehr vorhanden!" Aber umgekehrt wird ein Schuh daraus: Wer seinen Benutzern Dienste bereitstellt und diese als „Beta-Version" kennzeichnet, ja die Benutzer darum bittet, positive wie negative Benutzungserfahrungen zurückzugeben, schützt sich selbst, indem er das jeweilige Angebot unter einem Vorbehalt zur Verfügung stellt. Die Benutzer werden auf diese Weise als Test-Benutzer angesprochen, auf deren zurückgemeldete Erfahrungen man baut, und denen man vertraut – schließlich gewährt man ihnen einen Einblick ins eigene Entwicklungslabor.

Modellhaft wird dieses Konzept von der University of Michigan Library (MLibrary) mit der Plattform „MLibrary Labs" verfolgt. Hier werden den Benutzern neue Dienste im Beta-Stadium vorgestellt, was die MLibrary so einleitet:

„MLibrary Labs is the University of Michigan Library's showcase for experimental tools. We want you to try them out and – most important – let us know what you think by sending an email to mlibrary-labs@umich.edu. An RSS feed for this page is also available." (University of Michigan Library, o. J.)

Öffentliche Beta-Versionen sind eine Strategie, mit den Risiken von Konzepten wie Mashups offensiv umzugehen. Sie setzen vor allem ein Umdenken auf der Ebene der Darstellung der Bibliothekseinrichtung gegenüber ihren Benutzern voraus, unter der Maxime: Bibliothekarischen Perfektionismus aufgeben zugunsten vertrauensvoller Partizipation der Benutzer.

Daneben lassen sich aber auch Voraussetzungen in der Struktur der IT-Entwicklung von Bibliotheken selbst festmachen. Bibliotheken, öffentliche Einrichtungen, aber auch viele Industrieunternehmen halten heute oft noch an einem traditionellen Entwicklungsstil fest. Anforderungen werden exakt und formalisiert festgehalten, bevor Programmcode geschrieben wird. Es werden keine Techniken und Entwicklungsstile verwendet, die schnellere Entwicklungszyklen erlauben würden, um etwas auszuprobieren, was vielleicht den Code-Schreibern selbst gerade in den Sinn gekommen ist. Viele von den Anwendungen, die das Web, wie wir es heute kennen prägen, wären in solchen Apparaten nie entstanden. Sie konnten aber offenbar im Umfeld „durchlässigerer", experimentierfreudigerer Startup-Unternehmen entstehen. Tim Bray, der u.a. die Entwicklung der Web-Standards XML und ATOM entscheidend prägte, schreibt darüber in seinem Weblog:

„The community of developers whose work you see on the Web (...) deploy better systems at less cost in less time at lower risk than we see in the Enterprise. (...) It's like this: The time between having an idea and its public launch is measured in days not months, weeks not years. Same for each subsequent release cycle. Teams are small. Progress is iterative. No oceans are boiled, no monster requirements documents written. And what do you get? Facebook. Google. Twitter. Ravelry. Basecamp. TripIt. GitHub. And on and on and on. (...) Twitter or Basecamp (...) simply cannot be built if you start with large formal specifications and fixed-price contracts and change-control procedures and so on. So if your enterprise wants the sort of outcomes we're seeing on the Web (and a lot more should), you're going to have to adopt some of the cultures and technologies that got them built." (Bray, 2010)

Die Fortentwicklung des Entwicklungsstils von Bibliotheken ist nicht nur angesichts des Potentials von Mashups wünschenswert. Mashups sind nur ein besonders gutes Beispiel, weil sie typischerweise ausprobiert werden müssen, um ihren echten Mehrwert für die Benutzer (durch direktes oder indirektes Benutzer-Feedback) beweisen zu können, weil sie häufiger angepasst werden müssen etc. (Siehe weiter oben.)

Doch auch im deutschen Bibliothekswesen kommt die Erkenntnis, dass Softwareentwicklung anders aussehen kann, allmählich an. Ein jüngst in bibliothekarischen Weblogs diskutiertes Beispiel für die rasche Implementation eines Mashups im Bibliothekskatalog war die Einbindung von Daten aus der Online-Fachliteratur-Plattform PaperC in den Kölner Universitäts-Gesamtkatalog (KUG). Charakteristisch für den Entwicklungsstil und die enge Orientierung am Benutzerfeedback ist, was KUG-Entwickler Oliver Flimm über das „Warum" und „Wie" dieses Mashups bloggt:

„Um unseren Nutzern die Vorteile von PaperC schon jetzt anbieten zu können – und weil die Implementierung eine Sache von knapp 3 Minuten war – zeigt der KUG nun bei den Vollanzeigen derjenigen Titeln, die in PaperC vorhanden sind, deren Verfügbarkeit direkt an (...) Update 2.3.2010: Nach einer Anregung in einem Tweet [im Original befand sich hier der Link zu dem Tweet] geht aus dem PaperC-Verfügbarkeitsbild nun eindeutig hervor, dass die Lehrbücher kostenlos gelesen werden können." (Flimm, 2010)

Wie dieses (wahllos herausgegriffene) Beispiel Schule machen könnte, zeigen Projekte wie Goobi. (Goobi, o. J.) Hier werden in einem dezentralen, locker vernetzten, offenen Verbund Anwendungen für das Umfeld bibliothekarischer Digitalisierungsprojekte entwickelt. Da sie „das Rad nicht neu erfinden" müssen, können sich die Teilnehmer eines solchen Verbunds offenbar eher auf kleinere, inkrementelle Verbesserungen konzentrieren. Falls diese sich im lokalen Kontext bewähren, können sie von anderen Mitgliedern des Entwicklungsverbundes nachgenutzt werden. Der Wettbewerb verlagert sich so auf die umfassendste, schnellste, stimmigste... Implementation offener Standards und offener Code-Module, die prinzipiell allen zur Verfügung stehen.

Gemischte Aussichten

„Linked Open Data" (LOD), die Vision des Standardisierungsgremiums W3C und des Web-Pioniers Tim Berners-Lee für die Zukunft des Webs, ist einschließlich seiner Konsequenzen für die Bibliothekswelt beschrieben worden. (Pohl, 2010) Die Verbreitung von LOD führt dazu, das immer häufiger (bibliotheks-)relevante Informationen in vereinheitlichter Form und unter einheitlichen Lizenzen (Stichwort gemeinfreie Daten) zugänglich sein werden. Dies kann die Bedeutung von Mashups weiter zunehmen lassen. Einfach und uneingeschränkt zugängliche Daten lassen sich zwar auch komplett in eigene Datenbanken übernehmen, um den Umweg über fragile Mashup-Konstruktionen zu umgehen. Das hilft allerdings bei regelmäßig aktualisierten Daten, und mit solchen haben wir es im Web immer häufiger zu tun, kaum weiter.

Mashups sind nur eine Technik, sie sind nur so gut oder wichtig wie es der jeweilige Anwendungsfall ist. Angesichts der (wenigen, ausgewählten) in diesem Kapitel genannten Beispiele für Mashup-Anwendungen sollte jedoch deutlich geworden sein, dass hier ein Potential für die Bibliotheken steckt, ihre Webanwendungen stärker mit dem Web zu verbinden und sie insgesamt zu attraktiveren Entdeckungs-Plattformen für (potentielle) Bibliotheksbenutzer zu machen. Jetzt gilt es, die bis heute an den Bibliotheken verbliebenen kulturellen und organisatorischen Barrieren zu überwinden, um mit einem experimentierfähigeren Entwicklungsstil das Potential der Mashups für die Bibliotheken zu heben.

Literaturverzeichnis

(BibCamp, o.J.) BibCamp Wiki Community. o. J. Mashup your library. *BibCamp Wiki.* http://bibcamp.pbworks.com/Mashup-your-library.
(Bray, 2010) Bray, Tim: Doing It Wrong. *ongoing.* 5.02.2010 http://www.tbray.org/ongoing/When/201x/2010/01/02/Doing-It-Wrong.
(Engard, 2009) Engard, Nicole C.: *Library mashups : exploring new ways to deliver library data.* 1. Aufl. Medford, N.J., 2009 (Information Today)
(FHH Bibliothek, o.J.) FHH Bibliothek. o. J. Ausbildungsstätten. *FHH Bibliothek.* http://www.fh-hannover.de/bibl/fachinformationen/virtuelle-bibliothek/virtuelle-teilbibliothek-iuk/ausbildungsstaetten/index.html.
(Flimm, 2010) Flimm, Oliver: PaperC im KUG. Weblog. *OpenBibBlog.* 2.03.2010 http://blog.openbib.org/2010/03/02/paperc-im-kug/.
(Frank, 2010) Frank, Arno: Haltet den Depp! *die tageszeitung*, 25.03.2010, Nr. 14.

(Goobi, o.J.) Goobi. o. J. Digital Library Modules: Goobi. *Goobi*. http://www.goobi.org/.

(Hoyer; Fischer, 2008) Hoyer, Volker, und Marco Fischer: Market Overview of Enterprise Mashup Tools. In *Proceedings of the 6th International Conference on Service-Oriented Computing*, S. 708-721. Sydney, Australia: Springer-Verlag, 2008. doi:10.1007/978-3-540-89652-4_62. http://portal.acm.org/citation.cfm?id=1484716.1484778.

(HSU Bibliothek, o.J.) HSU Bibliothek. o. J. BibMap. *HSU Bibliothek*. http://ub.hsu-hh.de/BibMap?signatur=BUB%20630:YD0005.

(Lemm, 2006) Lemm, Karsten: "Yahoo Hack Day": Wenn Yahoo hacken lässt. *STERN.DE*. 2.10.2006. http://www.stern.de/digital/online/yahoo-hack-day-wenn-yahoo-hacken-laesst-572988.html?nv=ct_cb.

O. A. o. J. Mashup your library. *Zotero Groups*. http://www.zotero.org/groups/15220/.

(Ott, 2007) Ott, Stephan: Mashups : Neue rechtliche Herausforderungen im Web 2.0-Zeitalter? *Kommunikation & Recht* 10, Nr. 12, S. 623-628.

(Pohl, 2010) Pohl, Adrian: Dimensionen von Open Bibliographic Data. *KoopTech*. 26.03.2010 http://blog.kooptech.de/2010/03/dimensionen-von-open-bibliographic-data/.

(Redaktion SELFHTML, 2005) Redaktion SELFHTML. 2005. HTML/XHTML / Frames / Framesets und Frames definieren. *SELFHTML*. 31T14:21:30+01:00 10. http://de.selfhtml.org/html/frames/definieren.htm#allgemeines.

(SBB, 2010) SBB. 2010. Train map. *Swisstrains.ch*. http://swisstrains.ch/.

(Schneider, o.J.) Schneider, Wolfram. o. J. Help for ZACK book maps. *ZACK Gateway*. http://opus.tu-bs.de/zack/bookmaps-help.html.

(Schulze; Hahn, 2009) Schulze, Matthias, und Ulrich Hahn: Katalogerweiterungen, Mashups und Elemente der „Bibliothek 2.0" in der Praxis. *Bibliotheksdienst* 43 (2009) Nr. 1. S. 20-38.

(Stelzenmüller, 2008) Stelzenmüller, Christian: Mashups in Bibliotheken. Untersuchung der Verbreitung von Mashups auf Webseiten wissenschaftlicher Bibliotheken und Erstellung eines praktischen Beispiels. 7.11.2008 http://opus.bsz-bw.de/hdms/volltexte/2008/654/.

(Stöhr, o.J.) Stöhr, Matti. o. J. Literaturlisten. *Literaturverwaltung im Fokus*. http://www.netvibes.com/literaturverwaltung#Literaturlisten.

(TIB/UB Hannover, o.J.) TIB/UB Hannover. o. J. Wegbeschreibung. *TIB/UB Hannover*. http://www.tib.uni-hannover.de/de/tibub/standorte-und-oeffnungszeiten/haus-2-aussenmagazin-rethen/wegbeschreibung.html.

(University o Michigan Library, o.J.) University of Michigan Library. o. J. MLibrary Labs. *University of Michigan Library*. http://www.lib.umich.edu/mlibrary-labs.

(Voß, 2007) Voß, Jakob: Bibliotheks-Mashups mit Hürden auf dem Vormarsch. *Jakoblog*. 7. http://jakoblog.de/2007/07/13/bibliotheks-mashups-mit-huerden-auf-dem-vormarsch/.

Christian Spließ

Podcasting: Das ungeliebte Social-Media-Stiefkind

Podcasting als Social-Media-Instrument an Bibliotheken sollte, wenn man die optimistischen Aussagen der Jahre 2006, 2007 noch im Ohr hat, im Jahr 2010 längst Standard sein. Es sollte im Netz nur so wimmeln vor Podcasts, die es den Nutzer ermöglichen, einen Blick hinter die Kulissen zu werfen, Angebote erklären, Neuzugänge vorstellen, Veranstaltungstipps anpreisen und damit den Kunden näher an die Bibliothek anbinden sollten als dies – vielleicht – schon vorher der Fall war.

Schaut man sich allerdings die Bibliotheks-Homepages an, so wird man in den wenigsten Fällen sofort einen Bibliothekspodcast finden. Allenfalls das Symbol des RSS-Feeds prangt auf den Webseiten, vielleicht auch noch der Hinweis auf das Bibliotheksblog. Prominenter in den Focus rückt man derzeit lieber Twitter oder Facebook, die neuen hippen und trendigen Dienste. Podcasting, so hat man den Eindruck, ist Schnee von gestern. War Podcasting also nur ein Hype?

Dies kann guten Gewissens bestritten werden: Die sogenannten Zweitverwertungspodcasts des Rundfunks finden immer noch großen Anklang, wie ein Blick ins iTunes-Podcastverzeichnis zeigt. Das Podfading, der Rückgang von Angeboten der so genannten „Hobby-Podcaster" gegenüber den kommerzielleren Angeboten bzw. denen des Rundfunks ist eine Entwicklung, die bei anderen Produkten genau so verlief und ist daher nicht überraschend. Immer noch produzieren Podcaster der ersten Stunde ihre Sendungen, während die beiden deutschen Podcastingverbände sich allerdings aufgelöst haben. Podcasting ist Mainstream geworden – mit allen Vor- und Nachteilen, die damit verbunden sind.

Wenn also das Format an sich noch existiert, warum findet es so wenig Widerhall in deutschen Bibliotheken? Neue Bibliothekspodcasts sind schwer zu finden, wenn sie denn überhaupt existieren. Bestehende Angebote konzentrieren sich zum Großteil darauf, Vorträge und Vorlesungen ins Netz zu stellen – zweifellos ein Angebot mit bester Absicht für die Studenten, es ist aber nur eine Zweitverwertung. Eigens hergestellte Inhalte von Bibliotheken für Bibliotheken hatten ihre Blütezeit in den Anfangsjahren des Podcastings, aktuell scheint aber keine Bibliothek derartige Podcasts zu produzieren...

Bibliothekspodcasts – Opfer des Podfadings?

Eine komplette Übersicht über aktuelle Angebote von Podcasts deutscher Bibliotheken existiert momentan offenbar nicht. Die vom Autor selbst angelegte Auflistung im NetbibWiki[1] wurde seit Längerem nicht mehr aktualisiert. Wer einen aktuellen Blick auf die deutsche Bibliothekspodcast-Szene werfen möchte, muss sich also selbst auf die Suche machen. Es liegt nahe, zuerst in den einschlägigen Podcast-Verzeichnissen zu suchen, bevor man Google und Konsorten bemüht.

Eine Suche bei Podster, einem der größten deutschen Verzeichnisanbieter für Podcasts, ernüchtert allerdings - ganze fünf Angebote, in denen der Begriff selbst vorkommt, sind dort zu finden. Keines stammt von einer Bibliothek. Dies muss erstmal nichts bedeuten, da Podster nur von den recht aktiven Podcastmachern genutzt wird – immerhin ist es aber schon bezeichnend, dass eines der ältesten deutschen Podcast-Verzeichnisse so karge Suchergebnisse zurück gibt. Wie sieht es beim „Marktführer" der deutschen Verzeichnisse, iTunes, aus? Seitdem Apple die Option für das Abonnieren von Podcasts in die Musikverwaltung einbaute, erlebte Podcasting einen regelrechten Boom. Anmelden und Abonnieren sind unkompliziert und schnell erledigt, wobei nicht jede Bibliothek ihren Podcast dort gelistet haben dürfte. Die Suche nach dem Stichwort „Bibliothek" im Angebot von iTunes fällt allerdings ernüchternd aus.

Abb. 1 iTunes

Ganze dreißig Podcasts ergibt die Suchanzeige, keines davon ist direkt als Angebot einer Bibliothek erkennbar. Da iTunes allerdings das Angebot der OpenUniversity besitzt und diese beim Suchergebnis auch auftaucht, lohnt sich noch mal ein Blick in diese Sektion. Doch wer nach einem deutschen Bibliothekspodcast an dieser Stelle sucht, wird ebenfalls enttäuscht.

---

1 NetbibWiki – http://wiki.netbib.de/coma/Deutsche%20Bibliothekspodcasts, Zuletzt besucht am 30.03.2010

Was bleibt, ist also die aufwändige Suche mit Google oder Metager. Einige Angebote sind auch zu finden. So das Angebot der TUB oder etwa der Unibibliothek Freiburg. Allerdings muss man selbst auf den Webseiten der Bibliotheken schon mit der Lupe suchen, um Podcast-Angebote zu finden.

So sind auf der Webseite der Technischen Universität Hamburg-Harburg zwar die neueren Social-Media-Angebote Twitter und Facebook verlinkt, das Podcastangebot namens TUBCast allerdings nicht. Sucht man nach dem Begriff „TUBcast", so wird bei den Suchergebnissen nur die Nummer 3 erwähnt[2]. Im RSS-Feed selbst findet sich noch eine fünfte Ausgabe – wann diese jedoch produziert wurde, lässt sich leider anhand der ID3-Informationen nicht feststellen. Auf ganze 13 Folgen brachte es der Podcast der Technischen Universität Dortmund. Hier stammt die letzte Folge laut des Blogs[3] vom 08.05.2009. Seitdem auch hier: Funkstille.

Die Universitätsbibliothek Freiburg[4] bietet dagegen einen reichen Fundus von Podcasts an – sofern man Vorlesungen nachhören möchte, lässt das Angebot keine Wünsche offen. Ein selbstproduzierter Podcast der Bibliothek allerdings ist nicht verzeichnet. Dieser fehlt ebenfalls im DIVA-Angebot[5] des Karlsruher Institute of Technology. Recht neu ist das Angebot der Leibnitz Universität Hannover[6]:

Im Rahmen des sogenannten Flowcasts-Projektes werden an der LUH seit dem Wintersemester 2009/2010 zahlreiche Veranstaltungsreihen aufgezeichnet und in Stud.IP veröffentlicht. Das Kunstwort Flowcasts ist eine Kombination aus Workflow und Podcast. Die fertigen Podcasts enthalten dabei sämtliche Vorlesungsmedien, sowie das Video des Dozenten. [...] Aufgrund der großen Nachfrage haben wir zum Sommersemester 2010 unsere Kapazitäten verdoppelt und werden weitere Veranstaltungsreihen unterstützen.

Eines der wenigen neuen Angebote innerhalb der Bibliotheks-Podcasting-Szene also. Wer noch weitere Recherchen anstellt wird feststellen, dass die oben genannten Beispiele recht gut das aktuelle Bild porträtieren:

Deutsche Bibliotheken sind nur zögerlich auf das neue Medium Podcasting eingegangen – neue aktuelle Podcast-Angebote werden kaum produziert.

Wenn Bibliotheken Podcasts anbieten, sind diese in den meisten Fällen Zweitverwertungs-Angebote, die Studenten das Nachsehen oder Nachhören von Lesungen und Vorträgen ermöglichen.

Originäre Inhalte werden von Bibliotheken kaum oder gar nicht angeboten.

---

2 RSS-Feed des TUBCasts – http://www.tub.tu-harburg.de/podcast/tubcast.xml. Zuletzt besucht am 30.03.2010
3 UB-Blog – Weblog der Universitätsbibliothek Dortmund –http://www.ub.tu-dortmund.de/ubblog/podcast-folge13. Zuletzt besucht am 30.03.2010
4 Homepage der Universität Freiburg – http://www.ub.uni-freiburg.de/index.php?id=111&no_cache=1&sword_list[0]=podcast. Zuletzt besucht am 30.03.2010
5 Universitätsbibliothek Karlsruhe: Digitales Audio- und Videoarchiv DIVA -http://www.ubka.uni-karlsruhe.de/diva/podcast.html, Zuletzt besucht am 30.03.2010
6 Homepage der Universität Hannover – http://www.uni-hannover.de/de/studium/elearning/podcast/index.php., Zuletzt besucht am 30.03.2010

Eine Reihe von deutschen Bibliothekspodcasts wird nicht mehr produziert. Es gibt keinen Podcast, der kontinuierlich über Jahre hinweg angeboten wird.

Mögliche Gründe für die Nichtakzeptanz des Podcasting-Formats

Warum hat sich Podcasting nicht wie Blogs oder derzeit das Microblogging als Angebot von deutschen Bibliotheken für die Nutzer durchgesetzt?

Ein Grund könnte die als kompliziert zu empfindende Produktion eines Podcasts sein. Während Twitter und Co. fast intuitiv zu bedienen sind, dank der eingeschränkten Funktionalität der Angebote, ist die Produktion eines Podcasts aufwändiger. Hierzu braucht man einen Sprecher, man braucht die nötige technische Ausstattung, Kenntnisse im Schneiden von Audiodateien, und zuletzt muss der Podcast selbst noch ins Internet gestellt werden. Das möglichst, wenn man seinen Nutzern entgegenkommen möchte, in mehreren Formaten. Schon diese kurze Auflistung der notwendigen Schritte verdeutlicht, dass die Produktion eines Podcasts Zeit, Sorgfalt und Wissen braucht. Während man Twitter und Delicious rasch nebenbei am Arbeitsplatz füttern kann, muss man sich für Podcasts Zeit nehmen – Zeit, die heutzutage im Bibliotheksbetrieb offenbar nicht als Ressource vorhanden ist.

Des Weiteren scheint es so zu sein, dass man Energie und Zeit lieber in Social-Media-Dienste steckt, bei denen ein sofortiges Erfolgserlebnis folgt. Bei Twitter und Facebook kann man anhand der Follower bzw. Freunde sofort ein Erfolgserlebnis haben – der Aufbau einer Community für den eigenen Podcast braucht Zeit, zudem ist die Rücklauf von Hörermeinungen relativ gering. Es wird wenig kommentiert, wenig diskutiert – was Social Media eigentlich auszeichnet. Dies ist natürlich bei Angeboten wie Bibliotheksführungen per Podcast nicht unbedingt nötig, doch wenn es absolut keine Rückmeldungen gibt und die Bibliothek in den leeren Raum zu kommunizieren scheint, dann stellt sich natürlich die Frage, warum man das Angebot überhaupt aufrecht erhält. Dabei liefern die Podcasting-Statistiken durchaus handfeste Zahlen – es kann genau ausgewertet werden, wie oft die Datei heruntergeladen oder nur angehört wird, welches Format bevorzugt wird und anhand der Links, die man optimalerweise auf der Webseite zur Verfügung stellen, sollte kann man auswerten, welche Themen die Nutzer interessierten: eine nützliche Ergänzung zu den obligatorischen Umfragen ob, die Nutzer denn mit dem Service der Bibliothek zufrieden sind.

Ein weiterer Grund könnte sein, dass die Technik an sich sich nicht sonderlich weiterentwickelt hat. Zwar sind die technischen Aufnahmegeräte im Laufe der Zeit immer perfekter geworden – reine Videopodcasts kann jeder mit einem Gerät wie der Flip für kleines Budget erstellen – doch das MP3-Format an sich ist nicht weiterentwickelt worden. Während Kapiteleinteilungen oder Zusatzinformationen im AAC-Format kein Problem sind, hinkt der MP3-Standard trotz einiger Versuche hier hinterher. Der Mehrnutzen eines einfachen MP3s scheint nicht gegeben.

Fazit

Es ist momentan nicht zu erwarten, dass Bibliotheken sich wieder vermehrt mit dem Thema Podcasting beschäftigen werden. Das Interesse verlagert sich momentan auf Microblogging-Dienste, die dank der zahlreichen Zusatzdienste eher geeignet zu sein scheinen, mit dem Kunden Kontakt aufzunehmen. Beim Kampf um die wertvolle Ressource Zeit gerät Podcasting zudem ins Hintertreffen – die Vorbereitung, das Produzieren und das Onlinestellen erfordert Know-how und Konzentration. Ebenso wie die Rezeption. Dabei sind die Möglichkeiten des Formats in Deutschland noch lange nicht ausgeschöpft worden. Der Nachteil der zeitintensiven Erstellung eines Podcastes wird durch den Vorteil konkreter Statistiken durchaus aufgewogen.

Ein Revival des Podcastings könnte paradoxerweise im Bereich der Videopodcasts erfolgen dank der kostengünstigen Kameras von Firmen wie Cisco – Flip – oder Aiptek – V5PHL. Die dazugehörige Software erleichtert das Schneiden der Videos und schickt diese gegebenenfalls automatisch zu Social-Media-Angeboten. Momentan allerdings bleibt Podcasting das ungeliebte Social-Media-Stiefkind ohne Aussicht darauf, am Ende den Prinzen zu bekommen.

Anastasia Schadt, Jessica Euler und Dierk Eichel

Raus in die Öffentlichkeit mit Facebook & Co

Einleitung

Die NutzerInnen werden mehr, das Geld immer weniger und niemanden interessierts?! Raus auf die Strasse! Was gestern die Strassen waren, sind heute die SocialMedia Dienste. Auf die Strasse geht man, um die Öffentlichkeit direkt anzusprechen. Man will die Öffentlichkeit auf Probleme aufmerksam machen und aktiv unterstützt werden. Hierfür ist heute allerdings die Strasse nicht mehr nötig – inzwischen gibt es Weblogs, Twitter, Facebook & Co. Diese SocialMedia-Dienste sind dazu erschaffen worden, sie mit Inhalten zu füllen und sich mit Interessenten zu vernetzen. Die „Kommunikation auf Augenhöhe" ist mittlerweile selbstverständlich (JANNER, S. 63) und spricht vor allem Digital Natives an, die das SocialMedia besonders häufig nutzen. (BUSEMANN; GSCHEIDLE, 2009)

Öffentlichkeitsarbeit in Bibliotheken

Einige Mitglieder der Öffentlichkeit lassen sich inzwischen nur noch über SocialMedia erreichen. Es führt kein Weg an ihnen vorbei, sie haben sich etabliert. An der Öffentlichkeitsarbeit ändert sich im Grunde nichts. Der kleine aber feine Unterschied ist, dass das klassische Internet statisch und das SocialMedia dynamisch ist. Die KundInnen konsumieren nicht mehr, sondern können aktiv sein, mitgestalten, mitbestimmen und mitreden. Die Betreuung von Communities, die Kommunikation mit Twitter-Followern oder der Aufbau eines interessanten Blogs ist zwar nicht nebenbei im Alltagsgeschäft umzusetzen. SocialMedia als Investment zahlt sich dennoch – vor allem in der Zukunft – aus. „Es ist nicht mehr die Frage, ob man das Social Web einsetzten sollte, sondern vielmehr der Aspekt, wie kann man den größtmöglichen Nutzen daraus gewinnen."(KIEFER, 2009)

Weblogs, Twitter, Flickr, Facebook, LibraryThing und viele andere Online-Tools verlangen nach Experimentierfreude und dem Mut, sich auf neues Terrain zu begeben. Dieser Mut steckt oft in MitarbeiterInnen außerhalb des zuständigen Personals für die Öffentlichkeitsarbeit – ja und?! Viele Einrichtungen sehen sich mit dem Problem konfrontiert, dass die PR-Abteilung überlastet ist und keinerlei Erfahrung und keine Lust auf SocialMedia hat. Daher ist es gängige Praxis geworden, dass engagierte MitarbeiterInnen aus anderen Abteilungen für ein oder mehrere Media verantwortlich zeichnen. Oftmals sind es Social Web-affine PraktikantInnen oder Trainees, die zur Einrichtung von Accounts und dem Herumspielen mit SocialMedia-Angeboten anregen. Beim Rückgriff insbesondere auf PraktikantInnen ist allerdings zu bedenken, dass deren Engagement zeitlich begrenzt ist, wodurch eingerichtete Accounts schnell brach liegen und das Interesse der gewonnenen LeserInnen abnimmt. Sie können aber sehr gut die ersten Anstöße geben und Aufklärungsarbeit unter den MitarbeiterInnen in Form von Workshops leisten.

Doch ohne Strategie wird's auf Dauer schwer. Probieren geht zwar über Studieren, allerdings sollte das Studieren nicht gänzlich unterlassen werden. Nachdem unterschiedliche SocialMedia-Dienste (intern oder verborgen) ausprobiert wurden, sollte eine Strategie entwickelt werden. Dabei sollte gelten, weniger vorzuschreiben, was denn geschrieben oder gefilmt werden darf, sondern was auf keinen Fall im Netz landen sollte. Hierfür ist es wichtig, dass die Einführung von SocialMedia von der Führungsebene akzeptiert und unterstützt wird und die Strategieentwicklung und deren Umsetzung als wichtiges Element zum Aufbau eines eigenen Netzwerkes und zur Gewinnung von sozialem Kapital verankert wird.

Um eine Strategie zu entwickeln, sollten erst einmal all diese Fragen beantwortet sein:

Wen wollen wir erreichen?
In welcher Weise sollen unsere LeserInnen partizipieren?
Was sind unsere Ziele?
Wie stark sind unsre Stakeholder vernetzt und wo?

Danach lassen sich Stärken und Schwächen der Tools auswerten und das/die passende/n auswählen.

Auch bei der SocialMedia-Öffentlichkeitsarbeit ist es wichtig zu beachten, dass sie nicht alleine steht und sich die unterschiedlichen Werbemittel ergänzen. Genauso wie die URL der Webseite, sollte die Adresse des Blogs auf dem Flyer und ein Link zur Social Community in der Email-Signatur erscheinen. (JANNER, S. 33) Außerdem ist es möglich, innerhalb der verschiedenen SocialMedia-Anwendungen auf die eigenen Seiten zu verlinken: zum Beispiel vom Blog zur Social Community, in der Social Community die neuesten „Tweets" anzeigen und in Twitter auf den neuesten Blogeintrag aufmerksam machen. Durch den Austausch mit den NutzerInnen ist es nicht nur möglich, über die Einrichtung zu berichten und auf die aktuellsten Veranstaltungen hinzuweisen, sondern auch eine ganze Menge über die KundInnen und ihre Wünsche und Bedürfnisse zu erfahren. Es ist also ratsam, Kommentare, Bewertungen u.ä. zu lesen, auszuwerten und ernst zu nehmen. (JANNER, S. 66) Vermutlich bieten kein Fragebogen und keine KundInnenbefragung so ehrliche und nutzvolle Informationen über das, was die NutzerInnen über die Einrichtung und deren Dienstleistungen denken.

Wie Janner sagt: "Die Vernetzung nimmt zu, die Kommunikation auf Augenhöhe wird immer üblicher, Authentizität gewinnt noch mehr an Bedeutung." (JANNER, S. 63) Die Bibliotheken sollten auf den Zug aufspringen und das SocialMedia für sich nutzen.

SocialMedia Tools und ihre Besonderheiten

Im Folgenden werden einige ausgewählte SocialMedia-Dienste vorgestellt. Gleichzeitig werden Argumente für ihren Einsatz und Ideen, wofür sie sich inhaltlich benutzen lassen, mitgeliefert. Dies sind alles nur Vorschläge und keine Regeln.

Facebook

Nach eigenen Angaben hat Facebook mehr als 400 Millionen aktive NutzerInnen, von denen sich mehr als 200 Millionen mindestens einmal täglich einloggen ("STATISTIK | FACEBOOK," 2010) und ist laut ComScore das am häufigsten genutzte Netzwerk weltweit. ("SOCIAL NETWORKING EXPLODES WORLDWIDE AS SITES INCREASE THEIR FOCUS ON CULTURAL RELEVANCE - COMSCORE, INC," 2008) Facebook steht allen Menschen zur kostenlosen Nutzung offen.

Wofür können Bibliotheken Facebook nutzen?

Die NutzerInnen können sich ein eigenes Profil anlegen und nach Bekannten und FreundInnen suchen, sich mit diesen austauschen und Kontakte knüpfen.

Weiterhin gibt es die Möglichkeit, Fotos und Videos hochzuladen, Texte in Blogform oder Statusmeldungen in Mikroblogform zu verfassen, über Chats zu kommunizieren oder über eine E-Mail-Funktion private Nachrichten zu versenden. Es können aber auch Mitteilungen für alle öffentlich auf die Seite von anderen NutzerInnen geschrieben werden. Außerdem ist es möglich, Gruppen und Fanseiten zu gründen oder diesen beizutreten.

Die Social Community ermöglicht es, die eigene Seite mit beliebigen anderen genutzten Webseiten außerhalb von Facebook zu verknüpfen. (WEIGERT, 2007) Wenn die Bibliothek twittert, bloggt oder z.B. delicious nutzt, kann sie dies in der eigenen Facebookseite oder -gruppe einbinden, sodass die Kontakte sich über alle diese Tätigkeiten informieren lassen können, ohne alle SocialMedia-Aktivitäten der Einrichtung im Netz abgrasen zu müssen.

Abgesehen von diesen zahlreichen Angeboten stellt Facebook eine Reihe an bibliotheksbezogenen Werkzeugen zur Verfügung. Es gibt sogar eine eigene Gruppe „FacebookAppsForLibraries" ("FACEBOOKAPPSFORLIBRARIES | FACEBOOK", 2010), in der die verschiedenen bibliotheksbezogenen Applikationen vorgestellt und diskutiert werden. Bibliotheken können mit diesen Werkzeugen auf schnelle und kostengünstige Weise eine virtuelle Bibliothek innerhalb von Facebook schaffen und einen ausgezeichneten Informationsservice leisten.

Warum sollten Bibliotheken Facebook nutzen?

Es ist den Facebook-Mitgliedern möglich, den Aktivitäten von Gruppen und auf Seiten zu folgen beziehungsweise sich automatisch über diese informieren zu lassen. Die Einrichtung kann so ihre Kontakte regelmäßig über aktuelle Entwicklungen, Tätigkeiten, Veranstaltungen und Neuanschaffungen informieren.

Die NutzerInnen werden darüber informiert, welchen Seiten und Gruppen ihre Kontakte beigetreten sind und welche Veranstaltungen diese in nächster Zeit besuchen möchten. Somit kann sich der Bekanntheitsgrad einer Gruppe oder Seite ungemein erweitern. (SOHN, 2007) Ein/e durchschnittliche/r Nutzer/in hat 130 Kontakte. ("STATISTIK | FACEBOOK," 2010) In der Theorie bedeutet das, dass sobald eine Person einer Gruppe beitritt, dies weitere 119 NutzerInnen mitbekommen, ohne dass die Bibliothek dafür einen Cent zahlen muss.

Es können Kontakte zu den NutzerInnen geknüpft werden. Die Kontakte in Facebook werden als „Freundschaften" bezeichnet, sind aber in den meisten Fällen nicht mit Offline-Freundschaften gleichzusetzen, eher mit Bekanntschaften – hieraus entsteht das Gefühl, „auf Augenhöhe" zu kommunizieren.

Dadurch und durch die beschriebenen bibliotheksbezogenen Werkzeuge kann eine Bibliothek einen stark nutzungsorientierten Service aufbauen.

Indem Twitter, Blogs, delicious etc. eingebunden werden, kann die Bibliothek regelmäßig Öffentlichkeitsarbeit betreiben und gleichzeitig dem Informationsbedarf der Gruppenmitglieder nachkommen.

Die Informationen lassen sich über mobile Endgeräte abrufen - mehr als 100 Millionen aktive KundInnen nutzen diesen Service. ("STATISTIK | FACEBOOK," 2010) Dadurch müssen nicht mehr verschiedene Seiten im Internet angesteuert werden.

Abb. 1: Facebook Fanseite der ETH-Bibliothek Zürich

Eine Facebookgruppe oder -seite kann im Grunde alles bieten, was eine Webseite auch bietet, nur eben an einem anderen Ort und interaktiv. Dort finden die wichtigsten Informationen, wie Öffnungszeiten, Kontaktdaten, Linklisten, Kataloginformation, etc. ebenso wie Suchmaschinen, verschiedenste Kommunikations- und Austauschmöglichkeiten, Informationsservices, Terminplan, Veranstaltungshinweise und zusätzlich die bibliotheksbezogenen (SECKER, 2008, S. 8) Anwendungen von Facebook ihren Platz.

Die Bibliothek kann durch soziale Netzwerke ihren Service um ein Vielfaches erweitern, was ihr mit klassischen Werbemitteln nicht möglich wäre.

Twitter

Mit 140 Zeichen... und die MicrobloggerInnen trällern sofort im Chor „Twitter". Genau, Twitter ist der populärste Microbloggingdienst.[1]

Wie viele Mitglieder oder MitleserInnen Twitter hat, lässt sich nur schwer schätzen. Im Juni 2009 sollen es in Deutschland etwa 1,8 Millionen gewesen sein. ("TWITTER – WIKIPEDIA," 2010) Die Besonderheit der Microblogs liegt darin, dass Nachrichten nicht länger als max. 200 Zeichen sein dürfen. Die Nachrichten erscheinen in umgekehrt chronologischer Reihenfolge. Die aktuellste Nachricht steht immer oben.

Die Nachrichten anderer NutzerInnen können in Twitter abonniert werden – In der Twittersprache heißt dies „jemandem folgen" oder „Follower werden". Sie können aber auch über das Web angesehen oder per RSS-Feed bezogen werden. Nur durch eine Anmeldung und der Erstellung eines eigenen Accounts bei Twitter lassen sich eigene Nachrichten, so genannte Tweets, selbst verfassen. Dabei ist es möglich, dass NutzerInnen anderen folgen, ohne dass diese auch deren Nachrichten abonniert haben. Dies bedeutet, alle Follower abonnieren die Beiträge anderer aus reinem Eigeninteresse - dieses muss verdient und gepflegt werden.

Mehr Einzelheiten zum Gebrauch von Twitter und was Hashtags sind oder Retweets lassen sich auf zahlreichen Internetseiten nachlesen und sollen daher hier nicht weiter angeführt werden. Zur optimalen Einrichtung empfehlen wir die „30 Tipps zum erfolgreichen Twittern" von Klaus Eck. (ECK, 2008)

Was sollten Bibliotheken Twittern?

Um den Inhalt zu bestimmen, muss vorher überlegt werden, an wen sich die Beiträge richten sollen. Hierzu ist ein kleiner Twitter-Rundgang sehr hilfreich, auf dem sich erkunden lässt, welche Menschengruppen Twitter nutzen.

Beispielhaft haben wir bei unserem Rundgang festgestellt, dass Oma Emma und klein Otto nicht bei Twitter vertreten sind. Das verwundert aber nicht sehr, denn zuvor haben wir uns aus der Twitterumfrage schlau gemacht und wussten schon, dass das „Durchschnittsalter [...] bei 32 Jahren [liegt], der Frauenanteil liegt bei 25,7%, wobei sich das Durchschnittsalter von Männern und Frauen nur unwesentlich (weniger als einen Monat) unterscheidet." (PFEIFFER, 2009) Sollen

---

1 Dazu gehören auch www.identi.ca; www.jaiku.com; www.yammer.com; www.plurk.com.

bibliothekarisches Fachpersonal, BibliotheksnutzerInnen, Nicht-BibliotheksnutzerInnen oder eine völlig andere Zielgruppe angesprochen werden?
Jedenfalls kann inhaltlich alles getwittert werden, was eine kurze Nachricht wert ist. Es sollte entweder besonders aktuell, spannend, überraschend, problematisch oder ehrenhaft sein – nur langweilen darf es nicht. Über gegenseitige Ansprache oder das Zitieren von Beiträgen anderer Twitterer, das „Folgen" anderer, entsteht um jeden Twitter-Account ein Netzwerk.

Abonnieren Sie die Inhalte anderer NutzerInnen, die ihnen gefallen oder ein ähnliches Interessengebiet haben. Ist ihre Zielgruppe die Studierendenschaft der Hochschule für Medienwissenschaft, empfiehlt es sich twitternden MedienwissenschaftlerInnen zu folgen, um zur Community zu gehören. Denn Studierende der Medienwissenschaft interessieren sich nur sehr selten für den letzten Bibliothekstag oder andere bibliothekswissenschaftliche Inhalte. Ihre LeserInnenschaft wird es Ihnen danken.

Warum sollten Bibliotheken twittern?

Twitter eröffnet interessante Möglichkeiten für die Online-Kommunikation. Sie können in andere Plattformen wie Homepage, Facebook, Weblog eingebunden und/oder ergänzt werden. Wer Twitter aufmerksam verfolgt, bekommt so nette Hinweise von NutzerInnen wie:

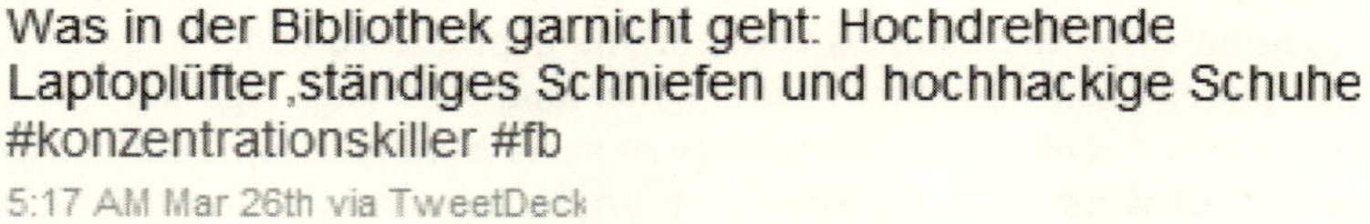

Was in der Bibliothek garnicht geht: Hochdrehende
Laptoplüfter,ständiges Schniefen und hochhackige Schuhe
#konzentrationskiller #fb
5:17 AM Mar 26th via TweetDeck

Bild 2: Tweet zur Bibliotheksnutzung

Twitter ermöglicht Bibliotheken genauso wie Blogs einen direkten, interaktiven und kostengünstigen Zugang zur Öffentlichkeit, ohne eine Kontrolle durch so genannte Gatekeeper (wie JournalistInnen, RedakteurInnen etc.) durchlaufen zu müssen. Twitter ist schnell und unglaublich einfach zu bedienen. Es muss nicht erst ein langer Blogartikel geschrieben werden, um eine Nachricht zu vermitteln.
Twitter bietet die Möglichkeit, offene Fragen an die Community zu richten und tatsächlich Antworten, Lösungen oder Unterstützung zu bekommen.

Twitter ist das am schnellsten wachsende Soziale Netzwerk der letzten Jahre, seit es Internet gibt. ("IR-GEZWITSCHER : TWITTER ALS KOMMUNIKATIONSKANAL FÜR INVESTOR RELATIONS," 2009)

Besonders wichtig ist, dem Account eine Persönlichkeit zu verleihen, dazu gehört auch Twitterverantwortliche zu benennen. Persönlichkeit schafft Authentizität, Vertrauen und regt zum Dialog an.

Letztlich sollte jede Bibliothek beim Twittern stets an ihre Ziele und die LeserInnen denken. Je mehr auf die Bedürfnisse der LeserInnen eingegangen werden kann, desto leichter kann die Einrichtung erfolgreich sein und ihre Online-Reputation verbessern.

Weblogs

Der Spitzname von Weblog ist Blog, die AutorInnen werden BloggerInnen genannt und das Schreiben in ein Blog heißt bloggen. Weblog kommt vom englischen Logbuch (Web=Internet und Log=Logbuch).

Um das Prinzip Weblog nachvollziehen zu können, stelle man sich am besten eine Lieblingszeitschrift vor. Die kommt einmal in der Woche ins Haus geflattert. Man setzt sich mit ihr gemütlich in den Sessel, genießt die Bilder und Buchstaben und wenn man fertig ist, stapelt man sie anschließend in einer Truhe auf den anderen Exemplaren. Dann wartet man freudig auf die nächste Ausgabe. So ähnlich funktioniert auch ein Blog. Damit sich die LeserInnen besser zurechtfinden, können die Beiträge von den AutorInnen verschlagwortet werden. Die vergebenen Schlagworte werden unter BloggerInnen als „Tags" bezeichnet. Die meisten Blogs bieten ihren LeserInnen die Gelegenheit, Kommentare zu den jeweiligen Beiträgen zu hinterlassen. Hinter dieser Funktion versteckt sich der dialogische Ansatz des Blogs. Die Kommentare können lobend, aber auch kritisierend sein. Sie können Diskussionen auslösen und erfordern manches Mal argumentatives Fingerspitzengefühl. Nichtsdestoweniger bietet diese Funktion die seltene Möglichkeit, LeserInnen persönlich und direkt zu Wort kommen zu lassen. Ihre Meinung erhält die Bibliothek dadurch direkt und unverfälscht geliefert und kann sich öffentlich mit ihren NutzerInnen austauschen. Mit Twitter ist es möglich, auf die neuesten Blogeinträge zu verweisen und somit ein klein wenig das Ranking des eigenen Blogs und dessen Sichtbarkeit zu fördern. Gerade für kleine Einrichtungen mit einem schmalen Budget und wenig Personal bieten Weblogs eine kostengünstige und einfach zu handhabende Option für eine Internetpräsenz. Um ein Blog aufzusetzen, bedarf es keiner Programmierkenntnisse und wenig technischer Fähigkeiten. Einen guten Leitfaden zum Erstellen eines Weblogs bieten Edlef Stabenau und Jürgen Plieninger in ihrer Checkliste Nr. 18 für OPLs „Weblogs nutzen und erstellen" (STABENAU; PLIENINGER, 2007)

Worüber können Bibliotheken bloggen?

Gebloggt werden Texte ähnlich wie im Newsletter. Thematisch eignet sich ein Blog für alles, was BibliotheksnutzerInnen und andere Stakeholder interessiert, wie zum Beispiel Terminankündigungen, Onlineanleitungen, Umfragen, Veränderungen im Tagesgeschäft, Onlineangebote etc.

Warum sollten Bibliotheken bloggen?

Keine Frage: Bibliotheken müssen stärker in die Öffentlichkeit treten und mit dieser kommunizieren. Einen Weg hierzu bietet das Blog.

Ein Blog bietet der Bibliothek einen offenen, interaktiven und zugleich kostengünstigen Zugang zur Öffentlichkeit, ohne die Kontrolle und Aussiebung durch Gatekeeper durchlaufen zu müssen.

Blogs ermöglichen die direkte Kommunikation mit der Öffentlichkeit.

Blogs können die Aufgabenvielfalt von Bibliotheken widerspiegeln, fördern dadurch Transparenz und bessern gleichzeitig das Image auf.

Blogs halten ihre LeserInnen auf dem aktuellsten Stand und lassen ihnen gleichzeitig die Freiheit, den Zeitpunkt sich mit dem Neuesten zu beschäftigen, selbst zu bestimmen.

Blogs bieten die Möglichkeit, direkte Reaktionen auf Neuerungen zu bekommen, ohne aufwendige Umfragen zu machen.

Oft gehen neu erworbene Onlineressourcen in unübersichtlichen Websites unter. Blogbeiträge können Informationsquellen hervorheben und als Wissensvermittler angewandt werden.

BlogleserInnen vertrauen auf die Authentizität des Blogs. Blogs die das Vertrauen von LeserInnen gewinnen, können meist auch mit deren Führsprache rechnen (und keine Bibliothek weiß, welchen positiven Einfluss manche NutzerIn üben kann.)

Bild 3: Blogeintrag der Staats- und Universitätsbibliothek Hamburg

Wikis

Mit dem Schnellbus in die Zukunft der Wissensorganisation in Bibliotheken. „WIKI WIKI" stand auf dem Bus, welcher Ward Cunningham bei seinem Besuch auf Hawaii auf dem Flughafen schnell zwischen den Terminals hin- und herfahren sollte. ("CORRESPONDENCE ON THE ETYMOLOGY OF WIKI") „SCHNELL" war auch seine Devise für ein kleines Softwarewerkzeug, das er für seine Arbeit als Programmierer schon im Jahr 1995 entwickelte – das war die Geburtsstunde der Wikis.

Die bekannteste Anwendung ist Wikipedia. ("WIKIPEDIA") Dort können alle ihr Wissen mit der Welt teilen, neue Informationen hinzufügen und bereits vorhandene abändern.

Diese Methode der Zusammenarbeit von vielen Menschen ist schnell und einfach. Das Wiki ermöglicht verschiedenen Menschen gemeinsam Inhalte zu erstellen und somit die Nutzung ihrer kollektiven Intelligenz. (STOCK; PETERS, 2008, S. 77) Dabei ist die Hürde zum Mitmachen durch die sehr einfache Bedienung sehr niedrig. (STABENAU; PLIENINGER, 2006, S. 5) Durch gegenseitige Korrekturen und Ergänzungen steigt die Qualität des gemeinschaftlichen Wissens, und damit werden die NutzerInnenzahlen und die Menge der Inhalte ansteigen. (KAISER, 2008, S. 83)

Wofür können Bibliotheken Wikis nutzen?

In Bibliotheken ist der Einsatz von Wikis zur Unterstützung der internen wie auch der externen Öffentlichkeitsarbeit eigentlich unverzichtbar.

Abgeschottet von der Öffentlichkeit ist es das ideale Werkzeug für das interne Wissensmanagement. Zum Beispiel können Protokolle von Sitzungen oder Brainstorming-Sessions live im Wiki stichpunktartig erstellt und im Nachhinein in aller Ruhe ausformuliert werden. Dies beschleunigt den bibliotheksinternen Informationsfluss enorm. (KAISER, 2008, S. 93)

Wikis eignen sich sehr gut zur kollaborativen Erstellung von Texten. So lassen sich Pressemitteilungen, Tutorials, Blogposts und Facebookeinträge im Konsens erstellen.

Außerdem eignet es sich als Dateimanagementsystem. Vorlagen für Flyer, Poster und anderes Infomaterial lassen sich dort speichern, leicht wiederfinden und für zukünftige Aufgaben weiterverwenden.

Als öffentliches Werkzeug zur Kommunikation mit den KundInnen eignet sich ein Wiki hervorragend: zum Beispiel für eine virtuelle Bibliotheksführung und als transparentes Werkzeug zum Beschwerdemanagement. In Kooperation mit anderen Kultureinrichtungen der Kommune wie etwa der Stadtinformation können alle ihr spezielles Wissen beitragen. Die Bibliothek kann interessante Bücher aus ihrem Bestand zu sehenswerten Orten oder Ereignissen auflisten und NutzerInnen können ihre Meinung, kurze Geschichten und persönliche Erinnerungen hinzufügen. (KAISER, 2008, S. 90)

Warum sollten Bibliotheken Wikis nutzen?

Ein Wiki ist ein tolles Werkzeug, weil es ein unbezahlbarer Wissensschatz aus dem kollektiven Wissen und jahrelangen Erfahrungen an einem zentral zugänglichen Ort ist.

Man kann unabhängig von Zeit und Ort das gesammelte Wissen der Bibliothek nachschlagen und ergänzen.

Mit einem Wiki ist die Weitergabe von Erfahrungen und von speziellen Abläufen in der Bibliothek an neue MitarbeiterInnen viel einfacher.

Für alle Größenordnungen von Bibliotheken lohnt sich ein Wiki. Die einzigartige Möglichkeit, Wissen und Erfahrung unkompliziert zu erfassen, schnell und intelligent zu verteilen, einfach zu verlinken und permanent zu aktualisieren, erzeugt ein ganz neues Wissensnetz. In diesem ist es einfach zu navigieren und neue, vorher nicht erkannte Zusammenhänge zu entdecken.

Die kollaborative Arbeitsweise fördert Offenheit, führt zu stärkerer Vernetzung der MitarbeiterInnen und NutzerInnen untereinander und stärkt das Gemeinschaftsgefühl.

Dies erhöht die Transparenz der Einrichtung und hilft Arbeitsabläufe zu optimieren. (ZILLER, 2008, S. 6)

Von zu Hause aus oder von unterwegs lässt sich mit mobilen Geräten wie dem Smartphone oder dem iPad ganz unkompliziert neues Wissen ins Wiki einspeisen.

Die leichte Handhabung sorgt dafür, dass die niedrige Schwelle zum Einstieg (fast) ohne Voraussetzung überwunden werden kann. (STABENAU; PLIENINGER, 2006, S. 12)

Die Arbeit in der Bibliothek ändert sich fortwährend. In Zukunft wird das Wiki ein alltägliches Werkzeug sein, so selbstverständlich wie die Textverarbeitung (KAISER, 2008, S. 92), nicht nur in der Öffentlichkeitsarbeit der Bibliothek.

Delicious

Das populäre SocialMedia-Werkzeug Delicious ("DELICIOUS") ermöglicht das sehr einfache und schnelle Abspeichern, Kategorisieren und Verwalten von Lesezeichen (eng. Bookmark). Das besondere daran ist, dass diese Bookmarks zentral im Internet gespeichert werden und damit von überall auf der Welt zugänglich sind. Alle anderen Delicious-NutzerInnen tun das auch – so entsteht ein Social-Bookmark-Netzwerk.

Social Bookmarks werden gemeinschaftlich indiziert (eng. social tagging) mit frei gewählten, natürlichsprachigen Mitteln. Tags sind ganz normale Wörter, die man selber auswählt. Man kann einem Bookmark so viele Tags wie man möchte zuordnen. ("FAQ ON DELICIOUS") Die Gesamtheit aller Tags der AnwenderInnen nennt sich Folksonomie. (MITIS-STANZEL, 2008, S. 23)

Das Teilen dieser Social Bookmarks mit der Gemeinschaft und die Erschließung von Interessengebieten zusammen mit anderen NutzerInnen erzeugen einen flexibel strukturierbaren und leicht durchsuchbaren Informationsraum. (SELBACH, 2007, S. 25)

Nach der kostenlosen Anmeldung in Delicious ist der Aufbau eines Netzwerkes mit anderen Mitgliedern sehr einfach. Der Austausch von Bookmarks ist mit wenigen Mausklicks möglich. Persönliche Linksammlungen können so durch gemeinsam erstellte Bookmarks z.B. für Projekte ergänzt werden. (BERGMANN, PLIENINGER, 2008, S. 7)

Wofür können Bibliotheken Delicious nutzen?

Das größte Potenzial für die Bibliothek hat die Präsentation sowohl ihrer Bestände als auch ihrer professionellen Schlagwörter. (MITIS-STANZEL, 2008, S. 44) Eine vertrauenswürdige Linksammlung mit Tags, durch BibliotheksmitarbeiterInnen erschlossen, ist genauso leicht umsetzbar.

Eine weitere Anwendung ist die Erstellung eines Pressespiegels. Mit Delicious kann auf die Onlineversion von Artikeln in Zeitungen oder Zeitschriften, Videos auf YouTube oder von Fernsehsendern sowie von Radiobeiträgen, welche über die Bibliothek und ihre Aktivitäten berichten, verlinkt werden.

Warum sollten Bibliothek Delicious nutzen?

Delicious bietet die Möglichkeit, das Image der Bibliothek zu modernisieren, weg vom Bild eines verstaubten Bücherregals, hin zur modernen Informationsdienstleistung, die ihre NutzerInnen aktiv mit einbezieht.

Durch das Social Tagging in Delicious hat die Bibliothek die Chance, ihre Kompetenz und Erfahrung auch außerhalb ihres Bibliothekskatalogs einzubringen und die bibliothekarische Arbeit auf neuen Wegen einer breiten Öffentlichkeit zu präsentieren. (MITIS-STANZEL, 2008, S. 66) Die leichte Einbindung von Delicious in andere SocialMedia-Dienste, einem Weblog oder einem sozialen Netzwerk wie Facebook steigert noch einmal das Potenzial, welches sich für die Bibliothek erschließen kann, wenn sie sich traut.

So viele Möglichkeiten mit nur einem einfachen SocialMedia-Werkzeug, von einer zentralen Stelle zu koordinieren und über viele Kanäle zu verbreiten, jederzeit und von überall erreichbar, das bietet Delicious.

Delicious funktioniert, weil es so einfach ist. Die Unkompliziertheit macht es für eine große Masse von BenutzerInnen äußerst attraktiv. (MITIS-STANZEL, 2008, S. 37)

Die Teilnahme an Delicious ist problemlos möglich und der Zeitaufwand minimal. Mit ein paar Mausklicks erreicht man die ganze Welt. (SCHÜTZLER, 2008, S. 40)

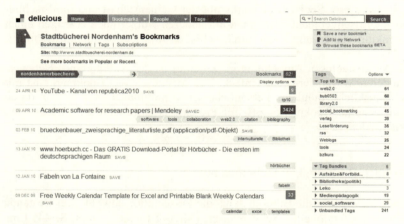

Bild 5: Lesezeichen der Stadtbücherei Nordenham

LibraryThing

LibraryThing ist eine Social Community von über einer Million Menschen ("ZEITGEIST | LIBRARYTHING", 2010) , die sich vernetzen und Bücher lieben. Auf dieser Plattform können sie mitteilen, was sie gerade lesen oder anderen einen Blick in ihre Bibliothek gewähren. Außerdem ist es ihnen möglich, ihre Literatur gemeinsam mit anderen zu verwalten und sich mit ihnen auszutauschen.

Bibliotheken bietet LibraryThing die Möglichkeit, ihren BesucherInnen ein virtuelles Bücherregal anzubieten oder ihren OPAC mit LibraryThing-Anwendungen anzureichern und für NutzerInnen attraktiver zu gestalten.

Die Bücher, die bei LibraryThing ein neues Zuhause finden, werden von ihren BesitzerInnen erst einmal bewertet, kommentiert und getagt und anderen zur Einsicht bereitgestellt. Die NutzerInnen können die Bücher über vergebene Tags,

Titel oder AutorInnen auffinden und miteinander in Kontakt treten und diskutieren. (JAKOB VOß, 2007) So ist es möglich, virtuelle Bibliotheken aufzubauen, in denen die Bücher gemeinsam katalogisiert, verwaltet und organisiert werden.

Darüber hinaus bietet dieses Zuhause die Möglichkeit, sich über ein Profil eine Identität zu verschaffen, sich verschiedenen Interessensgruppen anzuschließen wie z.B. „German Library Thingers" oder per RSS auf dem neuesten Stand zu bleiben. ("LIBRARYTHING : WEB 2.0 FÜR LITERATURFREUNDE UND BIBLIOTHEKEN," 2007)
Für nichtkommerzielle Mitglieder sind das Anmelden und die Nutzung von LibraryThing für bis zu 200 Exemplare kostenlos. Alle Bibliotheken, die mehr als 200 Bücher verwalten wollen, und kommerzielle NutzerInnen müssen einen Beitrag zahlen.

Wofür können Bibliotheken LibraryThing nutzen?

LibraryThing dient zum Auffinden von Gleichgesinnten, zum Vernetzen und Austauschen über Literatur.
Durch Interviews fand Nadine Feißt heraus, dass Bibliotheken LibraryThing auf die folgenden drei Arten nutzen (FEIßT, 2009):

Nutzung ohne Virtuelles Bücherregal

Dabei geben die Bibliotheken ihre Bücher nicht selbst in LibraryThing ein, sondern verlinken lediglich die eigenen Bücher aus dem OPAC mit dem Äquivalent in LibraryThing. (FEIßT, 2009, S. 43-44) Dadurch ist es möglich, den NutzerInnen die Vorteile von LibraryThing zu bieten, wie das Bereitstellen von Bewertungen, Rezensionen und der Möglichkeit zu sehen, welche Bibliotheken das Buch noch besitzen. Der Nachteil ist allerdings, dass Bücher, die in LibraryThing noch nicht erfasst sind, auch nicht im eigenen OPAC angezeigt werden können.

Nutzung für Neuerscheinungen

Viele Bibliotheken nutzen LibraryThing, um ihre Neuerscheinungen zu erfassen und zu präsentieren. Dies wird dann meistens auch über den eigenen Webauftritt automatisch via Twitter oder über die Möglichkeit RSS-Feeds zu bestellen öffentlich gemacht. Daraufhin ist es für die NutzerInnen möglich, die „Neuerscheinungslisten inklusive Cover direkt aus[zu]drucken" (FEIßT, 2009, S. 46), über Tags nach Neuzugängen zu recherchieren (FEIßT, 2009, S. 46-47) und die Cover der Neuerscheinungen, soweit diese bereits bei LibraryThing eingepflegt wurden, anzuschauen. So kann die Bibliothek ihren Buchbestand auf attraktive Art und Weise präsentieren.[2]

Warum sollten Bibliotheken LibraryThing nutzen?

Die vielen Funktionen und Möglichkeiten zur Kataloganreicherung ermöglichen es der Bibliothek, ihren Bestand durch einen interessanten und attraktiven Internetauftritt zu präsentieren.

Der einfache Vergleich des Bestandes von ähnlichen Einrichtungen kann Hinweise auf gefragte Titel geben und Fehlkäufe einschränken. (FEIßT, 2009, S. 70)

Die Bewertungen und Rezensionen können sowohl für die NutzerInnen als auch für die MitarbeiterInnen eine hilfreiche Referenz bei der Bewertung und Auswahl von Literatur darstellen. (FEIßT, 2009, S. 72)

Insgesamt ist LibraryThing einfach, schnell und günstig zu bedienen. Der Social Community-Aspekt führt dazu, dass die NutzerInnen mit der Anwendung eher Spaß und Freizeit und seltener Arbeit assoziieren.

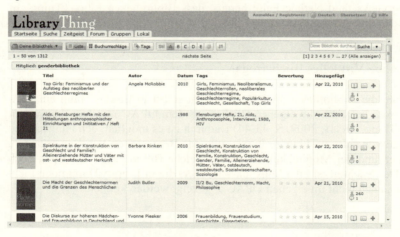

Bild 6: Bücherregal der Genderbibliothek Berlin

---

2 Dieser wird mit dem kostenpflichtigen Dienst LibraryThing 4 Libraries unterstützt. Dieser Dienst wird ausführlicher in dem Beitrag von Silvia Czerwinski und Jakob Voß in diesem Sammelband beschrieben.

Fazit

Letztendlich muss nicht jede Einrichtung alle SocialMedia-Werkzeuge für ihre Öffentlichkeitsarbeit nutzen, es gilt vielmehr das richtige SocialMedia-Angebot für ihre speziellen und individuellen Anforderungen zu finden.

Es ist zu beachten, dass durch SocialMedia vor allem eine Zielgruppe erreicht wird, der es zum großen Teil um Spaß und Selbstdarstellung geht. Hier kann die Bibliothek als Bindeglied zwischen privatem und wissenschaftlichem Leben fungieren und gleichzeitig ihr nicht gerade modernes Image (JANNER) etwas auffrischen und ihrem Auftrag als Kulturvermittlerin auch an Orten nachkommen, an denen sich Bibliotheken bisher sehr zurückhaltend gezeigt haben.

Im Bereich der SocialMedia gilt das Motto „Wer nicht wagt, hat schon verloren."

Abbildungsverzeichnis

Bild 1: Facebook Fansite der ETH Bibliothek Zürich
Quelle: http://www.facebook.com/home.php?#!/ETHBibliothek?v=wall&ref=ts
Bild 2: Tweet zur Bibliotheksnutzung
Quelle: http://twitter.com/christophbauer
Bild 3: Blogeintrag der Staats- und Universitätsbibliothek Hamburg
Quelle: http://www.sub.uni-hamburg.de/blog/?p=1595
Bild 4: Wiki Wiki Bus auf Hawaii
Quelle: http://upload.wikimedia.org/wikipedia/commons/4/42/HNL_Wiki_Wiki_Bus.jpg
Autor: Andrew Laing
Bild 5: Lesezeichen der Stadtbücherei Nordenham
Quelle: http://delicious.com/nordenhamerbuecherei
Bild 6: Bücherregal der Genderbibliothek Berlin
Quelle: http://www.librarything.de/catalog/genderbibliothek/deinebibliothek

Literaturverzeichnis

Correspondence on the Etymology of Wiki. URL http://c2.com/doc/etymology.html. - abgerufen 09.04.2010

Wikipedia. URL http://wikipedia.org/. - abgerufen 09.04.2010

Delicious. URL http://delicious.com/. - abgerufen 09.04.2010

FAQ on Delicious. URL http://delicious.com/help/faq#tags. - abgerufen 10.04.2010

LibraryThing : Web 2.0 für Literaturfreunde und Bibliotheken. In: *Mitteilungsblatt der Bibliotheken in Niedersachsen und Sachsen-Anhalt* (2007), Nr. 137, S. 12-13

Social Networking Explodes Worldwide as Sites Increase their Focus on Cultural Relevance - comScore, Inc. URL http://www.comscore.com/Press_Events/Press_Releases/ 2008/08/Social_Networking_World_Wide/(language)/eng-US. - abgerufen 13.01.2010

IR-Gezwitscher : Twitter als Kommunikationskanal für Investor Relations. In: *Going Public Magazin* Bd. 28 (2009), Nr. 12, S. 36-37

FacebookAppsForLibraries | Facebook. URL http://www.facebook.com/group.php?gid =2469777131. - abgerufen 13.01.2010

Statistik | Facebook. URL http://www.facebook.com/press/info.php?statistics. - abgerufen 13.01.2010. - Statistik | Facebook

Zeitgeist | LibraryThing. URL http://www.librarything.com/zeitgeist. - abgerufen 13.01.2010

Twitter – Wikipedia. URL http://de.wikipedia.org/w/index.php?title=Twitter&oldid =73434627. - abgerufen 13.01.2010

(BERGMANN; PLIENINGER, 2008) BERGMANN, J. ; PLIENINGER, J. ; BERUFSVERBAND INFORMATION BIBLIOTHEK / KOMMISSION FÜR ONE-PERSON LIBRARIANS: *Bessere Arbeitsorganisation mit Web 2.0, Cheklisten,* 2008

(BUSEMANN; GSCHEIDLE, 2009) BUSEMANN, K. ; GSCHEIDLE, C.: Web 2.0 : Communitys bei jungen Nutzern beliebt ; Ergebnisse der ARD/ZDF-Onlinestudie 2009. In: *Media-Perspektiven* (2009), Nr. 7, S. 356-364

(ECK, 2008) ECK, KLAUS: *30 Tipps zum erfolgreichen Twittern.* URL http://klauseck.typepad. com/prblogger/2008/05/erfolgreich-twi.html. - abgerufen 13.01.2010. - PR Blogger

(FEIßT, 2009) FEIßT, NADINE: LibraryThing : ein Web 2.0-Projekt von Nichtbibliothekaren - auch für Bibliotheken? Stuttgart, HdM Stuttgart, Bachelor Thesis, 2009

(JANNER, O.J.) JANNER, K.: Das Internet in der Kommunikationspolitik von Kultureinrichtungen : neue Ideen und Best-Practice-Beispiele. Hamburg, HfMT Hamburg, Diplomarbeit

(KAISER, 2008) KAISER, R.: *Bibliotheken im Web 2.0 Zeitalter.* 1. Aufl : Dinges & Frick, 2008 – ISBN 3934997236

(KIEFER, 2010) KIEFER, K.: *Social Media kostet Zeit.* URL http://netzwerkpr. de/index.php/2009/05/social-media-kostet-zeit/. - abgerufen 13.01.2010. - netzwerkpr.de

(MITIS-STANZEL, 2008) MITIS-STANZEL, I.: Social Tagging in Bibliotheken. Wien, Universität Wien, Master Thesis, 2008

(PFEIFFER, 2009) PFEIFFER, THOMAS: *Deutsche Twitterumfrage 2.0 : #dtu2* : web evangelisten.de, 2009

(SCHÜTZLER, 2008) SCHÜTZLER, L.: Bibliothek 2.0 - Notwendigkeit und Möglichkeiten neuer bibliothekarischer Dienstleitungen. Stuttgart, HdM Stuttgart, Bachelor Thesis, 2008

(SECKER, 2008) SECKER, JANE: *Case Study 5 : libraries and Facebook.* London : London School of Economics and Political Science, 2008

(SELBACH, 2007) SELBACH, M.: Bibliothek 2.0 –Neue Perspektiven und Einsatzmöglichkeiten fürwissenschaftliche Bibliotheken. Köln, FH Köln, Master Thesis, 2007

(SOHN, 2007) SOHN, JUDI: *12 Ways to Use Facebook Professionally.* URL http://webworkerdaily.com/2007/07/24/12-ways-to-use-facebook-professionally/. - abgerufen 13.01.2010. - WebWorkerDaily

(STABENAU; PLIENINGER, 2006) STABENAU, EDLEF ; PLIENINGER, JÜRGEN ; BERUFSVERBAND INFORMATION BIBLIOTHEK / KOMMISSION FÜR ONE-PERSON LIBRARIANS: *Wikis erstellen, Checklisten.* 1. Aufl : OPL-Kommission, 2006

(STABENAU; PLIENINGER, 2007) STABENAU, EDLEF ; PLIENINGER, JÜRGEN ; BERUFSVERBAND INFORMATION BIBLIOTHEK / KOMMISSION FÜR ONE-PERSON LIBRARIANS: *Weblogs nutzen und erstellen, Checklisten.* 1. Aufl : OPL-Kommission, 2007

(STOCK; PETERS, 2008) STOCK, W. G. ; PETERS, I.: Folksonomies in Wissensrepräsentation und Information Retrieval. In: *Information Wissenschaft und Praxis* Bd. 59 (2008), Nr. 2, S. 77-90

(VOß, 2007) VOß, JAKOB: *Dänische Nationalbibliothek kooperiert mit LibraryThing.* URL http://jakoblog.de/2007/06/24/daenische-nationalbibliothek-kooperiert-mit-librarything/. - abgerufen 13.01.2010. - Jakoblog

(WEIGERT, 2007) WEIGERT, MARTIN: *Demographie der deutschen Facebook-Nutzer.* URL http://netzwertig.com/2007/10/20/zn-exklusiv-demographie-der-deutschen-facebook-nutzer/. - abgerufen 13.01.2010. - netzwertig.com

(ZILLER, 2008) ZILLER, M.: Wikis als interne Wissensdatenbank in Bibliotheken am Beispiel der Stadtbibliothek Heilbronn. Mannheim, 2008

Bernd Juraschko

Datenschutz in der Bibliothek 2.0

Einleitung

Sowohl die Gesprächsnotiz der Bibliothekarin mit einem Benutzer als auch eine E-Mail hinterlassen Spuren. Wie diese Daten zu behandeln sind, ist nicht nur eine technische Angelegenheit, sondern auch ein Thema des Datenschutzes. Je stärker der Datenaustausch vorgenommen wird, desto wichtiger ist ein wirksamer Schutz personenbezogener Daten. Eine Bibliothek 2.0, die besonders stark Interaktion fördert, hat sich daher mit dem Datenschutz aktiv auseinander zu setzen. Unter der Bibliothek 2.0 wird hier eine individuelle oder zumindest individualisierbare Bibliothek verstanden. Eine Bibliothek, die den jeweiligen Erwartungen des Kunden möglichst gerecht wird. Von einer solchen Bibliothek wird ein Höchstmaß an Flexibilität gefordert. Mitentscheidend für den Erfolg einer Serviceleistung ist das Vertrauen in den Schutz der persönlichen Integrität des einzelnen Nutzers. Dem Datenschutz kommt eine hervorgehobene Stellung zu und ist keinesfalls nur aus allgemeiner Gesetzesgehorsamspflicht umzusetzen.

Allgemeine Grundlagen

Grundanliegen des Datenschutzes

Grundanliegen des Datenschutzes ist die Wahrung des Rechtes auf informationelle Selbstbestimmung. Dies hat das Bundesverfassungsgericht ausdrücklich im sogenannten Volkszählungsurteil festgestellt.[1] Das Recht auf informationelle Selbstbestimmung steht jeder natürlichen Person zu. Es ist unabhängig von Staatsangehörigkeit oder Wohnsitz. Der Datenschutz umfasst jegliche personenbezogene Datenerhebung und Datenverarbeitung –somit die gesamte Existenzdauer der Daten. Dabei geht es um die Verfügungsbefugnis über individualisierte Daten, Eingriffsabwehr, Wissen über die Art der Verwendung, Gewährleistung der Kommunikations- und Handlungsfähigkeit des Einzelnen.[2] Personenbezogene

---

1 BVerfGE, NJW 1984, 419
2 Sokol in Gehrke, S. 94

Daten können sein: Name, Adresse, Geburtsdatum, Telefonnummer, Mail- und IP-Adresse, Logfiles und Verbindungsdaten, Rechnungen etc.

Der Datenschutz ist ausdrücklich nicht auf die elektronische Datenverarbeitung beschränkt. Die Verarbeitung personenbezogener Daten ist nur erlaubt, wenn eine gesetzliche Grundlage oder eine Einwilligung besteht. Dies gilt auch dann, wenn das Gesamtergebnis nützlich ist oder jedenfalls so erscheint. Ausgeschlossen ist daher ein Kompetenzerfindungsrecht der handelnden Person. Eine Einwilligung muss stets freiwillig abgegeben werden. Eine freie Willensbildung ist nur bei Vorliegen aller relevanten Informationen über den Zweck und die Art der Informationsverarbeitung möglich. Die erteilte Einwilligung ist zu protokollieren und für den Nutzer jederzeit zugänglich. Dem Nutzer muss es möglich sein, seine Einwilligung jederzeit mit Wirkung für die Zukunft zu widerrufen. Soweit Daten verarbeitet werden, erfolgt dies für einen bestimmten und bekannten Zweck. Dieser Zweck darf ohne zusätzliche Zustimmung des Betroffenen weder einfach verändert oder gar ausgetauscht werden.

Weiterhin fordert der Datenschutz die Transparenz der Datenverarbeitung. Der Betroffene hat schnell und unkompliziert Kenntnis darüber erhalten, wo und in welchem Umfang Daten über seine Person gesammelt wurden.

Die große Bandbreite des Datenschutzes wird durch das einschränkende Merkmal der Personenbezogenheit begrenzt. Daher ist Datenschutz nur eine Teilmenge des Komplexes Datensicherheit. Anders formuliert ist Datenschutz ohne Datensicherheit nicht möglich.

Potentielle Gefahren

Durch Mängel im Sicherheitssystem der Datenverarbeitung können Menschen (natürliche Personen) massiv geschädigt werden. Besonders betroffen ist vor allem das allgemeine Persönlichkeitsrecht, das sich beispielsweise in der Würde und dem Ansehen eines Menschen äußert. Darüber hinaus können wirtschaftliche Schäden wie eine schlechtere Kreditwürdigkeit etc. eintreten.

Juristische Personen, z.B. ein eingetragener Verein oder eine GmbH, werden von einem Teil der Datenschutzgesetze ebenfalls geschützt.[3] Durch den Verlust geheimer Informationen können sie einen Wettbewerbsnachteil gegenüber Konkurrenten erleiden. Der Wettbewerbsnachteil entsteht durch den Verlust von Know-how und dem Ansehensverlust.

Lecks bei der Datensicherheit sind von besonderer Qualität. Einmal preisgegebene Informationen können nicht mehr zurückgeholt werden. Die Gründe für Lücken im Sicherheitssystem der Datenverarbeitung können vielfältig sein. Im Wesentlichen lassen sie sich unterteilen in:

---

[3] Kein Schutz juristischer Personen besteht aber nach dem Bundesdatenschutzgesetz

Technisches Versagen (Ausfall von Hard- und Software)
Organisatorische Mängel (mangelhafte Wartung, fehlende oder fehlerhafte Dokumentation, menschliche Fehlhandlungen (Herumliegenlassen von Passwörtern, Löschen oder fehlerhaftes Verschieben von Daten)
Vorsätzliche Handlungen
Höhere Gewalt (Überschwemmung, Blitzeinschlag)
Unrechtmäßigkeit des Handelns

Mittel und Handlungsweisen

Ohne Datensicherheit ist ein wirksamer Datenschutz nicht möglich. Einem guten Datenschutz liegt ein klares Konzept zu Grunde. Er umfasst die organisatorische und technische Umsetzung. Ferner führt er zu einer Bewusstseinsbildung bei den Mitarbeiterinnen und Mitarbeitern. Bei aller Standfestigkeit ist das Datenschutzkonzept nicht fix, sondern ist regelmäßig zu überprüfen. Gegebenfalls findet eine Anpassung des Konzepts auf neue Situationen statt.

Das Bundesamt für Sicherheit in der Informationstechnik (BSI) hat für unterschiedliche Schutzbedürfnisse zwei verschiedene Wege zur Herstellung und Wahrung der Informationssicherheit und damit des Datenschutzes entwickelt:

1. Das analytische Vorgehen nach dem IT-Sicherheitshandbuch. Grundlage ist eine umfassende formelle Risikoanalyse. Dieses Verfahren durchzuführen ist sehr aufwändig.
2. Besitzen die zu schützenden Systeme höchstens einen mittleren Schützbedarf, so kann stattdessen auch der IT-Grundschutz des BSI angewendet werden. Im IT-Grundschutzhandbuch werden pauschalisierte Maßnahmen empfohlen. Das Handbuch ist modular aufgebaut. Die einzelnen Module können somit bedarfsgerecht angewendet werden. Auf Grund der sehr detaillierten Darstellung zu sehr vielen Aspekten der Informationstechnik ist es sehr umfangreich. Es enthält Maßnahmenlisten, wie technisch die Sicherheit erhöht und gewährleistet werden kann.

Ob der zweite Weg für den Schutz der jeweiligen personenbezogener Daten genügt, kann nur im Einzelfall entschieden werden. Notwendig sind alle erforderlichen Maßnahmen, um den Schutz herzustellen. Nicht notwendig ist die in jedem Fall denkbar beste und damit aufwändigste Maßnahme.

Das BSI hat Standards entwickelt, die eine wirkungsvollen technische und organisatorische Datensicherheit und damit den Datenschutz zum Inhalt haben.:

- BSI-Standard 100-1: Managementsysteme für Informationssicherheit (ISMS)
- BSI-Standard 100-2: IT-Grundschutz-Vorgehensweise
- BSI-Standard 100-3: Risikoanalyse auf der Basis von IT-Grundschutz
- BSI-Standard 100-4: DRAFT: Notfallstandard

Neben den BSI-Standards sind weitere z.B. British Standard BS 7799, den es auch als ISO 17799 gibt, entwickelt worden.

Die Standards haben zunächst einmal den rechtlichen Charakter von Empfehlungen. Sie können aber durch die Aufnahme in ein gesetzliches Regelwerk z.B. durch eine Aufnahme in eine verwaltungsinterne Richtlinie[4], Rechtsverordnung[5] oder in die Satzung einer Universität verbindlich werden. Die BSI-Standards eignen sich ferner als juristische Auslegungsrichtlinie für die Frage des anzulegenden Sorgfaltsmaßstabs bei einem Rechtsverstoß gegen das Datenschutzgesetz. Durch die Einhaltung dieser Standards ist es möglich, ein Zertifikat zu erlangen. Ein solches kann sich bei der Begründung eines Fördermittelantrages als Teilnachweis für die Leistungsfähigkeit der Einrichtung als nützlich erweisen.

Geht es um elektronisch verarbeitete Daten, so ist Ziel der Netzsicherheit ein möglichst umfassender Systemdatenschutz, d.h. auf eine Gefährdung wird automatisch reagiert. Wichtig dabei ist, dass das System zielgerecht erkennt, wann tatsächlich eine Gefährdung vorliegt und wann ein erlaubter Arbeitsvorgang. Ein System, dass die vorgesehenen Arbeiten blockiert, anstatt sich auf die relevanten Gefährdungen zu konzentrieren, ist wegen mangelnder Usability kein Sicherheitssystem, sondern ein unnötiges Ärgernis. Im Ergebnis hat die Netzsicherheit zu gewährleisten, dass ein Schutz durch Zugangskontrolle, Zugriffskontrolle, Weitergabekontrolle, Eingabekontrolle vorgenommen wird und Unberechtigte keinen Zutritt zum System haben.

Zu den Kerneinheiten eines Sicherheitskonzepts für eine System, dass aus einem Netzwerk besteht oder mit einem Netzwerk z.B. Internet verbunden ist, ist eine leistungsstarke und flexible Firewall. Wiederum zentraler Punkt hier ist die Definition der Filterregeln. Wie diese aussehen, hängt von verschiednen Faktoren wie notwendige Sicherheitsstufe, Art und Struktur der Daten, Arbeitsvorgängen bei der gestatteten Abfrage etc. ab.

Hauptgruppe	Personalisierungsgrade und Nutzungsrechte
Walk-in-user / Gast	Nutzer ohne persönliches Profil, eingeschränkte Rechte
Registrierter Benutzer	Nutzer hat ein persönliches Profil, erweiterte Nutzungsrechte
Administrator	Nutzer hat ein persönliches Profil und ist mit umfassenden Rechten ausgestattet, kann selber Rechte vergeben

---

4 Z.B. Leitlinie zur Gewährleistung der IT-Sicherheit in der Landesverwaltung Brandenburg (IT- Sicherheitsleitlinie) - Runderlass der Landesregierung, Az.: 653/07, vom 2. Oktober 2007

5 Z.B. § 3 Passdatenerfassungs- und Übermittlungsverordnung

Die Sicherheitsstandards richten sich nach dem Grad der möglichen Individualisierung der Daten. Hierfür kann die gleiche Einteilung wie für die Rechtevergabe verwendet werden. Das Grundgerüst besteht aus den drei Hauptgruppen: dem Walk-in-user/Gast, dem registrierten Benutzer und dem Administrator. In vielen Einrichtungen wird dieses Schema vor allem in der Hauptgruppe registrierte Benutzer weiter unterteilt.

Anforderung an eine gute Datenschutzerklärung und technische Dokumentation

Im vorliegenden Beitrag ist an mehreren Stellen von der Einhaltung des Transparenzgebots die Rede. Das Transparentsgebot wird durch eine hohe Usability der technischen Dokumentation und Datenschutzerklärung verwirklicht. Sie beinhalten Hinweise in benutzergerechter Sprache, die sachlich richtig, eindeutig und relevant sind. Die sachliche Korrektheit der Erklärung umfasst die Vollständigkeit als auch die technischen und die juristischen Komponenten. An den notwendigen Stellen weist sie die Quellen nach. Im Hinblick auf die Vollständigkeit gilt das Echtheitsgebot – d.h. es erfolgt keine „Bereinigung", um tatsächlich gesammelte Daten zu verheimlichen. Für die rechtlichen Bezüge werden Gesetzesangaben genannt. Werden technische Normen und Standards verwendet, so sind diese ebenfalls zu zitieren. Die Verwendung von Verweisen und Bezugnahmen, z.B. von Gesetzeszitaten ist sinnvoll und notwendig, denn auch eine epische, verwässernde Länge kann die Verständlichkeit trüben. Es ist auf eine Verständlichkeit des Textes zu achten. Die Qualität einer Datenschutzerklärung steigt nicht mit zunehmender Länge.[6] Die verwendeten Formulierungen entsprechen der Zielgruppe. So werden beispielsweise Fachbegriffe aufgelöst oder erläutert. Vorgänge können durch Grafiken veranschaulicht werden. Werden unterschiedliche Zielgruppen mit verschieden umfangreichen Datenverarbeitungskenntnissen angesprochen, so sind die Erläuterungen an der Gruppe mit den geringsten DV-Kenntnissen auszurichten. Ebenso ist eine Teilung der Erläuterungen in eine Kurzform und in zusätzliche Ausführungen denkbar.

Welches Gesetz gilt jetzt?

Um die Handlungsmöglichkeiten und Pflichten im Einzelnen kennen zu lernen, ist es notwendig, alle einschlägigen Rechtsquellen aufzufinden. Im Datenschutzrecht ist die diesbezügliche Lage relativ unübersichtlich. Grundlage des Datenschutzes sind in erster Linie erlassene Rechtsnormen. Daneben wirkt die Rechtsprechung,

---

6 Schuler in Gehrke; S. 45, S. 50

insbesondere die des Bundesverfassungsgerichts, in erheblichem Maße wegweisend mit.[7]

Zusammenspiel der Gesetze und Rechtsvorschriften

Bei den Rechtsvorschriften können zwei große Unterteilungen vorgenommen werden. Die erste betrifft die Unterscheidung von Datenschutzgesetzen des Bundes und der Länder. Das Bundesdatenschutzgesetz (BDSG) gilt für die öffentliche Hand und private Unternehmen. Dagegen gelten die Landesdatenschutzgesetze (LDSG) alleine für die Behörden der Länder. Die meisten Bibliotheken sind kommunale Einrichtungen oder Bestandteile von Einrichtungen der Länder. Für sie gelten die jeweiligen Landesdatenschutzgesetze. Die Landesdatenschutzgesetze sind in aller Regel inhaltlich stark an das Bundesdatenschutzgesetz angelehnt.

Die zweite große Unterscheidung ist zwischen den allgemeinen und den besonderen Datenschutzgesetzen. Zu den allgemeinen Datenschutzgesetzen gehören das Bundesdatenschutzgesetz und die Datenschutzgesetze der Länder. Die besonderen Datenschutzgesetze regeln den Datenschutz für einen spezifischen Bereich. Beispiele hierfür sind das Teledienstdatenschutzgesetz, der Mediendienststaatsvertrag und die hochschuldatenrechtlichen Bestimmungen. Letztere finden sich in den Hochschulgesetzen der Bundesländer. Es besteht ein Anwendungsvorrang der Fachgesetze, z.B. Hochschulgesetz. Das BDSG und die LDSG sind Auffanggesetze und kommen erst dann zum Zug, wenn keine Spezialregelung aus einem Fachgesetz einschlägig ist. Dies wird im Folgenden kurz skizziert:

Wegen den unterschiedlichen Schutzbereichen ist die Unterscheidung der einzelnen Gesetze von Bedeutung. So schützt das BDSG nur personenbezogene Daten natürlicher Personen, nicht hingegen die juristischer Personen. Dagegen umfasst das TKG auch den Schutz juristischer Personen, § 91 Abs. 1 S. 2 TKG.

Trotz seiner häufig nachrangigen Stellung in der Rechtsanwendung hat das BDSG durch seine Vorbildfunktion z.B. für die Landesdatenschutzgesetze eine besondere Bedeutung.

Von einigen wenigen Sondervorschriften abgesehen ist das BDSG inhaltlich sehr generalisierend abgefasst. Dadurch will der Gesetzgeber möglichst alle notwendigen Lebenssachverhalte im Umgang mit personenbezogenen Daten erfassen und vor allem eine unübersichtlichen Fallsammlung vermeiden. Das BDSG befasst sich nur mit der Nutzung personenbezogener Daten. Deren Begriffsbestimmung findet sich in § 3 Abs. 1 BDSB und § 3 Abs. 9 BDSG.

„§ 3 BDSG
(1) Personenbezogene Daten sind Einzelangaben über persönliche oder sachliche Verhältnisse einer bestimmten oder bestimmbaren natürlichen Person (Betroffener)...

---

[7] BVerfGE 65, 1 ff. (Volkszählung); BVerfG, NVwZ 2007, 688 (Videoüberwachung)

(9) Besondere Arten personenbezogener Daten sind Angaben über die rassische und ethnische Herkunft, politische Meinungen, religiöse oder philosophische Überzeugungen, Gewerkschaftszugehörigkeit, Gesundheit oder Sexualleben."

Das BDSG ist ein Verbotsgesetz mit Erlaubnisvorbehalt, d.h. es wird eine ausdrückliche Erlaubnis nach § 4 Abs. 1 BDSG für die Erhebung, Verarbeitung und Nutzung der Daten benötigt, ansonsten ist die Handlung verboten.

Gemäß § 1 Abs. 3 S. 1 BDSG ist das BDSG gegenüber anderen bundesrechtlichen Datenschutzgesetzen subsidiär. Vorrangig sind: §§ ab § 88 TKG, bestimmte Normen des TMG, Normen über die Einhaltung der Beruf- und Amtsgeheimnisse (§ 1 Abs. 3 BDSG).

Die zentrale Norm § 9 BDSG: umfasst technische und organisatorische Maßnahmen und führt damit den Datenschutz und die IT-Sicherheit zusammen.

Zu den für Bibliotheken besonders wichtigen Spezialvorschriften gehört § 40 BDSG, welcher die Verarbeitung und Nutzung personenbezogener Daten durch Forschungseinrichtungen zum Gegenstand hat. In Absatz 1 wird die Zweckbindung der Datenverarbeitung und Nutzung an die wissenschaftliche Forschung festgelegt. Unter Beachtung von Absatz 3 (Anonymisierung) ist die Übermittlung der Daten an eine zentrale Einheit im gleichen Hause wie eine Bibliothek möglich. Abgrenzungsfragen tauchen aber dann auf, wenn die Daten an eine nichtöffentliche Stelle (Legaldefinition in § 2 BDSG) übermittelt werden, wie dies bei Kooperationsprojekten der Fall sein kann. § 40 BDSG hat landesrechtliche Entsprechungen z.B. Art. 23 BayDSG.

Parallel zu den gesetzlichen Vorschriften können vertragsrechtlich begründete Vertraulichkeitsregeln vereinbart werden. Dies ist beispielsweise bei Auftragsrecherchen der Fall. Hier erfolgt die Mitteilung von personenbezogenen Daten durch den Kunden nicht zu Veröffentlichungszwecken, sondern nur als Mittel, um weiterforschen zu können. Trotz der Brisanz mancher Mitteilungen werden Bibliothekare damit nicht zu Berufsgeheimnisträgern, sie sind vielmehr vertraglich gebunden. Die vertragliche Bindung genügt nicht, um ein Zeugnisverweigerungsrecht zu begründen.

Anwendungsbeispiel E-Learning

Am Beispiel des E-Learning-Angebots einer Hochschulbibliothek werden im Folgenden die Wahl der einschlägigen Vorschriften und damit das Zusammenspiel der einzelnen Gesetze demonstriert.

Je nach Schwerpunkt der einzelnen Funktionalitäten werden E-Learning-Lernumgebungen als Lern-Management- oder als Content-Management-System bezeichnet. Mit Lern-Management-Systemen können Lerninhalte in einer Datenbank verwaltet und Lernenden zur Verfügung gestellt werden. Abhängig von der Ausgestaltung können verschiedene rechte- und rollenabhängige Zugangsmöglichkeiten bestehen, die von einem Administrator verwaltet werden.[8] Content-Management-Systeme sind komplexe Redaktionssysteme zum Erstellen und Administrieren von Onlineinhalten. Zentrales Merkmal ist dabei die strenge Trennung von Inhalt und Layout.[9] Viele E-Learning-Umgebungen sind sowohl Lern- als auch Content-Management-Systeme. Nach dem ausdrücklichen Willen des Gesetzgebers soll die Benutzung soweit möglich anonym oder zumindest pseudonym erfolgen.[10] Ist eine Datenerhebung nicht zu vermeiden, so hat der Anbieter seinen zahlreichen Unterrichtungspflichten nachzukommen.[11]

Die meisten Hochschulen sind als Einrichtungen der Länder mit der Rechtsform Körperschaften öffentlichen Rechts. Damit ist der generelle Anwendungsbereich für das allgemeine Landesdatenschutzgesetz eröffnet. Die Landesdatenschutzgesetze können auf Grund einer ausdrücklichen Nennung für bereichsspezifische Regelungen[12] des Bundes- oder Landesrechts subsidiär sein. Ein vorrangig zu berücksichtigendes Gesetz könnte das Teledienstedatenschutzgesetz (TDDSG) sein. Ziel einer E-Learning-Plattform in der Bibliothek 2.0 ist der interaktive Austausch. Damit liegt eine Individualkommunikation im Sinne von § 2 Abs. 2 Nr. 1 Teledienstegesetz (TDG) und damit ein Teledienst vor. Jedoch ist das E-Learning-Angebot der Hochschulbibliothek der Hochschule als Dienstleister zuzurechnen. Spätestens hier ist eine Trennung zwischen Angehörigen der Hochschule und Externen vorzunehmen. Zunächst sollen die Angehörigen der Hochschule betrachtet werden. Die Nutzung durch die Studierenden findet nicht auf Grund eines Vertrages, sondern im Rahmen ihrer Mitgliedschaftsrechte statt. Mangels Vertrages kommt das Teledienstedatenschutzgesetz daher nicht zur Anwendung. Als vorrangig zu berücksichtigende Norm kommen ferner Vorschriften des jeweiligen Hochschuldatenschutzrechts in Betracht. In diesen wird festgelegt, in welchem Umfang und zu welchem Zweck Daten an einer Hochschule auf Grund des Mitgliedschaftsverhältnisses erhoben werden können. Ohne eine entsprechende Rechtsgrundlage dürfen im Rahmen des Mitgliedschaftsverhältnisses keine Daten erhoben oder verarbeitet werden. In den Hochschulgesetzen der Länder wird festgelegt, welche Daten bei der Immatrikulation zu erheben sind. Zu prüfen ist, ob und wenn ja, inwieweit diese Daten einer Zweckbindung unterliegen. Besteht eine solche und wird eine Verarbeitung zum Zwecke der Teilnahme an E-Learning-Veranstaltungen nicht gedeckt, so dürfen die Daten auch nicht auf Grund des Mitgliedschaftsverhältnisses verwendet werden.[13] Als Ausweg bleibt eine vertragliche Vereinbarung mit den Angehörigen der Hochschule, wie sie auch mit Externen getroffen werden kann. In diesen Fällen richtet sich eine zulässige

---

8   Flisek, Christian: Datenschutzrechtliche Fragen des E-Learning an Hochschulen, CR 2004, 62, 63
9   Flisek, 2004, S. 62, 63
10   §§ 4 Abs. 6 TDDSG und 18 Abs. 6 MDStV; Flisek, 2004, S. 62, 63
11   §§ 4 Abs. 1 TDDSG und 18 Abs. 1 S. 1 MDStV
12   Z.B. Art. 2 Abs. 7 BayDSG
13   Beispielsweise wird in der Literatur Art. 58 Abs. 6 S. 2 BayHSchG aus verschiedenen Gründen nicht als hinreichende Ermächtigungsgrundlage gesehen: Flisek, 2004, S. 62, 67; wegen den Auslegungsproblemen siehe auch Kundenwünsche und Konfliktmanagement

Datenerhebung nach dem Teledienstedatenschutzgesetz. Welcher Weg für welche Dienstleistung rechtlich zulässig ist, ist vor der Aufnahme des Service zu prüfen und gegebenenfalls mit dem Datenschutzbeauftragten abzusprechen. Durch diese Absprachen können Klagen zwar nicht ausgeschlossen werden. Durch einen gemeinsamen Standpunkt können aber viele Fragen und Beschwerden bereits im Vorfeld erledigt werden, bevor sie sich zu öffentlichkeitswirksamen Schwierigkeiten entwickeln.

Darüber hinaus gibt es bei Pilot- oder Großprojekten gemeinsame Papiere oder Absprachen zwischen den einzelnen Datenschutzbeauftragten. Diese betreffen regelmäßig die Auslegung einer gesetzlichen Vorschrift für einen exemplarischen Fall. Die Bindungswirkung dieser Absprachen ist von der jeweiligen Ausgestaltung abhängig. Zumindest bieten sie aber ein gutes Argument bzw. Entscheidungshilfe. Da diese nicht immer oder häufig erst spät veröffentlicht werden, ist es ratsam sich bei dem jeweiligen Datenschutzbeauftragten nach dem Bestehen von einschlägigen gemeinsamen Standpunkten und Absprachen zu erkundigen.

Gesetzeskonkurrenz

Durch ein- und denselben Sachverhalt können mehrere Gesetze tatsächlich oder auch nur vermeintlich betroffen sein. Wichtig ist, dass bei der ersten Sammlung der einschlägigen Vorschriften alle in Betracht kommenden Normen erfasst werden. Das genauere (Aus-)Sortieren ist erst der nächste Schritt. Die verbleibenden Normen werden dann geordnet. Dabei stellt sich heraus, dass einige Normen nebeneinander bestehen können und sich andere gegenseitig ausschließen (Gesetzeskonkurrenz). Neben den Datenschutzgesetzen des Bundes und der Länder sind die einzelnen Durchführungsvorschriften, das Urheberrecht, das Telekommunikationsgesetz und vor allem das Grundgesetz zu beachten.

Fall: Hochschullehrer H will Auszüge aus einem urheberrechtlich geschützten Werk in seinen elektronischen Semesterapparat einstellen. Er möchte weder gegen das Datenschutzrecht (Grundsatz der Datensparsamkeit) noch gegen das Urheberrecht verstoßen.

Lösungsskizze: Die Schrankenregelung § 52a UrhG (Öffentliche Zugänglichmachung für Unterricht und Forschung) lässt das Einstellen von urheberrechtlich geschützten Materialien unter der Bedingung zu, dass das Angebot nur einem „bestimmt abgegrenzten Kreis von Unterrichtsteilnehmern öffentlich zugänglich" ist. Daher wird er mit der Zugangskontrolle personenbezogene Daten erheben und verarbeiten. Dies wird auch von § 4 Abs. 1 BDSG bzw. das betreffende LDSG ausdrücklich gestattet. Denn § 52a UrhG ist eine gesetzliche Anordnung zur Datenverarbeitung i.S.v. § 4 Abs. 1 BDSG. Aus datenschutzrechtlicher Sicht bestehen gegen das Vorhaben keine Bedenken.

Fall: Bibliothekarin B unterrichtet Informationskompetenz in einer blended-learning-Form. Die E-Learning-Strecke enthält auch elektronische Übungsaufgaben, deren Lösungsversuche gespeichert werden und von den jeweiligen Studierenden selbst oder durch die Kursleiterin eingesehen werden können. Ist B die Einsichtnahme zu Kontrollzwecken ohne weiteres gestattet? Die betreffenden Studien- und Prüfungsordnung machen keinerlei Aussagen zum Einsatz elektronischer Datensammlungen.

Lösungsskizze: Der Lehrenden steht es zu, den Leistungsstand der Lernenden zu überprüfen. Dies kann auch in einer elektronischen Form geschehen. Dem Lernenden ist aber zu erkennen zu geben, dass seine Leistungen gerade überprüft werden. Eine heimliche Leistungskontrolle stellt einen besonderen Eingriff dar, der besonders zu rechtfertigen ist. Daher ist in die Studien- und Prüfungsordnungen aufzunehmen, dass Prüfungen bzw. Leistungskontrollen auch in elektronischer Form stattfinden. Der Studierende soll die Möglichkeit haben, vor der Wahl des Kurses bzw. Faches wissen zu können, wann und wo von ihm personenbezogene Daten verarbeitet werden. Zur Ermittlung des Kenntnisstandes ist ein heimliches Vorgehen nicht erforderlich und verstößt daher gegen das Übermaßverbot. Die heimliche Datenauswertung ist rechtswidrig und zu unterlassen.

Internationaler Datenschutz

Internationale Kooperationen zwischen Informationseinrichtungen oder ein Wissenschaftler, der sich gerade im Ausland befindet, aber den Service seiner Bibliothek nutzen möchte, sind nur zwei von vielen Beispielen von grenzüberschreitenden Serviceleistungen einer modernen Bibliothek. Damit findet Datenaustausch nicht nur auf nationaler Ebene, sondern international statt. Der Datenschutz ist längst zu einem Thema in der EU geworden. Neben der bestehenden Datenschutzrichtlinie[14] sind künftig auch weitere gemeinschaftsrechtliche Regelungen zu erwarten.

Kommt es zu einem Datenaustausch über Staatsgrenzen hinweg, so ist darauf zu achten, welche Länder davon betroffen sind. In den meisten europäischen Staaten gilt das „Übereinkommen zum Schutz des Menschen bei der automatischen Verarbeitung personenbezogener Daten" und das „Zusatzprotokoll zum Europäischen Übereinkommen zum Schutz des Menschen bei der automatischen Verarbeitung personenbezogener Daten bezüglich Kontrollstellen und grenzüberschreitenden Datenverkehr"[15]. Bei einem Datenaustausch zwischen den Vertragsstaaten sind die Datenschutzgesetze des Staates anzuwenden, an dem die verarbeitende Stelle ihren Geschäftssitz hat.

---

14 Richtlinie (EG) Nr. 46/95 des Europäischen Parlaments und des Rates vom 24.10.1995, Abl. EG L 281/31 vom 23.11.1995. Dennoch ist das faktische Schutzniveau zwischen den einzelnen Mitgliedsstaaten nach wie vor von erheblichen Unterschieden geprägt. Zuletzt ist das Vereinigte Königreich (Regulation of Investigatory Powers Act 2000) massiv in die Kritik geraten. http://www.heise.de/newsticker/meldung/EU-Kommission-will-Datenschutz-in-Grossbritanniendurchsetzen-847192.html Zuletzt besucht am: 10.05.2010

15 Zusatzprotokoll vom 8.11.2001, BGBl. 2002 S. 1887, in Kraft getreten am 01.07.2004, auch für die Bundesrepublik Deutschland

Anders hingegen die Lage, wenn es sich um Datenschutzfragen handelt, bei denen ein Nichtvertragsstaat im obigen Sinne betroffen ist. Hier wird unterschieden, wo die Datenverarbeitung stattfindet. Liegen Geschäftssitz und Datenverarbeitung außerhalb des Vertragsgebietes, so wird auch nur das Datenschutzrecht des fremden Staates angewandt. Erfolgt hingegen die Datenverarbeitung über Rechner, die in Deutschland stehen, so wird auf den Standort des Rechners abgestellt. Mithin kommt deutsches Datenschutzrecht zur Anwendung. Ebenfalls kommt bundesdeutsches Datenschutzrecht zur Anwendung, wenn sich der Geschäftssitz in Deutschland befindet, die Datenverarbeitung aber außerhalb des Vertragsgebietes erfolgt.

Hinzuweisen ist ferner auf § 4b Abs. 3 BDSG. Danach dürfen Daten nur an Länder außerhalb der EU weitergegeben werden, wenn hier ein „angemessenes Schutzniveau" sichergestellt ist.

Neuralgische Punkte in der Bibliothek 2.0

Kundenwünsche

Zentrum der Bibliothek 2.0 ist der Kunde mit seinen Informationswünschen. Der Service ist bestmöglich individualisiert. D.h. um eine Massenversorgung mit Informationen zu gewährleisten, sind die Angebote grundsätzlich gruppenbezogen angelegt. Tritt nun ein konkreter Kundenwunsch auf, so werden die einschlägigen vorhandenen Angebote - so weit möglich - individualisiert. Bei der Individualisierung der Serviceleistungen werden personenbezogene Daten erzeugt und verarbeitet. Die Bibliothek 2.0 achtet den Kunden und dessen Datenhoheit. Wenn der Kunde sein Nutzenmaximum in einem zwar nur durchschnittlichen Serviceangebot, aber in einem hohen Maß an Achtung seiner Privatsphäre sieht, besteht kein Grund, Serviceleistungen aufzudrängen. Ein solches Verhalten verringert den persönlichen Nutzen und ist organisatorisch eine Verschwendung. Es ist denkbar, dass ansonsten ein an sich wichtiger Aufsatz zu seinem Thema nicht gefunden würde. Jedoch liegt die Entscheidung der Auswahl eindeutig beim Kunden. Vorzugswürdig ist es daher, den Service an einer leicht erkennbaren Stelle, dennoch nicht aufdringlich, anzubieten. Ziel ist die Optimierung der Informationssuche des Kunden unter Beachtung seiner persönlichen Ziele und keine besserwisserische Belehrung. Es geht in erster Linie um die Kundenorientierung und nicht um eine Perfektionierung der Leistungsmöglichkeiten. Letztere können für die Erlangung des Hauptziels hilfreich sein, sind aber nicht dieses selbst.

Die Bibliothek 2.0 versteht sich als innovative Einrichtung. Werden neue Serviceleistungen entwickelt, die personenbezogene Daten verarbeiten, so werden sie unter Beachtung des Datenschutzes nach dem Maximalprinzip ausgerichtet. Ausgangslage ist der Stand des Rechts.[16] Juristische Vorhaben mit hoher Erfolgsaussicht können ebenfalls bereits angemessen berücksichtigt werden.[17] D.h. innerhalb der erlaubten Datenverarbeitung entsteht mit dem Schritt über die bisherigen Grenzen hinweg das maximal Mögliche – eine neue Dienstleistung. Mit einer definierten Datenmenge, deren Verwendung zugestimmt wurde, wird ein Höchstmaß an Dienstleistungen angeboten. Ist für weitergehende Dienstleistungen ein Mehr an Daten erforderlich, so erfolgt eine ausdrückliche Nachfrage. Der Kunde besitzt die Autonomie, die Löschung seiner Daten aus einer höheren Dienstleistungsstufe zu verlangen und dadurch wieder auf ein einfacheres und unpersönlicheres Serviceniveau zurückzukommen. Beispielsweise ist ihm datenschutzrechtlich jederzeit die Austragung aus einer Servicegruppe zu gestatten. Das spiegelbildliche Verfahren, das Vorgehen nach dem Minimalprinzip (Grundsatz der Datenvermeidung) ist bei der datenschutzrechtlichen Optimierung von bestehenden Serviceleistungen anzuwenden.

Um das Ziel eines kundenorientierten Servicebetriebs zu erreichen, sind die Kunden an der Umsetzung zu beteiligen. Die Partizipation von späteren Kunden ist mehr als nur eine vage Idee, um die Usability zu verbessern, sondern wird in DIN EN ISO 13407 (1999) bereits ausdrücklich gefordert. Die Einbeziehung späterer Kunden kann in verschiedener Art und Weise erfolgen. In jedem Fall bedeutet die Einbeziehung der Benutzer und die damit verbundene Personalisierung auch und gerade sowohl die Einbeziehung der Userdaten als auch der Interessen der User wie Datenschutz. Diese zum Teil gegensätzlichen Interessen gilt es mit denen der betroffenen Informationseinrichtung gesetzeskonform in Zielrichtung eines bestmöglichen Services in Einklang zu bringen.

Fragen zu Informationen, die über die notwendigen Bestandsdaten einer Dienstleistung hinausgehen, müssen eindeutig als freiwillig gekennzeichnet sein. Dabei ist der Dienstleistungszweck eng auszulegen. Eine Dienstleistung ist eine in sich abgeschlossene Einheit. Es widerspricht dem Datenschutz, wenn Dienstleistungsbündel von deutlich unterschiedlichem Bestandsdatenniveau geschnürt werden – vor allem, wenn sie den Zweck haben, durch einen einheitlichen Zugang den Datenschutz unnötig aufzuweichen. Eine fortschrittliche Servicearchitektur bündelt inhaltlich zusammengehörende Dienstleistungen, die dasselbe Niveau von personenbezogenen Bestandsdaten aufweisen, in einer ansprechenden Art und Weise.

---

16 Als Maßstab für die Auslegung bestehender Rechtsnormen ist die Auffassung des EuGH, des Bundesverfassungsgerichts, des Bundesgerichtshofs und die sonstige ständige Rechtsprechung zu wählen. Aus Verantwortung und Loyalität gegenüber dem Dienstherrn und dem Finanziers sowie dem Ansehen der Einrichtung, sollten auch angenehm erscheinenden Meinungen in der Literatur erst dann in der Praxis gefolgt werden, wenn diese abgesichert sind.

17 Bereits unsicherer, für langfristige Planungen gleichwohl interessant sind: Gesetzesvorhaben mit Erfolgsaussicht, offizielle Stellungnahmen von Ministerien, eindeutige Stellungnahmen von Personen, deren Einfluss auf wesentliche Gremien besteht (z.B. Generalanwalt am EuGH, Vors. Richter am BVerfG oder BGH, Bundesdatenschutzbeauftragter)

Anonymität

Zu den Kernthemen des Datenschutzes gehört die Frage, was ist anonym und was nicht. So können beim Erfassen von Daten über Handlungen einer Gruppe personenbezogene Daten vorliegen, wenn ein Personenbezug herstellbar ist. Die Frage, ab welcher genauen Gruppengröße ein Personenbezug möglich ist, kann nur im Einzelfall bestimmt werden. Die Rechtsprechung umfasst derzeit lediglich Einzelfallentscheidungen, durch die Kleingruppen von drei bis sieben Personen noch als personenbezogen eingestuft werden.[18]

Am Anfang dieses Kapitels wurde von einer individuellen Bibliothek und individualisierten Dienstleistungen gesprochen. Daher sieht eine Auseinandersetzung mit dem Thema Anonymität zunächst widersprüchlich aus. Jedoch unterfallen Daten zu Personengruppen, die nicht einer einzelnen Person zugerechnet werden können, nicht dem Datenschutzrecht. Entsprechende anonyme statistische Datenerhebungen sind daher ohne besondere datenschutzrechtliche Einwilligung möglich. Soweit keine besondere gesetzliche Erlaubnis für die Verwendung personenbezogener Daten besteht, bedeutet die Anonymisierung die einzige zulässige Nutzungsmöglichkeit. Ansonsten kommt die Bereitstellung dieser Informationen zur Nutzung nicht in Frage.

Daher lautet die Gretchenfrage, ob es sachlich wirklich erforderlich und nicht nur interessant oder „ganz praktisch" ist, dass der genaue Name des Benutzers und die damit verbundenen Daten bekannt sind. Für viele Serviceleistungen genügt es, wenn lediglich die aktuell vorhandene Nutzungsberechtigung bekannt ist.

Was rechtlich unter Anonymisieren als Vorgang zu verstehen ist, ist in § 3 Abs. 7 BDSG legal definiert. Danach ist „anonymisieren das Verändern personenbezogener Daten derart, dass die Einzelangaben über persönliche oder sachliche Verhältnisse nicht mehr oder nur mit einem unverhältnismäßig großen Aufwand an Zeit, Kosten und Arbeitskraft einer bestimmten oder bestimmbaren natürlichen Person zugeordnet werden können." Welche Methoden genau erforderlich sind, hängt sowohl vom Datenbestand als auch vom Umfang einer allgemeinen Kenntnis über den Dateninhalt ab.[19] Erwartet wird, dass bei der Anonymisierung der aktuelle Stand der Technik mindestens erreicht wird. Dagegen ist aber auch anerkannt, dass sich eine absolute Anonymisierung regelmäßig nicht erreichen lässt. Eine relative bzw. faktische Anonymisierung ist ausreichend.[20]

Im Gegensatz zur landläufigen Meinung gelten IP-Nummern insgesamt nicht als anonyme Daten, sondern im Sinne des Teledienstdatenschutzgesetzes (TDDSG) als „Pseudonyme".[21] Die generalisierende Begründung hierfür ist, dass

---

18 Speichert, Horst: Praxis des IT-Rechts, S. 124
19 Tinnefeld et. al., 2005: 3.1.2
20 BVerfG, NJW 1987, 2805, 2807; NJW 1988, 962, 963
21 Vgl. Vorlage der Hessischen Landesregierung für den 13. Bericht der Landesregierung über die Tätigkeit der für den Datenschutz nicht öffentlichen Bereich in Hessen zuständigen Aufsichtsbehörden vom 30. August, Ders. 15/1539, 9.1: http://starweb.hessen.de/cache/DRS/15/pdf/9/1539.pdf zuletzt besucht am: 10.05.2010

statische IP-Nummern im Gegensatz zu dynamischen IP-Nummern einer natürlichen Person zugeordnet werden.

Datenschutz für Mitarbeiter

Geht es um eine Individualisierung des Services, so sind beide Seiten der Dienstleistung datenschutzrechtlich zu betrachten. Auf der anderen Seite des Dienstleistungskanals sitzt ein Mitarbeiter der Bibliothek mit eigenen datenschutzrechtlichen Interessen. Neben der Frage nach dem Umgang mit den Benutzerdaten ist daher der Schutz der Mitarbeiterdaten ein weiteres Kerngebiet des Datenschutzes innerhalb einer Bibliothek und Informationseinrichtung.

Der Schutz der persönlichen Daten des Arbeitnehmers wird zweifach abgesichert:

Zum einen durch den individualrechtlichen Schutz, der dem Arbeitnehmer zum Arbeitgeber beim Umgang mit personenbezogenen Daten durch das BDSG bzw. LDSG zusteht.

Zum anderen wird der Schutz mittels kollektivrechtliche Vereinbarungen zum Arbeitnehmerdatenschutz in Tarifverträgen, Betriebs- oder Dienstvereinbarungen (§ 4 Abs. 1 BDSG) gewährleistet. Grundlage hierfür sind die Beteiligungsrechte von Personal- bzw. Betriebsräten.

Die informationellen Beteiligungsrechte des Betriebsrates sind u. a. im Betriebsverfassungsgesetz, des Personalrates im Bundespersonalvertretungsgesetz bzw. in den Landespersonalvertretungsgesetzen geregelt. Bundespersonalvertretungsgesetz und Betriebsverfassungsgesetz weisen starke Parallelen im Hinblick auf den Datenschutz auf. So ist es nach § 68 Abs. 1 Nr. 2 BPVG Aufgabe des Personalrates, die Einhaltung des Datenschutzes bei der Verarbeitung personenbezogener Daten zu überwachen. Zur Durchführung dieser Aufgabe steht dem Personalrat ein Informationsrecht gem. § 68 Abs. 2 Nr. 1 BPVG zu. Mitbestimmungsrechte bestehen beispielsweise zu den Inhalten von Personalfragebögen (§§ 75 Abs. 3 Nr. 8, 76 Abs. 2 Nr. 1), bei Beurteilungsrichtlinien (§§ 75 Abs. 2 Nr. 3, 76 Abs. 2 Nr. 8), bei Erlass von Auswahlrichtlinien (§ 76 Abs. 2 Nr. 8) und bei der Einführung und Anwendung technischer Einrichtungen, welche geeignet und bestimmt sind, Verhalten oder Leistung der Beschäftigten im öffentlichen Dienst zu überwachen (§ 75 Abs. 3 Nr. 17).[22]

Bei einer Veröffentlichung von Mitarbeiterdaten, die über die reine dienstliche Tätigkeit hinausgehen, ist streng zwischen bibliotheksinternen Intranet und dem weltweitzugänglichen Internet zu unterscheiden. Dies gilt auch dann, wenn es zuvor gedruckte Briefbögen, Prospekte etc. gab. Wegen den besonderen datenschutzrechtlichen Risiken ist von einem generellen Verbot einer Veröffentlichung von Mitarbeiterdaten, die über die reine Diensterfüllung hinausreichen, auszuge-

---

22 BVerwG, NJW 1986, 526

Datenschutz in der Bibliothek 2.0 199

hen.[23] Vor der Veröffentlichung von Mitarbeiterdaten im Internet ist daher deren Einverständnis gem. § 4 Abs. 1 BDSG einzuholen. Daneben können weitere Normen einschlägig sein. Beispielsweise ist eine Vorstellung des Mitarbeiters mit Bild im Internet[24] wegen § 23 KUrhG nur mit ausdrücklicher Zustimmung des Mitarbeiters möglich.

Nach Auffassung des Bundesdatenschutzbeauftragten ist eine Veröffentlichung von Mitarbeiterdaten ohne deren ausdrückliche Einwilligung nur soweit zulässig, als es zur Aufgabenerfüllung erforderlich ist.[25] Hierzu gehören die Benennung der zuständigen Ansprechperson sowie deren Erreichbarkeit. In den übrigen Fällen ist eine ausdrückliche und freiwillige Einwilligung erforderlich. Für die Einwilligung ist nach § 4 Abs. 2 S. 2 grundsätzlich Schriftform erforderlich.

Datenweitergabe innerhalb der gleichen öffentlichen Stelle

Werden Daten innerhalb einer öffentlichen Stelle z.B. von der Bibliothek zur Personalabteilung weitergegeben, so liegt darin keine Übermittlung (§ 15 Abs. 6 BDSG). Eine Übermittlung setzt eine Bekanntgabe der Daten an einen Dritten (§ 3 Abs. 5 S. 2 Nr. 3 BDSG) voraus. Die einfache Datenweitergabe unterliegt weniger Restriktionen als eine Datenübermittlung. Dies gilt aber nur für die unmittelbare Weitergabe. Wird hingegen eine externe Stelle z.B. ein privater Servicedienstleiter zwischengeschaltet, so liegt eine Datenübermittlung von der öffentlichen Stelle an ein Privatunternehmen und von diesem wiederum an eine öffentliche Stelle vor. Daher ist auch der Datenschutz ein Grund, das zeitweise[26] als modern gepriesene Outsourcing von Dienstleistungen im Bereich der Datenverarbeitung umfassend zu überdenken. Unter Umständen ist es dem externen Dienstleister nicht oder nur mit höherem Aufwand rechtlich möglich, die gleiche Leistung zu erbringen.

Logfiles und ihre Verwendung

Bei der Logfileanalyse wird eine Logdatei über einen bestimmten Zeitraum nach bestimmten Kriterien untersucht. Damit kann der allgemeine Erfolg einer Webseite ermittelt werden. Die Logfileanalyse erlaubt, festzustellen, mit welcher Häufig-

---

23 Beispiel für eine der eng umgrenzten Ausnahmen: LG München I, Urt. 10.09.2003, Az: O 13848/03, MMR 2004, 499 (Geschäftsführer-Adresse im Internet)
24 Im dienstinternen Intranet ist hingegen keine Einwilligung rechtlich erforderlich - gleichwohl sehr sinnvoll. Näher hierzu: Tinnefeld, MMR 2001, 797, 800
25 Tätigkeitsbericht des Bundesbeauftragten für den Datenschutz (1999/2000), Kap. 18.10, http://www.bfd.bund.de/informationen/tb9900/kap18/18_10.html. Zuletzt besucht am: 10.05.2010
26 Ein Blick in die Wirtschaftsgeschichte zeigt einen regen und regelmäßigen Wechsel von In- und Outsourcingtendenzen.

keit und in welcher Art und Weise ein Webangebot genutzt wird. Die Logfileanalyse wird sowohl für wissenschaftliche als auch für kommerzielle Zwecke eingesetzt. Die Logfileanalyse ist demnach ein Evaluationsinstrument. Mit ihr ist es möglich, zielgerichtet den Ressourceneinsatz für vielbesuchte Webseiten zu erhöhen und Änderungen von wenig besuchten Webseiten bis hin zu deren Löschungen zu betreiben. Sie ist damit generell geeignet, durch die Verwendung der erhaltenen Verlaufsdaten zur Steuerung und damit zur Verbesserung des Services beizutragen. Die Entscheidung, welche Daten des Kunden aufgezeichnet werden, liegt regelmäßig beim Webmaster. Diese Daten sind häufig: IP-Adresse, angefragte URL, Zugriffszeitpunkt und die übertragene Datenmenge. Somit ist festzuhalten, dass die Speicherung der Logfiles ganz bewusst eingerichtet wird. Denn http ist an sich ein zustandsloses Protokoll. Sobald der Webserver die Frage des Browsers beantwortet hat, löscht er den Vorgang. Mittels des Einsatzes von Cookies bzw. Session-IDs kann dennoch eine Identifikation des Benutzers erfolgen.

Personenbezogene Daten eines Nutzers dürfen gemäß § 15 Telemediengesetz nur erhoben und verwendet werden, soweit es für die Inanspruchnahme von Telemedien erforderlich ist, um den Dienst als solchen und die Abrechnung zu ermöglichen. Ist der Nutzungsvorgang beendet, dürfen Nutzungsdaten nur zu Abrechnungszwecken gespeichert werden. Eine weitergehende Protokollierung ist grundsätzliche unzulässig. Die IP-Adresse ist vielmehr zu löschen. Eine Ausnahme gilt für den Fall, dass der Nutzer vorher, freiwillig einer Speicherung zugestimmt hat.

Testarchive

Zu Beweiszwecken und um aufwendige Neuerhebungen zu sparen, ist die dauerhafte Nutzung von Testarchiven für viele Wissenschaftler ein wichtiges Werkzeug. Gerade in den Bereichen Medizin, Psychologie und Soziologie enthalten die Rohdaten sehr persönliche Informationen über die Probanden. Werden diese Testarchive Bibliotheken angeboten, stellt sich die Frage, ob die Datenbestände übernommen werden können und sollen. Die Übernahme von Testarchiven in den Bestand einer Bibliothek bedeutet eine Neubewertung der Datensicherheit innerhalb der Bibliothek. Davon umfasst ist sowohl die eigentliche Nutzung des Archivs als auch die Anbindung des Archivs an eine zentrale Serviceeinheit. Keiner aktuellen Neubewertung bedürfen hingegen Vorgänge, die mit der Nutzung des neuen Archivs in keiner Verbindung stehen. Vor der Übernahme des Archivs ist sicherzustellen, dass der Archivbestand den datenschutzrechtlichen Bestimmungen entspricht. So müssen notwendige Anonymisierungen bereits vorgenommen worden sein. Der Inhalt der Einwilligungserklärung ist auch für die Bibliothek bindend. Die Öffnung eines solchen Archivs für weitere Interessierte oder die Entwicklung neuer Serviceleistungen auf Grund dieser Datenbestände ist nur in engen Grenzen möglich. Sind Fehler bereits beim Aufbau des Archivs erfolgt, so können sich die bisherigen Betreiber sofort um eine Genehmigung durch die Betroffenen bemühen. Erfolgt diese nicht, so ist das Archiv zu vernichten und keinesfalls in den Bestand der Bibliothek zu überführen. Datenschutzrechtliche Fehler besitzen eine Fernwirkung. Eine Nichtbeachtung dieser Fernwirkung ist ein organisatorischer Fehler, der neue Ansprüche wegen der Verletzung datenschutzrechtlicher Bestimmungen begründet.

Folgen von IT-Dienstleistungen

Die Fernwartung von Software ist in vielen Bundesländern ausdrücklich in den Landesdatenschutzgesetzen geregelt[27]. In diesen Fällen kommt es auf den Streit um die rechtliche Qualifikation, ob es sich um eine Datenübermittlung oder um eine Datenverarbeitung im Auftrag handelt nicht an.

Werden alte Rechner entsorgt, so sind die auf den Festplatten enthaltenen Daten so zu vernichten, dass sie definitiv nicht mehr auffindbar sind. Dabei ist eine einfache logische Löschung nicht ausreichend. Je nach Brisanz der Daten können unterschiedliche gründliche Vernichtungsverfahren erforderlich sein.[28]

Konfliktmanagement

Der hier vorliegende Beitrag geht davon aus, dass es trotz allem Bemühen keinen technisch und organisatorisch perfekten Datenschutz gibt. Und auch der Idealfall garantiert nicht, dass ein Benutzer der Bibliothek nicht anderer Meinung sein kann. Daher gehört ein entsprechendes Konfliktmanagementkonzept als organisatorische Maßnahme dazu.

Maßnahmen zur Konfliktvermeidung

Wie aber gerade betont, kann durch eine konsequente Umsetzung technischer Maßnahmen für die Einhaltung des Datenschutzes eine Vielzahl von Konflikten verhindert werden. Daher werden hier ausdrücklich die BSI-Standards 100-1 bis 100-4 empfohlen. Die Anwendung kann wie in den Beispielen gezeigt erfolgen:
    Zu den organisatorischen Maßnahmen zählt die Belehrungen der Kunden und der Verantwortlichen in der Bibliothek. Einen besonderen und erwähnenswerten Stellenwert hat die Organisation der Zugriffsvergabe. So ist festzulegen, wer in welchem Fall Zugriff auf die persönlichen Daten haben soll. Der Intention des Datenschutzes nach soll es sich dabei um möglichst wenige Personen handeln.

---

27 Z.B. § 11a Brandenburgisches Datenschutzgesetz
28 Die Einhaltung der gebotenen Sorgfalt ist essentiell. Übertreibungen werden aber damit nicht gerechtfertigt und wirken als Belustigung eher kontraproduktiv. Vgl. Computer Zeitung Nr. 3 vom 15. Januar 1998, S. 1

Hier gibt es aber eine gewisse Flexibilität, die sich an den Anforderungen vor Ort orientiert. So ist eine wirksame Vertretung sicherzustellen. Ebenso sollen arbeitsplatzorganisatorische Fragen wie Job-Rotation nicht mit Datenschutzargumenten blockiert werden. Beispielsweise ist es nicht erforderlich, dass Mitarbeiter aus der Abteilung Medienbearbeitung in der gleichen Art und Weise auf die Datensätze der Bibliothekskunden zugreifen können, wie dies in der Benutzungsabteilung erforderlich ist. Hier ist eine differenzierte Zugriffsrechtevergabe notwendig.

Bedrohung	Sicherheitsmaßnahme
Falsches Personalisieren	Authentifikation von Personen
Beobachten	Anonymitätsverfahren
Verfälschen von Nachrichten	Authentifikation der Nachrichten (digitale Signatur)
Abhören	Verschlüsseln von Nachrichten

Wenn es doch zum Streit kommt...

Ziel der Bibliothek in einem Konfliktfall ist:

- Herstellung des rechtmäßigen Zustands
- Schadensregulierung
- Imagepflege

Mittel für die Zielerreichung ist zunächst die genaue Feststellung der Rechts- und Beweislage. Im Falle eines Schadenseintritts erfolgt in einem weiteren Schritt die Feststellung des Schadensumfangs. Der Schadensumfang betrifft zum einen den Schaden, den das Sicherheitsleck verursacht hat. Für das künftige Auftreten in der Öffentlichkeit ist ferner eine Dokumentation und Abschätzung des Imageschadens erforderlich.

Das Datenschutzrecht kennt eine Fülle von Möglichkeiten, wie Verletzungen des Datenschutzes behandelt werden können. Weitere als die aufgezählten Ansprüche kommen nach den Landesdatenschutzgesetzen sowie nach Sondergesetzen in Betracht:

Zivilrechtliche Schadensersatzansprüche können auf § 7 BDSG und § 280 BGB und §§ 823 ff. BGB gestützt werden.

Für den öffentlichen Bereich hat sich der Gesetzgeber mit § 7 BDSG für eine Gefährdungshaftung entschieden. D.h. es kommt nicht darauf an, ob die öffentliche Stelle schuldhaft (vorsätzlich oder fahrlässig) i.S.v. § 276 BGB gehandelt hat. Für nicht-öffentliche Stellen hat sich der Gesetzgeber auf eine Beweislastregelung in § 8 BDSG beschränkt.

Als sonstige Ansprüche kommen in Betracht:
- Auskunftsanspruch z.B. gem. §§ 19, 34 BDSG
- Berichtigungsanspruch z.B. gem. §§ 20 Abs. 1 35 Abs. 1 BDSG
- Löschungsanspruch z.B. gem. §§ 20 Abs. 2, 35 Abs. 2 BDSG
- Sperrungsanspruch z.B. gem. §§ 20, 35 BDSG

In besonders schweren Fällen kommen ferner ein Ordnungswidrigkeitenverfahren (§ 44 BDSG) oder ein Strafverfahren (§ 43 BDSG) in Betracht.

Ziel der Öffentlichkeitsarbeit in Krisenfällen ist die Glaubhaftmachung, dass spätestens ab sofort alle technischen und organisatorischen Maßnahmen, die erwartet werde konnten, auch getroffen wurden. Eine solche Reaktion kann allerdings erst dann erfolgen, wenn entsprechende Punkte auch tatsächlich umgesetzt wurden. Vor inhaltsleeren Erklärungen mit Vertuschungseffekt wird ausdrücklich gewarnt. Diese schaden dem eigenen Haus. Ferner ist bei Aufklärung und Öffentlichkeitsarbeit darauf zu achten, dass keine neuen Sicherheitslecks erzeugt werden. Ausdrücklich empfohlen wird in Schadensfällen eine enge Zusammenarbeit mit den jeweiligen Datenschutzbeauftragten.

Datenschutz als Serviceleistung der Bibliothek 2.0

Vertrauen in den richtigen Umgang mit Informationen

In welchem Ausmaß eine Serviceleistung angenommen wird, hängt vom Inhalt des Angebots und deren Usabiblity ab. Die Usabiblity ist ein wichtiges praktisches, aber kein rechtliches Argument. Sie kann daher den Weisungen des Datenschutzes nicht entgegengehalten werden. Die Aufgabe für die Serviceleistungen und deren Präsentation lautet daher, dem Datenschutz zu entsprechen und gleichzeitig ein Höchstmaß an Usabiblity zu gewährleisten. Datenschutz und Usability können, müssen aber nicht gegenläufige Interessen haben.

Bildungseinrichtungen genießen tendenziell ein höheres Vertrauen in ihre Glaubwürdigkeit als beispielsweise Wirtschaftsunternehmen.[29] Der Grund für den Vertrauensvorschuss begründet sich in der Unabhängigkeit von Werbe- und Verkaufseinnahmen und der damit verbundenen finanziellen Unabhängigkeit. Dieser Vertrauensvorschuss ist durch entsprechende Maßnahmen zu rechtfertigen und damit auszubauen. Ein sensibles Aktionsfeld ist der Datenschutz. Die allgemeine Erwartung einer besseren Einhaltung des Datenschutzes kann durch positive Maßnahmen gesteigert werden.

---

29 Die Tendenz in verschiedenen Meinungsumfragen ist eindeutig. Vgl. z.B. Schupp, Jürgen; Wagner, Gert G. Wagner: Wochenbericht des DIW Berlin 21/04: Vertrauen in Deutschland: Großes Misstrauen gegenüber Institutionen http://www.diw.de/sixcms/detail.php/284240#HDR0. Zuletzt besucht am: 10.05.2010; Allensbacher Berichte 2009 Nr. 6: Zu wenig Datenschutz? http://www.ifd-allensbach.de/pdf/prd_0906.pdf. Zuletzt besucht am: 10.05.2010

Hierzu kommen folgende Möglichkeiten in Betracht:

1. konsequenter Verzicht auf jede entbehrliche Datenhaltung
2. Transparenz

Ein hohes Maß an Transparenz wird durch eine konsequente Aufklärung über die jeweiligen Datenerfassungs- und Verarbeitungsschritte erzielt (Transparenz durch Aufklärung). Häufig gehen in der Praxis die Erklärungen in den Erläuterungen zum Datenschutz nicht über den notwendigen Mindeststandard hinaus. Begründet wird dies mit dem Wunsch, sich Probleme und Diskussionen vom Hals zu halten. Durch das Aussparen von weiterreichenden Informationen wird aber auch nicht in diesem Bereich nachhaltig investiert und damit Standards geschaffen. Für eine öffentliche Einrichtung bedeutet eine strikte Beachtung und Forcierung des Datenschutzes eine Ausspielung ihrer Stärken. Marketingmaßnahmen alleine, wie die reine Behauptung, den Datenschutz einzuhalten, genügen jedoch nicht.

Eine inhaltlich fundierte und ausführliche Erläuterung ist treffend formuliert, nicht notwendigerweise aber umfangreich im Wortgebrauch. Denn die Qualität einer Datenschutzerklärung steigt nicht mit zunehmender Länge.[30] Die Transparenz wird dadurch hergestellt, dass die verwendeten Formulierungen der Zielgruppe entsprechen. So werden beispielsweise Fachbegriffe entweder aufgelöst oder erläutert. Vorgänge können durch Grafiken veranschaulicht werden. An den erforderlichen Stellen sind die in der Datenschutzerklärung getroffenen Aussagen zu belegen – beispielsweise durch Normenzitate. Werden unterschiedliche Zielgruppen mit verschieden umfangreichen Datenverarbeitungskenntnissen angesprochen, so sind die Erläuterungen an der Gruppe mit den geringsten DV-Kenntnissen auszurichten. Ebenso ist eine Teilung der Erläuterungen in einen kurzen und in zusätzliche Ausführungen denkbar.

Ein nützliches und verwertbares Informationsmanagement - was die Kernaufgabe von Bibliotheken ist - und ein effektiver Datenschutz haben beide das Vertrauen in den richtigen Umgang mit Informationen als Wurzel. Daher ist der Datenschutz in Informationseinrichtung nicht als ein vorgeschriebenes „Etwas" zu verstehen, sondern auf Grund des eigenen Selbstverständnisses in die alltäglichen Dienstleistungen zu integrieren. Ziel ist die Rechtfertigung und Steigerung des Vertrauens der Kundinnen und Kunden in den gewährleisteten Datenschutz. Durch das erhöhte Sicherheitsgefühl lassen sich Anteile am Informationsmarkt halten und gewinnen. Auf der Grundlage eines eingestellten hohen Vertrauens in die Sicherheit und Transparenz der Verarbeitung personenbezogener Daten lassen sich weitergehende Projekte erfolgreich(er) durchführen. Aus der zwar freiwilligen, zunächst aber doch als notwendiges Übel angesehenen Datenüberlassung, kann eine bewusste und freiwillige Datenspende zur Unterstützung der Effizienzsteigerung eines Kulturbetriebes werden. Auf dieser Basis steigt auch die Akzeptanz von neuen und weiteren Angeboten der Bibliothek. Das Schaffen von Standards beim Datenschutz sichert zudem einen partiellen Wettbewerbsvorsprung auf

---

30 Schuler in Gehrke, 2005, S. 45, S. 50

dem Informationsmarkt. In der Wirtschaft hat man den Datenschutz als Mittel der Festigung der Marktmacht und Kundenbindung durch Vertrauen erkannt.[31]

Datenschutz als Thema in der Informationskompetenz

Eine weitere Möglichkeit, ein hohes Maß an Transparenz zu erreichen, ist das Anheben des Kenntnisstandes der Bibliotheksbenutzer (Transparenz durch Schulung). Informationskompetenz umfasst den verantwortungsbewussten Umgang mit Informationen. Dies gilt bei der Informationsbeschaffung, der Informationsverarbeitung als auch beim Hinterlassen eigener Informationen. Ein Datenschutz als Serviceleistung respektiert nicht nur die persönliche Informationshoheit des Einzelnen und weist ihn auf seine Rechte hin, sondern klärt über mögliche Schwachstellen auf und gibt Hinweise zu deren Vermeidung. Das klassische Beispiel hierfür sind Fotos von ausgelassenen Feiern, die im Internet auch für künftige Arbeitgeber abrufbar sind. Die Hinweise können umfangreich sein, finden aber ihre Grenze in der individuellen Rechtsberatung. Letzteres ist nicht Aufgabe der Bibliothek. Die Integration von absichernden Maßnahmen schafft Vertrauen und erhöht damit den Wert des Serviceangebots der Informationskompetenz und damit der dahinterstehenden Einrichtung Bibliothek. Ziel ist es, dass der Kunde qualifiziert entscheiden kann, welches Risiko er für eine Serviceleistung bereit ist einzugehen.

Zusammenfassung und Ausblick

Ein effektiver Datenschutz ist ein Kernbestandteil von fortschrittlichen Informationseinrichtungen. Die Bibliothek 2.0 nimmt das ihr entgegengebrachte Vertrauen an, rechtfertigt es und führt es zu neuen Serviceleistungen. Zentrum der innovativen Dienste ist der in seiner Autonomie respektierte Kunde.

Literaturverzeichnis

(Gehrke, 2005) Gehrke, Gernot (Hrsg.): Datenschutz- und Sicherheit im Internet – Handlungsvorschläge und Gestaltungsmöglichkeiten, Schriftenreihe Medienkompetenz des Landes Nordrhein-Westphalen, Düsseldorf, München, kopaed Verlag, 2005

(Flisek, 2004) Flisek, Christian: Datenschutzrechtliche Fragen des E-Learning an Hochschulen – Lernplattformen im Spannungsfeld zwischen didaktischem Nutzen und datenschutzrechlichen Risiken, CR 2004, 62-69

---

31 Ulmer in Gehrke, 2005, S. 58, S. 78

(Tinnefeld et. al., 2005) Tinnefeld, Marie-Theres; Ehmann, Eugen; Gerling, Rainer, W.; Einführung in das Datenschutzrecht – Datenschutz und Informationsfreiheit in europäischer Sicht, 4. völlig neubearb und erw. Aufl., München, Oldenbourg Verlag, 2005

Rudolf Mumenthaler

E-Book-Reader und ihre Auswirkungen auf Bibliotheken

E-Books und Lesegeräte – ein Rückblick

Das Jahr 2010 wurde zwar schon als Jahr der E-Book-Reader bezeichnet, doch sind diese mobilen Lesegeräte für elektronische Bücher keine neue Erscheinung. Sie sind auch nicht ein eigentlicher Bestandteil von dem, was wir gemeinhin als Web 2.0 bezeichnen. Denn den E-Books und den E-Book-Readern fehlt das entscheidende Element der Interaktion zwischen dem Einzelnen und der Gemeinschaft. Was hat dann aber ein Kapitel über E-Book-Reader im Handbuch zu Bibliotheken und Web 2.0 zu suchen? Ich denke, dass zwei Überlegungen den Ausschlag gegeben haben. Zum einen ist es der sich abzeichnende Trend im Bereich mobiler Endgeräte zur Nutzung elektronischer Bücher und Texte, zum anderen die vermuteten großen Umwälzungen, welche durch diese Geräte auf die Bibliotheken zukommen werden. Es lohnt sich also bestimmt, dieses Phänomen etwas genauer unter die Lupe zu nehmen – nicht zuletzt auch deshalb, weil es noch nicht gerade viel Literatur zum Thema gibt.

Dabei wurde diese Revolution schon mehrfach angekündigt. Den ersten Electronic Book Reader brachte Sony 1990 auf den Markt: Der Data Discman konnte elektronische Bücher im EBG-Standard anzeigen, die auf einem speziellen Datenträger eingelesen wurden. Auch Apples Newton (ab 1993) bot die Möglichkeit, E-Books im Format Newton eBook zu lesen. Ende der 90er Jahren folgten der Soft-Book Reader, das Rocketbook sowie das Cybook (Gen1).[1] Es wurde intensiv die Frage diskutiert, ob künftig Bücher nur noch auf diesen tragbaren Geräten gelesen würden und ob das nun das Ende von Buchhandel und Bibliotheken sei. Doch diese erste Generation eReader konnte sich nicht durchsetzen. Interessant sind aus heutiger Sicht die Gründe, die für das Scheitern des Gemstar Rocketbook verantwortlich gemacht wurden (Tischer: Goodbye eBook).

Zu teure E-Books auf einem teuren Gerät
Proprietäre Plattform, auf die keine eigenen Bücher geladen werden können.
eReader waren zu gross und zu schwer (im Vergleich zu Handhelds)
Nachteil gegenüber multifunktionalen Handhelds

---

1   Vgl. dazu die umfassende Dokumentation im Mobileread-Wiki: http://wiki.mobileread.com/wiki/E-book_devices (besucht 3.5.2010)

Restriktives DRM, welches das Lesen eines E-Books auf ein Gerät beschränkte

Diese erste Generation wies jedoch auch technische Mängel auf, die über das vergleichsweise grosse Gewicht hinausgingen. Die LCD-Bildschirme waren nicht gerade angenehm zum Lesen, der Speicherplatz und die Akkulaufzeit beschränkt. Hier setzten in der Folge die technischen Entwicklungen ein.

Sony blieb weiterhin einer der aktivsten Akteure in diesem Markt. Das Modell Librie, das 2004 in Japan auf den Markt kam, löste die geschilderten technischen Probleme der ersten Generation weitgehend.[2] Vor allem das neu entwickelte elektronische Paper E-Ink brachte eine massiv verbesserte Darstellung (allerdings ohne Farbe) und gleichzeitig auch reduzierten Strombedarf. Die zweite Generation der E-Book-Reader basierte dann entsprechend auf der Grundlage der E-Ink. Doch der Durchbruch liess weiterhin auf sich warten. Auch dem Reader iLiad der Firma iRex Technologies, dem Hanlin V2 von Jinke Electronics (alle 2006 lanciert) oder dem Cybook der Firma Bookeen (2007) gelang dieser nicht.

Die zweite Generation E-Book-Reader

Es war der im November 2007 präsentierte Amazon Kindle, der den E-Book-Readern einen zweiten Frühling verschaffte. Entscheidend dürfte beim Markterfolg die Anbindung an den Amazon Online-Shop mit gegen 230'000 verfügbaren E-Books (Stand im Februar 2009, bis Ende Jahr auf ca. 500'000 angewachsen) gewesen sein. Zudem subventionierte Amazon gezielt die elektronischen Titel, um sich einen größeren Marktanteil zu verschaffen. Mit einem Durchschnittspreis von 9.99$ blieb Amazon deutlich unter dem Listenpreis für Paperpacks und etwa 3$ unter dem Preis der Konkurrenz, was wiederum den Buchhandel und die Verlage in Aufruhr brachte (vgl. Auletta, Publish). Der Kindle als mobiles Lesegerät wirkte in seiner ersten Version noch wenig attraktiv,[3] doch folgten 2009 mit dem Kindle 2 und dem Kindle DX stark verbesserte Versionen.[4] Der Erfolg des Kindle ist weniger den technischen Vorzügen gegenüber der Konkurrenz zuzuschreiben, als viel mehr dem sehr umfangreichen Angebot an relativ günstigen E-Books im Amazon Kindle Store. Mit dem Kindle DX und seinem größeren Bildschirm (9.7-Zoll E-Ink) sprach Amazon neben den Lesern von Belletristik auch Hochschulangehörige und Zeitungsleserinnen und -leser an, die größer formatierte Texte lesen wollen.

---

2 Vgl. dazu den Artikel zu E-Books in Wikipedia http://de.wikipedia.org/wiki/E-Book oder im Mobileread-Wiki: http://wiki.mobileread.com/wiki/Sony_Librie (besucht 3.5.2010)
3 Vgl. dazu meinen Beitrag im Blog Innovation@ETH-Bibliothek http://blogs.ethz.ch/innovethbib/2009/04/01/erfahrungen-mit-dem-kindle-1/
4 Dazu der Beitrag im Blog: http://blogs.ethz.ch/innovethbib/2009/04/07/kindle-2-im-test/

E-Book-Reader und ihre Auswirkungen auf Bibliotheken 209

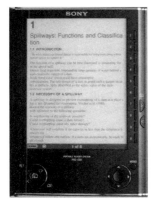

Abb.1: Drei E-Book-Reader der zweiten Generation, basierend auf E-Ink-Technologie (Sony PRS-505, Kindle 2, NOOK)

Die Umsatzzahlen der E-Books verdeutlichen, dass im Jahr 2009 der Durchbruch erfolgte. Gemäß Association of American Publishers wurden folgende Umsatzzahlen erreicht:[5] 2006: $ 54 Mio.; 2007: $ 67 Mio.; 2008: $ 113 Mio.; 2009: $ 169.5 Mio. Zudem zeigt eine Untersuchung von Forrester, dass der Amazon Kindle bei der Hardware eindeutig an der Spitze liegt. In den USA beträgt der Anteil des Kindle an den verkauften Geräten 60%, von Sony bei 35%, und 5% entfallen auf den Rest.[6] Angeblich sollen 2009 rund 3 Millionen Geräte verkauft worden sein. Für 2010 wird mindestens mit einer Verdoppelung der Zahlen gerechnet. Aber bei allem Optimismus der Marktbeobachter und der beteiligten Firmen bleibt der Verdacht, dass der Durchbruch herbeigeredet werden soll. Denn die E-Books machen selbst in den USA erst ein Prozent der Buchverkäufe aus (Gottschalk, E-Book). So ist es also auch zu Beginn des Jahres der E-Book-Reader noch nicht sicher, ob sich das neue Medium wirklich durchsetzen wird. Die zweite Generation der E-Book-Reader scheint in erster Linie ältere Semester anzusprechen. Die Auswertung des User-Forums von Amazon hat (nicht wissenschaftlich erhärtet) ergeben, dass die Mehrheit der Anwender über 50 Jahre alt ist und 70% über 40. Die Generation der Lesebrillenträger scheint in erster Linie die Möglichkeit zu schätzen, die Schriftgröße variabel einstellen zu können. Jüngere Generationen fühlen sich von dem eher konservativen Design und eventuell auch den ruhigen schwarz-weißen Bildschirmseiten offenbar weniger von diesen Geräten angesprochen.

---

5 Bei den Zahlen für 2006-2008 handelt es sich um Schätzungen der AAP für die gesamte Branche. Quelle: http://techcrunchies.com/us-ebook-sales/
6 Quelle:DB Research, Think Tank der Deutsche Bank Gruppe. www.db-research.de

Die Rolle des Zeitungsmarkts

Allerdings spielt vor allem die Entwicklung im Zeitungssektor eine maßgebliche Rolle bei der Frage, ob sich die Reader durchsetzen werden. In diesem Zusammenhang spricht man denn auch von eReadern, da es nicht nur um das Lesen von elektronischen Büchern, sondern auch von anderen Inhalten geht. Im Zeitungs- und Zeitschriftenbereich werden zurzeit neue Modelle entwickelt, die das Überleben der Branche sichern sollen. Meine These lautet deshalb, dass sich die Zukunft der eReader in diesem Sektor und nicht im Buchbereich entscheiden wird. Gefragt sind hier Geräte mit größeren Displays, die sich auch zum Lesen von Zeitungsinhalten eignen. Weiter sind vor allem neue Geschäftsmodelle gefragt, welche dafür sorgen sollen, dass mit hochwertiger tagesaktueller Information Geld verdient werden kann. Die kostenlosen Pendlerzeitungen konkurrenzieren und die kostenlosen Webangebote der Zeitungen kannibalisieren die Qualitätsblätter und den Recherchejournalismus. Hier besteht die Hoffnung, dass elektronische Versionen mithelfen, Kosten in der Produktion und beim Vertrieb zu senken. Ob sich die Konsumenten davon überzeugen lassen, dass sie für die qualitativ hochstehenden elektronischen Produkte einen angemessenen Preis bezahlen müssen, ist jedoch unklar. Sicher ist nur, dass 2010 die Weichen gestellt werden. Und dabei spielt die verfügbare Hardware eine wichtige Rolle. Entsprechend sind mehrere großformatige eReader angekündigt, die sich besonders für die Darstellung von Zeitungsinhalten eignen dürften: erwartet werden der QUE von Plastic Logic sowie der Skiff Reader.

Abb.2: Die für 2010 angekündigten QUE (links) und Skiff Reader

Dem Pessimismus der Buchhändler steht der ungebrochene Optimismus der Hersteller von eReadern gegenüber. Nebst den erwähnten großformatigen Skiff und QUE sind in 2010 zahlreiche Geräte angekündigt oder bereits erschienen. Diese dedizierten E-Book-Reader basieren alle auf der E-Ink-Technologie. Einige verfügen über einen Touchscreen, der aber zum Beispiel beim Sony Touch Einbußen bei der Lesbarkeit des Bildschirms mit sich bringt. Und im Vergleich zur Multitouch-Technologie des iPhone und anderer Smartphones bieten diese Touchscreens eher rudimentäre Funktionen. Modelle wie der NOOK von Barnes & Noble oder der Alex eReader versuchen eine Kombination von E-Ink-Anzeige mit einem zusätzlichen kleineren Touchscreen zur Navigation. Allerdings überzeugen diese Konzepte bezüglich Usability nicht wirklich. Das iPhone hat bei der Bedienung von Mobilgeräten einen Standard gesetzt, der von den E-Book-Readern nicht annähernd erfüllt wird. Deshalb lohnt es sich, die Smartphones als eReader zu betrachten.

Smartphones als eReader

Beim Scheitern der ersten Generation E-Book-Reader wurde die Konkurrenz durch die multifunktionalen Handhelds als Grund aufgeführt. Fünf Jahre später ist diese Konkurrenz noch viel weiter entwickelt und entsprechend ein wichtiger Gegenspieler der dedizierten E-Book-Reader. Das Argument gilt nun noch stärker, dass (fast) niemand ein zusätzliches größeres Gerät mit sich herumtragen will, wenn sein multifunktionales Smartphone sich doch auch zum Lesen digitaler Inhalte eignet. Wenn man die Möglichkeiten des iPhone mit den gängigen E-Book-Readern der zweiten Generation vergleicht, schneidet dieses tatsächlich besser ab (vgl. Mumenthaler, iPhone).

Angebot an E-Books

Insgesamt ist das Angebot fürs iPhone größer als für die einzelnen eReader. Die Auswahlmöglichkeit von Büchern im eigenen App Store von Apple ist jedoch denkbar schlecht. Hier sind Amazon und Barnes & Noble weit voraus. Fürs iPhone erhält man aber auch Zugriff auf die Bookstores von Amazon (anfangs 2010 über 500'000 Titel) sowie von Barnes & Noble (über 1 Mio. E-Books). Dazu benötigt man die entsprechenden Applikationen. Bei Kindle für iPhone hat man die Möglichkeit, dasselbe gekaufte E-Book sowohl auf dem Kindle, dem PC (Kindle für PC und Mac), dem iPhone und dem iPad zu lesen, sofern die Geräte für den eigenen Account registriert sind.

Verwaltung der E-Books

Sony ist mit der E-Book Library der einzige Anbieter mit einer zufriedenstellenden Verwaltungssoftware. Beim Kindle fehlt ein solches Verwaltungstool völlig. Die Open Source Software Calibre kann für die verschiedenen Reader und Plattformen die Funktion als zentrales Verwaltungsinstrument weitgehend erfüllen, sofern die E-Books nicht DRM geschützt sind. Mit Calibre als Plattform lassen sich fast alle eReader mit den benötigten Formaten bestücken, auch das iPhone. Hier dient wiederum Stanza als Applikation zur Synchronisierung der Titel auf dem PC oder Mac.[7] Das effiziente Datenmanagement ist ein entscheidender Erfolgsfaktor, wie sich vor Jahren bei der Musik gezeigt hat. Am Anfang von Apples Erfolgsmodell stand die Software iTunes zum Rippen von CDs und zur Verwaltung der Musik – und nicht der iTunes Store.

Abb.3: Screenshot: Zugriff vom iPhone auf E-Books-Bibliothek auf dem PC via Stanza

Dateiformate

Das iPhone kann mit Hilfe der unterschiedlichen Applikationen so ziemlich jedes Format lesen. Aber man braucht DocumentsToGo für Textdokumente und PDF, Kindle für Amazons azw-Format, Stanza für EPUB etc. Die offene Frage beim iPhone ist aber weniger, welche Formate gelesen werden können, sondern auf welche andere Plattformen die Inhalte transferiert werden können. Momentan ist es so, dass ein fürs iPhone gekauftes E-Book aus dem App Store tatsächlich nur auf dem iPhone gelesen werden kann.

Funktionen

Bei den Funktionen zum Blättern und Navigieren hat das iPhone die Nase vorn. Nicht jede Applikation nutzt jedoch wirklich intuitive Formen. Aber das iPhone setzt hier ganz klar Maßstäbe, die dazu führen, dass viele Nutzer auch versuchen,

---

7 Vgl. dazu den Blogbeitrag http://blogs.ethz.ch/innovethbib/2010/02/17/calibre-zur-verwaltung-von-ebooks/

den Kindle wie einen Touchscreen zu bedienen und über die bescheidenen Möglichkeiten des Sony Touch enttäuscht sind.

Interaktion

Gerade für die Nutzung im wissenschaftlichen Umfeld wäre es von entscheidender Bedeutung, dass die Texte annotiert werden könnten und dass Anmerkungen und Zitate in die eigentliche Arbeitsumgebung auf den PC übernommen werden könnten. Das ist weder beim iPhone noch bei den dedizierten E-Book-Readern wirklich der Fall. Beim iPhone ist ein Hindernislauf über verschiedene Funktionen und Applikationen nötig, um eine Anmerkung aus einem Text zu kopieren und in ein Word-Dokument zu übertragen. Und bei den E-Book-Readern bietet nur der Sony touch (angeblich) eine Synchronisation von Notizen auf dem eReader mit Word auf dem PC. Offenbar macht hier aber das DRM öfters Schwierigkeiten.

Bildschirm

Der kleine Bildschirm ist sicher ein Nachteil des iPhone gegenüber den 6-Zoll Bildschirmen von Kindle, Sony und anderen. Dafür ist er beeindruckend gut geeignet, um multimediale Inhalte darzustellen. Im Zeitalter der Medienkonvergenz ein nicht zu unterschätzender Vorteil. Und umgekehrt ist gerade dies ein möglicherweise entscheidender Negativpunkt für die E-Ink-Technologie. Auch wenn erste Modelle in Farbe existieren oder Dualbildschirme angekündigt sind (der eDGe von enTourage soll 2010 herauskommen), dürfte es schwierig sein, die relativ träge Technologie für die Darstellung bewegter Inhalte einzusetzen. Momentan dauert ein Seitenaufbau eine halbe Sekunde und ist begleitet von einem Flimmern. Das mag für Bücher noch kein Problem sein. Aber ich gehe davon aus, dass ohnehin die Zeitungsverlage in den nächsten ein bis zwei Jahren dem eReader zum entscheidenden Durchbruch verhelfen werden. Und die Zeitungen folgen ganz klar dem Trend nach Integration multimedialer Inhalte. Sie werden kaum auf eine Technologie setzen, die genau diese Möglichkeit verbaut.

Akku-Laufzeit

Auf der Plusseite der E-Ink-Technologie ist ganz klar die extrem lange Laufzeit des Akkus, was wiederum ein Hauptmanko des iPhone darstellt. Doch dieses Problem dürfte sich in den nächsten Jahren dank laufend verbesserter Akkus weitgehend entschärfen.

Preis

Die Schmerzgrenze für eReader liegt bei 200 Euro, haben Kundenbefragungen ergeben. Wobei diese Grenze für die verschiedenen Kundensegmente unterschiedlich ist. Hier liegen die Vorteile klar beim iPhone. Es ist zwar bedeutend teurer, aber man kauft es nicht als eReader, sondern als Mobilphone – oder als mobiles Webdevice – oder als elektronische Agenda – oder als mobile Gamestation und so weiter.

Coolness-Faktor

Last but not least spielt auch der Coolness-Faktor eine wichtige Rolle. Wer den Kindle 1 einmal in Händen gehalten hat, weiß, warum der Kindle eher ein Gerät für ältere Leute ist... Auch die neueren E-Book-Reader wie der NOOK sind zu wenig „sexy", um auch jüngere Generationen anzusprechen. Bis zur Einführung des iPad von Apple war das iPhone unbestritten das coolste Gadget der Gegenwart. Am ehesten könnten noch Smartphones oder Tablets mit dem offenen Betriebssystem Android Apples Produkte konkurrenzieren.

E-Book-Formate

Wie bei der Einführung früherer elektronischer Medien haben es die Konsumenten in der frühen Phase der neuen Technologie mit mehreren Dateiformaten zu tun, die untereinander nicht kompatibel sind. Während Sony seit einiger Zeit schon auf das Format EPUB setzt, entschied sich Amazon für eine Variante des Formats Mobipocket. Beide versehen die käuflichen E-Books mit einem Digital Rights Management (DRM), wodurch diese Titel nur auf registrierten Geräten gelesen werden können.

Das Format EPUB

EPUB wird von den meisten gängigen Readern (außer Kindle und iRex) unterstützt. EPUB eignet sich für die Anwendung auf mobilen Lesegeräten, da es den Text an die Bildschirmgröße anpasst. Sowohl Satzspiegel wie Seitenumbruch sind fließend, und die Schriftgröße kann individuell angepasst werden. Im Gegensatz zum PDF also, das sich durch einen festen Schriftsatz auszeichnet aber dadurch auf kleinen Bildschirmen schlecht lesbar ist. Der EPUB-Standard wurde 2007 vom International Digital Publishing Forum (IDPF) entwickelt und basiert auf dem freien Standard XML.[8] Es ist eine Zusammenfassung der drei offenen Stan-

---

8 Die Spezifikationen sind frei zugänglich unter http://www.idpf.org/specs.htm

dards der Open Publication Structure (OPS) für die Formatierung des Inhalts, dem Open Packaging Format (OPF) für die Beschreibung der Struktur der .epub-Dateien in XML und dem OEBPS Container Format (OCF), welches die Dateien zusammenfasst als Zipp-Datei.

EPUB kennt verschiedene Formatierungen (Header, Paragraph) und kann somit wie eine Webseite Überschriften in unterschiedlicher Hierarchie erkennen und darstellen. Die Möglichkeiten Text zu formatieren entsprechen mehr oder weniger denen einer Webseite.

```
111  <body>
112    <div><img src="../images/img0050.gif" /></div>
113
114    <div>
115      <hr class="sigilChapterBreak" />
116    </div>
117
118    <h2 id="heading_id_5">Ansgar Zerfaß | Kathrin M. Möslein (Hrsg.)</h2>
119
120    <h1 id="heading_id_2">Kommunikation als Erfolgsfaktor im
Innovationsmanagement</h1>
121
122    <h2 id="heading_id_6">Strategien im Zeitalter der Open Innovation</h2>
123
124    <p class="calibre1"><img class="calibre3" src="../images/img0026.jpg" /></p>
125
126    <p class="calibre1">Bibliografische Information der Deutschen
Nationalbibliothek</p>
127
128    <p class="calibre1">Die Deutsche Nationalbibliothek verzeichnet diese
Publikation in der Deutschen Nationalbibliografie; detaillierte bibliografische
Daten sind im Internet über</p>
```

Abb.4: Screenshot des Quelltextes eines EPUB-Dokuments in der Anwendung

Wenn man sich ein EPUB-Dokument im Quelltext ansieht, erkennt man die XML-Grundlage und die Ähnlichkeit mit Webpages. Wegen des fließenden Zeilen- und Seitenumbruchs sind Seitenzahlen relativ, und Fußnoten machen keinen Sinn. Endnotenzeichen und Endnotentext können über Hyperlinks miteinander verknüpft werden. Auch Bilder lassen sich wie in eine Webseite integrieren, doch sollten diese sich ebenfalls an unterschiedliche Bildschirmgrößen anpassen können.

SIGIL
Das EPUB eignet sich sehr gut zur Darstellung einfacher Texte und somit für Belletristik. Das ursprüngliche Layout des gedruckten Buches geht dabei jedoch verloren. Mit Hilfe geeigneter Software (zum Beispiel Calibre) lassen sich eigene Texte relativ einfach in EPUB-Dokumente umwandeln. Problematischer ist der Einsatz im naturwissenschaftlichen Umfeld, da z.B. Formeln nur als Bild angezeigt werden können. Auch Tabellen werden selten korrekt angezeigt.

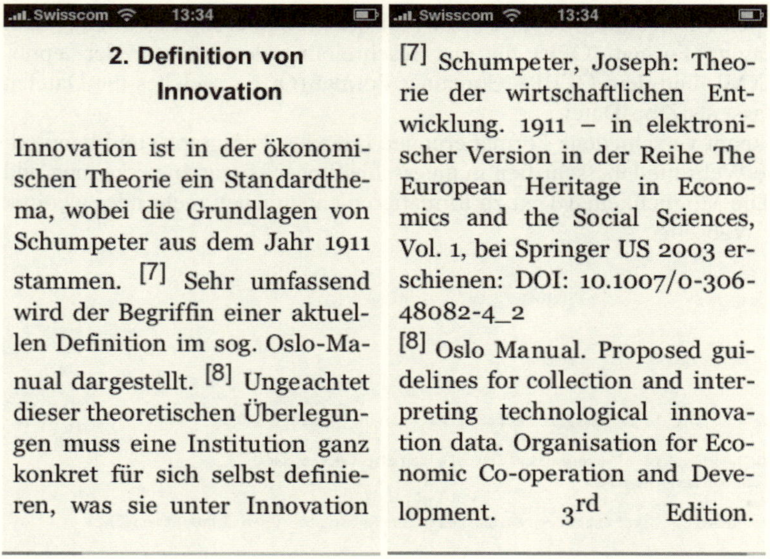

..ıl. Swisscom 13:34

2. Definition von Innovation

Innovation ist in der ökonomischen Theorie ein Standardthema, wobei die Grundlagen von Schumpeter aus dem Jahr 1911 stammen. [7] Sehr umfassend wird der Begriffin einer aktuellen Definition im sog. Oslo-Manual dargestellt. [8] Ungeachtet dieser theoretischen Überlegungen muss eine Institution ganz konkret für sich selbst definieren, was sie unter Innovation

..ıl. Swisscom 13:34

[7] Schumpeter, Joseph: Theorie der wirtschaftlichen Entwicklung. 1911 – in elektronischer Version in der Reihe The European Heritage in Economics and the Social Sciences, Vol. 1, bei Springer US 2003 erschienen: DOI: 10.1007/0-306-48082-4_2

[8] Oslo Manual. Proposed guidelines for collection and interpreting technological innovation data. Organisation for Economic Co-operation and Development. 3rd Edition.

Abb.5: 2 Screenshots: Ein E-Book im Format EPUB auf dem iPhone: links Textpassage mit Endnotenzeichen, die mit den Endnoten (rechts) verlinkt sind.

Das Format Mobipocket

Das Konkurrenzformat Mobipocket ist insbesondere in der Amazon-Version AZW weit verbreitet. Mobipocket wurde ursprünglich als plattformübergreifendes Format entwickelt, um die Darstellung von E-Books auf Handhelds und PCs zu ermöglichen. Es entspricht dem Open eBook-Standard. Eigene Texte lassen sich mit Hilfe der Software Mobipocket Creator ins entsprechende E-Book-Format umwandeln. Amazons Version AZW ist leicht abgeändert und enthält vor allem ein eigenes DRM.

Portable Document Format

Gerade im wissenschaftlichen Umfeld ist PDF immer noch das am weitesten verbreitete Format für elektronische Texte, nicht nur bei elektronischen Zeitschriften, sondern auch bei E-Books. Der Vorteil von PDF liegt gerade bei der originalgetreuen Darstellung der gedruckten Version. Formeln, Grafiken, Fußnoten und das Gesamtlayout werden exakt wiedergegeben. Für die kleinen Bildschirme der meisten E-Book-Reader, die in der Regel einen 6-Zoll-Screen aufweisen, ist diese Form unpraktisch – wenn sie denn überhaupt wiedergegeben werden kann. Auf dem iRex Digital Reader oder dem Kindle DX mit 10- oder 9-Zoll-Bildschirmen können PDF-Dokumente recht gut gelesen werden. Die ersten Modelle der eReader verfügten noch über mangelhafte Funktionen, um ein PDF sinnvoll nutzen zu können. Mit geeigneten Rendering-Mechanismen und Zoom-Funktion lassen sich diese Dokumente auch auf kleineren Screens lesen, wie das Beispiel iPhone beweist. Die Betriebssystemversion 2.5 soll dem Kindle bessere Funktionalitäten zur Darstellung von PDF-Dokumenten bringen. Mit den größeren Tablets, die mit dem iPad auf den Markt drängen, erhält das PDF weitere Vorteile.

Tablets als eReader

Zu Jahresbeginn kann man sich darüber streiten, ob das Jahr 2010 nun zum Jahr der E-Book-Reader oder zum Jahr der Tablets wird. Tatsache ist, dass nicht nur das iPad von Apple, sondern eine ganze Reihe von Tablets angekündigt worden sind. Noch vor der Präsentation des iPad stellte Microsoft den Courier vor, der in diesem Jahr auf den Markt kommen sollte. Auch HP kündigte ein Gerät namens Slate an, das auf der Basis von Windows 7 zum iPad-Konkurrenten hätte werden sollen. Weiter sind angeblich Tablet-Computer von Google, Samsung und Nokia in der Entwicklung. Und in Deutschland sorgte der auf Juli angekündigte WeTab (ursprünglich WePad) als offene, auf Android basierende, Alternative zum proprietären System von Apple für Aufsehen.

Tablet-Computer sind keine Neuerfindung, sondern besetzen seit Jahren mehr oder weniger erfolgreich eine eher kleine Nische im Markt der Notebooks. Vielversprechende Ansätze sind auch Tablet-Netbooks, also speziell kleine und dadurch mobile Notebooks, wie zum Beispiel der Eee PC Touch von Asus. Dabei handelt es sich um einen super mobilen portablen Computer mit Touchscreen-Oberfläche. Der Vorteil gegenüber den dedizierten E-Book-Readern ist die Multifunktionalität sowie die nahtlose Integration in die Arbeitsumgebung. Dies ist gerade für den Einsatz im Hochschulumfeld ein sehr wichtiges Argument. Und dabei liegen die Vorteile sicherlich beim Netbook, auch gegenüber dem Apple-Konzept um das iPad.

Wir haben oben Smartphones und E-Book-Reader miteinander verglichen. Mit dem iPad kommt hier eine neue Dimension ins Spiel, die das Gewicht stark zugunsten des Tablets verschiebt. Die beim Vergleich mit dem iPhone erwähnten Nachteile sind nun fast vollständig behoben: der Bildschirm ist groß und brillant. Außer bei extremen Lichtverhältnissen lassen sich auf dem iPad elektronische Bücher einwandfrei lesen. Angebotsseitig bietet Apple im Bookstore für das iPad relativ viele englischsprachige Titel von vier der fünf größten Verlage an. Zudem ist über die Applikation Kindle für iPad auch der gesamte Kindle Store von Amazon nutzbar. Es ist damit zu rechnen, dass weitere Verlage auf den Zug aufspringen werden und somit mittelfristig ein sehr großes Angebot nutzbar sein wird.[9] Auch eigene E-Books im Format EPUB lassen sich via iTunes mit dem iPad synchronisieren und mit der Applikation iBooks lesen.

---

9 Diesen Trend bestätigt die Meldung, wonach Google unter dem Namen Google Edition im Juli einen Inernet-Buchladen eröffnen wird, dessen Titel auch auf dem iPad gelesen werden können. (Meldung in Spiegel Online vom 5.5.2010).

Das iPad verfügt zusätzlich und in seiner praktischen Anwendung nicht zu unterschätzenden Stärken bei der Darstellung von PDF-Dokumenten. Zum einen bieten die 9.7 Zoll-Bildschirm eine akzeptable Größe auch für Dokumente im A4-Format. Zum andern verfügt das iPad über ausgezeichnete Funktionalitäten zur Vergrößerung der Dokumente und zur Navigation. Im Praxistest erweisen sich sogar die wirklich sperrigen ePaper-Versionen von Tageszeitungen als tauglich. Mit Hilfe der Multitouch-Oberfläche lassen sich gewünschte Ausschnitte schnell und einfach vergrößern. Es ist damit zu rechnen, dass noch viele Applikationen entwickelt werden, die genau diese Funktionen ausnützen. Als sehr nützlich erweist sich zum Beispiel die App GoodReader, mit der PDF-Dokumente heruntergeladen, organisiert und offline gelesen werden können. Der Austausch mit anderen Usern oder dem eigenen PC ist noch nicht einfach, aber ansatzweise über Plattformen wie Dropbox oder iWork.com von Apple bereits nutzbar.

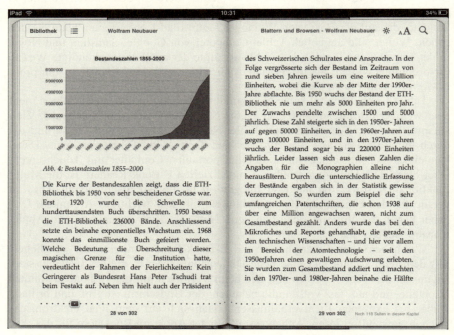

Abb.6: Screenshot vom iPad: ein eigenes EPUB E-Book in der Applikation iBooks.

Auch wenn Apples iPad noch viele Wünsche offen und einige wichtige Funktionen vermissen lässt, eröffnet es neue Möglichkeiten. Obschon weder Laptop noch Smartphone noch eReader, könnte das Konzept bei den Kunden Erfolg haben.[10] Damit wird die Plattform umso interessanter für Entwickler von Applikationen,

---

10 Schon im ersten Monat April hat Apple 1 Million iPads verkauft – verglichen mit den für 2009 insgesamt erwarteten 6 Millionen zu verkaufenden eReadern

die neue Nutzungsformen nach sich ziehen werden, sowie für Anbieter von Inhalten, sprich Verlage.

Auswirkungen auf das Angebot der Bibliotheken

Die skizzierte Entwicklung beinhaltet für Bibliotheken – wie üblich – Risiken und Chancen. Wobei es für Bibliotheken eindeutig bessere und weniger gute Szenarien gibt. Sowohl Amazon wie Apple verfolgen eine Strategie des Vendor-Lock-in. Das heißt, dass Kunden möglichst langfristig und exklusiv an die Produkte der eigenen Marke gebunden werden. Das iPad dient dazu, die E-Books aus dem Apple-Bookstore zu kaufen, der Kindle erfüllt dieselbe Funktion erfolgreich für Amazon. Es sind noch keine Modelle vorgesehen, in denen Bibliotheken eine Rolle spielen würden. Für Buchhändler und Bibliotheken wäre dies das Worst-Case-Szenario, wenn sich der Direktkauf durchsetzen würde und E-Books vom Einzelkunden nur direkt bei Apple, Amazon oder Google gekauft werden könnten.

Dagegen ist das gängige Lizenzmodell der Wissenschaftsverlage geradezu ideal für Bibliotheken, zumindest Hochschulbibliotheken. Dieses von den großen Anbietern wie Springer oder Wiley propagierte Modell sieht vor, dass die Hochschule (meist über die Bibliothek) eine Campuslizenz für die E-Books und E-Journals bezahlt. Die somit lizenzierten Titel können dann von allen Hochschulangehörigen ohne Einschränkung aus dem IP-Range der Hochschule heraus genutzt werden. Für die Bibliotheken stellt sich in diesem Modell vor allem die Frage, wie der Hochschulangehörige merkt, dass er diese Dienstleistung der Bibliothek zu verdanken hat und nicht meint, er kriege diese Inhalte einfach so und umsonst.

Allerdings erschweren die Verlage einen massenhaften Download von E-Books dadurch, dass sie die Texte in Kapitel aufteilen, die dann einzeln heruntergeladen werden können, bzw. müssen. Weiter erschwert wird die Nutzung – auch die legale – dadurch, dass diese kapitelweisen Downloads allesamt den gleichen, neutralen Dateinamen (z.B. fulltext.pdf) erhalten. Dadurch wird die Organisation der einzelnen Files zu einer Geduldsprobe, die alles andere als kundenfreundlich ist. Hier müssen die Verlage ihr Angebot unbedingt noch attraktiver gestalten. Ideal wäre es, wenn die Metadaten in die Dokumente eingebettet und mitgeliefert würden, wie man es vom Musikbereich her kennt.

Gerade das iPad haucht diesem Lizenzmodell und Angebot neues Leben ein. Das iPad unterstützt wie schon das iPhone die Internetverbindung via Virtual Private Network (VPN). Dadurch kann man von unterwegs über WLAN aus dem IP-Range der eigenen Hochschule auf die Verlagsangebote zugreifen, diese Daten online beziehen und lokal speichern. Was oben als Wunschliste an die Verlage geschildert wurde, bleibt vorerst noch ein Desiderat. Aber es müsste im ureigensten Interesse der Verlage und der Bibliotheken liegen, die Nutzung in der geforderten Weise zu vereinfachen.

Künftige Modelle, die weitgehend auf schon bekannten Grundlagen beruhen, sind natürlich einfacher zu formulieren als komplett neue. Schwieriger wird es also, wenn man versucht, Szenarien und Lösungsansätze für den Umgang mit E-Books in öffentlichen Bibliotheken zu skizzieren. Hier dürften belletristische Werke das wichtigste Medium sein, das aber auch im Fokus der kommerziellen Anbieter steht. Die Konkurrenz zum stets verfügbaren Online-Store, der die gängigen Titel ohne Verzögerung zum Download zur Verfügung stellt, scheint momentan eindeutig gegen die Bibliothek und auch gegen den traditionellen Buchhandel zu sprechen. Doch es gibt einige innovative Ansätze, die zu berechtigter Hoffnung Anlass geben.

Da wäre einmal die Onleihe. E-Books werden nach dem bekannten Prinzip auf eine bestimmte befristete Dauer an jeweils einen Kunden ausgeliehen. Das tönt zwar anachronistisch, doch bietet dieses Geschäftsmodell den Bibliotheken eine aktive Rolle und dem Kunden den Vorteil des geringen Preises. Denn die Preispolitik der Verlage dürfte eine gewichtige Rolle bei der Akzeptanz des Angebots seitens der Kunden spielen. Zurzeit bewegen sich die E-Books – außer bei Amazon – generell auf dem Niveau des günstigsten Print-Angebots. Und das ist angesichts der Einschränkungen bei der Nutzung durch das DRM vielen Kunden zu teuer. Dies gilt insbesondere auch für Studierende. Eine Untersuchung an einer US-Universität hat gezeigt, dass die Kosten erheblich steigen, wenn komplett auf E-Books umgestellt würde. Denn bei den gedruckten Büchern holen die Studierenden durch den Weiterverkauf der Lehrbücher jeweils einen Teil der Ausgaben wieder herein. Das entfällt bei den DRM-geschützten E-Books, die nicht weitergegeben werden können.

Die Onleihe kann auf verschiedene Arten umgesetzt werden. Kleinere Bibliotheken werden sich vorzugsweise an einen Anbieter wenden, der ihnen die Plattform zur Verfügung stellt. NetLibrary von OCLC wäre hier zu nennen, oder – naheliegender – die Plattform Onleihe verschiedener deutscher Stadtbibliotheken.[11] Dieser Dienst wird von der DiViBib GmbH, einem Tochterunternehmen der ekz.bibliotheksservice GmbH, angeboten. Sonys E-Book-Reader unterstützen diese Form der Onleihe. Die Rechteverwaltung und Authentifizierung erfolgt mit Hilfe der Software Adobe Digital Editions. Ein über das Konto bei der eigenen Stammbibliothek ausgeliehenes E-Book kann dann für acht Tage auf dem Reader und dem PC gelesen werden. In den USA bietet die Firma Overdrive ausleihbare E-Books für Bibliotheken samt der benötigten Plattform und dem Service an.[12]

Ein mögliches neues Dienstleistungsangebot einer Hochschulbibliothek könnte darin bestehen, dass den Studierenden eReader verbilligt abgegeben werden, für die die Bibliothek E-Books für das jeweilige Fachgebiet bereitstellt oder schon aufs Gerät lädt. Dafür müssten aber noch lizenzrechtliche Probleme überwunden werden. Noch sind die Verlage eher skeptisch und dürften allenfalls Hand für ein begleitetes Pilotprojekt bieten. So wird der Kindle DX auch erst testweise in den USA auf diese Weise eingesetzt. Grundsätzlich dürften sich aber offene Angebote,

---

11 Zu finden unter der URL: www.onleihe.net (besucht 5.5.2010)
12 www.overdrive.com

die sich also nicht auf eine Plattform oder einen Gerättyp beschränken, durchsetzen. Entsprechend sollten Bibliotheken tendenziell Services entwickeln und anbieten, die von beliebigen Endgeräten aus nutzbar sind. Die Kunden werden sich erfahrungsgemäß nicht von der Bibliothek vorschreiben lassen, welchen Typ Gerät sie verwenden sollen.

Denkbar sind noch weitere Anwendungen. An der Frankfurter Buchmesse präsentierte Blackbetty Mobilmedia Terminals zum Download von E-Books im mobilen Format fürs Handy via Bluetooth – eine Dienstleistung, die durchaus auch in einer Bibliothek angeboten werden könnte.[13] Wobei auch hier die Grundregeln des Marketing gelten und man sich zunächst überlegen muss, welche Zielgruppe man mit einer geplanten neuen Dienstleistung ansprechen will.

Fazit

Angesichts der noch völlig unsicheren Entwicklung im Bereich der E-Book-Reader, eReader und Tablets sind Prognosen äußerst schwierig. Das E-Book hat sich – im Gegensatz zur elektronischen Zeitschrift – auch im wissenschaftlichen Bereich noch nicht durchgesetzt. Hier ist allerdings schon bald damit zu rechnen, vor allem, wenn die Angebote der Verlage kundenfreundlicher werden. Wenn dann auch noch die mobilen Geräte über die für die tägliche Arbeit mit elektronischen Texten benötigten Funktionen (Metadatenverwaltung, Annotationsmöglichkeit, Integration in Reference Management, Integration in die persönliche Arbeitsumgebung, verbesserte Austauschmöglichkeit usw.) verfügen, dann könnte der Durchbruch sehr schnell erfolgen. Bei der Belletristik könnte sich das E-Book als Konkurrent zum Taschenbuch durchsetzen – nicht nur aus Kundensicht, sondern auch als verlagsseitiges Geschäftsmodell. Allerdings darf die elektronische Variante eine gewisse Schmerzgrenze bei den Preisen nicht überschreiten. Deshalb könnte das E-Book als günstige Zweitverwertung nach dem teuren Hardcover für Kunden und Verlage attraktiv werden.

Für die Bibliotheken bedeuten diese ungewissen Perspektiven, dass sie sich auf verschiedene Szenarien vorbereiten müssen. Es ist ratsam, sich Gedanken über mögliche neue Dienstleistungen für Nutzer mit mobilen Lesegeräten zu machen – seien es nun dedizierte E-Book-Reader, Netbook, Smartphones oder Tablets. Und es lohnt sich, dies nicht allein für sich, sondern in Kooperation mit anderen Bibliotheken und mit Verlagen zu tun.

Literaturverzeichnis

(Auletta, 2010) Auletta, Ken: Publish or Perish. Can the iPad topple the Kindle, and save the book business. In: The New Yorker, 26.4.2010.

---

13 Vgl. www.blackbetty.at und www.mobilebooks.com

http://www.newyorker.com/reporting/2010/04/26/100426fa_fact_auletta (besucht am 3.5.2010).

(Gottschalk, 2009) Gottschalk, Felix: E-Book: Ein Talent entwickelt sich nicht von selbst! DB-Research vom 12.11.2009. Beitrag zugänglich über das Archiv in der Rubrik eResearch auf www.db-research.de.

(Mumenthaler, 2010) Mumenthaler, Rudolf: Das iPhone als eReader. In: Trau keinem über 30? Die TUB wird 30! Kolloquium über eBooks und die Zukunft der Bibliothek anläßlich des 30-jährigen Bestehens der Universitätsbibliothek der TU Hamburg-Harburg. Herausgegeben von Thomas Hapke. Hamburg-Harburg 2010, S. 27-40. urn:nbn:de:gbv:830-tubdok-8459.

(Tischer, 2003) Tischer, Wolfgang: Good Bye, eBook! Gemstar gibt auf. In: Literatur-Café vom 17.5.2003 http://www.literaturcafe.de/bf.htm?/ebook/byeebook.shtml (besucht am 3.5.2010).

Christoph Deeg

Gaming als bibliothekarisches Zukunftsthema

Einleitung

Gaming als ein bedeutendes Thema bzw. Aufgabengebiet für Bibliotheken in der Zukunft, dies scheint zum jetzigen Zeitpunkt ein eher exotischer Ansatz zu sein. Diejenigen, die sich mit Gaming als Teil der Kultur- und Wissensvermittlung der Zukunft befassen, beschäftigen sich mit einem Thema, das noch immer zu wenig diskutiert und, falls doch, eher kritisch betrachtet wird.

Dieser Beitrag soll eine erste Annäherung an die Frage sein, warum sich Bibliotheken in der Zukunft mehr mit dem Thema beschäftigen sollten, welchen Einfluss Gaming auf die Arbeit von Bibliotheken in der Zukunft haben könnte, welche Chancen und Risiken sich daraus ergeben und was heute getan werden sollte, damit Bibliotheken diese neue Aufgabe in Zukunft erfolgreich bewältigen können.

Natürlich ist es nicht so, dass sich Bibliotheken überhaupt nicht mit Gaming beschäftigen. Es gibt eine Vielzahl an zumeist öffentlichen Bibliotheken, die Computerspiele verleihen. Auch werden vereinzelt Informationsveranstaltungen und Gamingevents durchgeführt.

Fragt man jedoch Bibliothekare, warum sie Computerspiele im Angebot haben, erhält man meistens Antworten, die in die Richtung gehen: "Wir möchten auch junge Zielgruppen erreichen" oder "Wir wollen modern sein" oder "Über die Computerspiele bekommen wir die Jugendlichen vielleicht zum Lesen von Büchern"[1]. Daran ist nichts Falsches. Jedoch wird über diesen Marketing- bzw. Zielgruppenaspekt hinaus anscheinend wenig getan bzw. wenig gedacht. Eine Beschäftigung mit den Inhalten von Computerspiele und den damit verbundenen Chancen und Möglichkeiten für die Kultur- und Wissensvermittlung findet zu selten statt.

Zudem gibt es im Gegensatz zum Web 2.0 im Bibliothekswesen keine aktive "Gaming-Community", die das Thema in all seinen Facetten diskutiert und eigene Aktivitäten startet. Auch die vorhandene Web 2.0-Community hat sich dem Thema Gaming bisher kaum geöffnet bzw. es noch nicht als für ihre Arbeit relevant wahrgenommen. Somit hinkt Gaming in der Bibliothekswelt dem Web 2.0 hinterher, während beide Themen in der „realen" Welt neben- und miteinander sehr

---

[1] In meinen Kursen zum Thema Gaming in Bibliotheken sind dies die drei am häufigsten genannten Antworten auf die Frage, wieso die Bibliothek überhaupt Computerspiele anbietet.

erfolgreich existieren, sich gegenseitig bereichern bzw. sich stetig weiterentwickeln.

Um es vorweg zu nehmen: ich bin der festen Überzeugung, dass das Thema Gaming ein wesentlicher Bestandteil bibliothekarischer Arbeit in der Zukunft sein sollte. Dies gilt m.E. sowohl für öffentliche als auch für wissenschaftliche Bibliotheken. Dies bedeutet jedoch nicht, dass ich für einen unkritischen Umgang mit Computerspiele plädieren möchte. Vielmehr sollten sie wie andere Medien und Kulturformen kritisch hinterfragt und ihre Nutzung diskutiert werden.

Was dieser Beitrag leisten soll – und was nicht

Eine komplette Betrachtung des Phänomens Gaming, inkl. aller daraus resultierenden Möglichkeiten für die Kultur- und Wissensvermittlung im allgemeinen und der Chancen und Möglichkeiten für Bibliotheken in der Zukunft im speziellen, würde den Rahmen eines solchen Handbuches bei weitem sprengen. Ein Artikel wie dieser kann nur eine erste Näherung an das sehr komplexe Thema sein. Aus diesem Grund ist es unerlässlich, sich auf ein paar wenige Gedanken zu konzentrieren. Es stellt sich also die Frage, welche Punkte man beleuchtet und welche man weglässt. Weglassen darf in diesem Fall nicht bedeuten, dass ein Themengebiet verschwiegen wird. Deshalb möchte ich vorab die Themenbereiche benennen, die in diesem Artikel nicht näher beleuchtet werden. Es sind dies die Themen: Gewalt in Computerspielen, Spielsucht, Lizenzmodelle, Kosten und Personalressourcen, gute vs. schlechte Computerspiele. Gamestudies, Computerspiele als Wirtschaftsfaktor, Medienpädagogik sowie Computerspiele in Spezialanwendungen wie z.B. in der Medizin.[2]

Zur Auseinandersetzung mit dem Thema Gaming ist ein theoretischer Diskurs, der die verschiedenen Aspekte des Gamings beleuchtet, sehr wichtig. Um wirklich zu verstehen was Gaming bedeutet, ist es jedoch notwendig, selber Computerspiele auszuprobieren. Mir ist durchaus bewusst, dass dies bei einigen Lesern Unwohlsein verursachen mag. Jedoch ist eine rein theoretische Diskussion wenig hilfreich. Schon heute wird oft und gerne über Gaming diskutiert - leider zu selten mit denjenigen, die diese Games spielen und/oder zu selten auf Basis eigener Erfahrungen.

Was sind Computerspiele?

Um zu verstehen, was Computerspiele sind, ist ein Blick in ihre Geschichte sinnvoll. Machen wir eine Reise in das Jahr 1969 (das Jahr der ersten Mondlandung). Der US-Amerikaner Ralph Baer entwickelte in jenem Jahr die erste „richtige"

---

[2] Für all diejenigen unter Ihnen, die das Thema gerne vertiefen möchten, habe ich in den Literaturhinweisen ein paar sehr interessante Werke zu diesem Themengebiet genannt.

Spielkonsole. Das Produkt mit dem Namen Odyssey[3] war eigentlich eine TV-Konsole, die die Nutzungsmöglichkeiten des sich schnell verbreitenden Fernsehens erweiterte. Sie wurde von Magnavox unter dem Namen Magnavox-Odyssey auf den Markt gebracht. Mit dieser Konsole begann die massenhafte Verbreitung der Computerspiele (die damals noch TV-Games genannt wurden). Immer neue Spielkonsolen wurden entwickelt und mit den dazugehörigen Spielen vermarktet. Allen gemeinsam war die Anbindung an den Fernseher. Parallel dazu begann der Erfolg der Arcade-Spiele, also Spielautomaten, die in sog. Spielhallen, Imbissbuden, Kiosken etc. aufgestellt wurden. Mit dem Aufkommen bzw. der Massenverbreitung von Personal-Computern in den 80er Jahren splittete sich die heimische Gamingwelt in zwei Bereiche auf. Von nun an gab es Spiele für PCs und für Spielkonsolen[4]. Teilweise handelte es sich um die gleichen Spiele, teilweise wurden aber auch Spiele entwickelt, die die besonderen Funktionalitäten von PCs (z.B. Tastatur zur Texteingabe) nutzten. Mit dem PC erschlossen sich die Computerspiele eine multifunktionale Plattform, deren ursprüngliche Funktion nicht das Spielen, sondern das Arbeiten war. Der nächste Schritt war die Entwicklung von mobilen Spielekonsolen wie z.B. dem GameBoy von Nintendo. Dadurch waren die Spieler nicht mehr an einen festen Ort gebunden.

Stationäre wie mobile Spielkonsolen werden bis heute kontinuierlich weiterentwickelt. Die Weiterentwicklung betrifft sowohl die technischen Möglichkeiten (Grafik, Prozessorgeschwindigkeit, Controller etc.) als auch ihre Funktionalität. Die Konsolen werden in zunehmendem Maße zu komplexen Kommunikations- und Mediencentern, bei denen das Spielen von Computerspielen nur eine von vielen möglichen Funktionen darstellt[5]. Man kann mit ihnen nicht nur spielen, sondern auch Videos ansehen, im Internet surfen, online kommunizieren etc. Dies betrifft sowohl stationäre Konsolen wie die XBOX360, die Playstation3 und die Wii als auch mobile Systeme wie den Nintendo DS oder die Playstation Portable. Mit letzterer ist es sogar möglich via Skype zu telefonieren.

Auch die Entwicklung von PCs wurde und wird durch Computerspiele beeinflusst. Die Verbreitung von immer besseren bzw. schnelleren Grafikkarten, Motherboards, Spezial-Tastaturen etc. basiert in hohem Maße auf dem Bedarf der Gamer und ihrer Spiele.[6] Heutige Gaming-PCs sind komplexe und kostenintensive Hochleistungsmaschinen, für die man leicht einige tausend Euro ausgeben kann.

Mit den Mobiltelefonen erschlossen sich die Computerspiele eine weitere Plattform, die sich wie die PCs in kurzer Zeit massenhaft verbreitete, und die wie die PCs multifunktional und ursprünglich gar nicht für Gaming entwickelt worden

---

3   http://de.wikipedia.org/wiki/Magnavox_Odyssey
4   Es ist wichtig zu erwähnen, dass das erste Spiel für einen Computer bereits 1952 entwickelt wurde. Es handelte sich dabei um „OXO" ein Tic-Tac-Toe-Spiel für einen Röhrencomputer vgl.: http://de.wikipedia.org/wiki/OXO_%28Spiel%29
5   Das die Weiterentwicklung der Konsolen nicht abgeschlossen ist, kann man u.a. an dem Projekt „Natal" von Microsoft erkennen: http://www.xbox.com/de-DE/news-features/news/Project-Natal-in-detail-050609.htm und http://www.youtube.com/watch?v=p2qlHoxPioM
6   Vgl.: http://www.pc-erfahrung.de/grafikkarte/vga-geschichte.html

war. Waren die Spiele zum damaligen Zeitpunkt eher unbedeutende Beigaben, nehmen sie bei heutigen Smartphones eine immer größer werdende Rolle ein. Soviel zur Entwicklung der Hardware. Lassen Sie uns nun einen Blick auf die Software, also die Spiele selbst werfen.

In den Anfängen der Computerspiel-Ära waren die Spiele noch sehr einfach. Sowohl das Gameplay als auch die Grafik waren (und sind bis heute) abhängig von den technischen Möglichkeiten der Plattformen, auf denen sie gespielt werden. Jede Generation von Spielkonsole, PC ja sogar Handy oder Smartphone ermöglichte neue, spannende Entwicklungen bei den Computerspielen. So entstanden über die Jahre immer neue Genres wie z.B. Simulationen, Adventures, Shooter, Sportsgames, etc. Auch diese Entwicklung ist nicht abgeschlossen.

Mit dem Hochgeschwindigkeits-Internet entstanden völlig neue Möglichkeiten für Computerspiele. Zum einen war es nun möglich, mit vielen anderen Spielern gemeinsam zu spielen. Zum anderen konnten Spiele auf lokalen Konsolen und PCs kontinuierlich durch Updates erweitert werden. In zunehmendem Maße ist es nun aber auch möglich, Computerspiele komplett online zu spielen, ohne dafür ein Programm downloaden zu müssen. Man benötigt dafür nur einen Internetbrowser wie Firefox oder Opera. Das Internet ermöglichte es den Computerspielen, sich erneut neue Plattformen zu erschließen. Jedoch geht es diesmal nicht mehr um reale bzw. physische sondern um virtuelle Plattformen. Beispiele hierfür sind Spiele wie Mafia Wars, die auf die Community Facebook aufgesetzt wurden.

Computerspiele konnten sich rasend schnell verbreiten, weil sie über eine hohe inhaltliche und technologische Flexibilität verfügen. Sie sind in der Lage, vorhandene Kommunikations- und Medienplattformen zu nutzen bzw. deren ursprüngliche Funktion zu erweitern. Dies geschieht sowohl in technischer als auch in inhaltlicher Form. Dabei entwickeln sie sich von einer Erweiterung einer Plattform zu einem ihrer wesentlichen Elemente, und es ist unerheblich, welchen eigentlichen Zweck die jeweilige Plattform erfüllen soll. Mit dem Fernseher, dem Computer, dem Handy/Smartphone und jetzt dem virtuellen Raum des Internets findet man sie auf Plattformen wieder, die in kurzer Zeit eine sehr große Verbreitung erreicht haben und die sowohl Visualisierung als auch Interaktion im Rahmen ihrer technischen Möglichkeiten zulassen. Sie besetzen Plattformen, die wir entweder privat (TV) und/oder beruflich (Computer/Handy) nutzen und entwickeln sowohl die Nutzungmöglichkeiten dieser Plattformen als auch deren Inhalte weiter. Die Frage die sich stellt ist aber die, inwieweit es dabei zu einer Parallelnutzung kommt oder die einzelnen Kulturformen und Technologien voneinander lernen bzw. gemeinsame Synergien entdecken und nutzen.

Dass Computerspiele in der Lage sind, kulturelle und wissenschaftliche Inhalte zu adaptieren, haben sie schon des Öfteren bewiesen. Zu vielen aktuellen Kinofilmen gibt es z.B Computerspiele, die den Spieler den jeweiligen Film entweder noch mal erleben lassen oder aber eine eigenständige Handlung bzw. ein eigenständiges Gameplay im „Universum" des Filmes haben. In den letzten Jahren gab es zu beinahe jedem Actionfilm das dazugehörige Computerspiel. Ein gutes Beispiel für letzteres sind hier die verschiedenen Spiele zur Spielfilmreihe Star Wars. Computerspiele sind aber auch ihrerseits in der Lage, andere Kulturformen zu inspirieren. Kinofilme wie Tomb Raider, Prince of Persia oder Hitman basieren auf Computerspielen. Und es gibt Kinofilme, die sich mit dem Thema Gaming auseinandersetzen, ohne eine Spielvorlage zu nutzen wie z.B. Wargames.

Computerspiele adaptieren aber nicht nur Inhalte anderer Kulturformen wie dem Film[7]. Sie übernehmen auch Inhalte, Symbole aus unserer realen Kultur und Geschichte. Viele virtuelle Figuren, Orte und Geschichten ähneln denen unserer Mythen und Legenden wie z.B. in World of Warcraft. Oder aber sie spielen in bzw. mit historischen Epochen, die sie dann sehr detailliert wiedergeben wie z.B. Anno 1402.

Zukunftsvisionen

Eine Prognose, in welche Richtung sich die Computerspiele entwickeln werden, ist zum jetzigen Zeitpunkt sehr schwer abzugeben. Gleichwohl lassen sich Tendenzen ablesen. Die Entwicklungsmöglichkeiten, die sich für die Welt der Computerspiele ergeben sind immer noch riesig. In allen Bereichen ist noch viel Platz für innovative und kreative Konzepte. Im Folgenden möchte ich kurz skizzieren, welche Änderungen bzw. Entwicklungen wir meiner Meinung nach zu erwarten haben.

Es wird zunehmend Computerspiele geben, die kein vorgegebenes Ziel haben. Der Spieler wird selber entscheiden, was er wann, warum und auf welchem Weg erreichen bzw. tun möchte. Dies entspricht z.B. dem Ansatz der virtuellen Welt Second Life, lässt sich aber auch in Teilen bei Grand Theft Auto oder Need for Speed Underground wiederfinden.

Es gibt einen klaren Trend zum vernetzen/gemeinsamen Spielen. Dies betrifft sowohl das vernetzte Spielen, bei dem der einzelne Spieler allein zu Hause sitzt und sich online mit anderen Spielern vernetzt, also auch das gemeinsame Spielen (z.B. Lan-Partys) und/oder der Austausch über Computerspiele zusammen an einem Ort.

Die Zahl der Onlinespiele wird sich erhöhen - ebenso das sog. Mobile Gaming.

Es werden mehr Menschen unabhängig von Alter, Geschlecht, Bildung, Einkommen etc. spielen. Hierfür wird es eine immer größere Zahl an unterschiedlichen auf die jeweilige Zielgruppe gerichteten Spielen geben.

Die Komplexität des Gameplays und der Visualisierung wird kontinuierlich zunehmen.

---

7   Leider ist es im Rahmen dieses Beitrages nicht möglich, auf das grafische Design sowie kulturpädagogische und dramaturgische Vergleiche mit anderen Kulturformen wie dem Theater, der Oper oder den bildenden Künsten einzugehen. Derartige Diskussionen sollen aber im Rahmen des interdisziplinären Innovationsaustausch-Programms der Zukunftswerkstatt geführt werden.

Computerspiele werden in zunehmendem Maße mit anderen Plattformen bzw. Kulturformen wie dem Web 2.0 verschmelzen. Auf diesen Punkt werde ich später noch genauer eingehen.

Die sog. Serious Games werden eine immer größere Rolle spielen.

Gaming – Playing Games

Es gibt unterschiedliche Genres wie Shooter, Adventuregames, Serious Games, Sportgames, Simulationen usw. Sie alle beschreiben einen grundsätzlichen Aufbau und in Teilen auch bestimmte Zielsetzungen innerhalb eines Spiels. Die Inhalte, die sich aus den Zielsetzungen und der visuellen Darstellung ergeben, sind immer wieder Thema verschiedener Studien u.a. auch bezüglich der Frage nach Gewalt und Spielsucht. Es geht dabei letztlich um die Frage, welchen Einfluss Computerspiele auf den Spielenden haben. Welche Transferprozesse sind zu beobachten[8]?

Es gibt eine Vielzahl an Ansätzen die erklären, was Spieler beim Spielen von Computerspiele eigentlich tun, welche Fähigkeiten erforderlich sind, um in einem Spiel erfolgreich zu sein bzw. welche Fähigkeiten dabei trainiert werden. Ich möchte mich in meinem Beitrag auf die kognitiven Leistungen der Spieler konzentrieren. Der amerikanischer Autor Steven Johnson benennt in seinem Buch „Neue Intelligenz – warum wir durch Computerspiele und TV klüger werden" Probing und Telescoping als wesentliche Aufgabenbereiche in Computerspielen[9]. Probing meint übersetzt Erkunden. Der Spieler muss in der Lage sein, sich ein komplexes System zu erschließen. Je nach Spielinhalt handelt es sich dabei u.a. um die virtuelle Welt des Games, seine Strukturen, die Handlungsoptionen, die aus den Handlungsoptionen resultierenden Ergebnisse, die Anzahl, Ausrichtung und Strategie der Gegner, Naturgesetze, Spielregeln usw.

Hierzu zwei Beispiele: In dem Spiel Fußball Manager 10 von Electronic Arts geht es um das Managen eines kompletten Fußballvereins. Hierzu gehören u.a. folgende Aufgabenbereiche: Tagesplanung, Wochenplanung, Monatsplanung, Mannschaftsaufstellung, allgemeine Trainingsziele, individuelle Trainingsziele, Verhinderung von Verletzungen bei den Spielern, Budgetierung des Vereins, Sponsorenverhandlungen, Kreditaufnahme, Treffen mit Fans, Merchandising, Nachwuchsaufbau, Spielerverkauf, Neuverpflichtungen, Einstellen und Entlassen von Mitarbeitern, Spieltaktik allgemein (ganze Mannschaft), Spieltaktik individuell (Einzelspieler), Stadionausbau, Ausbau der Infrastruktur usw. Es gibt eine kaum zu überblickende Vielzahl an Handlungsoptionen, die alle miteinander vernetzt sind und einen direkten Einfluss auf das Spiel haben.

In dem Spiel Halo 3 von Microsoft sind es andere Fragestellungen, mit denen sich der Spieler auseinandersetzen muss. Hier geht es um die Anzahl und Ausrüstung der Gegner, die Beschaffenheit des Geländes, die Taktik der Gegner und die

---

[8] Sehr zu empfehlen ist hier Witting, 2007. Hier werden in der Einleitung die verschiedenen Ansätze der Studien über Transferprozesse diskutiert.

[9] Johnson, 2006, S. 31-73

Taktik der Freunde, die eigene Waffenausrüstung, die eigene Lebensenergie, die verbleibende Zeit, die Kommunikation mit den Mitspielern usw.

Alle Parameter beeinflussen das Spiel. Der Einfluss kann kurzfristiger oder langfristiger Natur sein. Dies bedeutet, dass der Spieler das komplette System zu keinem Zeitpunkt in seiner ganzen Tiefe überblicken kann. Im Gegenteil, das Spannende an dem Spiel ist gerade die Tatsache, dass man es nicht überblicken kann. Die Schritte, die nötig sind, um das Ziel zu erreichen, erschließen sich aber nicht automatisch, sondern müssen entdeckt werden.

Um zu beschreiben, welche Prozesse beim Probing ablaufen, verweist Steven Johnson auf den ebenfalls sehr lesenswerten Spiele-Forscher James Paul Gee. Dieser definiert in seinem Buch „What Video Games Have To Teach Us About Learning and Literacy" Probing als vierstufigen sich stetig wiederholenden Prozess. In der ersten Stufe müsse der Spieler das vorgefundene System erkunden. In der zweiten Stufe müssten die gewonnenen Daten analysiert werden und eine daraus resultierende Theorie entwickelt werden. In der dritten Stufe müsste diese Theorie im Spiel getestet werden, um dann in der vierten Stufe neu überdacht zu werden.10 Dieser Prozess muss kontinuierlich durchgeführt werden. Unabhängig welches Ziel ein Computergame hat oder welchem Genre es zuzuordnen ist, haben wir es in den meisten Spielen mit immer komplexeren Systemen zu tun, die dem Spieler die Fähigkeit abverlangen, eben diese Komplexität zu erforschen und zu begreifen.

Das Erkunden des Systems reicht nach Johnson aber nicht aus, denn das Ergebnis des Erkundens ist für ihn zuerst eine komplexe Datensammlung. Um aus dieser Sammlung die richtige Spielstrategie abzuleiten, sei nun die hierarchische Strukturierung der gewonnenen Daten von Nöten. Johnson nennt diesen Prozess Telescoping.

Durch die hierarchische Strukturierung ist es dem Spieler nun möglich, aus den gewonnenen Daten Zielsetzungen, Handlungsfolgen und -strategien abzuleiten. Erst die hierarchische Strukturierung der Ergebnisse und der daraus resultierenden Handlungsoptionen versetzt den Spieler in die Lage, das Spiel erfolgreich zu spielen.

Beide Aufgabenbereiche, das Erkunden und das hierarchische Strukturieren der gewonnenen Daten, finden kontinuierlich statt. Den gesamten Prozess bestehend aus dem Erkunden, dem hierarchischen Strukturieren, dem Entwickeln einer daraus resultierenden langfristigen und kurzfristigen Zielsetzung, dem Setzen von Prioritäten, der dann stattfindenden Entwicklung von Strategien etc. fasst Johnson schließlich unter dem Begriff Collateral Learning zusammen. Die beschriebenen Punkte werden nicht linear abgearbeitet, sondern stellen einen sich stetig wiederholenden Kreislauf dar. Collateral Learning meint indirektes oder unbewusstes Lernen. Der Spieler spielt ein Spiel, weil es ihm Vergnügen bereitet, nicht weil er lernen möchte, wie man komplexe Systeme erkundet oder Strategien entwickelt. Durch das Spiel werden diese Fähigkeiten kontinuierlich trainiert, denn sie sind notwendig, um im Spiel erfolgreich zu sein.

---

10 Gee, 2007, S. 87-92

Ausprobieren

Ein weiterer entscheidender Punkt ist die Art und Weise, wie das Erkunden, die hierarchische Strukturierung, die Strategieentwicklung etc. stattfinden. Ein wesentliches Merkmal ist das Prinzip des „Try and Fail". Spieler von Computerspielen probieren kontinuierlich unterschiedliche Möglichkeiten aus. Dabei machen sie Fehler bzw. erfahren, dass die aktuelle Strategie nicht zum gewünschten Erfolg führt. Kommt man nicht weiter, werden neue Strategien ausprobiert. Das temporäre Versagen der eigenen Strategie wird nicht als etwas Negatives aufgenommen sondern als Möglichkeit, die eigenen Herangehensweisen zu optimieren. Das bewusste Ausprobieren als Element der eigenen Entwicklung ist in den meisten Computerspielen der Schlüssel zum Erfolg.

Dies ist eines der interessantesten Phänomene bei Computerspielen. Ich möchte dies an einem alltäglichen Beispiel aufzeigen. Stellen Sie sich vor, Sie hätten gerade ein Telefon gekauft. Der Sinn und Zweck des Telefons ist das Telefonieren. Hierfür ist es notwendig, dass Sie wissen, wie das Telefon funktioniert. Um dies herauszufinden, lesen Sie die beigefügte Gebrauchsanweisung. Übertragen wir diesen Fall nun in die Welt der Computerspiele. In diesem Fall würden Sie die Gebrauchsanweisung nicht nutzen, sondern Sie würden einfach ausprobieren, wie das Telefon funktioniert. Vielleicht würden Sie dabei einige Fehler machen und aus eben diesen Fehlern lernen. Wenn nun Ihr Nachbar sich ein anderes Telefon kauft und Sie bitten würde, ihm das Gerät zu erklären: Was würde dann passieren? Durch die Erfahrungen mit ihrem eigenen Telefon wären Sie in der Lage, die Funktionalitäten des neuen Telefons auszuprobieren. Bei Unterschieden in der Nutzung wären sie in der Lage, durch Ausprobieren und dem Lernen aus den daraus entstehenden Fehlern auch dieses Telefon zu nutzen. Das Faszinierende an Computerspielen ist, dass die Spieler mit dieser Problemstellung kontinuierlich konfrontiert werden und ihnen die Lösung des Problems (und in Computerspielen hat man es in der Regel mit einer riesigen Anzahl derartiger Probleme zu tun) großes Vergnügen bereitet.

Vielleicht kennen Sie das Phänomen, dass Kinder bestimmte technische Geräte in kurzer Zeit aktivieren können, während viele Erwachsene den langen Weg durch die Welt der Gebrauchsanweisungen gehen. Diese Kinder haben nicht tausende von Gebrauchsanweisungen gespeichert, sondern sie haben durch Spielen ein System erlernt, dass es ihnen ermöglicht, komplexe Probleme zu erkennen und zu lösen.

Soziale Kompetenzen

Computerspiele erfordern aber nicht allein die individuelle Fähigkeit des Ausprobierens, der Analyse und der Weiterentwicklung eigener Handlungsweisen. In zunehmendem Maße erfordern sie ebenfalls soziale Kompetenzen.

Als Spieler ist man des Öfteren auf weitere Spieler angewiesen. Zum einen werden immer mehr Spiele zusammen mit anderen Spielern gespielt. Immer mehr Spiele sind sog. Multiplayergames. Diese Spiele werden in einer Gruppe gespielt. Das beste Beispiel ist hier sicherlich World of Warcraft. Dieses Massen-Mehrspieler-Online-Rollenspiel wird gleichzeitig und gemeinsam von tausenden von Spielern gespielt.

In solchen Spielen werden Sie Teil einer Gruppe, die gemeinsam versucht Aufgaben zu lösen, gegen andere Gruppen zu kämpfen usw. Innerhalb der Gruppen gibt es zumeist klare Hierarchien und Aufgabenverteilungen. Diese Spiele sind alleine in der Regel nicht erfolgreich spielbar. Teil einer Gruppe zu sein bedeutet aber wie im wirklichen Leben auch, sich den sozialen Strukturen anzupassen.

Zum anderen kann es sehr oft passieren – ich kann dies aus meiner eigenen Erfahrung bestätigen – dass man trotz noch so guter Spielanalyse und -strategie nicht weiterkommt. Für derartige Fälle gibt es im Internet eine Vielzahl an Communities, in denen Gamer ihre Kenntnisse anderen zur Verfügung stellen bzw. ihre Erfahrungen mit anderen diskutieren. Man ist als Spieler nicht allein unterwegs. Man hilft sich untereinander, vernetzt sich und kann sich so als Gruppe weiterentwickeln. Schon heute nutzen Gamer die Möglichkeiten des Web 2.0 zur Vernetzung und zum Austausch von Strategien und Informationen. Damit findet das Vernetzen weit über die Grenzen des eigentlichen Spiels hinaus statt. Die Bereitschaft, Fragen zu stellen und auf der anderen Seite eigenes Wissen zur Verfügung zu stellen, ist hierbei von zentraler Bedeutung.

Interaktion

Probing, Telescoping, Ausprobieren etc., all das sind aktive Handlungen, die interaktiv mit dem Spiel und/oder mit weiteren Spielern ablaufen. Computerspiele sind interaktive Systeme, wobei die Komplexität der Interaktivität stetig zunimmt. Man konsumiert nicht einfach Inhalte und vorgegebene Handlungsstränge, wie es bei der Musik, dem Buch oder dem Film passiert. Man greift aktiv in das Geschehen ein und verändert das System. Diese Änderung erzeugt im System wiederum eine Aktion, auf die man wiederum reagiert usw. Die Möglichkeit der Interaktion bildet die Basis für die von Steven Johnson und James Paul Gee beschriebenen Herangehensweisen. Sie ist letztlich das Lebenselixier der Computerspiele.

Visualisierung

Ein ebenso interessantes wie weitläufiges Thema im Bereich der Computerspiele ist die Visualisierung. Viele der heutigen Computerspiele-Entwickler streben danach, Computerspiele immer realistischer werden zu lassen. Dies geschieht zum einen durch das schon beschriebene immer komplexer werdende Gameplay und zum anderen durch eine immer detailliertere Visualisierung. Dabei muss man zwei wesentliche Bereiche unterscheiden.

Zum einen geht es darum, Computerspiele immer mehr der wirklichen Realität anzupassen. So sollen Darstellungen real vorhandener Orte oder Personen das Gefühl vermitteln, ein genaues Abbild der Realität zu sein. Das beste Beispiel sind hierfür z.B. Flugsimulationen, bei denen real existierende Flugzeuge und Landschaften simuliert werden. Zum anderen sollen virtuelle Welten so weit wie möglich realistisch erscheinen. Dies geschieht durch eine immer genauere Darstellung von Räumen und Personen und wird von der akustischen Darstellung unterstützt. Wer sich heute in den unterschiedlichen Gameuniversen bewegt, ist so oder so beeindruckt von der Komplexität und der Kreativität der Darstellung. Schaut man sich Spiele wie Rome - Total War an, bei denen es darum geht, historische Schlachten nachspielen zu können, erkennt man, dass es nicht mehr alleine um ein ansprechendes Design geht. Hier verbindet sich das Gameplay mit der Visualisierung zu einem „Gesamtkunstwerk". Der Spieler soll soweit wie möglich sowohl über das Gameplay als auch über die Darstellung ein Gefühl realitätsnahen Virtualität bekommen.

Motivation und Belohnung

Computerspiele sind kompliziert und anstrengend. Der Grund, warum viele Menschen sie trotzdem spielen, sind die ebenfalls komplexen Belohnsysteme.[11] Je nach Spielidee werden sie an unterschiedlichen Stellen belohnt, sei es durch das Sammeln von Punkten, das Erreichen eines neuen Levels, das Freischalten einer neuen Funktion etc. Darüber hinaus kann es auch eine Belohnung sein, neue Erkenntnisse mit anderen zu teilen. Die Anerkennung anderer Spieler, weil man z.B. im Fußball-Manager herausgefunden hat, wie man bestimmte Budgets verändert und dieses Wissen der Community in einem der Onlineforen zur Verfügung gestellt hat, bedeutet ebenfalls eine Form der Belohnung. In den frühen Arcade-Spielen ging es vor allem darum, den jeweils aktuellen Highscore zu knacken. Es gab Punkte für einen besiegten Gegner, eine zurückgelegte Wegstrecke, das Einhalten eines bestimmten Zeitrahmens usw.

Heutige Belohnsysteme sind komplexer geworden. Im Fußball-Manager bekommen Sie nicht für jede Entscheidung, jedes gewonnene Spiel usw. eine Mitteilung über die zusätzlich erreichten Punkte. Die Belohnung ist teilweise inhaltlicher Natur, wenn sich z.B. ein Spieler aufgrund Ihres Trainingsprogramms verbessert hat oder der Präsident aufgrund des aktuellen Tabellenstands höhere finanzielle Budgets zur Verfügung stellt. Erst durch das Erreichen ganz bestimmter, komplexer Zielvorgaben können Sie nach einer gewissen Zeit einen höheren Managerlevel erreichen, welchen Sie aber bei Misserfolgen gleich wieder verlieren.

---

11 Vgl. Johnson, 2006, S. 44-52.

Serious Games

Bis jetzt haben wir uns größtenteils mit der Frage beschäftigt, welche Fähigkeiten durch Gaming indirekt trainiert werden. Es stellt sich deshalb die Frage, ob Computerspiele auch direkt zur Vermittlung von Inhalten genutzt werden können.
In diesem Zusammenhang lohnt sich ein Blick auf die Gruppe der Serious Games. Serious Games sind ein Sonderfall in der Welt der Computerspiele. Das Game ist hier eine Art Lernplattform, über die versucht wird, auf spielerische Art und Weise Wissen zu vermitteln. Die Spiele bedienen sich dabei unterschiedlicher Genres.

So gibt es Serious Games, die auf Ego-Shootern aufbauen wie z.B. Frontiers12, bei dem der Spieler verstehen soll, wie es ist, als Flüchtling Europa erreichen zu wollen. Man übernimmt entweder die Rolle eines Flüchtlings, der versucht die europäischen Grenzen zu überschreiten, oder aber man versucht als Grenzwächter das Überschreiten der Grenze zu verhindern.

Tech Force13 wiederum ist ein Adventure-Game. Ziel des von der Metall- und Elektroindustrie in Auftrag gegebenen Spiels ist es, einen „futuristischen Glider", den X2100 zu entwickeln. Die Spieler werden dabei mit verschiedenen Aufgabenbereichen und Fragestellungen aus dem realen Alltag konfrontiert. Das Spiel wurde für Jugendliche entwickelt, die sich eine Ausbildung in der Metall- und Elektroindustrie vorstellen können.

Serious Games sind quasi instrumentalisierte Games. Ihre große Schwäche ist zumeist die geringe Qualität der Grafik, des Gameplays und der Dramaturgie bzw. eine zu sehr vorgegebene Handlung. Dies liegt daran, dass die Auftraggeber dieser Spiele in der Regel nicht über ausreichende finanzielle Ressourcen verfügen. Lernspiele wie Tech Force sollen eine möglichst große Verbreitung erreichen, um bestimmte Inhalte zu vermitteln. Sie werden von Institutionen in Auftrag gegeben, die nicht aus der Gamesindustrie kommen. Der kommerzielle Erfolg hat hier in der Regel keine große Bedeutung.

Das bedeutet jedoch nicht, dass Serious Games ein sinnloses Unterfangen wären. Vielmehr können sie zu einer Schnittstelle zwischen der vermeintlich unseriösen Freizeitbeschäftigung und der vermeintlich seriösen Ausbildung bzw. Arbeitswelt werden. Für die Kultur- und Wissensvermittlung sind Serious Games eine große Chance. Wenn es gelingt, die Qualität erfolgreicher „normaler" Computerspiele hinsichtlich Gameplay, Grafik, Story usw. zu erreichen, können Serious Games ein äußerst erfolgreiches Werkzeug sein.

Computerspiele, Gaming und das Internet

Zwischen dem Web 2.0 und den Computerspielen gibt es eine Vielzahl an Gemeinsamkeiten. Die wesentlichen möchte ich im Folgenden kurz beschreiben.

---

12 http://www.frontiers-game.com/
13 http://www.techforce.de/

In der Nutzung der jeweiligen Angebote fällt auf, dass Interaktion, Kooperation sowie Kommunikation eine wesentliche Rolle spielen. Zudem handelt es sich bei beiden Bereichen in zunehmendem Maße um "handlungsoffene" Systeme, d.h. die Wege zum jeweiligen Ziel sind nicht mehr automatisch vorgegeben. Der Nutzer und der Gamer bestimmen in zunehmendem Maße die Handlung, das Ziel bzw. den Weg zum Ziel selbst. Man könnte auch sagen "user generated content" und "user generated experience" begegnen sich im Web 2.0 und in den Computerspielen auf gleicher Augenhöhe. Was zu tun ist, wird nicht wie an einem roten Faden vorgegeben. Vielmehr entscheidet der Gamer/User selbst, welchen Weg er zu seinem Ziel einschlägt.

Computerspiele und das Web 2.0 sind Kulturformen, die sich stetig und in immer größerer Geschwindigkeit verändern und weiterentwickeln. Diese Prozesshaftigkeit macht es oft sehr schwer, das jeweilige System zu verstehen, denn es erscheint nicht im herkömmlichen Sinne greifbar. So wissen wir heute natürlich nicht, ob Facebook, World of Warcraft oder Twitter auch in 10 Jahren die gleiche Bedeutung haben werden. Es ist aber davon auszugehen, dass die mit diesen Angeboten verbundene Arbeits- und/oder Spielkultur bestehen bleiben wird. Interaktion, Kooperation, Kommunikation usw. werden auch in Zukunft das Internet prägen. Diese Trennung von Technologie und Kultur ist auch in Computerspielen wiederzufinden. Zwar entwickeln sich auch die Computerspiele stetig weiter, die wesentlichen Merkmale des Gameplays scheinen aber auch in der Zukunft Bestand zu haben. Für die Kultur- und Wissensinstitutionen im Allgemeinen und die Bibliotheken im Besonderen bedeutet dies vor allem, zu lernen wie man mit dieser Prozesshaftigkeit umgeht.

In den letzten Jahren wird immer wieder über die Frage der Zukunft des Internets diskutiert. Wie soll ein Web 3.0 aussehen? Welche Veränderungen wird es geben? Ein meiner Meinung zu wenig betrachteter Aspekt ist die Verschmelzung des Internets mit der Welt der Computerspiele. Man kann heute an verschiedenen Stellen einen solchen Prozess beobachten. Das vielleicht auffälligste Beispiel ist für mich "Tweetcraft"[14]. Dieses kleine Programm ermöglicht es den Spielern des Onlinegames "World of Warcraft"[15] direkt aus dem Spiel zu twittern bzw. im Spiel Tweets zu empfangen. Damit wird die Grenze zwischen virtuellen Welten und dem Web 2.0 durchbrochen. Die Kommunikation findet nicht mehr allein im Spiel oder außerhalb des Spiels über das Spiel statt. Der User ist vielmehr Teil der Onlinewelt - auch ohne Gamer zu sein. Natürlich findet dieser Verbindung nur textbasiert statt, d.h. der User sieht nicht, was der Gamer im Spiel macht. Jedoch ist davon auszugehen, dass es in nicht allzu ferner Zukunft weitere Angebote dieser Art geben wird, die dann auch eine visuelle Teilhabe ermöglichen. Und für die Spieler ergibt sich nun eine Möglichkeit, die virtuelle Welt um das Geschehen im "realen" Internet zu erweitern. Sie befinden sich nicht mehr in einem abgeschlossen, isolierten System. In diesem Zusammenhang sei auch auf die Onlinewelt

---

14 http://tweetcraft.codeplex.com/
15 http://www.wow-europe.com/de/index.xml

"Second Life"16 verwiesen, die wenn auch anscheinend nicht mehr so relevant als Testplattform oder Spielwiese von großer Bedeutung war und ist. Ein weiteres Beispiel ist das vielfältige Angebot an Spielen wie "Mafia Wars"17, die online auf Basis der Community Facebook existieren.

Zudem beeinflussen Elemente des Gamings in zunehmendem Maße die Entwicklung von Onlineangeboten. Bei der Analyse ausgesuchter Onlineplattformen ist der Blick durch die „Gamerbrille" sehr nützlich. Wenn wir uns z.B. Suchmaschinen wie Kosmix18 ansehen, so können wir erkennen, dass diese ihre Suchergebnisse in einer neuen Form präsentieren. Bei Kosmix bekommt man zu einer Suchanfrage eine Plattform präsentiert, auf der die unterschiedlichsten Inhalte (Bilder, Texte, Tweets, Videos etc.) zu einer Abfrage gezeigt werden. Der Nutzer wird quasi eingeladen, das Suchergebnis selber zu erkunden, um es dann in einem nächsten Schritt für seine Zwecke zu ordnen. Er findet also ein ergebnisoffenes System vor, welches er selber frei gestalten kann. Es sind verschiedene Lösungswege möglich.

Ein anderes Beispiel ist das Lokalisierungs-Spiel foursquare19. Foursquare ist eine Geolocation-Plattform. Mitglieder von Foursquare werden über ihr Smartphone geortet. Ist der jeweilige Ort dem System bekannt, können Sie dort einchecken. Ist er jedoch unbekannt, können Sie den Ort im System anlegen. Zudem können Sie zu den Orten Tipps und Kommentare verfassen. Für verschiedene Aktivitäten bekommen Sie Punkte. Dabei ist es dem User freigestellt, ob er etwas tut, was er tut bzw. wann er etwas tut. Es gibt bei Foursquare keinen bestimmten Ort, an dem ich mich anmelden muss, um weiter zu kommen. Wann und wo ich mich melde, steht mir frei. Allein die Tatsache, dass ich überhaupt mitmache, wird belohnt. Zudem können Sie bei wiederholtem einchecken „Mayor" also Bürgermeister des jeweiligen Ortes werden.

Auf dieses Art und Weise entsteht eine komplexe Datenbank mit einer Vielzahl an unterschiedlichen Informationen zu verschiedenen Orten. Das System ist nichts anderes als ein Spiel. Ein Spiel, welches in den USA und zunehmend auch in Europa sehr erfolgreich ist. Foursquare vereint aber nicht nur das Internet mit einem Spiel. Es verbindet auch zwischen virtueller und realer Welt. So gibt es z.B. Cafés, die „ihrem" Mayor jede Woche einen kostenlosen Kaffee spendieren und damit werben. Somit haben auch andere Foursquare-User einen Grund, das Café zu besuchen, damit sie zum neuen Mayor werden und damit verbunden in den Genuss der Freigetränke kommen. Foursquare ist eine Mischung aus Web 2.0 und Computerspielen. Es ist deshalb so erfolgreich, weil es die Stärken der jeweiligen Welten zusammenführt.

---

16 http://secondlife.com/?v=1.1
17 http://www.mafiawars-blog.de/
18 http://www.kosmix.com/
19 http://foursquare.com/

Gaming und Bibliotheken

Bis jetzt wurden Games in der Regel als abgeschlossenes System gesehen. Sie existieren in den Köpfen Vieler neben anderen Angeboten, aber sind über ihre Grenzen hinaus inhaltlich ohne größere Bedeutung. Um dies zu ändern, ist zuerst ein wesentlicher Gedankenschritt notwendig: Computergames sind keine Bücher. Sie sind auch keine Filme. Sie unterscheiden sich in jeder Hinsicht von nahezu allen anderen Medien, mit denen sich Bibliotheken beschäftigen. Diese Erkenntnis mag nicht neu sein. Jedoch werden Computerspiele in den meisten Bibliotheken wie Bücher behandelt.[20] Sie werden katalogisiert und verliehen. Eventuell gibt es noch ein paar Veranstaltungen oder Gesprächskreise. Die Möglichkeiten, die sich für Bibliotheken durch die Nutzung ergeben, erkennt man erst dann, wenn man sich vor Augen führt, was Computerspiele eigentlich sind.

Computerspiele sind nonlineare (in zunehmenden Maße), interaktive und sich stetig weiterentwickelnde Medien- bzw. Kulturformen. Sie verschmelzen mit anderen Technologien und Kulturformen bzw. entwickeln diese weiter. Menschen die Computerspiele spielen, trainieren damit eine Vielzahl an unterschiedlichen Fähigkeiten – und haben an diesem Training auch noch Spaß.

Die kurze Geschichte der Computerspiele ist eine Erfolgsgeschichte, weil es sich bei Computerspielen um hochflexible Systeme handelt. Sowohl die Spiele an sich als auch die damit verbundenen Plattformen werden ständig weiterentwickelt. Jede neue Games-Generation verfügt über ein verbessertes Gameplay, eine verbesserte Visualisierung und eine höhere Komplexität. Gaming schult eine Vielzahl an Fähigkeiten wie z.B. das Erkunden von komplexen Systemen, die Analyse und Strukturierung der gewonnen Daten und das Entwickeln einer auf den gewonnenen Erkenntnissen basierenden Strategie.

Computerspiele sind bereits heute in der Lage, andere Kulturformen wie den Film zu inspirieren bzw. mit deren Inhalten zu arbeiten. Dies geschieht, indem sie sich diese Inhalte zu eigen machen, z.B. durch das Nachstellen historischer oder real vorhandener Orte und Geschehnisse oder die Übernahme von Inhalten und Storys aus anderen Kulturformen wie dem Film oder auch dem Buch. Eine andere Variante ist die Übernahme von Symbolen, Formen und Mythen aus verschiedenen Kulturkreisen und deren Weiterentwickelung zu neuen Spielinhalten.

Möchte man nun verstehen, warum für Bibliotheken Gaming und Computerspiele ein wichtiges Aufgabengebiet werden könnten, sollte man sich nicht allein auf das konzentrieren, was Computerspiele heute sind, sondern auch darauf, was sie werden können und daraus resultierend welchen Einfluss sie auf die Kultur- und Wissensvermittlung in der Zukunft haben würden. Mit den Serious Games bzw. dem angewandten Gaming21 wird bereits heute versucht, mittels Computer-

---

20 Dieses Phänomen ist auch in ähnlicher Form beim Thema Bibliotheken und Web 2.0 zu finden.
21 Der Begriff des „Angewandten Gaming" stammt von Malte Behrmann (Geschäftsführer des Bundesverbandes der Entwickler von Computerspiele e.V.) Dieser hatte den Begriff auf

spielen unterschiedliche (Lern-) Inhalte zu vermitteln. Es ist davon auszugehen, dass sich dieser Bereich sehr schnell weiterentwickeln wird. Das bedeutet, dass derartige Games in Forschung und Lehre eine wichtige Rolle spielen können. Sie können sich eignen für die Vermittlung von Inhalten aus unterschiedlichen Disziplinen wie Wirtschaft, Geschichte, Soziologie, Naturwissenschaften etc. Bis Serious Games flächendeckend in der Lehre erfolgreich eingesetzt werden können, bedarf es sicherlich noch einiger Verbesserungen hinsichtlich Gameplay, Visualisierung und Dramaturgie. Da sich aber Computerspiele als Ganzes stetig weiterentwickeln, ist auch davon auszugehen, dass dies auch mit den Serious Games passieren wird.

Zudem erleben wir in zunehmendem Maße einen Verschmelzungsprozess mit dem Internet. Dieser Prozess findet auf unterschiedlichen Ebenen sowohl inhaltlich als auch technologisch statt. Dieser Prozess endet mit Sicherheit nicht in einem globalen Counter Strike. Allerdings sind die Möglichkeiten, die sich durch Visualisierung und Gameplay ergeben, für die Weiterentwicklung des Internet riesig. Die heutigen Angebote, die diese Möglichkeiten zu nutzen versuchen, mögen noch nicht jeden überzeugen. Was aber passiert, wenn eine immer größere Zahl an Personen, Institutionen und Unternehmen mit diesen Möglichkeiten experimentiert? Sind die Bibliotheken darauf vorbereitet? Ich glaube nicht...

Wenn wir überlegen, warum Computergames für Bibliotheken relevant sein könnten, dürfen wir dies nicht aus der Sicht einer Institution tun, die sich größtenteils immer noch mit Büchern beschäftigt. Damit Sie mich nicht falsch verstehen. Es geht mir nicht darum, das Buch oder gar die Bibliothek in ihrer heutigen Form abzuschaffen. Gaming als bibliothekarisches Thema ist vielmehr eine Erweiterung der vorhandenen Aufgaben von Bibliotheken. Es gibt zwischen dem Buch und den Games keinen Konkurrenzkampf. Mir geht es um ein gesundes Miteinander. Allerdings ist das System Bibliothek zum heutigen Zeitraum kaum auf Neuerungen, wie es Computerspiele, das Web 2.0 oder eBooks sind, vorbereitet.

Warum sollen Bibliotheken sich mit Gaming beschäftigen?

Im Folgenden will ich die sechs wesentlichen Gründe nennen, warum sich Bibliotheken – egal ob öffentliche oder wissenschaftliche – intensiv mit Computerspielen auseinandersetzen sollten:

Computerspiele sind längst nicht mehr nur etwas für vornehmlich männliche Jugendliche. Einer Studie des Branchenverbandes BITKOM aus dem Jahr 2009 zufolge gab es 2009 in Deutschland 21 Millionen Menschen, die Video- bzw. Computerspiele spielten[22]. Eine Studie von Amanda Lenhart und Sydney Jones

---

einer Podiumsdiskussion der Zukunftswerkstatt auf dem Bibliothekartag 2009 in Erfurt erwähnt.
22 Quelle: http://www.bitkom.org/60376.aspx?url=BITKOM_Presseinfo_Nutzer_von_Computerspielen_29_07_2009.pdf&mode=0&b=Themen

vom PEW Internet & American Life Projekt kam 2008 zu einem ähnlichen Ergebnis[23]. U.a. wurde ermittelt, dass 53% der erwachsenen US-Amerikaner Computerspiele spielten[24].

Computerspiele trainieren wie kaum ein zweites Medium eine Vielzahl an wichtigen Fähigkeiten wie z.B. das Erkunden von komplexen Systemen, die Analyse der Erkundungsdaten, die hierarchische Strukturierung der gewonnenen Daten, die Entwicklung von daraus resultierenden Strategien. Zudem trainieren sie Kooperation, Interaktion, Transparenz, soziale Kompetenz sowie eine Vielzahl an weiteren Kernkompetenzen und Schlüsselqualifikationen. Öffentliche wie wissenschaftliche Bibliotheken sollten ein Interesse daran haben, diese Lernprozesse zu fördern.

Computerspiele werden in der Zukunft in zunehmendem Maße als Plattform zur Vermittlung von kulturellen und wissenschaftlichen Inhalten fungieren. Das Konzept der Serious Games wird in nahezu allen Disziplinen angewandt werden. Aus diesem Grund werden Bibliotheken mit solchen Games in Zukunft arbeiten müssen.

Die Computerspiele werden mit dem Web 2.0 verschmelzen. Damit verbunden ist der Abbau der Grenzen zwischen Entertainment und Education mit einer Entwicklung hin zum Edutainment. Dieser Prozess hat jetzt schon begonnen und wird sich stetig fortsetzen.

Bibliotheken können durch Gaming lernen. Der wichtigste Aspekt ist hier der spielerische Umgang mit unterschiedlichen Herausforderungen. Gemeint ist damit das kontinuierliche Ausprobieren inkl. das Lernen aus den dabei entstehenden Fehlern. Nehmen wir als Beispiel Bibliotheken und das Web 2.0. Ich werde in vielen Workshops immer wieder nach einer klaren Handlungsstrategie gefragt. Man wünscht sich eine Art Ablaufplan bzw. eine Gebrauchsanweisung für das Web 2.0. Dies ist nun leider nicht möglich. Erstens existieren kaum verlässliche Daten z.B. zur Frage, welche Plattform für Bibliotheken sinnvoll sind und welche nicht. Zweitens muss jede Bibliothek das für sie passende Angebot wählen. Was z.B. für die Bibliothek X sinnvoll erscheint, kann für die Bibliothek Y nutzlos und für die Bibliothek Z kontraproduktiv sein. Drittens entwickelt sich das Web 2.0 kontinuierlich und mit großer Geschwindigkeit weiter. Noch vor wenigen Jahren war Twitter ein unbekannter Dienst und wir wissen heute natürlich nicht, welche Plattform in 10 Jahren relevant sein wird (auch wenn das die Betreiber der jeweiligen Plattformen sicherlich anders sehen). Eine Möglichkeit, mit dieser Prozesshaftigkeit umzugehen, ist ein spielerischer Umgang mit diesen Angeboten, wie ich ihn in diesem Beitrag beschrieben habe. Der Lernprozess geht aber viel weiter. Kaum jemand wird heute noch verneinen wollen, dass sich die Bibliotheken in dem tiefgreifendsten Wandel ihrer Geschichte befinden. Sie sind in vielen Punkten weder auf die neuen Aufgaben noch auf die damit verbundenen Veränderungspro-

---

23 Quelle: http://www.pewinternet.org/Reports/2008/Adults-and-Video-Games.aspx
24 Im Alter zwischen 18 – 29 Jahren spielten 81%, im Alter zwischen 30 – 49 Jahren spielten 60%, im Alter zwischen 50 – 64 spielten 40% und im Alter ab 65 Jahre aufwärts spielten immerhin noch 23% Computerspiele.

zesse vorbereitet. Die Beschäftigung mit einem derart exotischen Thema wie den Computerspielen kann helfen, auf einer Metaebene Change-Management-Prozesse zu verstehen und zu verinnerlichen. So kann aus Tradition Innovation werden.

Computerspiele sind ein Kulturgut[25]. Bibliotheken schaffen den Zugang zu Kultur und Wissen. Wenn dem so ist, dann sollten Bibliotheken auch den Zugang zu Computerspielen ermöglichen.

Risiken und mögliche Problemfelder

Natürlich muss in diesem Zusammenhang auch über die Risiken und mögliche Problemfelder gesprochen werden. Da ist zum einen die Tatsache, dass Computerspiele nicht unumstritten sind. Gerade die Themen Spielsucht und Gewalt sind immer wieder Inhalt vieler Diskussionen. Für die Bibliotheken bedeutet dies, dass sie sowohl innerhalb der eigenen Organisation als auch nach außen mit den vorhandenen Stakeholdern darüber diskutieren müssen, wie mit den Gefahrenpotentialen umgegangen wird.

Zudem ist davon auszugehen, dass die Akzeptanz von Computerspielen an sich bei vielen Bibliothekaren eher gering sein wird. Dadurch besteht die Gefahr von Konflikten innerhalb der Bibliothek.

Ein weiteres Problemfeld ist die Art und Weise der zukünftigen Distribution von Computerspielen. Es zeichnet sich ab, dass der Vertrieb mittels eines physischen Datenträgers mittelfristig keine große Rolle mehr spielen wird. Immer mehr Spiele werden in Zukunft mittels Download auf die Konsole bzw. den Computer kommen. Zudem wird es zunehmend Onlinespiele geben, für die wenn überhaupt nur noch ein Client downgeloaded werden muss. Dieses Problem betrifft nicht allein die Computerspiele. Vielmehr stellt sich die grundsätzliche Frage, wie Bibliotheken mit der Tatsache umgehen können und wollen, dass es immer mehr Inhalte gibt, die nicht mehr in der Bibliothek verortet, sondern nur noch online vorhanden sind. Je mehr Inhalte nicht mehr im klassischen Sinne „greifbar" sind, desto schwieriger wird es für Bibliotheken, ihrer Aufgabe als Informationsvermittler gerecht zu werden.

Computerspiele und Bibliotheken, dieses Thema ist auch mit der Frage nach den damit verbundenen personellen und finanziellen Ressourcen verbunden. Es gibt Computergames oder auch das Web 2.0 nicht umsonst. Gleichzeitig ist davon auszugehen, dass die finanzielle Ausstattung der Bibliotheken aufgrund von Computerspielen nicht verbessert wird. Deshalb wird es um die Frage gehen, welche anderen Services hierfür zurückgefahren oder ganz abgeschafft werden. Auch hier ist erhebliches Konfliktpotential vorhanden.

In den meisten Bibliotheken fehlt es an Know how im Bereich der Computerspiele. Ich möchte ausdrücklich nicht diejenigen BibliothekarInnen vor den Kopf stoßen, die sich mit viel Energie und meistens sehr erfolgreich mit dem Thema

---

25 http://www.kulturrat.de/text.php?rubrik=72

auseinandersetzen. Jedoch wird der Umgang mit Computerspielen in der Zukunft weitaus komplexer sein. Es wird nicht mehr nur um das Verleihgeschäft gehen.

Diese Aufzählung möglicher Problemfelder hat nicht den Anspruch, vollständig zu sein. Ich glaube zudem, dass sich einige Problemfelder erst zeigen werden, wenn mit der intensiven Arbeit an diesem Thema begonnen wird. Es ist aber wichtig, auf ein weiteres Problem aufmerksam zu machen, das meiner Meinung nach schon jetzt gravierend ist: Geschwindigkeit.

Gaming – Innovationen - Bibliotheken

Unternehmen wir hierfür eine kleine Reise in die Vergangenheit des Internets. Vor noch nicht allzu langer Zeit sah das Internet noch völlig anders auch. Es gab kein DSL und kein WLAN. Um online zu gehen, benutzte man ziemlich langsame Modems. Meine ersten Onlinejahre waren geprägt von AOL. Die Nutzungsmöglichkeiten des Internets waren sehr beschränkt. Man konnte sich Internetseiten ansehen, E-Mails verschicken und chatten. Alles weitere, zum Beispiel das up- und downloaden von Inhalten, war teuer und sehr zeitintensiv. Eine eigene Website zu haben war nur möglich, wenn man selber über HTML-Kenntnisse verfügte oder aber einen Programmierer mit der Erstellung beauftragte. Alles in allem war dies keine schöne Onlinezeit. Trotzdem glaubten sehr viele Menschen, dass man mit dem Internet eine Menge Geld verdienen könne. Die New Economy war in aller Munde. Es entstand ein kleines Wirtschaftswunder. Es gab viel Geld und noch mehr unterschiedliche Ideen. Die Blase platzte und es stellte sich die Frage, ob und wenn ja, wie es mit dem Internet weitergehen würde.

Zu diesem Zeitpunkt wurde der Grundstein für eine neue Form des Internets gelegt. Plattformen wie allmusic.com beinhalteten schon damals alle wesentlichen Elemente des Web 2.0 und waren mit diesem Konzept sehr erfolgreich. Was wir heute Web 2.0 nennen, war nicht plötzlich da. Es entstand vielmehr im Rahmen eines langjährigen Prozesses.

Das „moderne Internet" entwickelt sich stetig weiter. In immer kürzeren Abständen entstehen neue und verschwinden alte Angebote. Die Bibliotheken – wie auch viele andere Kultur- und Wissensinstitutionen - haben es bis heute nicht geschafft, Teil dieses Onlineuniversums zu werden. Gewiss, es gibt eine Vielzahl an spannenden Projekten in verschiedenen Bibliotheken. Dabei handelt es sich aber um Leuchtturmprojekte. Die breite Masse der Bibliotheken ist noch nicht im Web 2.0 angekommen, und es wird noch Jahre dauern, bis man dies erreicht hat. Offensichtlich wurde das Web 2.0 zu lange nicht ernst genommen und man war und ist auf derartige Veränderungen nicht vorbereitet. Und diese Veränderungen sind weitaus tiefgreifender, als es zunächst den Anschein hat. Es geht längst nicht mehr nur darum, Bibliothekaren zu erklären, wie man einen Blog oder einen Twitter-Account einrichtet und nutzt. Es reicht auch nicht aus, das Internet mit bibliographischen Daten zu versorgen oder OPACs an das Look and Feel und die Usablity von Suchmaschinen und Shoppingportalen anzupassen. Vielmehr geht es um einen tiefgreifenden Wandel des Bibliothekswesens.

Dieser Wandel bedeutet nicht, dass alle klassischen Aufgaben von Bibliotheken wegfallen werden. Trotzdem wird sich das Berufsbild des Bibliothekars nachhaltig ändern. Leider fehlen bis heute Institutionen und Systeme, die einen kontinuierlichen Wandel in Bibliotheken ermöglichen. Letztlich rennen die Bibliotheken dem Internet und damit den Nutzern also den Menschen hinterher und verpassten so die Möglichkeit, zum einen auf den Prozess der Veränderung vorbereitet zu sein und zum anderen an eben diesem Veränderungsprozess gestalterisch teilhaben zu können. Es wäre schön, wenn Bibliotheken in der Zukunft dem Internet nicht nur folgen sondern es gestalten würden.

Werfen wir auf der Basis dieser Gedanken noch einmal einen Blick auf die Computerspiele. Wir befinden uns in einer Phase, die vergleichbar ist mit der Zeit, als die ersten Internetplattformen entstanden, aus denen dann das Web 2.0 hervorging. Die zukünftigen Möglichkeiten der Nutzung von Computerspielen für die Kultur- und Wissensvermittlung sind immens. Es gibt einen Verschmelzungsprozess mit dem Internet. Es gibt Studien über die Frage, welche Lernsysteme hinter Computerspielen stecken, was man durch Spielen lernt und wie man diese Erkenntnisse nutzen kann. Die Serious Games sind ein sich stetig entwickelndes Thema. Es mögen kleine Projekte sein, Testballons vielleicht – aber genauso wurden auch die Web 2.0-Plattformen entwickelt. Wenn Bibliotheken meiner Argumentation folgen können, dann ist es höchste Zeit für eine intensive Beschäftigung mit Computerspielen. Ansonsten besteht die Gefahr, dass Bibliotheken letztlich auch hier einem Trend hinterherlaufen und der Nutzer sich letztlich andere Partner suchen muss. Wenn also z.B. Lehrkräfte Computerspiele in ihre Lehrtätigkeit integrieren wollen, oder wenn der Verschmelzungsprozess der Computerspiele mit dem Internet neue Formen der Kultur- und Wissensvermittlung zulässt und hervorbringt, wäre es wünschenswert, wenn die Bibliotheken darauf vorbereitet sind. Mir ist bewusst, dass das Buch als bibliothekarisches Ur-Thema existierte, bevor es Bibliotheken gab und nicht umgekehrt. Wenn aber Bibliotheken Teil einer zukünftigen Kultur- und Wissensgesellschaft sein wollen, müssen sie sich diesen Herausforderungen stellen bzw. sich, ihre Kultur, ihre Tradition, ihre Strukturen und Arbeitsweisen an die neuen Vermittlungsformen anpassen.

Was ist also zu tun?

Bei der Frage nach den nächsten Schritten sollte meiner Meinung nicht der Fehler gemacht werden, die Ziele bzw. das Ergebnis des Prozesses vorzugeben. Bibliotheken werden ihren eigenen Weg im Umgang mit dem Thema Gaming finden müssen. Es gibt wie auch beim Web 2.0 keine Gebrauchsanweisung. Mit dieser in meinem Beitrag schon öfter beschriebenen Prozesshaftigkeit werden alle Institutionen leben müssen. Es ist aber aufgrund der aktuellen Situation sehr wohl möglich, die nächsten Schritte zu definieren.

Der Weg der Bibliotheken in das sog. Web 2.0 steht in direktem Zusammenhang mit einer stetig wachsenden Bibliotheks-Web2.0-Community. Diese Community ist meiner Meinung zu einem einzigartigen Innovationsmotor in der Bibliothekswelt geworden. Für das Thema Gaming ist der Aufbau einer vergleichbaren Community sehr wichtig. Ich bin mir nicht sicher, ob die Web2.0-Community auch das Thema Gaming behandeln sollte. Dagegen spricht die Tatsache, dass der Versuch, die Community für dieses Thema zu begeistern, bis jetzt fehlgeschlagen ist. Dafür spricht u.a., dass ich es für problematisch halte, für jedes Thema eine neue Community aufzubauen. Zudem hat die Web 2.0-Community bereits bewiesen, dass sie Veränderungen in der Bibliothekswelt anschieben und gestalten kann. Sie ist sehr gut vernetzt, verfügt über vielfältiges Know how und sie ist offen genug, sich dieser Aufgabe zu stellen. Besonders wichtig ist aber die inhaltliche Verbundenheit. Wenn man die Theorie akzeptiert, dass das Web 2.0 mit der Welt der Computerspiele verschmilzt, sollte das Thema ab sofort in dieser Community auf der Tagesordnung stehen.

Die Community wird aber nicht ausreichen. Es ist ebenso wichtig, dass Bibliothekare in der Breite mit dem Spielen von Computerspielen beginnen. Dies gilt dann für alle Bibliothekare, unabhängig von der Ausrichtung der Bibliothek, in der sie arbeiten. Die Bibliothekare sollten also die Möglichkeit bekommen, eine Stunde in der Woche zu spielen. Dies muss während der Arbeitszeit stattfinden. Es darf nicht sein, dass diese wichtige Arbeit in der Freizeit erledigt werden soll. Damit verbunden würden Weiterbildungen sowohl bezüglich des Spielens als auch der Theorie von Nöten sein. Es wäre dabei zu überlegen, inwieweit aktive Gamer die Bibliothekare bei ihren ersten Schritten begleiten könnten. Auf Basis der eigenen Erfahrungen würden die Bibliothekare dann gemeinsam überlegen, wie erste Projekte zum Thema Gaming aussehen könnten. Das Ausprobieren von Computerspielen sollte zeitgleich auch in die Ausbildung von Bibliothekaren an Hochschulen und Universitäten integriert werden.

Ebenfalls notwendig ist meiner Meinung nach der Beginn eines interdisziplinären und kontinuierlichen Dialogs zum Thema Gaming in der Kultur- und Wissensvermittlung sein. Teilnehmer dieser Diskussion sollten Kultur-, Bildungs-, und Wissensinstitutionen aber auch Unternehmen und natürlich die Gamer sein.

Auch die Schaffung eines oder mehrerer Labore, in denen Ideen und Projekte entwickelt und ausprobiert werden können, sollte diskutiert werden.

Schlussgedanke

Wie bereits anfangs erwähnt, bin ich der persönlichen Überzeugung, dass Gaming ein wesentlicher Bestandteil der Kultur- und Wissensvermittlung in der Zukunft sein wird. Dabei ist es egal, ob dies durch Serious Games, Collateral Learning, neue Formen virtueller Welten, Web2.0-Games wie Foursquare, interaktive Kulturplattformen usw. geschehen wird. Und selbst wenn es durch Spielen „nur" zu einem internen Wandel kommt, in dem z.B. bei der Entwicklung neuer Angebote das Prinzip des Try and Fail zum Tragen kommt, ist einiges erreicht worden.

Ich hoffe, ich habe mit meinen Ausführungen deutlich machen können, wieso Gaming ein wichtiges bibliothekarisches Thema in der Zukunft sein könnte. Wenn ich es geschafft habe, mit meinen Ausführungen zum Nachdenken und Diskutieren anzuregen, wäre ein erster wichtiger Schritt getan. Einige der Herausforderungen, die sich durch die Arbeit mit Computerspielen für die Bibliotheken ergeben, sind fest mit dem Thema Gaming bzw. Computerspiele verbunden. Andere Problemstellungen können wir auch bei anderen Themen wie dem Web 2.0 oder globaler bei der Frage nach der Bibliothek 2.0 wiederfinden.

Zum Schluss meines Beitrages möchte ich noch auf einen letzten wichtigen Punkt ein gehen: Spaß. Spielen macht Spaß. Die Weiterentwicklung der Bibliothek kann bzw. sollte Spaß machen. Oder wie einmal als Motto einer Games Convention zu finden war: Spiel – es ist Deine Natur....

Literaturverzeichnis

Offlinemedien

(Gee, 2003) Gee, James Paul: What Videogames have to teach us about learning and literacy. New York: Palgrave Macmillan, 2003
(Johnson, 2006) Johnson, Steven: Neue Intelligenz - warum wir durch Computerspiele und TV klüger werden. 1. Auflage. Köln: Verlag Kiepenheuer & Witsch, 2006
(Lober, 2007) Lober, Andreas: Virtuelle Welten werden real - Second Life, World of Warcraft & Co. - Faszination, Gefahren, Business. 1. Auflage. Hannover: Heise Zeitschriften Verlag GmbH & Co. KG, 2007
(Kent, 2001) Kent, Steven I.: The Ultimate History of Video Games - the story behind the craze that touched our lives and changed the world. New York: Three Rivers Press, 2001
(Migutsch, 2008) Migutsch, Konstantin u. Rosenstingl, Herbert (Hrsg.): Faszination Computerspielen - Theorie - Kultur - Erleben. Wien: Wilhelm Braumüller Universitäts- und Verlagsbuchhandlung GmbH, 2008
(Rosenfelder, 2008) Rosenfelder, Andreas: Digitale Paradiese - Von der schrecklichen Schönheit der Computerspiele. 1. Auflage. Köln: Verlag Kiepenheuer & Witsch, 2008
(Witting, 2007) Witting, Tanja: Wie Computerspiele uns beeinflussen - Transferprozesse beim Bildschirmspiel im Erleben der User. München: Kopaed-Verlag, 2007

Onlinemedien

Magnavox Odyssey: http://de.wikipedia.org/wiki/Magnavox_Odyssey [Datum der letzten Abfrage: 15.05.2010]
Computerspiel OXO: http://de.wikipedia.org/wiki/OXO_%28Spiel%29 [Datum der letzten Abfrage: 15.05.2010]

Microsoft Projekt Natal: http://www.xbox.com/de-DE/news-features/news/Project-Natal-in-detail-050609.htm [Datum der letzten Abfrage: 15.05.2010]

Microsoft Projekt Natal: http://www.youtube.com/watch?v=p2qlHoxPioM [Datum der letzten Abfrage: 15.05.2010]

Verbindung Computergames und Entwicklung von Grafikkarten: http://www.pc-erfahrung.de/grafikkarte/vga-geschichte.html [Datum der letzten Abfrage: 15.05.2010]

Beispiel für Serious Games: http://www.frontiers-game.com/ [Datum der letzten Abfrage: 15.05.2010]

Beispiel für Serious Games: http://www.techforce.de/ [Datum der letzten Abfrage: 15.05.2010]

Spielerweiterung Tweetcraft für World of Warcraft: http://tweetcraft.codeplex.com/ [Datum der letzten Abfrage: 15.05.2010]

Onlinespiel World of Warcraft: http://www.wow-europe.com/de/index.xml [Datum der letzten Abfrage: 15.05.2010]

Virtuelle Welt Second Life: http://secondlife.com/?v=1.1 [Datum der letzten Abfrage: 15.05.2010]

Onlinespiel Mafia Wars: http://www.mafiawars-blog.de/ [Datum der letzten Abfrage: 15.05.2010]

Suchmaschine Kosmix: http://www.kosmix.com/ [Datum der letzten Abfrage: 15.05.2010]

Lokalisierungsspiel Foursquare: http://foursquare.com/ [Datum der letzten Abfrage: 15.05.2010]

Studie des Branchenverbandes BITKOM zur Nutzung von Computerspielen: http://www.bitkom.org/60376.aspx?url=BITKOM_Presseinfo_Nutzer_von_Computerspielen_29_07_2009.pdf&mode=0&b=Themen [Datum der letzten Abfrage: 15.05.2010]

Studie des PEW Internet & American Life Projek zur Nutzung von Computerspielen: http://www.pewinternet.org/Reports/2008/Adults-and-Video-Games.aspx [Datum der letzten Abfrage: 15.05.2010]

Erklärung des Deutschen Kulturrats zur Definition von Computergames als Kulturgut: http://www.kulturrat.de/text.php?rubrik=72 [Datum der letzten Abfrage: 15.05.2010]

Sibylle Rudin

Tuben, Festzeiten und Gesichtsbücher: Die Wahrnehmung einer neuen Informationswelt in einer öffentlichen Bibliothek

Jahrelang haben wir Bibliothekarinnen und Bibliothekare uns als Informationsspezialistinnen und -spezialisten begriffen, die die Aufgabe haben, ihren Kunden Informationen zugänglich zu machen. Plötzlich müssen wir feststellen, dass Informationen ausgetauscht werden, ohne dass wir involviert sind. Kundinnen und Kunden haben unsern guten alten OPAC, der ihnen schon als Begriff fremd ist und unsere gut gepflegten Linklisten einfach links liegen lassen und sich eine andere, uns weitgehend unbekannte, Informationswelt geschaffen. Der folgende Bericht handelt von der Wahrnehmung dieser neuen Wirklichkeit und dem Umgang mit ihr in einer mittelgroßen öffentlichen Bibliothek.

Neueröffnung der Bibliothek 2005: Neues (EDV)-Leben in altem Gemäuer

2005 wird die neue, erweiterte Kantonsbibliothek Baselland eingeweiht. Sie ist aus einem ehemaligen fast 100 jährigen Weinlager entstanden. Der eigenwillige Umbau erregt Aufsehen; die Tragkonstruktion aus mächtigen Holzbalken bleibt erhalten, eine Laterne aus Stahl und Glas wird auf den Dachstuhl gesetzt, die Innenräume sind in grüner Leuchtmarker-Farbe gehalten.

Wie der Umbau des Gebäudes, wird auch die EDV-Infrastruktur jahrelang geplant. Neue Technologien sollen Einzug halten. In der Offertvorlage für die Bibliotheks-Software von SISIS (heute OCLC) hat die Kantonsbibliothek einer Personalisierung des Online-Katalogs unter dem Begriff „mylibrary" bereits großes Gewicht eingeräumt: Unter anderem ist eine Medienbeurteilung durch die Kundinnen und Kunden der Bibliothek vorgesehen. Vom Offerierten fällt am Schluss einiges dem Rotstift zum Opfer, geblieben sind aber ein paar Innovationen, die es uns erlauben, ein sehr viel grösseres Haus mit nur wenig mehr Personal zu führen:

RFID-Technologie für Selbstausleihe und Buchrückgabe
Erwerbungsmodul: Lektoren lösen eine Direktbestellung beim Schweizerischen Buchhandelszentrum (SBZ) aus, mit gleichzeitiger automatischer Datenübernahme in den Katalog.
Publikumszugang ins Internet erlaubt zeitgesteuertes Surfen
Selbstregistrierung und Gebührenbezahlung mit Kreditkarte
SMS und Email-Benachrichtigung

Die neue Bibliothek kommt gut an, die Zeit der Bibliothekarinnen wird knapp

Die Zeit nach dem Umbau ist geprägt durch den Versuch, die neuen Abläufe in der Bibliothek alltagstauglich zu machen. Das dank größerem Raumangebot stetig wachsende Angebot an Büchern, DVDs, Games, Hörbüchern und Veranstaltungen füllt die Bibliothek mit quirligem Leben. Die Ausleih- und Benutzerzahlen sind zwar schon in der alten Bibliothek gestiegen, die Kurve zeigt aber nun noch steiler nach oben. Dieser Erfolg gibt Auftrieb für die Bibliotheksarbeit, führt aber auch schnell zu personellen Engpässen.

Festzeit: „Social Media" wird zur Regierungssache

Die Kantonsbibliothek Baselland wird seit zwanzig Jahren von Gerhard Matter geleitet. Er begriff das Internet schon in den neunziger Jahren als große Herausforderung und bezog es stark in den Bibliotheksalltag ein. Bereits ab 1998 konnte im Lesesaal der alten Bibliothek, nach Anmeldung bei der Bibliothekarin, das Internet während 30 Minuten kostenlos genutzt werden. Jeder der sechs Computer wurde durch einen Wecker kontrolliert. Das Personal wurde in internen Kursen geschult, mit „Pepp ins Web" hießen beispielsweise die Kurse, die Schulbibliothekarinnen und -bibliothekare ausbildeten. Das Bibliothekspersonal führte ausgefeilte Linklisten, je eine für Kinder, für ältere Schüler und für Erwachsene. Sie stellten in jenen „Vor-Google-Zeiten" das Finden relevanter Seiten sicher. Das Personal unterstützte die Nutzerinnen und Nutzer wo immer möglich.

Die neue Bibliothek wird 2005 an zentraler Lage am Bahnhof eröffnet. Die Jugendlichen kennen die Öffnungszeiten bald. Die Mittagsstunden, die Schulzwischenstunden oder einfach nur das Warten auf den nächsten Bus werden genutzt, um ein Buch, eine DVD, ein Game zu holen oder den Zugang ins Internet zu benutzen. Die Bibliothekskarte ist für Jugendliche bis zum zwanzigsten Altersjahr kostenlos. Sie erlaubt es, an den über zwanzig Computern in der Bibliothek eine halbe Stunde pro Tag zu surfen. Die Anmeldung bei der Bibliothekarin entfällt. Die Möglichkeit, an zentraler Lage das Internet unkompliziert und kostenlos zu nutzen, bringt auch viele Jugendliche ins Haus, die sonst nie einen Schritt über die

Schwelle einer Bibliothek gesetzt hätten. Bei der Einführung des Angebots an fremdsprachlichen Medien merken wir beispielsweise, dass Jugendliche mit Migrationshintergrund die Bibliothek bereits bestens kennen.

Schon in der alten Bibliothek benutzten die Jugendlichen viel öfter Online-Games oder Chat, statt, wie sich das Vertreter der Bibliothekszunft üblicherweise wünschen, an den Computern Recherchen zu verschiedensten Wissensgebieten zu machen. Jetzt in der neu eröffneten Bibliothek kommt eine neue Disziplin hinzu, die Erwachsenen völlig fremd ist:

In der Region entsteht Anfang 2004 eine Webseite mit dem Namen „Festzeit", die es ihren Usern erlaubt, eigene Profile zu unterhalten. Mitarbeiter der Firma „Festzeit" sind auf Partys in der Region präsent, machen Fotos von den jungen Leuten und präsentieren diese auf ihren Servern. Partygänger können ihr Konterfei am nächsten Tag auf der Webseite suchen und in ihr Profil übernehmen. Diese nur in der Region bekannte Seite ist bald auf jedem Schüler-PC Favorit, eine Mehrheit unterhält ein Profil. Auch in der Kantonsbibliothek wird die Seite immer häufiger aufgerufen.

Mit der grossen Verbreitung von „Festzeit" in der Region Basel wird aber auch eine politische Diskussion um das Angebot dieser Webseite lanciert. Die Schulen, die, wie übrigens auch die Kantonsbibliothek Liestal, über einen gemeinsamen Internet-Anschluss mit eingebautem Filter ins Web gehen, sind nicht nur entzückt: Lehrer werden verunglimpft, Mädchen posieren leicht bekleidet in lasziven Posen, die männliche Jugend profiliert sich mit Macho-Sprüchen.

2006 werden die Kantonsinformatiker von Lehrern gebeten, die Seite im Schulnetz zu sperren. Damit bleibt „Festzeit" auch von den Computern der Bibliothek verbannt. Die Auswirkungen sind frappant: Die Computer in der Jugendabteilung werden kaum mehr benutzt. Nur ein paar vereinzelte User stellen auf Chat bei „MSN" um.

Als der Regierungsrat einige Tage später die Sache selber in die Hand nimmt und anordnet, die Seite wieder einzuschalten, kehren die Jugendlichen wieder an die Computer zurück.

Das Thema „Festzeit" ist in den politischen Diskussionen in Regierung und Parlament seither immer wieder präsent. Bis jetzt konnte sich die Haltung der Regierung durchsetzen, die verlangte Sperrung wird weiterhin abgelehnt:

Der Regierungsrat will sicherstellen, dass das unverzichtbare Arbeitsinstrument Internet genutzt werden kann - mit all seinen Chancen, aber auch seinen Risiken und Nebenwirkungen.[1]

In einem Bericht ans Parlament wird der Regierungsrat folgendermaßen zitiert:

Schülerinnen und Schüler müssten lernen, sich im Internet sicher, bewusst und verantwortungsvoll bewegen zu können. Dazu gehören die kompetente Beurteilung von Inhalten und ethisch korrektes Verhalten.

Das Vermitteln eines sorgsamen Umgangs mit modernen Kommunikations- und Austauschmitteln (Internet, Handy) unter Hinweis auf mögliche Gefahren sollte nicht durch technische, sondern vielmehr durch erzieherische, aufklärende Massnahmen stattfinden.[2]

Auf der Webseite elternnet.ch, die Eltern in der Medienerziehung unterstützen möchte, werden ebenfalls medienpädagogische Maßnahmen empfohlen:

So gehört „Festzeit" nicht aus der Schule verbannt, sondern im Gegenteil: in die Schule hinein.

Genau anhand von „Festzeit" kann der kritische Umgang mit Medien sowie die Tragweite des eigenen Handelns im Internet, das zu häufig nicht als öffentlicher Raum, als „real" wahrgenommen wird, gelehrt werden.[3]

Tuben, Festzeiten, Gesichtsbücher?

Die eben geschilderte Leere an den Computertischen in der Jugendabteilung bei der vorübergehenden Abschaltung von „Festzeit" im Herbst 2006 hat uns beeindruckt. Offensichtlich ist die Webseite, die wir Bibliothekarinnen weder brauchen noch kennen und die deshalb auch auf unseren Linklisten fehlt, so zentral für die Jugendlichen, dass sich ein Gang in die Bibliothek nicht mehr lohnt, wenn „Festzeit" nicht zugänglich ist. Wir müssen zur Kenntnis nehmen, dass wir keine Ahnung mehr haben, was die Jugendlichen vor unsern Augen tun. Einige von uns wissen zwar von den eigenen Kindern, dass „Festzeit", „YouTube", „Facebook", und andere Angebote existieren, was aber genau dahinter steckt, entzieht sich unserer Kenntnis.

---

1 Protokoll der Landratssitzung vom 8.5.08. http://www.baselland.ch/30-htm.309461.0.html . Zuletzt besucht am 14.5.2010
2 Bericht der Bildungs-, Kultur- und Sportkommission an den Landrat betreffend Delegation der Kompetenz zur Sperrung von Internet-Seiten (2008/135) Vom 23. Dezember 2009. http://www.baselland.ch/fileadmin/baselland/files/docs/parl-lk/berichte/2009/2009-289.pdf . Zuletzt besucht am 14.5.2010
3 http://www.elternet.ch/virtuelle-welten/soziale-netzwerke-facebook-co.html . Zuletzt besucht am 14.5.2010

Wir beschließen, Hilfe anzufordern: Die Auszubildenden unseres Betriebes informieren uns während des Jahres 2007 über verschiedene Web 2.0-Anwendungen. Wir „Alten" sind unsicher: Kann ich wirklich einfach jemanden fragen, ob er mein „Freund" sein will? Will der mich wirklich haben, als Partner bei „Xing"? Darf ich einfach etwas über mich, meinen Garten, meine Bibliothek schreiben im Blog? Ist das nicht peinlich und überflüssig? Auch wenn die erste technische Hürde des Logins geschafft und die Technik einigermaßen klar ist, fühlt sich die Generation über dreißig, von einigen Ausnahmen abgesehen, unwohl, sie ist nicht gewohnt, in der geforderten Weise „social" zu agieren: Sie weiß weder mit dem anders konnotierten Begriff „Freund" umzugehen, noch fühlt sie sich berufen, Banalitäten ins Internet-All zu „posten" und nicht zuletzt: Den meisten von uns fehlt die Zeit, um sich dem ständigen Internet-Rauschen widmen zu können: Kindererziehung, Haushalt, kulturelles Engagement, Mitarbeit in freiwilligen Kommissionen haben uns kaum mehr zeitliche Freiräume gelassen.

Klar ist: Hier hat ein medialer Wandel stattgefunden, den wir Informationsspezialistinnen verpasst haben!

Web 2.0 wird zum Jahresziel 2008

2008 nimmt sich die Geschäftsleitung unter der Leitung von Gerhard Matter des Themas an: Eine Arbeitsgruppe Web 2.0 wird gegründet. Alle Abteilungen der Kantonsbibliothek sind involviert: Wieder zeigen Auszubildende, diesmal von der Informatikabteilung der kantonalen Verwaltung, was sie auf dem Web unternehmen. Wir besuchen Kurse, Gabi Schneider von der Fachhochschule Chur bildet uns weiter, Bücher und Blogs werden gelesen. Ich werde an die InetBib in Würzburg delegiert: Anne Christensen  macht neugierig auf einen OPAC plus und Lambert Heller und Patrick Danowski helfen mit ihrem niederschwelligen Vortrag zu Web 2.0. auch uns Anfängern.[4] Der Aufruf „we can do it!" – lange vor Obama - von Anne Christensen soll auch bei uns in der Kantonsbibliothek Liestal zum Programm werden, wenn auch auf einer bedeutend tieferen Stufe.[5] Ideen werden entwickelt und gesammelt.

---

4 http://www.slideshare.net/PatrickD/von-der-bibibliothekarin-zur-bibliothekarin-20 . Zuletzt besucht am 14.5.2010

5 https://eldorado.tu-dortmund.de/bitstream/2003/25205/1/ChristensenDreamteam.pdf Zuletzt besucht am 14.5.2010

Die tägliche Arbeit und jetzt noch Web 2.0?

Offline haben wir zu dieser Zeit schon einiges um die Ohren. Unsere täglich fast tausend Kunden müssen weiterhin mit Medien versorgt, unser großer Veranstaltungskalender betreut werden. Auf politischer Ebene ist keine Entlastung in Sicht: Stellenstopp gilt auch für die Kantonsbibliothek Baselland. EDV-Mittel sind ausschließlich für die alltägliche Betreuung des Online-Kataloges eingestellt, und was wir so von EDV verstehen, übersteigt das Wissen eines interessierten Laien nicht.

Wir versuchen es trotzdem: Lektorinnen und Lektoren bilden Unterarbeitsgruppen und versuchen neben ihrer täglichen Arbeit konkrete Projekte umzusetzen. Die Dezentralisierung soll auch helfen, Web 2.0-Kenntnisse in der ganzen Bibliothek zu verankern. Wir erfinden nicht alles selbst: Bibliotheken, die bereits Web 2.0-Tools verwenden, sind unsere Vorbilder und wir informieren uns bei ihnen.

Projekt Nr. 1: Alles in den Suchschlitz und dann runterschrauben

Die Beschäftigung mit dem Online-Katalog ist für uns nicht neu: Bereits 2002 lud die Kantonsbibliothek den OPAC-Programmierer der Firma SISIS (heute OCLC) ein, um mit ihm ein wichtiges Anliegen zu besprechen: Ein einziges Sucheingabefeld. Damit wurden unsere mit Datenbanken unerfahrenen Kunden – eine Mehrheit also – davon befreit, ihr Suchziel in komplizierte bibliografische Feinheiten aufgliedern zu müssen. "Google-Schlitz" hiess das Sucheingabefeld damals noch nicht, aber es waren tatsächlich die Suchmaschinen, die uns diese einfache Sucheingabe tagtäglich vorführten.

Zur gleichen Zeit wurde mit dem Programmierer das Zusammenspiel unserer Webseite mit dem Online-Katalog abgesprochen: Bibliothekswebseite und Online-Katalog sollten näher zusammenrücken: Ein Frame mit Navigationsbuttons, die grafisch unserer Bibliotheks-Webseite entsprachen, wurde dem OPAC von SISIS angefügt und führte nun zu den Benutzerkonto-Funktionen.

2005, mit der Implementierung der nächsten Webseite, lassen wir die „Liestaler Spezialität", wie sie unterdessen von der Software-Firma genannt wird, den Frame im Online-Katalog, wieder fallen und bauen die Funktionen gleich auf der Bibliotheks-Webseite ein: SISIS (OCLC) erhält den Auftrag, die Funktionen des Benutzerkontos und die Neuerwerbungslisten als stabile URL verfügbar zu machen, und so können nun die Besucherinnen und Besucher das Konto und die Neuerwerbungslisten direkt von der Bibliothekswebseite her ansteuern. Der inzwischen zum Standard gewordene „Google-Schlitz" darf bleiben. Er wird ebenfalls in die Webseite integriert, und die gewünschten Suchworte können direkt

eingegeben werden, erst für die Treffermenge wird der Online-Katalog angezeigt. Damit bleiben die funktionellen Überschneidungen zwischen Bibliothekswebseite und Online-Katalog bestehen, grafisch ist leider der Bruch wieder grösser geworden.[6]

2007 beschäftigen wir uns mit der Einbindung der Suchmaschine FAST in

den Online-Katalog. An einer Präsentation von OCLC-PICA im Jahr 2006 wird diese Möglichkeit vorgestellt. Endlich soll auch hinter dem Google-Schlitz eine Technik eingesetzt werden, die Kundinnen und Kunden nicht mit einer Vielzahl von unsortierten Einträgen allein lässt. Damit erhalten sie die Möglichkeit, sich alles zu einem Stichwort anzeigen zu lassen, sogar die „ähnliche Suche" einzuschalten, die auch flektierte Formen anzeigt. Sortiert wird nach Relevanz. Zentral sind aber nun die nachträglichen Filter: Sie helfen die Treffer nach normierten Kriterien, die in einer Bibliothek zur Genüge vorhanden sind, einzuschränken. Mit der Filterung nach

---

6 „Übergangslose Handhabung für den externen Benutzer, einheitliche Optik", forderte am Bibliothekartag in Erfurt Roland Dicke von der Stadtbibliothek Paderborn. Paderborn bietet seinen Benutzern seit Sommer 2008 in seinem Online-Katalog eine Reihe von Web 2.0-Features an. http://www.opus-bayern.de/bib-info/volltexte/2009/676/pdf/Web%202%20%5BKompatibilit%E4tsmodus%5D.pdf Zuletzt besucht am 14.5.2010

Medienart, Schlagwort, Alter, etc. kann sich der Kunde zu den gewünschten Treffern navigieren.

Ende 2007 brechen wir das Projekt ab: Die Konfiguration der Suchmaschinentechnologie ist für eine öffentliche Bibliothek ohne EDV-Abteilung zu kompliziert, die Nutzung der Filter zu umständlich.

Unter Einfluss der Web 2.0-Diskussion nehmen wir einen neuen Anlauf. OCLC hat unterdessen die Oberfläche ihres „InfoGuide" im Zusammenspiel mit FAST verbessert, die Konfiguration wird von der Kundenbetreuung in Basel in Zusammenarbeit mit München nach unsern Wünschen vorgenommen. Der Aufwand ist enorm, aber seit November 2008 ist der „InfoGuide" von OCLC mit der Suchmaschine FAST, inklusive Einbindung der Covers, zur Zufriedenheit unserer Kunden und dem entlasteten Infopersonal in Betrieb.

„Leider Nein!" Noch weit weg vom OPACplus

Meinten Sie „morgen stern?", fragt mich der neue Online-Katalog, wenn ich ihn bitte, mir Medien über „Morgenstern" zu präsentieren. Befrage ich ihn zu „Rianna", weil sich das so anhört, wenn mich die junge Besucherin nach einer ausleihbaren CD fragt, wird mir kein alternatives Suchwort angeboten, sondern trocken mitgeteilt, dass so was in unserm Bestand nicht zu finden sei. Google ist da wesentlich hilfsbereiter: „Rihanna?" fragt die Suchmaschine in freundlichem Blau und bietet gleich noch Rihanna in Berlin oder ihr neuestes Album an. Wird FAST nie Google sein? Nein, meint OCLC, aber das Vokabular der Suchmaschine lasse sich bestimmt noch vergrößern.

„Wikipedia" einbinden mit FAST? Technisch kein Problem. Aber ein entsprechendes Konzept, das wir ausgearbeitet haben und uns offerieren lassen wollten, kann im Moment „aus zeitlichen Gründen" von OCLC nicht umgesetzt werden.

Rezensierende Benutzer? Nachdem ein solches Angebot bereits 2005 nicht umgesetzt werden konnte, wird 2007 wieder ein Konzept ausgearbeitet. Es soll bis Mitte 2007 umgesetzt werden. OCLC nimmt das Angebot wieder zurück: Touchpoint, das neue Produkt, das bereits bei „swissbib", dem Metakatalog der Schweizer Hochschulbibliotheken und der Schweizerischen Nationalbibliothek, eingesetzt wird, soll dereinst auch in unserer Bibliothek rezensierende Kunden zulassen. Unterdessen ist sich die Fachwelt gar nicht mehr so sicher, ob der Benutzer so erpicht darauf ist, sich in Bibliothekskatalogen als Rezensent zu betätigen.[7]

---

7 Laut Befragungen hält sich das Interesse von Studierenden in Grenzen, Rezensionen im Bibliothekskatalog zu schreiben. Dies dürfte meiner Meinung nach in öffentlichen Bibliotheken etwas anders aussehen. Ob aber ein Link zu Amazon nicht genügen würde? Zur Studentenbefragung: http://beluga-blog.sub.uni-hamburg.de/blog/2009/01/31/die-die-mal-drunter-leiden-werden-fragen-fokusgruppen-zum-katalog-20-mit-studierenden. Zuletzt besucht am 14.5.20010

Andere Verbesserungswünsche müssen vorläufig ebenfalls zurückgestellt werden, wie etwa eine optisch klarere Navigationsstruktur, konsistentes Verhalten der Browser-Rückwärtstaste und anderes mehr. Denn dazu braucht es die Umsetzung durch die Bibliothekssoftware-Firma: „Wird eingephast" heisst etwa der technische Ausdruck, der uns die gewünschte Neuerung in die Fernen einer nicht näher definierten, zukünftigen Version der Software rückt.
Unterdessen macht die technische Entwicklung nicht Halt: Die Frage der Einbindung von mobilen Endgeräten ist brennend geworden.[8]

Die kleine Bibliothek in Liestal und der globalisierte Markt der Bibliothekssofteware-Firmen

Die Arbeitsgruppe, die Katalog und InfoGuide betreut, formuliert Ende 2008 ein Anforderungspapier an einen Bibliothek 2.0-Katalog zu Handen des OCLC Produktmanagements und reicht es zur Diskussion an Anwendergruppen weiter: Stabile URLs, Sortierung nach Ausleihstatus, Recommendersysteme, RSS-Feeds für Suchanfragen und was der gewünschten Werkzeuge mehr sind, werden dort aufgeführt. Sie werden mit Beispielen illustriert, die Ende 2008 vor allem aus den USA stammen.[9]

Es besteht die Gefahr, dass unser Einfluss als kleine öffentliche Bibliothek im globalisierten Markt von OCLC bescheidener wird: Während wir die aufwändigen Bibliothek 2.0-Projekte wissenschaftlicher Bibliotheken oder Verbünde und ihre Möglichkeiten der eigenständigen Entwicklung und der technischen Zusammenarbeit mit OCLC bewundern,[10] nehmen sich unsere Web2.0-Versuche sehr trivial aus. Gehört das persönliche Einladen von Programmierern, um mit ihnen die „Idee von Liestal" zu besprechen, der Vergangenheit an? Gelingt es uns, entgegen unserer föderalistischen Strukturen (in der Schweiz sind die öffentlichen Bibliotheken von Kantonen, Gemeinden oder Stiftungen finanziert) Kooperationen einzugehen, die uns Gewicht verleihen?

Vielleicht ist dieser weltweite Aufbruch der Bibliotheken und der Innovationsschub auch eine Chance für kleinere Bibliotheken wie die unsrige, in die Welt von WorldCat und Touchpoint (Metakatalog der Schweizer Hochschulbibliotheken und der Schweizerischen Nationalbibliothek) mitgenommen zu werden.[11] Vergessen werden darf aber nie, dass ein Katalog einer wissenschaftlichen Bibliothek anderes leisten muss als ein Katalog der öffentlichen Bibliotheken: Die Ver-

---

8   Regina Pfeifenberger, Berlin, gewinnt mit ihrer Masterarbeit „Bibliotheksdienste für Mobiltelefone" den B.I.T.online Innovationspreis 2010
9   Dazu ist von Fabienne Kneifel eine mit dem B.I.T.online Innovationspreis 2009 dotierte Publikation erschienen (Kneifel, 2009).
10 Andreas Weber (Universität Bayreuth) und Alfons Wittmann (UB Eichstätt-Ingolstadt) Vorsitzender, bzw. Mitglied des Bibliotheksverbunds Bayern - Arbeitsgruppe Lokalsysteme, beeindrucken an der OCLC-Anwendertagung in Erfurt 2009 mit der Präsentation ihrer Eigenentwicklungen an den Online-Katalogen.
11 http://www.worldcat.org/ bzw. http://www.swissbib.ch

waltung von Zeitschriftenbänden oder das Durchforsten weiterer Datenbanken sind für uns nicht so entscheidend wie ein spielerischer, intuitiver Zugang, der nicht nur präzise Treffer ermöglicht und der Relevanz von verfügbaren Medien Rechnung trägt, sondern auch das Stöbern zulässt.

Projekt 2: Kostenlose Web 2.0-Tools machen ordentliches Informieren und Planen im Team einfacher

Auf der Infothek ein Stoss Blätter, auf dem Probleme, Fragen, Informationen fortlaufend notiert werden: So sah das Werkzeug aus, mit dem sich das Informationspersonal von Einsatz zu Einsatz seine Informationen weitergab. Mit jedem neuen Eintrag fielen wichtige Einträge ein bisschen mehr der Vergessenheit anheim und führten zur Frage: Hatten wir das nicht schon irgendwann und wo steht es?

Das kostenlose Online-Wiki, *PB-Works*, so konfiguriert, dass es nur einem geschlossenen Benutzerkreis zur Verfügung steht, löst heute das Problem, und dies nicht nur im Bereich der Infothek, sondern auch im EDV-Support.[12] Mails informieren die Kolleginnen, eine Suchfunktion macht es möglich, wichtige Informationen wieder zu finden.[13]

Ein Google-Kalender hilft uns, jedes Jahr wiederkehrende Termine wie Schulung der Auszubildenden, Anlässe und Aufgaben im Auge zu behalten. Der Kalender jedes Teammitgliedes wird darunter sichtbar, was die Planung unserer komplexen und zeitkritischen Aufgaben einfacher macht.[14]

Delicious hält unsere Links zusammen, Netvibes die vielen Logins, die im Laufe der Zeit auf dem Internet entstanden sind. Gleichzeitig dient Netvibes als Newsreader.[15]

Angesteckt durch Web 2.0: Das Bedürfnis nach offener Kommunikation steigt

Wir beobachten, dass sich sowohl durch verteilte Arbeit als auch durch die veränderte Kommunikationskultur auf dem Internet unsere Art des Informationsaustausches im Team und im ganzen Haus verändert hat. Der Begriff „to share" ist an jeder Ecke im Web anzutreffen. Jede und jeder ist darauf angewiesen, Kommunikation zu teilen, um Projekte voranzubringen. Die Kommunikation ist offener,

---

12 Unterdessen haben wir allerdings eine bezahlte Lizenz für Schulen und Bibliotheken. An dieser Stelle sei Lambert Heller gedankt, er hat mich zu den verfügbaren Wikis beraten.
13 http://pbworks.com
14 http://www.google.com/calendar
15 http://delicious.com/ bzw. http://www.netvibes.com

weniger hierarchisch, die Selbstverständlichkeit, dass Informationen geteilt werden, größer geworden.

Dieses Jahr hat es sich die Geschäftsleitung zum Ziel gesetzt, die Kommunikation im ganzen Haus unter die Lupe zu nehmen. Eine wichtige Frage wird nicht nur sein, wie die Informationsströme fließen sollen, sondern auch, wie sie von den Mitarbeiterinnen und Mitarbeitern gefiltert werden können – auch dies eine Erfahrung aus dem Internet-Rauschen.

Projekt Nr. 3: Kommunikation mit unsern Kunden. Die Webseite www.kbl.ch soll interaktiver werden

Eine gründliche Überarbeitung der Webseite ist ein weiteres Projekt, das aus der Web 2.0-Diskussion der Kantonsbibliothek entstanden ist. Die Erarbeitung des Konzepts, zuerst in einer internen Arbeitsgruppe und nachher mit der ausführenden Firma, nahm ein ganzes Jahr in Anspruch. Hier zeigte sich stärker noch als in andern Projekten, dass unsere personellen Ressourcen beschränkt sind: Immer wieder musste dem Alltagsgeschäft Priorität eingeräumt werden. Mit dem erarbeiteten Konzept konnten wir allerdings die Informatikabteilung überzeugen, sodass uns die gewünschte Summe für die Umsetzung zur Verfügung gestellt wird.

Die neue Webseite, in Typo3 programmiert, soll die Kommunikation mit unsern Kunden verbessern und die Flexibilität bieten, auf Aktuelles zu reagieren. Die Webseite bietet für verschiede Zielgruppen (Kinder, Jugendliche, ältere Generation und regional Interessierte) einen eigenen Einstieg. Wir können auf Inhaltsebene Kommentarmöglichkeiten für die Benutzerinnen und Benutzer einschalten und unsere Aktualitäten in verschiedene Feeds einspeisen. Eine „Werbespalte" am rechten Rand und eine Tag-Cloud machen es uns möglich, auf aktuelle Themen hinzuweisen. Veranstaltungen, die in einem Kalender gehalten werden, können mit Einladungen und Berichten angereichert werden, verschieben sich je nach Datum auch automatisch in die News-Spalte auf der Einstiegsseite oder später ins Archiv. Unser Kerngeschäft, die Medien, werden prominent platziert und beworben. Das Suchfeld in den Online-Katalog ist grösser geworden, die Katalogfunktionen werden mit Screenvideos erklärt, und Mitarbeiter und Mitarbeiterinnen der Kantonsbibliothek empfehlen dem Publikum aktuelle Medien. Die Menüführung ist so flexibel gestaltet, dass die Redaktorin sofort einen neuen Menüpunkt einfügen oder einen alten löschen kann, sollte dies nötig sein. Ein Anwendung, die wir als sinnvoll erachten, musste in der Konzeptionsphase leider bereits zurückgestellt werden: Es wird keinen Live-Chat mit der Bibliothekarin geben. Es ist uns bisher nicht gelungen, Ressourcen dafür freizustellen.

Wir haben uns entschieden, dass die einzelnen Teams unseres Hauses für ihre zielgruppenorientierten Inhalte selber verantwortlich sein sollen, da wir überzeugt sind, dass nur so eine lebendige, aktuelle und interaktive Seite entstehen kann. Die fünf Redaktorinnen wurden einen Nachmittag geschult, die Praxis erarbeiteten sie sich gemeinsam. Das Schreiben von Texten, Suchen oder Herstellen von Bildern, behindert durch noch vorhandene Fehler in der Programmierung, bedeuteten einen enormen Aufwand für die Lektorinnen, die, wie bereits in der Konzeptphase, das Alltags-Geschäft nicht vernachlässigen durften.

Die Endredaktion ist jetzt (Mai) noch nicht gemacht, die einzelnen Inhalte sind noch nicht an ein grafisches Gesamtkonzept angepasst, Begriffe noch nicht vereinheitlicht und die Webseite deshalb noch nicht online gestellt. Es sind Fragen offen geblieben: Wer ist für die übergeordneten Inhalte verantwortlich, wie wird die regelmässige Aktualisierung sichergestellt, sind die Inhalte bedürfnisgerecht, zu ausführlich, zu knapp? Werden die bereitgestellten Aktualitäten in möglichst Ressourcen sparender Art in ein Facebook- oder Festzeitkonto übertragen? Diese inhaltlichen wie organisatorischen Fragen werden uns in den Sommermonaten noch beschäftigen.

Projekt Nr. 4: Kommunikation mit Jugendlichen via Blog: Offline muss auch was geschehen

Als weiteres Projekt starten wir einen Blog für jugendliche Leser. Wir möchten, dass Jugendliche über Bücher, Musik, Filme und CDs schreiben und diese Einträge kommentieren können. Dazu müssen sie sich als „Redaktorinnen" und „Redaktoren" beim Blog anmelden. Vorbild ist der Blog der Jugendbibliothek Solingen.[16]

Wir klären die technischen Details ab und entscheiden uns für die Online-Version von Word Press, da eine Festinstallation auf dem Webserver zu teuer wäre. Allerdings benötigt die Konfiguration durch unser Blog-Team viel Zeit und birgt etliche Probleme, die wir nicht lösen können: Unsere CSS-Kenntnisse reichen nicht aus, um das Aussehen des Blogs so zu gestalten, wie wir das gerne hätten. Das Backend ist nicht konsistent übersetzt, wie wir nach den ersten Wochen im Betrieb merken, und wechselt alle paar Wochen Aussehen und Funktionalität, was die Bedienung für die bloggende Jugend erschwert. Zudem entspricht die eingebaute Anmeldungsprozedur nicht unseren Bedürfnissen, was im Blog-Team erheblichen Zusatzaufwand generiert.

Wie bringen wir aber nun Jugendliche dazu, bei uns zu rezensieren? Den Einstieg versuchen wir mit dem „Prix Chronos": Jugendliche und ihre Großeltern lesen gemeinsam fünf Jugendromane und wählen die Besten aus. Mit dem Blog möchten wir die Teilnahme an diesem schweizerischen Wettbewerb fördern. Unsere verschiedenen Aktionen bleiben allerdings ohne großes Echo. Wir müssen zur Kenntnis nehmen, dass die Jugendlichen nicht auf unseren Blog gewartet haben. Deshalb ändern wir die Strategie und bemühen uns um die Fachbuchhandlung für Kinder- und Jugendbücher in der Stadt Liestal: Sie betreibt einen Leseclub und ist bereit, einen Clubabend bloggend in der Bibliothek abzuhalten. Dies führt dazu, dass wir einige Monate ausgezeichnete Rezensionen erhalten. Dann stockt das Projekt wieder. Auszubildende der Bibliothek werden von uns aufge-

---

16 http://blog.jubiso.de/

fordert zu bloggen. Dies ist zwar förderlich für die Ausbildung der angehenden Bibliothekarinnen, entspricht aber nicht der ursprünglichen Absicht. Claudia Elsner-Overberg, Initiatin des Solinger-Blogs, weist in ihrem Vortrag am Bibliothekartag 2009 in Erfurt auf die Wichtigkeit der extrinsischen Motivation hin: Pizza essen und Kinogutscheine gehören dazu. Offensichtlich müssen „offline" und „online" zusammenspielen: Wollen wir die Jugendlichen auch auf dem Web begrüßen, müssen wir sie in der analogen Welt abholen und umgekehrt.[17] Mit der neuen Webseite werden unsere technischen Probleme kleiner, Word Press wird nach unsern Bedürfnissen konfiguriert werden. An der Kundenbindung in der Jugendabteilung hingegen müssen wir noch arbeiten.

Nicht nochmals auf dem gleichen Kanal senden: Die Bibliothek als Oase des Austausches und des Erlebens

Bei all diesen digitalen Ausflügen und Testfeldern mussten und müssen wir uns also auch offline weiterentwickeln. Sowohl bei der Eröffnung der neuen Bibliothek vor fünf Jahren als auch in der Arbeitsgruppe Web 2.0 haben wir einen Fokus auf „die Bibliothek als Treffpunkt" gelegt. Wir möchten unserem Publikum einen Ort anbieten, der sie als individuelle Personen mit individuellen Bedürfnissen ernst nimmt. Nicht alle unsere Kundinnen und Kunden sind zu Internetfreaks geworden, fast 50 % der über 60 jährigen beispielsweise benützen das Internet nicht.[18]

---

17 Dies ist auch eine Beobachtung der Studie von Schmidt et. al., 2009: S. 271: „Zentral sind dabei zwei Beobachtungen: Erstens weisen die online abgebildeten sozialen Netzwerke in aller Regel hohe Überlappung mit denjenigen Beziehungsstrukturen auf, die auch außerhalb des Internets existieren. Nutzer spiegeln also ihre Freundes-, Bekannten-, Cliquen- und Klassenstrukturen auf den Netzwerkplattformen und umgeben sich dort mehrheitlich mit Personen, die sie auch „im realen Leben" bereits getroffen haben."
18 Angaben schweizerisches Bundesamt für Statistik für 2009: http://www.bfs.admin.ch/bfs/portal/de/index/themen/16/04/key/approche_globale.indicator.30106.301.html?open=5&close=5 . Zuletzt besucht am: 14.5.2010

Diese Generation schätzt die Bibliothek als Treffpunkt, die Möglichkeit dort einen Kaffee zu trinken, Angebote wie einen Großelternkoffer mit anregenden Büchern und Hörbüchern für gemeinsame Entdeckungen mit der Enkelin oder dem Enkel.

Die ältere Generation sollte aber auch die Möglichkeit erhalten, in der Bibliothek eine Einführung in den Online-Katalog und in die Nutzung des digitalen Angebotes (Divibib) zu erhalten oder einen Kurs in allgemeiner Computerbenutzung machen zu können.

Eltern mit ihren kleinen Kindern möchten wir die Welt der Bücher näher bringen. Wir planen spezielle Veranstaltungen für sie, zeigen ihnen die Welt der Kinderverse und erzählen Geschichten.

Die Internetbenutzerinnen und Internetbenutzer auf einem Kanal zu erreichen versuchen, auf dem sie schon gehörig eingedeckt sind, ist nicht einfach und darf nicht der einzige Weg bleiben. Wir wollen auf dem Internet mit Webseite, Blog, in Zukunft möglicherweise auch in Communities wie Facebook und Festzeit präsent sein und unsere Angebote machen. Es sollen aber nicht die einzigen bleiben. Das Publikum, das die Bibliothek regelmässig besucht, zu behalten, zufriedenzustellen, dafür zu sorgen, dass es wiederkommt, braucht auch schon eine ganze Menge an Ressourcen und darf nicht vernachlässigt werden. Die Bibliothek als Treffpunkt, als Lernort, wo man sich wohlfühlt, wo Dinge erlebt werden können, weiterzuentwickeln, wird uns in nächster Zukunft fordern.

Hier neues Wissen aufzubauen und Partner zu finden, beschäftigt uns. Tragende Netzwerke mit andern Institutionen und Einrichtungen wie der Volksschule, der Erwachsenenbildung, Institutionen für ältere Menschen, für Fremdsprachige etc. aufzubauen, kostet Zeit; die Einbindung in politische und gesellschaftliche Strukturen wird die Bibliothek aber stärken.

Wir Mitarbeiterinnen und Mitarbeiter bilden uns weiter in Eventmanagement, Medienpädagogik und Leseanimation. Denn genau in diesem Bereich haben wir ein Ausbildungsdefizit: Wir müssen lernen, uns hinzustellen, einen Event, eine Führung, eine Schulung, eine Geschichtenstunde zu planen und auf didaktisch ansprechende Weise durchzuführen.

Wir werden weiterhin darauf achten, dass in der Bibliothek ein freundlicher Ton herrscht und sich die Kunden willkommen fühlen. Wir werden weiterhin den Sonntag offen halten[19] und damit Familien einen Treffpunkt bieten. Wir werden

---

19 Jedenfalls von Anfang Oktober bis Ende April. Die ganzjährige Sonntagsöffnung mussten wir aus Spargründen bei Eröffnung der neuen Bibliothek 2005 einstellen. 2008 wurde ein Antrag einer Parlamentarierin für eine erneute ganzjährige Öffnung im Parlament abge-

uns weiterhin bemühen, unsere Kundinnen und Kunden in der Bibliothek willkommen zu heißen. Das ist leider nicht selbstverständlich: Bibliothekssoftware unterstützt viele Varianten und Automatismen, um Mahnungen zu versenden, aber keine, um einem langjährigen Kunden für seine Treue zu danken.

Wir haben keine Minute für Facebook: Tun was immer möglich ist

„Wir haben keine Minute für Facebook", sagte ein Bibliothekar kürzlich zu mir. Die Ressourcen sind beschränkt. Die föderalistisch organisierten öffentlichen Bibliotheken der Schweiz sind abhängig von den Fördermöglichkeiten ihrer Kantone, Gemeinden und Stiftungen. Noch nie hat es von den Finanzen her so schlecht ausgesehen wie zurzeit. Wir werden nicht mehr Personal einstellen und nicht mit größeren Budgetaufstockungen rechnen können.

Mirko Lange erklärt im Blog „Talkabout", dass es für manche Unternehmen aus Ressourcengründen schwierig sein kann, „Social Media" umzusetzen, auch wenn dies eigentlich heute dazugehörte. Er plädiert aber für ein Herantasten, zusammen mit den Mitarbeitern:

"Social Media" wirklich zu "implementieren" ist eine Herkulesaufgabe, die irrsinnig viel Ressourcen kostet. Und Energie. Aber es gibt andere Wege. Man kann es auch "einfach mal anfangen". Nicht völlig wild, aber auf einem pragmatischen Niveau. Und es sich dann entwickeln lassen. Menschen langsam, heranführen. Deren Engagement gewinnen.[20]

Dies haben wir versucht.

Die Motivation unserer Mitarbeiterinnen und Mitarbeiter, sich auch privat weiterzubilden, in Bezug auf das Internet a jour zu bleiben, Veranstaltungen zu besuchen und Ideen zu entwickeln, ist vorhanden. Es wäre aber illusorisch und gefährlich, diese Bereitschaft als stabil und gottgegeben anzusehen. Es ist anstrengend, der Informationsflut Herr zu werden, der dauernden Aufforderung zum Netzwerken nachzukommen, Veranstaltungen zu organisieren und daneben das Alltagsgeschäft zu bewältigen. Wir müssen deshalb mit unseren Ressourcen haushälterisch umgehen und immer wieder prüfen, ob alle Neuerungen und Umstellungen auch Sinn machen und sind dabei auf Planbarkeit und Investitionen, die nachhaltig sind, angewiesen.

In einer Zeit von hektischen Umwälzungen, grosser Arbeitsbelastung und Personalstopp die Vielfalt des Angebots und den guten Service beizubehalten, im Umgang mit den neuen Medien nicht ins Hintertreffen zu geraten und gleichzeitig die Motivation der Mitarbeiterinnen und Mitarbeiter aufrecht zu erhalten — darin

---

lehnt. http://www.basel-landschaft.ch/2007-223_01-21_txt-htm.275465.0.html . Zuletzt besucht am: 14.5.2010

20 http://blog.talkabout.de/2010/01/16/social-media-gehort-zur-grundversorgung-eines-unternehmens-wie-telefon-und-e-mail/ . Zuletzt besucht am 14.5.2010

wird für mich als Teamleiterin der Kantonsbibliothek Baselland auch in Zukunft die zentrale berufliche Herausforderung liegen.

Literaturverzeichnis

(Kneifel, 2009) Kneifel, Fabienne: Mit Web 2.0 zum Online-Katalog der nächsten Generation. Wiesbaden: Dinges & Frick, 2009. (B.I.T.online INNOVATIV. Bd. 23)

(Schmidt, et. al., 2009) Schmidt, Jan-Hinrik ; Paus-Hasebrink, Ingrid ; Hasebrink, Uwe: Entwicklungsaufgaben im Social Web. In: Heranwachsen mit dem Social Web : Zur Rolle von Web 2.0-Angeboten im Alltag von Jugendlichen und jungen Erwachsenen. Berlin : Vistas, 2009 (Schriftenreihe Medienforschung der Landesanstalt für Medien Nordrhein-Westfalen. Band 62)

Jochen Dudeck

Web 2.0 in einer Kleinstadtbibliothek

Abstract

Gerade kleine Einrichtungen mit wenig Personal sind auf Austausch und Kooperation innerhalb der Fachöffentlichkeit angewiesen. Das Web 2.0 stellt hier einfache Werkzeuge zur Verfügung. Die Stadtbücherei Nordenham hat bereits 2005 angefangen, konsequent Web 2.0-Plattformen im Arbeitsalltag einzusetzen. Vom Weblog zur Kommunikation mit Benutzern und Fachkollegen, *Flickr* zur Fotodokumentation der eigenen Arbeit bis hin zu *Librarything* als Zweitkatalog konnten Erfahrungen gesammelt werden. Die Grenzen liegen weniger in den technischen Möglichkeiten als in eingefahrenen Arbeitsweisen und Denkroutinen. Auch wenn Vernetzung Zeit kostet, so hat sie Vorteile gegenüber den üblichen Top-Down-Methoden (Portale, Rundbriefe, Vorträge etc). Die Bibliotheken sollten sich auch als Akteure bei der Vermittlung von Informationskompetenz 2.0 verstehen.

Die Stadtbücherei Nordenham

Nordenham ist eine kleine Industriestadt an der Wesermündung mit einer schrumpfenden Einwohnerzahl (2010: 27 000). Der Schwerpunkt der Beschäftigung liegt einseitig im Bereich der gewerblichen Wirtschaft. Allein ein Viertel aller Arbeitnehmer der Stadt arbeiten in einem Zweigbetrieb der Airbusfertigung. Die Stadt zieht sich über 20 Kilometer am linken Weserufer entlang. Der Abstand der nördlichen und südlichen Ortsteile vom Zentrum beträgt bis zu 10 km. Die Stadt ist durch die Lage im Norden einer Halbinsel verkehrstechnisch relativ isoliert. Wer hier arbeitet, wohnt in der Regel auch hier. Es gibt 17 - teilweise allerdings sehr kleine - Schulen und 10 Kindergärten. Trotz oder vielleicht gerade wegen seiner Randlage verfügt Nordenham über ein reiches Kulturleben.

Die Bibliothek liegt in der Ortsmitte, wo etwa die Hälfte der Einwohner leben und befindet sich im Neubau (1974!) des Gymnasiums, der mit 1000 Schülern größten Schule der Stadt. Die Stadtbücherei ist gleichzeitig Schulbibliothek des Gymnasiums und erhält dafür vom Schulträger, dem Landkreis Wesermarsch, Mittel in Höhe einer Vollzeitstelle des Mittleren Dienstes. Diese Zwitterrolle ist nicht unproblematisch und bedingt einen speziellen Blick auf die Chancen des Web 2.0.

Mit 4,25 Stellen bei 30 Wochenöffnungsstunden und knapp 150 000 Entleihungen ist die Personalsituation ständig angespannt. Bis zum Sommer 2008 gab es nur eine bibliothekarische Stelle. Seitdem arbeitet der Autor im Rahmen der Altersteilzeit halbtags, und eine junge Kollegin konnte für den Kinder- und Jugendbereich eingestellt werden.

Schon 1991 stand ein erster PC in der Bücherei, über den via BTX versuchsweise Fernleihen im GBV getätigt wurden. Die Stadtbücherei war Pilotanwenderin im niedersächsischen Allegro-OEB-Projekt und die erste öffentliche Bibliothek überhaupt, die diese landeseigene Software seit Ende 1992 im Ausleihbetrieb einsetzte. Nach Gehversuchen mit einer Cerberus-Mailbox kamen 1997 die ersten beiden Internetplätze für das Publikum, die Dank eines Förderprogramms des Bundes im Jahr 2000 auf acht aufgestockt werden konnten. Von 1997-2000 nahm die Stadtbücherei an einem Projekt des Landes teil, das neue Wege der Zusammenarbeit zwischen Schulen und Bibliotheken erkunden sollte. Wir haben bereits damals Jugendliche zu „Informationstutoren" im Internet ausgebildet. Seit 2004 nutzt die Stadtbücherei aktiv Plattformen des Web 2.0.

Das Dilemma einer Kleinstadtbücherei

Die Arbeit in einer Kleinstadtbücherei - analog zur OPL könnte man von einer OLL, One-Librarian-Library sprechen - ist durch ihre Vielseitigkeit ausgesprochen anspruchsvoll und befriedigend. Man hat mit allen Aspekten des Berufes zu tun, man arbeitet mit Medien und Kunden jeden Alters gleichermaßen und verfügt über eine große Gestaltungsfreiheit. Es gibt aber auch Schattenseiten. Wer seine Arbeit gut machen will, lebt in einem ständigen Kommunikations-Overload, komplexe Aufgaben sind kaum delegierbar, und bei chronisch schlechter Personalausstattung führt die Erkrankung einer Mitarbeiterin oft dazu, dass man den Tag an der Verbuchungstheke verbringt. Erfolg kann so schnell zum Fluch werden, da er nie mit besserer Personalausstattung belohnt wird.

Innovationen bedürfen aber freier Ressourcen. Effizienzsteigerung ist sinnvoll, wenn dadurch Ressourcen frei werden. Wenn aber regelmäßig eingespart wird, geht die Anpassungsfähigkeit zwangsläufig verloren. Auch Bibliotheken leiden massiv an dem, was man "wachsenden Umweltstress" nennen könnte. Der ständige Anpassungszwang an Sparvorgaben, die wachsende Arbeitsverdichtung sind Gift für jede Art von Innovation. Die zeitliche Perspektive verkürzt sich. Wer Mühe hat, "die Woche zu überleben", schmiedet keine Pläne für Übermorgen. Dies ist ein systemisches Problem! Es ist kein Zufall, dass öffentliche, zumal kleine Bibliotheken kaum als Web 2.0-Anwenderinnen hervorgetreten sind. Vor diesem Hintergrund ist auch einsichtig, dass kleine Einrichtungen Schwierigkeiten haben, sich an der Fachkommunikation zu beteiligen, sogar damit, sie regelmäßig zu verfolgen.

Man kommt daher nicht umhin, jede Veränderung der Arbeitsroutinen vornehmlich unter ökonomischen Gesichtspunkten zu betrachten. Wie verhalten sich Aufwand und Nutzen zueinander, was bringt es uns im beruflichen Alltag?

Aufwand und Nutzen zueinander, was bringt es uns im beruflichen Alltag? Die entscheidende Hürde ist der Übergang vom (reinen) Konsumenten zum (Mit-)Produzenten von Inhalten, dem Kern der Web 2.0-Philosophie. Habe ich Zeit, auch etwas beizutragen, und wenn ja, was?

Frühstart: das BuechereiWiki

Im Jahr 2004 zeichnete sich ab, dass die WIKIPEDIA eine Erfolgsgeschichte werden würde. Warum sollte so etwas in kleinerem Umfang nicht auch für das Bibliothekswesen möglich sein? Mit Hilfe des netbib-Gründers Edlef Stabenau wurde 2005 mit dem BuechereiWiki begonnen. Wir hatten uns damals viel vorgenommen. Dieses Wiki sollte sein:

ein übersichtlicher & aufgeräumter Werkzeugkasten für den Alltagsgebrauch
ein großer Notizblock, eine Datenbank voll von Anregungen
ein Verzeichnis nützlicher Websites
ein Tauschring, ein Markt der guten Praxis
eine bottom-up-Alternative zu teuren & selten nachhaltigen top-down-Lösungen
ein demokratisches Medium in der Verantwortung aller Beteiligten
ein Stück Kultur der Kooperation im öffentlichen Bibliothekswesen
ein Treffpunkt netter & engagierter Leute
ein blauer Farbtupfer im grauen Alltag...

Uns schwebte nichts anderes vor als eine Art gemeinsamer "Schreibtisch", ein Austauschforum für den beruflichen Alltag. Es zeigte sich leider relativ schnell, dass das Projekt nicht von der Stelle kommen würde. Zu wenige sprangen auf den Zug auf, vor allem nicht die Fachstellen für öffentliche Bibliotheken, die zentrale Lösungen wie das 2004 gestartete "Kompetenznetzwerk" favorisierten. Das BuechereiWiki existiert aber noch heute und wird von einigen wenigen Kollegen intensiv genutzt, z.B. zum Thema interkultureller Bibliotheksarbeit.

Was sich bewährt und warum

Die Stadtbücherei Nordenham nutzt vier Web2.0-Plattformen intensiv: unseren Weblog, die Fotoseite "flickr", "librarything" als Zweitkatalog und außerdem "delicious" als Social-Bookmarking-Tool. Hinzu kommt die Startseite "Netvibes".

Das Weblog hat bisher zweimal die Adresse gewechselt. Wir starteten im August 2004 beim österreichischen Anbieter "twoday" und versuchten es ab Januar 2006 mit einer eigenen Wordpress-Installation auf dem Server, auf dem auch unsere Homepage liegt. Drei Jahre später wechselten wir wegen fortgesetzter Spam-Angriffe zu "wordpress.com", da wir es leid waren, durch ständige Updates immer neue Sicherheitslücken zu schließen.

Das Weblog ist nach wie vor ein wichtiges Schaufenster für unsere Bibliothek. Der Interessentenkreis einer Kleinstadt ist dabei im Gegensatz zu einer Großstadt sehr überschaubar. Es dient aber nicht nur der Kommunikation mit unserem Publikum, sondern fungiert nebenbei als wichtiges Archiv für eigene Aktivitäten.

Wir setzen Weblogs allerdings noch anderweitig ein. So haben wir ein Aktionsblog für den Sommerleseclub, das für Schreibaktionen oder Fotoromane genutzt wird. Diese "Ad-hoc-Weblogs" sind eine gute Möglichkeit, für eine beschränkte Zeit eine einfache Internetplattform zu schaffen.

Auch "flickr" dient uns als Archiv für unsere Arbeit. Über 1000 Fotos haben wir hier eingestellt, die unsere vielfältigen Aktivitäten gut dokumentieren. Dazu gehören Präsentationen von Vorträgen, die als Diashow abgespielt werden können.

Die für uns fast täglich genutzte Web 2.0-Plattform ist "Librarything". Diese Internetseite ermöglicht es, einen Onlinekatalog der eigenen privaten oder öffentlichen Bibliothek anzulegen. Über eine Z39.50-Schnittstelle können Titel sehr schnell erfasst und mit Schlagworten ("Tags") versehen werden. Auch der automatisierte Import über ISBN-Listen ist möglich. Wenn dies sehr viele Menschen tun, im besten Fall Bücher bewerten oder rezensieren - gegenwärtig (Frühjahr 2010) sind es über eine Million mit über 50 Millionen verzeichneten Exemplaren und über eine Million Rezensionen - ergeben sich "von selbst" wichtige Informationen. Interessen finden zueinander, und der Hinweis "wer dies in seinem Bücherregal hat, hat auch dies..." geht über die Empfehlungsfunktion von Amazon deutlich hinaus. Der Nachteil besteht darin, dass die deutsche Librarything-Gemeinde klein ist, die Nutzer sitzen meist in den USA.

Was haben wir also davon, wenn wir seit Ende 2005 jedes Buch des Erwachsenen-Bestandes dort erfassen?

Eigentlich war "Librarything" für uns anfangs nur eine Verlegenheitslösung. Der WebOPAC unseres Allegro-Programms bietet nach wie vor keine Anzeige der Buchcover - eine sehr wichtige Informationsquelle - und produziert auch keine Feeds für Neuzugänge. Zwei schwerwiegende Nachteile, die wir mit dieser Plattform auszugleichen hoffen. Librarything bietet aber inzwischen weitere für uns nicht ganz unwichtige Informationen. So lässt sich die Reihenabdeckung überprüfen, ein im Belletristikbereich sehr lästiges Problem. Weiterhin bietet die Plattform wichtige Hinweise für den Bestandsaufbau bei den Romanen, die im Unterhaltungssektor sehr häufig Übersetzungen US-amerikanischer oder englischer Titel sind. Ein Buch, das dort kaum gelesen wird, wird auch hier mit großer Sicherheit kein Ausleihrenner werden. Der Aufwand für diesen Zweitkatalog ist übrigens gering, wenige Minuten für einen Stapel von Büchern. Wir sind sehr gespannt, wie sich "Librarything" weiter entwickelt.

"Delicious" ist eine nützliche Plattform, wenn es um die Verwaltung einer größeren Menge von Bookmarks geht. Durch die Mächtigkeit der Suchmaschinen hat die Bedeutung der Linksammlungen abgenommen. Wir nutzen "Delicious" zwar noch, aber wesentlich seltener als früher.

Die Startseite "Netvibes" allerdings ist ein täglicher Begleiter. Sie bietet einen schnellen Überblick über die Fachblogs oder ankommende Mails. Die Literatur-Podcasts der Rundfunkanstalten, die man eben mal neben Routinetätigkeiten anhören kann, können ebenso eingebunden werden wie Linklisten, z.B. von Verlagen. Wir bieten unseren Benutzern sogar eine öffentliche Netvibes-Seite an, auf der nicht nur unsere Neuzugänge (über den RSS-Feed von Librarything) zu sehen sind, sondern auch die Wetteraussichten für Nordenham und das Programm unserer Veranstaltungshäuser. Dieses Angebot wird bisher aber noch von zu wenigen Kunden genutzt. Obwohl der Gebrauch des Kürzels "2.0" inzwischen inflationär ist, ist für die allermeisten Internetnutzer das "Web 2.0" völlig fremd.

Die Aufgabe der Bibliotheken bei der Vermittlung von Informationskompetenz 2.0

Wir dachten anfangs, alle Welt würde sich auf unsere Web2.0-Angebote stürzen. RSS-Feeds schienen uns ein geniales Werkzeug zu sein, das jedermann sofort benutzen möchte. Wir mussten lernen, dass das nicht der Fall ist. Informationsabende zum "Neuen Internet" interessierten trotz bester Pressearbeit damals nur wenige. Heute im Zeitalter von Facebook, Twitter und Co. hat sich das geändert. Es ist ein Angebot, mit dem man heute offensiv werben kann, weil das "Web 2.0" in aller Munde ist. Aber man muss auch bereit sein, diese Techniken aktiv über Kurse und Informationsabende zu vermitteln.

Dies betrifft auch unsere Funktion als Schulbibliothek. In jedem Schuljahr geben wir für Oberstufenschüler, die eine Facharbeit schreiben müssen, eine gesonderte Einführung in die Literaturrecherche. Wir erfragen dabei die Nutzung des Internets durch die Schüler. Die Ergebnisse über die Jahre sind ernüchternd. Kaum ein Zehntel hat bisher etwas von RSS gehört, die meisten Schüler nutzen den Firefox-Browser, aber fast niemand die Erweiterungen, wie z.B. das ausgesprochen praktische Bibliographie-Tool "Zotero". Die Kenntnisse der Lehrkräfte sind ähnlich rudimentär. Wir haben daher einen webbasierten Bibliographiekurs entwickelt, der nicht nur selbst eine Web 2.0-Anwendung ist, sondern auch eine besondere Betonung auf internetgestütztes Arbeiten legt.

Dies kann aber nur ein Anfang sein, da es bei der viel beschworenen "Informationskompetenz" bei den Schülern insgesamt nicht weit her ist. Die Schüler suchen möglichst mühelose und schnell "verwertbare Information" und nutzen dafür ausschließlich Google und die Wikipedia. Die Lehrer/innen ärgern sich über die "Googlesierung" und schicken die Schüler in die Bibliothek. Für diese ist die Frustration eine doppelte, entweder die Schüler kommen nicht, oder man muss ihnen mühevoll zeigen, wie man ein Nachschlagewerk benutzt, weil die Schule ihnen das nicht mehr beibringt. Zwar haben alle Schüler irgendwann eine Bibliothekseinführung erhalten, aber längst wieder vergessen, weil die Bibliothek kein regelmäßig besuchter, in den Unterricht einbezogener Lernort ist. Zudem sind kooperative Arbeitsmethoden Mangelware. Für Langzeit-Arbeitsgruppen, für die Web 2.0-Plattformen gerade interessant wären, ist keine Zeit.

So ärgerlich dies erst einmal ist, so liegt darin doch eine große Chance für die Bibliotheken, sich als kompetenter Bildungspartner der Schulen einzubringen, wenn sich nicht sogar in dieser Rolle neu zu erfinden. Es gilt die Stoffbezogenheit der Schulen und die Bestandsbezogenheit der Bibliotheken in einer neuen methodischen Verzahnung von Unterricht, Internet und Bibliothek zu überwinden. Die Schulen stellen zwar theoretisch den Kompetenzerwerb in den Mittelpunkt, bleiben aber in der Praxis hinter diesem Anspruch zurück. Die gegenwärtigen Spiralcurricula der Bibliothekseinführung berücksichtigen andererseits zu wenig, dass das Internet inzwischen die Hauptinformationsquelle der Schüler ist, auch wenn sie es nur auf niedrigem Niveau benutzen. Für diese neue Lernumgebung können Web 2.0-Plattformen eine wichtige Rolle spielen, da sie nicht nur Zusammenarbeit im Netz ermöglichen, sondern auch andere Organisationsformen von Wissen. Die Wikipedia ist ja nicht nur eine Online-Enzyklopädie, sondern auch ein lernendes, auf Dauer gestelltes "Peer-Review-System".

Die Stadtbücherei Nordenham wird in den nächsten Jahren in Kooperation mit dem Gymnasium versuchen, hier ein in ähnlichen Bibliotheksgrößen einsetzbares Modell zu entwickeln.

Um aber als Vermittler einer "Informationskompetenz 2.0" auftreten zu können, müssen Bibliothekarinnen und Bibliothekare erst selbst zu Experten werden. Hier gilt es noch einiges zu tun.

Der lange Weg zur BibliothekarIn 2.0

Mit der Beherrschung einer Technik wächst auch die Fähigkeit, neue Einsatzmöglichkeiten zu entdecken. Mit der Praxis kommt die Phantasie! Selbstverständlich kann man eine Schreibwerkstatt ganz konventionell durchführen, aber ein in wenigen Augenblicken eingerichtetes Weblog hat für die Teilnehmer den großen Reiz, dass nun potentiell alle ihre Texte lesen können. Mit kleinen Programmschnittstellen, den Widgets, lassen sich verschiedene Plattformen miteinander verbinden. Die Seitenleiste unseres Weblogs zeigt die Neuzugänge via Librarything oder Bilder aus der Bücherei via Flickr an, unser Twitter-Account wird auf diesem Wege automatisch mit Inhalten gespeist. Auch wenn die verwendeten Anwendungen eher unkompliziert zu bedienen sind, vergleicht man sie etwa mit gängigen Standardprogrammen, so machen doch die meisten Bibliothekare einen weiten Bogen um das Web 2.0. Warum eigentlich?

Trotzdem ist eine bloggende Bibliothekarin noch keine "Bibliothekarin 2.0", auch wenn sie einen sehr einfachen und eleganten Weg nutzt, um im Netz zu publizieren. Es geht im Kern aber um mehr! Bibliotheken haben immer Wissen organisiert. Jede Erschließung von Beständen, jedes Notationssystem, jede Aufstellungssystematik ordnet das menschliche Wissen, macht es zugänglich, organisiert es. Beim "2.0" geht es aber nicht vordringlich um die Organisation von Wissen, sondern um die Organisierung von Wissenden, die Schaffung produktiver sondern um die Organisierung von Wissenden, die Schaffung produktiver Strukturen.

Ein Beispiel: nach einem Workshop zur Zukunft von Jugendbibliotheken beim Bibliothekskongress 2010 wurde ein entsprechendes Weblog eingerichtet. Ziel war es nicht allein, die Ergebnisse des Workshops zu veröffentlichen, sondern eine Projekt-Plattform einzurichten. Bis 2012 soll eine Empfehlung für Jugendbibliotheken erarbeitet werden. Die DBV-Kommission Kinder- und Jugendbibliotheken, die dieses Weblog betreibt, ist bestrebt, möglichst viele Praktiker in den Diskussionsprozess einzubinden.

Was hier für eine Fachkommission gemacht wird, ist durchaus auch für einen größeren kommunalen Zusammenhang denkbar: die Bibliothek als Idea-Store, als Ort lebenslangen Miteinander-Lernens, als Organisatorin am Ort vorhandenen Wissens. Es geht dabei nicht unbedingt um großartige Dinge, sondern um ein anderes Denken.

Der Weg zur BibliothekarIn 2.0 ist trotzdem steinig, denn letztlich geht es auch um Allzumenschliches: die Bereitschaft zur Zusammenarbeit, zum Teilen eigener Erfahrungen, wozu auch das angstfreie Kommunizieren von Irrtümern gehört, das Vertrauen in einen gemeinsamen Prozess, auch wenn der Ausgang unklar ist. Alles Tugenden, die sich in einem Umfeld ständiger Sparzwänge und alltäglicher Zeitnot sehr schwer tun. Gerade kleine Bibliotheken sind aber auf fachlichen Austausch und Kooperation angewiesen, wenn sie überleben wollen. Werden Büchereien in einem Atemzug mit Schwimmbädern genannt, so ist ihre Zukunft fraglich, sind sie aber als kompetente Partner von Schulen und anderen Bildungseinrichtungen anerkannt, so haben sie wesentlich bessere Chancen, erhalten zu bleiben.

Alle Hinweise und Links zu diesem Aufsatz finden sich unter http://www.delicious.com/nordenhamerbuecherei/hbweb20.

Hans-Georg Becker, Iris Hoepfner und Christian Kirsch

Universitätsbibliothek Dortmund 2.0

Erste Gedanken

Abbildung 12: WordCloud „Universitätsbibliothek Dortmund 2.0"

Mit dem Aufkommen des „sozialen Netzes" und seiner neuen Konzepte im Internet wird die Begriffsergänzung „2.0" verstärkt auch auf andere Bereiche übertragen. Auch die Bibliothekswelt entdeckt die neuen Anwendungen für sich und experimentiert mit den neuen Möglichkeiten des „social web".

Der innovative Einsatz von Informationstechnologie spielt in der Universitätsbibliothek Dortmund eine zentrale Rolle. Meilensteine wie die Entwicklung des Bibliothekssystems DOBIS in den Jahren 1972 bis 1982, die frühe Einführung von E-Mail-Adressen für alle Mitarbeiter (1993) und nicht zuletzt die Gründung der Kommunikationsplattform „Internet in Bibliotheken INETBIB" als Reaktion auf die Einführung des Internetauftritts der Universitätsbibliothek Dortmund im Jahre 1994 belegen dies.[1]

Die Entwicklungen lassen sich in drei grobe Bereiche einteilen, die auch heute große Bedeutung für die Zielsetzung der Universitätsbibliothek Dortmund haben:

Kommunikation,
Erschließung der Bestände und
Zugänglichkeit der Bestände („Öffnen der Datensilos").

Entwicklung der Kommunikationskultur

Die Kommunikationswege haben sich in den letzten Jahrzehnten deutlich weiterentwickelt. Wurden anfangs E-Mails noch als elektronische Form des klassischen

---

[1] Einen Überblick über die Geschichte der Universitätsbibliothek Dortmund und insbesondere der Entwicklung der EDV in der UB gibt „40 Jahre Universitätsbibliothek" aus dem Jahre 2005. http://www.ub.tu-dortmund.de/aktuelles/40jahre/40-Jahre-UB-Do.pdf (Zuletzt besucht am: 10.05.2010)

Briefes verstanden und eingesetzt, kam mit der Mailing-Liste bereits eine netzwerkbildende Funktion hinzu. Mit der weiteren Verbreitung des Internets folgten dann auch Foren und Chats. Die Präsenz von Computer, Internet und Breitbandverbindung nahm in den letzten Jahren stetig zu und führte dazu, dass das allgegenwärtige Internet mehr und mehr zum „Mitmachnetz" wurde. Blogs, Wikis, Podcasts und andere neue Formen von Netzwerken waren Folgen.

Erschließung und Öffnung der Bibliotheksbestände

Dass sich die Bedürfnisse der Nutzerinnen und Nutzer bei der Literaturrecherche nicht unbedingt auf die RAK[2] abbilden lassen, wurde schon an vielen Stellen postuliert.[3] Andererseits wird viel Energie in die sachliche Erschließung der Bestände mittels der RSWK[4] gesteckt, ohne die Ergebnisse wirklich zu nutzen.5 Zunehmend kommen, vielleicht auch gerade aus den eben genannten Gründen, immer mehr Dienste im sozialen Netz auf, die ebenfalls die Ziele der RAK und RSWK verfolgen, dies aber ohne Regelwerke und Normdaten umsetzen und somit für den Einzelnen, den Nicht-Bibliothekar leichter anwendbar sind. Auch hier hält also die Entwicklung Richtung „Mitmachnetz" Einzug.

Die Entwicklungen des „sozialen Netzes" unterstützen in hohem Maße die Verbesserung – oder zumindest die Veränderung – der Kommunikationskultur sowie der formalen und sachlichen Erschließung von Literatur für den Einzelnen. Dienste wie Facebook[6] und LibraryThing[7] sind als beispielhafte Vertreter zu nennen. Bei neueren Entwicklungen beim Öffnen der Bestände und Bestandsinformationen wird mitunter bereits vom „Web 3.0" oder auch semantic web gesprochen. Hierunter versteht man die Erweiterung der von Menschen lesbaren Repräsentation von Informationen um maschinenlesbare Bestandteile. Über die Sinnhaftigkeit der Begriffe kann man sicherlich verschiedener Ansicht sein. Grundlagen zu einem „Netz der Daten" wurden aber schon in der Vergangenheit gelegt und werden heute kontinuierlich ausgeweitet. Zum Einen ist hier die sehr gute Qualität der Metadaten in Bibliothekskatalogen zu nennen. Zum Anderen die steigende Anzahl von Angeboten zur Übernahme der Daten beispielsweise in Literaturverwaltungssysteme. Die Methoden, welche die zuletzt genannten Features ermöglichen, bieten auch die Bedingungen für sogenannte Mashups mit anderen Datenservices.

Der vorliegende Beitrag bietet einen Einblick in den Innovationsprozess zu den Web 2.0-Anwendungen in der Universitätsbibliothek Dortmund. Geschildert werden die bisher eingesetzten Web 2.0-Projekte vom Teststatus bis zur festen Einrichtung und die Erfahrungen damit. Ein kleiner Ausblick auf die geplanten

---

2   RAK = Regeln für die alphabetische Katalogisierung
3   Vgl. bspw. Drauz; Plieninger, 2010.
4   RSWK = Regeln für den Schlagwortkatalog
5   Vgl. bspw. Wiesenmüller, 2010.
6   http://www.facebook.com (Zuletzt besucht am: 10.05.2010)
7   http://www.librarything.de/ (Zuletzt besucht am: 10.05.2010)

Neuerungen, die sich derzeit in der Umsetzungsphase befinden, sowie eine Einschätzung, ob die Universitätsbibliothek Dortmund als Bibliothek 2.0 gesehen werden kann, runden den Beitrag ab.[8]

Innovationsprozess

Im Bereich der Dienstleistungen ist das systematische Innovationsmanagement insgesamt noch recht wenig ausgeprägt. Man gewinnt sogar den Eindruck, dass Unternehmen und (öffentliche) Einrichtungen aus dem Bereich der Informationswissenschaft bisher wenig strategisch vorgehen. Innovationen entstehen hier eher zufällig oder am nationalen und internationalen Wettbewerb orientiert. Die Innovationsprozesse sind dabei auf den kreativen Input und das Wissen einer relativ kleinen Gruppe von Mitarbeitern der Einrichtung beschränkt. Eine Markt- und Bedarfsanalyse findet in den seltensten Fällen statt.9 In der Universitätsbibliothek Dortmund wurden bereits im April 1999 während einer umfangreichen Benutzerumfrage die Dienstleistungen der Bibliothek unter die Lupe genommen. In weiteren Umfragen zum Image der Bibliothek und bei den Wissenschaftlern wurden immer wieder die Angebote der Universitätsbibliothek auf den Prüfstand gestellt und überarbeitet. Mittlerweile werden die Stichproben zum Service und Dienstleistungsangebot als Frageaktion in kleinerem Umfang über die Homepage kommuniziert und angeboten. Seit Mai 2008 betreibt die Universitätsbibliothek ein systematisches Feedbackmanagement. Eine systematische Projektentwicklung ist in der Entstehungsphase.

Das Aufkommen des Web 2.0 hat einiges im Portfolio der Universitätsbibliothek verändert. Als Vorboten der Entwicklungen aus dem Web 2.0-Bereich können der Chat sowie der Chatterbot „ASKademikus" genannt werden. Der Chatterbot, der seit März 2004 und als erster Chatterbot überhaupt in der deutschen Bibliothekswelt Nutzerinnen und Nutzern bei häufig gestellten Fragen Auskunft geben kann, wird vor allem in den abendlichen und nächtlichen Auskunftslücken betrieben. Die notwendige Wissensbasis für ASKademikus wird von Kolleginnen der Informationsabteilung stetig gepflegt. Auch die Teilnahme an der Digi-Auskunft gehört in den Bereich der Vorboten. Die Universitätsbibliothek Dortmund war auch hier, neben der Universitäts- und Stadtbibliothek Köln sowie der Stadt- und Landesbibliothek Dortmund, Pilotpartner.

Als erste Web 2.0-Anwendung wurde in der Universitätsbibliothek Dortmund ein Intranet eingeführt, welches auf Basis der Blogsoftware WordPress eine Wissensorganisation für die Mitarbeiterinnen und Mitarbeiter ermöglicht. Es folgten weitere kommunikationsunterstützende Anwendungen wie der UB-Blog, aber auch viele Anwendungen für die Erschließung und Bereitstellung von Informationen zu den Beständen der Bibliothek.

---

8   Die WordCloud am Anfang des Beitrags wurde mit Hilfe des Web-Dienstes Wordle erstellt. http://www.wordle.net (Zuletzt besucht am: 10.05.2010)
9   Vgl. bspw. Georgy, 2009.

Eine interessierte Gruppe besonders aktiver Mitarbeiterinnen und Mitarbeiter hat die Chance genutzt und neue Funktionalitäten getestet und oft für gut befunden. Diese Ideen wurden durch den Erfahrungsaustausch mit anderen Mitarbeitern weiterentwickelt. In selbstgebauten Testumgebungen oder auch direkt im Echtbetrieb wurde das neue Angebot jeweils getestet und in den Arbeitsablauf und das Dienstleistungsangebot eingebaut, wenn es sinnvoll erschien. Somit wurde es zur Routine. Die Möglichkeiten, sich mit den Neuerungen vertraut zu machen und sie zu testen, wurden von der Bibliotheksleitung immer großzügig unterstützt und gefördert. Arbeitsgruppen dienten dem gemeinsamen Austausch und der Abschätzung der Qualität des vorliegenden Angebotes.

Die Universitätsbibliothek war die erste zentrale Einrichtung auf dem Campus, die den Studierenden und den Wissenschaftlern ihre Angebote per Blog zur Verfügung stellte. Die Kommentarfunktion wird moderiert, führt aber zu einem regen Austausch mit den Nutzerinnen und Nutzern der Bibliothek. Sowohl der Blog als auch die Kommentare sind RSS-unterstützt. Auch für die Mitarbeiterinnen und Mitarbeiter stehen die Angebote des Web 2.0 offen, um die tägliche Arbeit zu unterstützen und zu vereinfachen. So ist ein Intranet mit Informationen für alle sowie Arbeitsumgebungen für die verschiedenen Abteilungen eingerichtet worden als Wissensspeicher und Arbeitsinstrument. Die Informationskartei, die lange in Zettelform geführt wurde, war ein erstes Instrument, das in WordPress überführt wurde und nun allen Auskunftsgebenden unabhängig vom Arbeitsplatz und Standort zur Verfügung steht.

Zusätzlich werden in einem speziellen „Intranet-Blog" aktuelle Informationen in verschiedenen Kategorien veröffentlicht. Das Intranet sowie der Intranet-Blog werden mit der Software WordPress erstellt.

Die Abteilung Fort- und Weiterbildung hat den Umgang mit Podcasts, RSS und Co. in internen Fortbildungsveranstaltungen vermittelt. Dieser Kurs „Neue Begriffe in Bibliotheken" wird außerdem seit Anfang 2008 mit großem Erfolg und vielen Folgeterminen für Bibliotheksmitarbeiterinnen und -mitarbeiter aus ganz Nordrhein-Westfalen angeboten. Es lässt sich eindeutig feststellen, dass in diesem Kurs im Laufe der Zeit immer mehr über die eigenen „Web 2.0"-Angebote der Universitätsbibliothek Dortmund berichtet werden konnte.

E-Mail, Chat und ... ein Blog!?

Passt ein Weblog zu unserer Bibliothek bzw. zu unserem kommunikativen Konzept? Oder wirkt es unglaubwürdig als „Hype", dem viele folgen? Im Rahmen einer übergeordneten Kommunikationsstrategie wurde seitens der Abteilung Öffentlichkeitsarbeit in den letzten Jahren der inhaltliche Schwerpunkt auf die Kommunikation des (elektronischen) Dienstleistungsangebotes gelegt und gleichzeitig der Schwerpunkt bei der Wahl der Kommunikationsmittel von gedruckten Materialien auf Internet und E-Mail verlegt. Ein Grund hierfür waren u.a. Ergebnisse aus einer Nutzerumfrage 2004. Um die Kommunikation mit den Hochschulangehörigen zu verbessern, wurden die Teilnehmenden der Umfrage beispielsweise gefragt, auf welchem Wege sie Informationen über die Bibliothek erhalten möchten. Hier wünschten sich 82% der Befragten eine Information über das Internet, 65% wünschten sich Informationen per E-Mail oder Newsletter. Nur 29% wollten über die universitäre Campuspresse, 19% über Plakate und Aushänge und 2% über die Lokalpresse informiert werden. Die Möglichkeit für Blogleser, einzelne Themen per RSS zu abonnieren, ist reizvoll. Außerdem passt die Kommunikationsstruktur eines Blogs zum Imageprofil der Universitätsbibliothek. Das Feedback der Nutzerinnen und Nutzer wird gerne angenommen, Kritik produktiv ausgewertet und umgesetzt. Zudem ist der Einsatz eines Blogs als redaktionelles System geeignet, um die aktuellen Meldungen der Bibliothek im Team einfach zu erstellen und zu schreiben. Als Weblogsoftware fiel die Wahl auf WordPress mit verschiedenen PlugIns.

Über welche Themen soll geschrieben werden? Ist genügend Inhalt für regelmäßige Blogeinträge vorhanden? Die Themen im Blog unterscheiden sich nicht von denen, die die Bibliothek über ihre anderen Kanäle kommuniziert. Ausgehend von der Anzahl der bisherigen aktuellen Meldungen auf der Startseite ist deutlich erkennbar, dass für ein Weblog durchaus genügend Inhalt „produziert" wird. Mit Einführung des Weblogs wurden auch Überlegungen angestellt, die bisherigen Informationen der Bibliothek im social web auszuweiten. Die Möglichkeit der Einbindung von Links sowie die Einbindung von Audio- oder Videodateien mit Medienberichten machen den Blog lebendiger.

Schwerpunkt des UB-Blogs[10] sind aktuelle Hinweise auf neue oder geänderte Dienstleistungen der Bibliothek, darüber hinaus wird über bibliotheksnahe Themen, wie z.B. die Änderungen beim Urheberrecht oder Open Access-Aktivitäten, berichtet. Zudem werden Links auf „Medienresonanzen" gesetzt, wenn über die Bibliothek im Internet informiert wird, z.B. auf Online-Presseberichte oder die Beiträge im studentischen Radio, natürlich mit dem Einverständnis der entsprechenden Medien.

Der Start des Weblogs im Dezember 2006 wurde über viele Kanäle bekannt gegeben. In erster Linie natürlich über die Startseite der Universitätsbibliothek, von der aus direkt auf die Beiträge im UB-Blog verlinkt wird. Darüber hinaus wurden bei Pressemitteilungen Hinweise auf den Blogbeitrag (URL) gegeben, ebenso in E-Mails an spezifische Nutzergruppen auf die neue Möglichkeit der Information hingewiesen.

Die anfänglich vorhandene Befürchtung, dass der Blog nicht gefüllt werden könnte, ist nicht eingetreten. Die Kommentare der Nutzerinnen und Nutzer werden in der Regel sehr schnell beantwortet. Bei einigen Themen ist es enttäuschend, dass keine Kommentare kommen. Die Anmerkungen der studentischen Klientel erweisen sich ganz überwiegend als hilfreich. In Detailfragen werden auf Anfrage Hintergrundinformationen gegeben, wie z.B. über den Softwareeinsatz bei den Internetrechnern.

---

10 http://www.ub.tu-dortmund.de/ubblog/ (Zuletzt besucht am: 10.05.2010)

Zur Netiquette: Einige Male war es notwendig, darauf hinzuweisen, dass keine persönlichen Angriffe geduldet werden, die Privatsphäre anderer zu achten ist und keine Beleidigungen freigeschaltet werden. Die Kommentare werden moderiert, um Spam zu vermeiden und persönliche Angriffe zu unterdrücken.

Seit der UB-Blog durch einen Planet-Aggregator mit weiteren Blogs der Universität vernetzt ist, erhielt er eine deutlich höhere Sichtbarkeit an der Technischen Universität. Ein guter Nebeneffekt ist, dass sich die Presse bei einigen Themen direkt im Internet, von der Startseite und nun auch ganz deutlich über den Blog informiert.

Durch ihre offensichtliche Bereitschaft zum Dialog - auch bei Kritik - zeigt die Universitätsbibliothek ihre Glaubwürdigkeit und den Willen zur offenen Diskussion.

Kritisch betrachtet lässt sich feststellen: Ein Blog allein reicht nicht aus! Ein Blog ist eines von mehreren geeigneten Kommunikationsmitteln und ersetzt auf keinen Fall die persönliche direkte Kommunikation. Die bisher von Bibliotheken eingesetzten klassischen Kommunikationsinstrumente wie Presse- und Medienarbeit, Informationsmittel (Flyer), Internetseiten, E-Mail und Chat werden durch den Einsatz von Weblogs jedoch sehr gut ergänzt. Es wird ein weiterer Kanal zum Studierenden und der Hochschulöffentlichkeit geöffnet, der Rückmeldungen zulässt und dadurch die Nähe zur Nutzerschaft erhöht.

Seit Februar 2007 hat die Universitätsbibliothek Dortmund den UB-Blog auch um einen Podcast erweitert.[11] Bis heute sind 13 Folgen veröffentlicht worden. Die Intention war, die Öffentlichkeitsarbeit zu unterstützen, indem spezielle Dienstleistungen und Ereignisse audiovisuell aufbereitet werden. So wurde beispielsweise die Verwendung der Studienbeiträge behandelt oder ein Interview mit dem „Vater" der InetBib-Tagung, Michael Schaarwächter, zum ihrem 10. Jubiläum geführt.

Der Schwerpunkt der Podcasts liegt in reinen Audio-Folgen. Diese nehmen auf der Seite der Produktion wenig Zeit in Anspruch. Dies liegt zum Einen daran, dass es sich um aktuelle Themen handelt und sich somit der redaktionelle Aufwand in Grenzen hält. Zum Anderen ist eine reine Audioaufnahme mit der kostenfreien Software Audacity[12] sehr unkompliziert umsetzbar.

Als Rahmenbedingungen für den Podcast ist festgelegt worden, dass eine Folge nicht länger als drei Minuten dauern soll und immer nur ein Thema pro Folge behandelt wird. Damit sollen die Hörer bei der Stange gehalten werden. Mit der Zeit konnte festgestellt werden, dass es nicht genügend Themen für eine sinnvolle audiovisuelle Aufbereitung gibt, sodass zwischenzeitlich größere Lücken entstanden sind. Auch diese Beobachtung stärkt die gewählten Rahmenbedingungen. Wie

---

11 RSS-Feed: http://www.ub.tu-dortmund.de/ubblog/tag/podcast/feed (Zuletzt besucht am: 10.05.2010)
12 http://audacity.sourceforge.net/?lang=de (Zuletzt besucht am: 10.05.2010)

die Abbildung 2 zeigt, ist die Nutzung eher bescheiden.[13] Die Zukunft des Podcast steht auf dem Prüfstand.

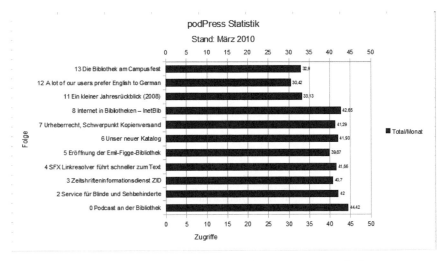

Abbildung 13: Nutzung des Podcasts über die laufenden Monate gemittelt

Welche Internetdienste nutzen Sie? - Eine Umfrage

In einer Umfrage auf unserer Startseite haben wir Mitte 2009 die Nutzerinnen und Nutzer gefragt, in welchen sozialen Diensten sie zu Hause sind. Das Ergebnis zeigt Abbildung 14.

---

13 Die Zahlen des Diagramms wurden mit dem WordPress Plugin podPress ermittelt. Es werden nur die Folgen berücksichtigt, die auch mit diesem Plugin veröffentlicht wurden.

Welche Dienste nutzen Sie? (Die Umfrage ist abgelaufen am 05.06.09.)

StudiVZ (742)

YouTube (678)

ICQ (637)

Facebook (292)

keinen dieser Dienste (179)

Blogs (165)

RSS (132)

Twitter (88)

Flickr (82)

1,106 TeilnehmerInnen insgesamt

Abbildung 14: Benutzerumfrage "Welche Dienste nutzen Sie?"

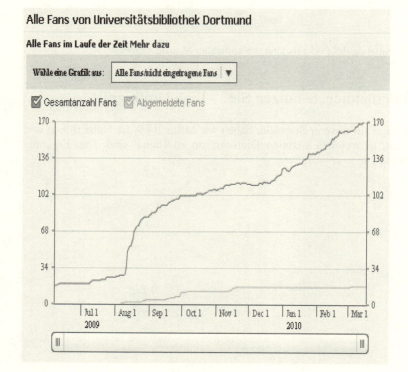

Während dieser Umfrage sind im Mai 2009 je ein Profil bei Twitter[14] und Facebook als neue Kanäle für den Kontakt mit den Nutzern eingerichtet worden. Im Wesentlichen werden die Beiträge des UB-Blogs wiederverwendet. Die Entwicklung der Anzahl der „Fans" bei Facebook (vgl. auch Abbildung 4) bzw. der „Follower" bei Twitter (derzeit 253) kann sich sehen lassen, wenn man bedenkt, dass die Universitätsbibliothek hier erst seit wenigen Monaten online ist.

Webauftritt

Beim Webauftritt der Universitätsbibliothek Dortmund wird seit einiger Zeit WordPress als Content Management System (CMS) für den UB-Blog und das Intranet eingesetzt. Die Vielzahl an Plugins für diese Plattform erlaubt es, zahlreiche Mashups[15] zu realisieren. Beispielsweise enthält der UB-Blog in seinen Beiträgen COinS. COinS ist ein sogenanntes Mikroformat und bietet eine Methode zur Einbindung von bibliographischen Metadaten in HTML-Seiten. Durch diese Methode ist es Nutzerinnen und Nutzern möglich, die Beiträge zu zitieren und in Literaturverwaltungssysteme wie Zotero oder Citavi zu importieren. In Abbildung 5 erkennt man beispielsweise in der Adressleiste des Browsers ein kleines Dokumentsymbol, welches die Übernahme in Zotero ermöglicht. COinS werden selbstverständlich auch in den Bestandsnachweisen angeboten. Weitere Mikroformate wie hCalender und vCard werden bei den Kontakt- und Ansprechpartnerseiten sowie beim Programm der InetBib-Tagungen genutzt.[16]

---

14 http://twitter.com/unibib (Zuletzt besucht am: 10.05.2010)
15 Unter Mashups versteht man collagenartige Neukombinationen von Webinhalten wie Text, Daten, Bilder, Tönen etc.
16 Weitere Informationen zu Mikroformaten finden Sie im Beitrag von Carsten Schulze in diesem Handbuch.

Abbildung 15: COinS in der Publikationsliste der UB Dortmund

Ein weit verbreitetes Mashup ist sicherlich Google Maps. Auch die Internetseite der Universitätsbibliothek enthält eine solche Karte. Alle Standorte der Bibliothek sind dort einzeln gekennzeichnet (vgl. auch Abbildung 6).

Abbildung 16: Google Maps in den Kontaktinformationen

Katalog 2.0

Die Hauptanwendung in unserem Internetauftritt ist sicherlich der Katalog. Hier bieten sich auch allerlei Web 2.0-Anwendungen als Anreicherung des eingekauften Produkts an.

Der Bibliothekskatalog in einem veränderten Umfeld

Nutzerinnen und Nutzer nehmen auf Grund ihrer Erfahrungen im Internet, insbesondere im Web 2.0, den Bibliothekskatalog anders wahr als frühere Nutzergenerationen. Das äußert sich zum Beispiel darin, dass bei Fragen zur Suche im Katalog dieser häufig gar nicht mehr als solcher benannt wird. Die Universitätsbibliothek Dortmund betreibt ein umfangreiches Feedback-Management. Bei der Betrachtung des Nutzer-Feedbacks zum Thema Katalog finden sich u.a. folgende Bezeichnungen: „Literatursuche über das Webinterface", „Suchprogramm (Internet)", „System-Katalog", „die Suchmaske", „Suchprogramm", „Suchmaschine". Das lässt darauf schließen, dass viele Nutzer an Google denken, wenn sie im Katalog der Bibliothek recherchieren.

Diese Erkenntnis hat dazu geführt, dass bereits 2007 die einfache Suche als Standardsuchmaske vorgegeben wurde. Diese erinnert - im Gegensatz zur erweiterten Suchmaske, die eine gefächerte Kategoriensuche bietet - an den Google-Suchschlitz.

Benutzer sind immer weniger bereit, gut gemeinte, aber ausführliche und komplizierte Hilfetexte zur Katalogbenutzung zu lesen. Die Universitätsbibliothek bietet weiterhin Hilfetexte an, wobei die Hilfeseite zur einfachen Suche mit durchschnittlich 180 Aufrufen im Monat noch oft genutzt wird. Seit März 2010 werden außerdem zu dem Feld, in dem sich der Nutzer gerade mit dem Cursor befindet, knappe Informationen zur Suche im entsprechenden Feld eingeblendet.

Das Serviceangebot der Bibliothek wird von Nutzern am Angebot kommerzieller Unternehmen wie Amazon gemessen. Der amerikanische Bibliothekar David Walker hat die Daten von Amazon anschaulich in die Umgebung eines typischen Bibliothekskataloges des Jahres 1995 versetzt[17]. Das Ergebnis („enjoy the pain") zeigt, wie mager die Amazon-Daten ohne die zahlreichen Zusatzdienste aussehen. Es zeigt auch, dass die Bibliotheken mit ihrem Pfund qualitativ hochwertiger Daten anders wuchern können, wenn sie diese so einfach und intuitiv nutzbar wie möglich anbieten und durch Zusatzinformationen anreichern.

Mashups im Bibliothekskatalog und Bestandslisten

Bei der Weiterentwicklung des Bibliothekskataloges verfolgt die Universitätsbibliothek im Wesentlichen zwei Ziele: Catalogue Enrichment für die bessere In-

---

17 http://library2.csusm.edu/amazon/index.htm (Zuletzt besucht am: 10.05.2010)

haltsangabe der Titel und Öffnen des Datensilos Bibliothekskatalog für die Wiederverwendung der Daten. Dies geschieht hauptsächlich über die Verwendung von COinS und unAPI[18], Google Books[19], BibSonomy-Export[20], ticTocs[21] und ZID[22], und ist somit ein Eldorado an Web-2.0-Technologien.

Das Catalogue Enrichment ist ein wesentlicher Faktor bei der Beurteilung der Rechercheergebnisse geworden. Inhaltsverzeichnisse, Cover, Schlagworte oder Stichwörter und nicht zuletzt auch Volltexte werden von den Nutzerinnen und Nutzern heute erwartet.

Das Öffnen der Schnittstellen innerhalb der integrierten Bibliothekssoftware bietet heutzutage die Möglichkeit, einen Katalog nicht mehr von der Stange nehmen zu müssen, sondern ihn mit relativ einfachen Mitteln an die eigenen Wünsche anzupassen. Diese Öffnung bietet somit eine hervorragende Basis für die Verwendung von externen Daten und Anwendungen, die mittels ihrer APIs, also der Schnittstellen zur Anwendungsprogrammierung, zu einer Reihe von Mashups führen.

Die Universitätsbibliothek Dortmund setzt derzeit den SunRise-WebOPAC von OCLC ein. Die Version 3.7 bietet Möglichkeiten, das Layout des Kataloges zu verändern und weitere Funktionen einzubauen. Seit dem Umstieg auf die Version 3.7 sind unsere Katalogdaten um COinS angereichert, mit denen Nutzer ihre Daten beispielsweise in die Literaturverwaltungsprogramme Zotero oder über den „Citavi-Picker" in Citavi importieren können. Neben der im Standard des WebOPAC vorhandenen Exportfunktion für Endnote sind die Exportformate um das BibTeX-Format erweitert worden. Die Ausgabe im RIS-Format ist geplant. Für diese Funktionserweiterungen konnten Lösungen aus dem „InfoGuide Wiki" der bayerischen SunRise-Bibliotheken nachgenutzt werden.

Die Vollanzeigen im WebOPAC bestehen aus einem oberen Bereich, dem sogenannten „Teaser", wo die wichtigsten Angaben zum Titel zu finden sind. Die Nutzerinnen und Nutzer werden also nicht gleich mit Details der Titelaufnahme konfrontiert. Unterhalb des Teasers befinden sich in Registerkarten jeweils Standortinformationen („Exemplardaten") sowie die kompletten Titelinformationen („Mehr zum Titel"). Eine weitere Registerkarte „Externe Informationen" wurde ergänzt. Darin befinden sich Thumbnails von Titel-Covern aus Google Books. Ursprünglich wurden die Cover im Bereich des Teasers angeboten. Das Interesse der Universitätsbibliothek, schärfer zwischen den eigenen Inhalten und den Daten externer Anbieter zu unterscheiden, hat dazu geführt, Informationen von Drittanbietern in einer eigenen Registerkarte anzubieten.

---

18 http://unapi.info/ (Zuletzt besucht am: 10.05.2010)
19 http://books.google.de/ (Zuletzt besucht am: 10.05.2010)
20 http://www.bibsonomy.org/ (Zuletzt besucht am: 10.05.2010)
21 http://www.tictocs.ac.uk/ (Zuletzt besucht am: 10.05.2010)
22 Der Zeitschrifteninformationsdienst ZID ist unser hauseigener Profildienst für Zeitschrifteninhaltsverzeichnisse. Derzeit werden hier auf Basis von Benutzerprofilen aktuelle Inhaltsverzeichnisse als E-Mail versendet. Der Zugang ist registrierungspflichtig. http://www.ub.tu-dortmund.de/zid/index.html (Zuletzt besucht am: 10.05.2010)

Abbildung 17: Import von mit COinS angereicherten Titelaufnahmen nach Zotero

Weiterhin befinden sich in der Registerkarte „Externe Informationen" RSS-Feeds zu Zeitschriftenheften des Inhaltsverzeichnisdienstes „ticTocs". Es ist geplant, die Registerkarte um weitere Informationen, wie zum Beispiel Tags, Reviews oder Hinweise auf ähnliche Werke von LibraryThing anzureichern.

Neben dem Bibliothekskatalog bietet die Universitätsbibliothek Dortmund noch weitere bibliographische Dienste an. Zu nennen sind hier die Neuerwerbungslisten nebst der zugehörigen RSS-Feeds und der Zeitschrifteninformationsdienst ZID.

Letzterer ist ein Profildienst, der es den Nutzerinnen und Nutzern erlaubt, nach Registrierung Zeitschrifteninhaltsverzeichnisse per E-Mail zu abonnieren. Diese Inhaltsverzeichnisse werden auch in Form von Webseiten angezeigt. Die zugehörigen Aufsatzlisten sind seit einiger Zeit ebenfalls mit COinS versehen und bieten die Möglichkeit, den Aufsatz direkt nach BibSonomy, einer Webapplikation zur Verwaltung von Literatur und Bookmarks, zu exportieren (vgl. Abbildung 9).

Als weiteres Mashup wird der „Journals Online & Print"-Service der Zeitschriftendatenbank ZDB[23] eingebunden. Dieser zeigt in farbiger Form an, ob die Universitätsbibliothek Dortmund den Zeitschriftentitel abonniert oder lizenziert hat. Diese Information ist sehr hilfreich, da in ZID nicht nur Bestände der Universitätsbibliothek Dortmund verzeichnet sind. Derzeit wird an einer Möglichkeit gearbeitet, die Inhaltsverzeichnisse zusätzlich auch per RSS-Feed zugänglich zu machen.

---

23 http://www.zeitschriftendatenbank.de/services/journals-online-print.html (Zuletzt besucht am: 10.05.2010)

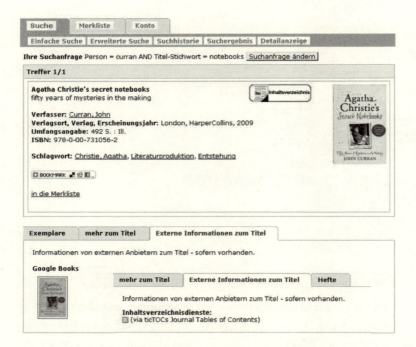

Abbildung 18: Beispiele externer Informationen aus Google Books und ticTOCs

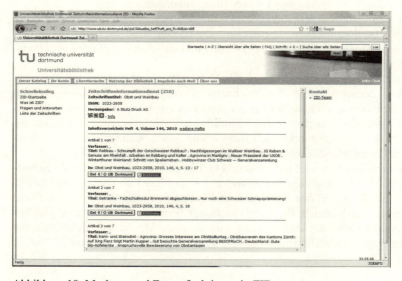

Abbildung 19: Mashups und Exportfunktionen in ZID

Die Features „COinS" und „Export zu BibSonomy" werden ebenfalls für die Neuerwerbungslisten angeboten. Hinzu kommt hier noch ein Mashup mit Google Books. Die Neuerwerbungslisten sind ein zweigeteilter Dienst. Zum Einen bietet dieser Dienst eine Liste der Neuerwerbungen des Vormonats; zum Anderen lassen sich die Neuerwerbungen des aktuellen Monats per RSS abonnieren (vgl. Abbildung 10).

Eine weitere Grundvoraussetzung für die Öffnung der bibliographischen Daten sind referenzierbare URLs zu diesen. Seit April 2010 stellen der Katalog und die Neuerwerbunglisten für jeden Titel einen „Permalink" zur Verfügung. Der Permalink kann z.B in einer Bookmark-Liste abgespeichert werden, so dass der Titel direkt wieder aufgerufen werden kann.

Abbildung 20: Neuerwerbungslisten

Soziale Erschließung

Ab Mai 2010 wird im Katalog der Universitätsbibliothek Dortmund die Möglichkeit bestehen, die Bestände auf Titelebene mit Tags zu versehen. Um einen Grundbestand anbieten zu können, werden die sogenannten lokalen Schlagwörter verwendet, die jahrelang von den Fachreferentinnen und Fachreferenten vergeben worden sind. Da diese nicht (immer) RSWK- bzw. SWD24-konform und somit teilweise eher als Stichwörter zu sehen sind, bieten sie sich als Startmenge an.

Realisiert wird dieser Dienst über einen Webservice, welcher die Daten einspielt, mit der entsprechenden internen ID des Titelsatzes verknüpft und dann die Tags zu einer Titel-ID wieder abruft.

Zur weiteren Suche werden die Tags zunächst nicht herangezogen, sondern sind als eine Art benutzergeneriertes Abstract zu verstehen. Eine Verwendung im

---

24 SWD = Schlagwortnormdatei

ersteren Sinne ist nach Einführung von Suchmaschinentechnologie im Katalog vorgesehen.

Auch Daten externer Anbieter werden derzeit für die Einbindung in den Katalog geprüft. Hierbei handelt es sich um Tags aus BibSonomy und LibraryThing. Letztere bieten auch Rezensionen und Empfehlungsdienste (Vorschläge ähnlicher Titel) an.

Ausblick

Welches Fazit kann die Universitätsbibliothek nun ziehen? Ist Web 2.0 in der Universitätsbibliothek Dortmund angekommen?
Zusammenfassend lässt sich sicherlich sagen, dass Technologien, die das Web 2.0 hervorgebracht hat, in der Universitätsbibliothek Dortmund erfolgreich angewendet werden.

Doch hat auch die Philosophie des „sozialen Netzes" den Weg in die Bibliothek gefunden? Hier ist ein gemischtes Fazit zu ziehen. Die Universitätsbibliothek hat einen sehr gut funktionierenden UB-Blog, in dem über die Kommentarfunktion mit den Nutzerinnen und Nutzern Kontakt gepflegt wird. Sein Gegenstück - der Intranet-Blog - wird von den Kolleginnen und Kollegen dagegen noch zu wenig genutzt. Insbesondere werden Beiträge im Intranet nur sporadisch kommentiert. Nachrichten an alle per E-Mail stoßen derzeit noch auf größere Akzeptanz als Mitteilungen im Intranet-Blog. Gelegentlich wird auch die Vielzahl an Informationskanälen beklagt. Die Resonanz von Nutzerseite auf die bereits angebotenen Zusatzfunktionen im Katalog ist nicht genau abzuschätzen. Hier fehlen noch die Erfahrungswerte. Wie das Tagging und weitere geplante Zusatzfunktionen im Katalog aufgenommen werden, bleibt noch abzuwarten.

Doch wie geht es jetzt weiter? In der Universitätsbibliothek Dortmund gibt es noch eine Reihe von Baustellen im Bereich der „Bibliothek 2.0". Auf der technischen Ebene ist neben dem schon erwähnten Tagging auch noch die Einführung von Suchmaschinentechnologie mit all ihren Facetten in Planung. Ferner werden die Angebote von LibraryThing for Libraries, die Tags von BibSonomy sowie die Einbindung von PaperC[25] geprüft. Auch eine Umstellung der statischen Linklisten auf den Fachinformationsseiten hin zu Delicious oder ähnliche Angebote stehen noch auf der Tagesordnung. Bei der Steigerung der Akzeptanz und beim Überwinden der Scheu von Web-2.0-Diensten bei den Nutzerinnen und Nutzern sowie bei den Mitarbeiterinnen und Mitarbeitern wird weiterhin auf die gute und etablierte Abteilung Fort- und Weiterbildung gebaut.

Alles in allem ist die Bibliothek bereits weit auf dem Weg zur „Universitätsbibliothek Dortmund 2.0" vorangekommen.

---

25 PaperC ist ein relativ neuer Online-Copyshop. http://www.paperc.de (Zuletzt besucht am: 10.05.2010)

Literaturverzeichnis

(Drauz; Plieninger, 2010) DRAUZ, Susanne; PLIENINGER, Jürgen: Nutzerwünsche sind nur bedingt RAK-kompatibel : So wird der Katalog zukunftstauglich: Recommenderdienste – Anreicherungen – Katalog 2.0 – Table of Contents. In: BuB - Forum Buch und Bibliothek (2010), Nr. 1, S. 40–48.

(Wiesenmüller, 2010) HEIDRUN WIESENMÜLLER: Daten härter arbeiten lassen und besser präsentieren : Sacherschließung und Normdaten in Online-Katalogen. In: BuB - Forum Buch und Bibliothek (2010), Nr. 1, S. 48–54.

(Georgy, 2009) URSULA GEORGY: Innovationsstrukturen in der Informationswissenschaft : Eine quantitative Erhebung. In: MARLIES OCKENFELD (HRSG.): *Generation international : Die Zukunft von Information, Wissenschaft und Profession*. Proceedings zur 31. Online-Tagung der DGI, 61.Jahrestagung der DGI. Frankfurt am Main : Deutsche Gesellschaft für Informationswissenschaft und Informationspraxis, 2009 (Jahrestagung der DGI, 61).

Claudia Rietdorf

„Man nehme..." Zutaten für ein abwechslungsreiches Blog à la Stadtbibliothek Salzgitter

Ein Weblog einzurichten, ist heutzutage keine Kunst mehr. Es zu pflegen und auszubauen umso mehr. Zahlreiche Einrichtungen quer durch alle Bibliotheken dürfen ein Blog als ein Instrument der Öffentlichkeitsarbeit ihr Eigen nennen: von den großen wissenschaftlichen Bibliotheken bis hin zu öffentlichen Bibliotheken als auch Spezialbibliotheken.[1] Da öffentliche Bibliotheken im Gegensatz zu den wissenschaftlichen Bibliotheken über keinen so hohen Informationsgehalt wie z.B. über neue Datenbanklizenzen oder E-journals, veränderte Öffnungszeiten der Institutsbibliotheken und der Verlosung von Carrels verfügen, müssen diese andere blogbare Inhalte finden, um Internetnutzer und möglichst viele ihrer Bibliothekskunden in den Bann zu ziehen. Dieser Aufgabe stellt sich das Team der Stadtbibliothek Salzgitter täglich. Und das mit Erfolg, wie die Statistiken und die positiven Rückmeldungen zeigen.

Im Verlauf dieses Artikels werden die einzelnen Zutaten, die den Salzgitteraner Blog ausmachen, aufgeführt. Es gilt allerdings zu beachten: Genauso wie für die Zubereitung eines Essens gibt es nicht ein richtiges Rezept, sondern abhängig vom Geschmack viele Variationsmöglichkeiten.

Bloglos, aber nicht planlos

Die Stadtbibliothek Salzgitter hat schon früh begonnen, neben dem obligatorischen Informationsteil der Webpräsenz einen unterhaltenden Bereich zu schaffen. Darin gab es im wöchentlichen Wechsel Buch- und Filmvorstellungen, einen selbst erstellten Podcast sowie jeweils einen Musiktipp der Woche, der Gruppen vorstellte, die z.B. in China, Brasilien oder Argentinien in den Charts zu finden waren. Es war also möglich, selbst mit den obligatorischen Einschränkungen, die eine Einbettung in die städtische Webpräsenz mit sich bringt, einen unterhaltsamen und informativen Mehrwert über die Benutzungsordnung hinaus anzubieten.

Der Vorteil an kleineren Einrichtungen ist, dass der Weg von der Idee zur Realisierung oft kurz ist. Ein weiterer Vorteil: die Bibliotheksleitung ist Neuem ge-

---

1 Linkliste deutscher Weblogs http://liswiki.org/wiki/Weblogs_-_Non-English#German_.28 Deutschsprachig.29 Zuletzt besucht am: 05.05.2010

genüber sehr aufgeschlossen, was in diesem Fall bedeutete: Gezeigt, Blog aufgesetzt[2] und den ersten Artikel veröffentlicht!

Im Juli 2009 veränderte die Anmeldung der Stadtbibliothek bei WordPress die KollegInnen – denn sie wurden zu Bloggern! Die einfache Bedienbarkeit des Administrationsbereichs und die vermehrten gestalterischen Möglichkeiten waren überzeugend.

Stadtbibliothek Salzgitter 2.0

Für alle KollegInnen war ein Blog absolutes Neuland. Um Hemmungen zu nehmen und Experimentierfreude zu wecken, wurde eine kleine Schritt-für-Schritt-Anleitung zur Erstellung eines Artikels verteilt. Enthaltenes Credo: "Bloggen kann jede/r!" Es hat funktioniert - seitdem wird Tag für Tag ein Artikel nach dem anderen veröffentlicht.[3] Das fantastische und aufmunternde für die KollegInnen war, dass innerhalb der ersten Wochen zahlreiche positive Rückmeldungen – auch von KollegInnen in anderen Einrichtungen – eingegangen sind, im Besonderen nach dem Artikel von Edlef Stabenau im netbib weblog.[4]

Unser Rezept

Vor kurzem wurde nach dem Erfolgsrezept für das Blog gefragt. Außer der Anleitung zum Veröffentlichen des Artikels gibt es keine Beschränkungen durch Einteilungen oder Vorgaben, was sich vorteilhaft äußert.

Im Folgenden nun das Rezept, das sich in der Stadtbibliothek Salzgitter in den vergangenen Monaten entwickelt und bewährt hat:

Zutat 1: Breites inhaltliches Spektrum

Ein breites Artikelspektrum ist die Grundlage dafür, dass sich möglichst viele Menschen angesprochen fühlen, wobei die Ausrichtung nicht zwingend auf die eigenen Bibliothekskunden eingegrenzt werden sollte. Erste Erfahrungen im Umgang mit unterhaltenden Inhalten wurden bereits in der bloglosen Zeit gesammelt und bildeten zunächst die Grundlage des neugeborenen Blogs.

In unserem Blog wird über alles geschrieben, wovon wir meinen, dass es bibliotheks- und literaturaffine Menschen interessiert. Die Inhalte sind u.a.: Neu-

---

2 Da das Blog im Internet auf den Servern von WordPress liegt, brauchte die städtische IT-Abteilung in den Vorgang nicht involviert zu werden.
3 http://stadtbibliotheksalzgitter.wordpress.com Zuletzt besucht am 05.05.2010
4 Stabenau, Edlef: Stadtbibliothek Salzgitter legt vor. – http://log.netbib.de/archives/2009/08/13/stadtbibliothek-salzgitter-legt-vor/ Zuletzt besucht am 05.05.2010

igkeiten aus der Bibliothek, wie z.B. Kooperationen oder Veranstaltungen oder Literaturtipps für Groß und Klein sowie über die Bibliotheksgrenzen hinaus so ziemlich alles, was es Besonderes oder Spannendes in anderen Bibliotheken gibt, aber auch Lustiges, Skurriles und Interessantes aus der Bibliotheks- und Literaturwelt. Beispiele dafür sind die bereits veröffentlichten Artikel über die Kamelbibliothek, Bibliotheksweltrekorde, verrückte Bücherregale, Fundsachen in Rückgabeboxen, Hinweis auf Literatursendungen oder Verfilmungen im TV, über das Bibliothekssterben, Kooperationen wie der World Digital Library, Projekten wie Turning the Pages, Weltliteratur auf der Spielekonsole, die 24/7 360 Grad Bibliothek, lebende Bücher, bookaholics oder auch die öffentlich zugänglichen Bücherschränke... Es wird unsererseits auch gerne auf YouTube-Trailer von Filmen, Musikgruppen, Bibliotheksfilme oder Clips, die in Bibliotheken spielen, verlinkt.

Das Blog hat sich sogar im Auskunftsdienst bewährt: Da einige KollegInnen auch Verfilmungen oder Neuerscheinungen im DVD-, Belletristik- und Jugendbuchbereich vorstellen, kann jederzeit darauf zurückgegriffen werden. Es ist ja schließlich nicht jeder ein Thriller- oder Vampirfreund... Es ist also nicht nur eine Informationsquelle für unsere Kunden und andere Internetnutzer, sondern auch für den Kollegenkreis.

Zutat 2: Mehrere Blogger!

Seit kurzem ist am Ende jedes Artikels das Kürzel des Bloggers zu sehen. Daran ist zu erkennen, dass es sich bei den Autoren um drei Hauptblogger und zwei sporadische Blogger im Kollegenkreis handelt, u.a. auch der Bibliotheksleiter sowie die Stellvertreter. Es trifft also nicht einen einzelnen Bibliotheksmitarbeiter, der zwangsweise täglich kreativ sein muss, um den nächsten Artikel anzufertigen. Das Füllen des Blogs verteilt sich zwanglos auf mehrere Köpfe. Da sich jede/r zum Großteil auf anderen Webseiten bewegt und auch andere Interessengebiete hat, haben sich innerhalb der ersten Monaten unterschiedliche Arbeitsschwerpunkte entwickelt. Dementsprechend vielseitig sind die Inhalte des Blogs.

Ein weiterer Vorteil des kooperierenden Bloggens: Es sind immer schon fertige Artikel bei WordPress hinterlegt, die an den Wochenenden oder Ferienzeiten nur noch freigeschaltet werden zu brauchen.

Zutat 3: Freude am Bloggen!

Bloggen macht uns Spaß. Nur so ist es zu erklären, dass einige Artikel auch in der Freizeit am heimischen PC verfasst werden. Die Pflege und Erweiterung des Blogs durch jeden einzelnen Artikel ist in den Augen der bloggenden KollegInnen kein notwendiges Übel, sondern ist eine Spielwiese und Informationsplattform zugleich.

Zutat 4: nicht versiegende Quellen!

Mehrere abonnierte RSS-Feeds von bibliothekarischen Weblogs wie z.B. netbib[5], infobib[6], Nachrichten für öffentliche Bibliotheken[7], LISNews[8] werden nach blogbaren Inhalten durchgesehen. Darüber hinaus zahlt es sich aus, ein Konto bei Twitter zu haben und dort KollegInnen in anderen Bibliotheken zu folgen. Über die Tweets erhält man mal mehr oder minder interessante Verlinkungen zu Blogartikeln, YouTube-Videos, Online-Tagesspresse (z.B. SpiegelOnline, FAZ oder auch lokaler Presse)...

Optische Verfeinerung

Die Grundfunktionen sind bei den zahlreichen Anbietern von Blogs natürlich überall vorhanden. Es gibt nur Abweichungen in der Benutzerfreundlichkeit, den Gestaltungsmöglichkeiten und den Zusatzfunktionen, im Besonderen bei den kostenlosen Varianten.

Das Blog der Stadtbibliothek Salzgitter liegt bei WordPress. Gewählt wurde das kostenlose Paket, das für den Normalgebrauch vollkommen ausreichend ist. Das Layout kann für jedes Blog unter Dutzenden von sogenannten Themes ausgewählt und für den Seitenbereich abseits der Blogartikel können mehrere Elemente beliebig angeordnet werden. Unter anderem sind dort die Verlinkungen auf die wichtigsten Dienstleistungen der Stadtbibliothek zu finden. Darüber hinaus geht es von dort aus auch zur Lesezeichensammlung fachlicher Informationsquellen bei delicious[9], zur Chatauskunft und sogar über eine Vorschaufunktion zu den Fotos auf dem hauseigenen flickr-Konto.

Es ist also jederzeit möglich, das eigene Blog durch Inhalt und Gestaltung von anderen Blogs abzugrenzen und Individualität zu zeigen.

Resultat

Man vermische alle diese Zutaten und erhält in Etwa unseren Blog. Die Statistik sagt, dass wir mittlerweile ca. 400 Artikel in neun Monaten geschrieben haben – im Durchschnitt also rund 1,5 Artikel pro Tag, wobei kein einziger doppelt veröffentlicht worden ist. Wir staunen selbst über diese Zahlen, über die Fülle von blogbaren Inhalten, die informativ und unterhaltend sind.

---

5   http://feeds.feedburner.com/netbib/DFxV Zuletzt besucht am 05.05.2010
6   http://infobib.de/blog/feed/ Zuletzt besucht am 05.05.2010
7   http://oebib.wordpress.com/feed/ Zuletzt besucht am 05.05.2010
8   http://lisnews.org/rss.xml Zuletzt besucht am 05.05.2010
9   http://delicious.com/stadtbibliotheksalzgitter Zuletzt besucht am 05.05.2010

Es wird allseits als ein gutes Zeichen gewertet, wenn das zubereitete Essen den Köchen schmeckt, und das tut es.

Oliver Flimm

Anreicherungen, Mashups und Vernetzungen von Titeln in einem heterogenen Katalogverbund am Beispiel des Kölner UniversitätsGesamtkatalogs KUG

Motivation

Der Katalog als Nachweisinstrument der in einer Bibliothek verfügbaren Medien gehört zu einer der zentralen Dienstleistungen für den Nutzer. Daher gilt es ihn zeitgemäß weiter zu entwickeln und dem Recherchierenden bessere und vielfältigere Möglichkeiten zu eröffnen, um an thematisch geeignete Literatur zu gelangen. Anhand des Kölner UniversitätsGesamtkatalogs KUG werden einige der dort umgesetzten Erweiterungen im Kontext allgemeiner Prinzipien und Techniken erläutert, mit denen die von der Bibliothek erbrachte Dienstleistung verbessert wurde.

Die Bibliotheken der Universität zu Köln

Die Universität zu Köln verfügt über ein sog. „zweischichtiges Bibliothekssystem" (Bauer, 2004) in dem es neben einer zentralen Universitätsbibliothek, der Universitäts- und Stadtbibliothek Köln (USB Köln), eine Vielzahl an Instituts- und Seminarbibliotheken gibt. So kommt die Universität auf insgesamt mehr als 140 verschiedene Bibliotheken.

Im Jahr 2001 wurde das Projekt „Kölner UniversitätsGesamtkatalog" begonnen, um für den Endnutzer eine „funktionale Einschichtigkeit" in Form eines zentralen Bestandsnachweises aller an der Universität elektronisch katalogisierten Medien zu erreichen. Dadurch wurden zusätzlich weitere Synergieeffekte zwischen den Bibliotheken sowie eine größere Homogenität in dieser hochgradig heterogenen Bibliothekslandschaft ermöglicht.

In diesem Projekt wurden die Institutsbibliotheken unter Federführung der USB Köln mit einem einheitlichen integrierten Bibliothekssystem[1] ausgestattet, das von der USB betrieben und technisch über Citrix-Klienten in der Universität bereitgestellt wird. Auf einem einzigen Serversystem in der USB werden die ein-

---

1 OCLC SISIS SunRise

zelnen Bibliothekskataloge in separaten Datenbanken unter einer Installation der Bibliothekssystem-Software betrieben. Durch die Trennung können die dort verarbeiteten sensiblen Ausleih- und Erwerbungsdaten zwischen den einzelnen Bibliotheken bestmöglich geschützt werden.

Der „KUG" als zentrales Nachweisinstrument

Als zentrale Recherche-Plattform der Katalogbestände für den Endnutzer – Wissenschaftler, Dozenten, Studenten und Bibliothekare - wird an der USB Köln die Open Source Portalsoftware OpenBib (Flimm, 2007) als „Kölner UniversitätsGesamtkatalog" oder kurz „KUG" eingesetzt.

OpenBib ist in seiner Architektur ein klassisches „Schattensystem", in dem die Recherche von den verschiedenen Erfassungssystemen strikt getrennt ist. Es verfügt über eine eigenständige Datenhaltung und speichert die bibliographischen Daten eines jeden Bibliothekskatalogs getrennt in einer eigenen relationalen Datenbank und einem eigenen Suchmaschinenindex ab. Bei der nächtlichen Aktualisierung der Datenbestände werden diese zunächst auf ein Zwischenformat vereinheitlicht und dann standardisiert weiterverarbeitet. In diesen Migrationsprozess kann eingegriffen werden, um die Daten automatisiert zu manipulieren.

Durch die Verwendung eines Zwischenformats lassen sich Daten sehr effizient aus beliebigen Erfassungssystemen integrieren, da lediglich ein Konvertierungsprogramm in das Zwischenformat erstellt werden muss. Trotz der Konsolidierung auf ein einheitliches Erfassungssystem ist diese Fähigkeit im Institutsbereich sehr wichtig. So katalogisieren einige unserer Institute originalsprachlich – z.B. das Ostasiatische Seminar mit seinen Abteilungen Japanologie und Moderne China Studien – und konnten daher mit ihren besonderen Schriftzeichen unsere vereinheitlichte Bibliothekssystemsoftware aufgrund dort fehlender UTF8-Fähigkeit bisher nicht verwenden. Der KUG unterstützt UTF8 und kann daher auch diese Kataloge problemlos wie all die anderen integrieren und so einen tatsächlichen Gesamtnachweis aller elektronisch erfassenden Institutsbibliotheken bereitstellen. Auch jenseits der Bibliotheksbestände werden in den KUG viele weitere relevante Datensammlungen integriert, wie z.B. der Hochschulschriftenserver der Universität, Research Papers in Economics, Digitalisate der Open Library u.v.m.

Der KUG stellt den Nutzern eine zeitgemäße moderne Recherche-Technologie mit facettierter Suche und vielen weiteren Funktionen bereit. Mit Tagging und Literaturlisten werden die Anwender konsequent bei der Erstellung von Inhalten in die KUG-Plattform einbezogen und können so einen Mehrwert für alle anderen Anwender liefern. Bereits die einfache Nutzung des KUG genügt, um später durch geeignete Analysen des Anwenderverhaltens neue Inhalte zu erzeugen.

Eine der Grundstrategien im KUG ist die maximal mögliche thematische Vernetzung der Katalogdaten, sowohl innerhalb eines einzelnen wie auch aller Kataloge - und zusätzlich mit weiteren externen Informationen. Dazu versuchen wir aktiv die Auffindbarkeit von Titeln durch den Nutzer zu verbessern. Durch den Einsatz eines Templating-Systems wird die Präsentation von Inhalten gesteuert und ist so sehr flexibel einsetzbar über verschiedene Abstraktionsebenen hinweg - Kataloge, Gruppen von Katalogen und die finale Präsentation in Sichten auf eben jene Kataloggruppen.

Aufgrund der Ausgangssituation mit vielen heterogenen Datenbeständen und der z.T. uneinheitlichen Erfassung in Bezug auf Verschlagwortung, Systematisierung oder die Vergabe von Medientypen müssen für eine Vereinheitlichung und Anreicherung andere Wege beschritten werden, als bei einem einzelnen Katalog „im Vakuum". Ebenso wenig existiert das KUG-Gesamtsystem mit seinen vielen Datenbanken in einem Vakuum, sondern muss durch offene Schnittstellen für seine Dienste und Daten in das es umgebende Netz eingebettet werden.

Automatisierte und zentrale Kataloganreicherung

„Mit Kataloganreicherung (englisch catalog enrichment) werden Einträge eines Bibliothekskatalogs um weiterführende Informationen ergänzt, die über die reguläre Formal- und Sacherschließung hinausgehen."[2] Im Kontext der besonderen Situation eines Verbundes einzelner Erfassungssysteme werden insgesamt zwei Arten von Kataloganreicherungen im KUG verwirklicht.

Da ist zunächst eine automatisierte Anreicherung, die in den Prozess des Einspielens eines Katalogs in den KUG integriert ist. Durch diese Anreicherung werden die Daten für die Recherche durch den Nutzer verbessert.

Ein Problem ist hier beispielsweise die unvollständige Kennzeichnung der Titel mit rudimentären Medientypen wie Zeitschrift oder Aufsatz. Daher wird beim Neuaufbau eines Kataloges im KUG jeder Datensatz kategorieweise analysiert und anhand verschiedener Kriterien eben jene Medientypen bestimmt und hinzugefügt.

Ein anderes Problem liegt in besonderen Erfassungsspezifika und dem Umstand, dass ein gewöhnliches Recherchesystem einen Titelsatz lediglich anhand der in ihm vorkommenden Informationen finden kann. Im Schiller-Räuber-Problem ist dies aber nicht der Fall, da beide Informationen in verschiedene Titelsätze disjunkt verteilt sind - typischerweise „Schiller" in der Hauptaufnahme „Werke" und „Die Räuber" in der untergeordneten Aufnahme ohne Nennung der Person „Schiller". Daher muss in der untergeordneten Titelaufnahme auch die Person der übergeordneten Aufnahme für die Recherche herangezogen und indexiert werden.

Als letztes Beispiel sei die Problematik ISBN10/13 genannt, bei der Titel ehemals mit einer ISBN10 aufgenommen wurden, diese nun aber mit der zugehöri-

---

2 Wikipedia: http://de.wikipedia.org/wiki/Kataloganreicherung . Zuletzt besucht am: 26.3. 2010

gen ISBN13 recherchiert werden. Auch hier ist der Suchindex geeignet zu modifizieren, so dass unabhängig von der ISBN-Variante der jeweilige Titel gefunden werden kann.

Bei der Anreicherung der Titel mit externen Inhalten bestehen in einem Katalogverbund wie dem KUG, mit vielen getrennten Katalogen, erschwerte Bedingungen. Einerseits ist der Aufwand, diese Informationen in die vielen – teils verschiedenen – primären Erfassungssysteme einzuladen und aktuell zu halten, sehr hoch. Andererseits lehnen einige Bibliothekare die „Verunreinigung" der von ihnen erfassten Katalogdaten tendenziell eher ab.

Daher haben wir diese Art der Anreicherung direkt in das KUG Recherchesystem in Form einer separaten zentralen Anreicherungsdatenbank integriert. In dieser werden verschiedene Informationen zur Nutzung durch alle Kataloge abgelegt. Als Identifizierungsschlüssel dienen ISBN, ISSN bzw. der Bibkey – ein "bibliographischer Fingerabdruck" des entsprechenden Titels.[3]

Zu den zentral gesammelten Inhalten gehören zunächst einmal kategoriebasierte Inhalte. Die anzureichernden Informationen werden dazu unter einer numerischen Kategorie in der Datenbank abgelegt. Zusätzlich wird die Herkunft der Anreicherung kodiert hinzugefügt. Damit lassen sich gleichartige Inhalte aus verschiedenen Quellen nachträglich auseinander halten und besser aktualisieren. Ein Beispiel sind URLs auf universitätsweit lizenzierte E-Books, die mit ihrer Print-ISBN13 dort in der Kategorie 4120 abgelegt werden.

Weiterhin wird zentral ein katalogübergreifender Gesamtnachweis aller Titel aus allen getrennten Katalogen aufgebaut. Um auf einen Blick die Existenz des Titels und die Zugehörigkeit zu einem bestimmten Katalog festzustellen und somit eine Anreicherung auch wieder in den Kontext des lokalen Katalogbestandes zu rücken, werden sowohl die Identifikationsnummer als auch der Katalogname eines jeden Titels unter der ISBN, ISSN bzw. dem Bibkey in der Datenbank abgelegt.

Zusätzlich sind dort die Gesamtnachweise aller ISBN zu einem Werk angesiedelt: Alle ISBN eines Werkes, also derselbe Titel in verschiedenen Ausgaben, Sprachen usw., werden in der Datenbank abgelegt. Als Datenlieferanten nutzt der KUG LibraryThing und die ThingISBN[4].

Schließlich wird dort auch noch ein katalogübergreifender Gesamtnachweis der Ansetzungsformen von Normdaten geführt, um dem Nutzer z.B. effizient Suchvorschläge für seine Recherche aufgrund des tatsächlichen Bestands anbieten oder einen effizienten katalogübergreifenden Normdaten-Index verwirklichen zu können.

Der Vorteil dieser zentralen Anreicherungsdatenbank ist, dass die Anreicherungsinformationen nun nicht mehr mit einem speziellen Titel in einem speziellen Katalog verknüpft sind, sondern stattdessen von diesen getrennt - "frei schwebend" - gehalten werden und dadurch automatisch nutzbar für alle Kataloge über die ISBN, ISSN bzw. den Bibkey sind. Der jeweilige Titel in irgendeinem Katalog

---

3 http://www.gbv.de/wikis/cls/Bibliographic_Hash_Key . Zuletzt besucht am: 26.3.2010
4 http://www.librarything.com/thingology/2006/06/introducing-thingisbn_14.php. Zuletzt besucht am: 26.3.2010

"weiß" selbst nichts von einer möglichen Anreicherung seiner bibliographischen Daten.

Erst bei der Einzeltrefferanzeige werden für einen konkreten Titel Katalog- und Anreicherungsdaten kombiniert und dann ausgegeben. In diesem Sinne stellt die im KUG verwendete zentrale Kataloganreicherung eine Form eines „internen Mashups" dar.

Für eine effiziente Anreicherung bei der Recherche können gezielt beliebige Anreicherungsinhalte in den Suchindex eines Kataloges übernommen werden. Ein gutes Beispiel hierfür ist die Anreicherung eines Titels mit den Namen der Artikel, die ihn in der Wikipedia zitieren. Auf diese Weise werden dem Titel weitere Informationen für die Recherche hinzugefügt und er kann vom Endnutzer besser gefunden werden. Der Titel „Vergleichende Primatologie" von Thomas Geissmann wird so z.B. für die Recherche um unzählige Namen von Affenarten erweitert.

Beispiel: Kataloganreicherung mit Schlagworten

In den verschiedenen Katalogen des KUG trifft der Endnutzer auf eine höchst unterschiedliche sachliche Erschließung. Für den gleichen Titel werden entsprechend dem verwendeten Regelwerk – die USB verschlagwortet nach RSWK – oder den Vorlieben der jeweiligen InstitutsbibliothekarInnen – dort wird frei, aber oft näher am Fachgebiet verschlagwortet – verschiedene Schlagworte vergeben. Dazu kommt, dass im besten Fall immerhin noch verschiedene, im schlimmsten Fall jedoch gar keine Schlagworte vergeben werden. Einmal abgesehen von der verwirrenden und uneinheitlichen Erscheinungsform des Titels in der Vollanzeige für den Recherchierenden, kann dieser den Titel in einem Katalog eventuell über die Suche nach dem entsprechenden Schlagwort finden, im anderen aber gerade nicht.

Dieses Problem lässt sich sehr einfach mit der zentralen Kataloganreicherung im KUG lösen.

Dazu werden in einem ersten Schritt bei der nächtlichen Aktualisierung eines jeden Katalogs im KUG die dort vergebenen Schlagworte mit der zugehörigen ISBN als Zugriffsschlüssel in unserer zentralen Anreicherungsdatenbank abgelegt. Damit wurden bereits folgende zwei Ziele erreicht. Zunächst stehen nun jeder Titelaufnahme über ihre ISBN alle korrespondierenden "angereicherten" Schlagworte jenseits der (etwaig vorhandenen) lokalen Verschlagwortung zur Verfügung. Zusätzlich wird durch die Anreicherungdatenbank ein Verknüpfungsnetz von Titeln – identifiziert durch alle ISBN zum jeweiligen Schlagwort – quasi unsichtbar - über den aktuellen (Teil-)Katalog gelegt. Auf diese Weise lassen sich zu jedem so angereicherten Schlagwort auch weitere thematisch gleich eingeordnete Titel im aktuellen Katalog finden und verknüpfen – auf Grundlage der Verschlagwortung des Titels in einem anderen Katalog.

Im KUG werden diese "angereicherten Schlagworte" mit entsprechender Verknüpfung in der Einzeltrefferanzeige im Block "Entdecken Sie weitere Treffer über:" als "Verschlagwortung aus anderen Katalogen" angezeigt – für den Recherchierenden bewusst getrennt von den sonstigen bibliographischen Daten.

In einem zweiten Schritt werden nun nur noch durch entsprechende Parametrisierung die "angereicherten Schlagworte" mit in den Suchindex des jeweiligen Katalogs übernommen und sind so neben den "normalen" Schlagworten recherchierbar. Ein derart mit weiteren Schlagworten angereicherter Titel profitiert unmittelbar von dieser Anreicherung, weil die Wahrscheinlichkeit steigt, dass er "mit den Suchworten des Recherchierenden" auch gefunden wird. Die Grundannahme ist also: Je größer die Wortbasis der intellektuell verschlagwortenden BibliothekarInnen, desto größer auch die Wahrscheinlichkeit, dass der Nutzer mit einem davon recherchiert und dadurch den Titel findet.

Ein gutes Beispiel für diese Kataloganreicherung mit Schlagworten ist der Titel „Die materielle Polizeipflicht des Zustandsstörers und die Kostentragungspflicht nach unmittelbarer Ausführung und Ersatzvornahme – dargestellt am Beispiel der Altlasten-Problematik"[5] von Michael Griesbeck aus dem Katalog der Fachbibliothek Rechtswissenschaft (Abbildung 21).

Dieser Titel wurde lokal mit den Worten Altlasten, Kostenpflicht und Polizeipflicht verschlagwortet. Durch die Anreicherung kommen nun noch die Begriffe Altlastsanierung, Störer, Zustandshaftung und Gefahrenabwehr hinzu.

Abbildung 21: Beispiel für die Integration der Verschlagwortung in anderen Katalogen

Gleichzeitig ist dieser Titel auch im Katalog des Instituts für Öffentliches Recht und Verwaltungslehre vorhanden.

---

5   PermaLink: http://kug.ub.uni-koeln.de/portal/connector/permalink/inst201/44212/1/kug/index.html . Zuletzt besucht am: 26.3.2010

Dort ist der Titel überhaupt nicht verschlagwortet und er profitiert maximal von der Anreicherung. Mehr noch – wie bereits angesprochen können alle Titel durch den Nutzer in diesem Katalog erreicht werden, die auch in anderen Katalogen vorhanden sind und dort entsprechend verschlagwortet wurden – z.B. mit dem Schlagwort Gefahrenabwehr ergeben sich so fünf zusätzlich vernetzte Titel.

Die Kataloganreicherung mit Schlagworten ist ein gutes Beispiel dafür, wie mit relativ wenig Aufwand für den Recherchierenden ein deutlicher Mehrwert im Bereich Recherchierbarkeit sowie thematische Titelvernetzung geschaffen werden konnte.

Zusätzlich zu den intellektuell erfassten bibliographischen Daten und ihrer Erschließung kann sich die Auffindbarkeit von Titeln durch die automatische Verarbeitung verschiedener titelbezogener Informationen wie Inhaltsverzeichnisse, Register und Glossare anhand linguistischer sowie semantischer Methoden weiter verbessern lassen. Eine Erweiterung des KUG um solche Techniken steht zurzeit noch aus.

Der Einsatz der Kataloganreicherung – automatisch und zentral – stellt ein wesentliches Werkzeug in einem Verbund unabhängiger Kataloge dar, um für den Nutzer – neben dem Zugewinn an Auffindbarkeit und Information – eine Homogenität zwischen den Katalogen zu schaffen, die ursprünglich gar nicht existierte.

Vernetzung durch Mashups

Unter einem Mashup versteht man die „Erstellung neuer Medieninhalte durch die nahtlose (Re-)Kombination bereits bestehender Inhalte"[6] . Im Web 2.0 gehören sie zu einer häufig genutzten Technik, um externe Dienste mit ihren Inhalten in die eigene Anwendung unter Verwendung von Zugriffsschnittstellen (APIs) einzubinden. Der externe Dienst wird über das Internet direkt angesprochen und liefert seine Informationen zurück.

Häufig geschieht dies durch den Einsatz von JavaScript und AJAX direkt auf einer Webseite und damit effektiv im Browser des Endnutzers. Die Verknüpfung und Verarbeitung externer Informationen kann aber auch in die jeweilige Anwendung integriert sein. Dann kommuniziert die eigene Anwendung mit dem Dienst und verarbeitet die Informationen danach selbst intern weiter.

Die Nutzung eines externen Dienstes über einen Mashup stellt einen sehr effizienten Mechanismus dar, da der Aufwand entfällt, diesen Dienst selbst lokal zu implementieren und somit das Rad neu zu erfinden.

Einer der bekanntesten und am häufigsten genutzten Dienste ist Google Maps für die Integration geographischen Kartenmaterials. Andere Beispiele sind Flickr, YouTube oder SlideShare.

---

6   Wikipedia: http://de.wikipedia.org/wiki/Mashup_(Internet) . Zuletzt besucht am: 26.3. 2010

Auch im Kontext von Bibliothekskatalogen kann die Technik von Mashups sinnvoll angewendet und so ein Mehrwert für den Endnutzer erreicht werden (Hahn Schulze 2009: S. 20-38) (Stelzenmüller 2008).

Ebenso wie bei der automatischen und zentralen Kataloganreicherung im KUG können Mashups direkt für alle Kataloge eingesetzt werden und sind daher gerade in unserem Verbund separater Kataloge ein sehr geeignetes Werkzeug, einen Mehrwert bei gleichzeitig geringem Arbeitsaufwand zu liefern. Dazu reicht es i.A. aus, ein entsprechendes JavaScript-Fragment in einem geeigneten katalogübergreifend genutzten Ausgabe-Template abzulegen.

Als Alternative für den Einsatz von JavaScript werden einige Inhalte auch über einen eigenen KUG-Dienst AvailabilityImage ausgegeben, der Verfügbarkeiten in externen Systemen über ein Bild signalisiert.

Dieses „Bild" wird über einen URL verlinkt, der die Recherche bzw. den Einsprung in den jeweiligen externen Dienst aufruft – üblicherweise mit der in der Titelaufnahme enthaltenen ISBN. Das "Verfügbarkeits-Bild" wird dann dynamisch über den lokalen AvailabilityImage-Dienst erzeugt.

Dieser überprüft – ebenfalls über eine einfache Recherche – die Verfügbarkeit von Informationen über den aktuellen Titel im entfernten System. Existieren Informationen zum aktuellen Titel, so wird ein geeignetes Status-Bild per internem Redirect ausgegeben und der Recherche-Link ist nutzbar. Im anderen Fall wird stattdessen ein transparenter Pixel ausgegeben und der Link ist unsichtbar. Dieses sehr einfache Verfahren hat sich insbesondere in den Fällen bewährt, wenn gerade (noch) kein API vorhanden ist, wie es z.B. bis März 2010 beim „Internet-Copy-Shop" PaperC der Fall war. Insgesamt hat sich jedoch der Einsatz von APIs durchgesetzt.

Abbildung 22: Konsequente Nutzung externer Dienste im KUG

Weit verbreitet bei APIs sind hier Umsetzungen mit REST (Representational State Transfer), XML-RPC und SOAP sowie JSON bzw. XML als Format für die Antwort auf eine Anfrage.

Im KUG versuchen wir die Möglichkeiten, die das Netz mit seinen Diensten bietet, konsequent zu nutzen (Abbildung 23).

Google Bücher liefert weitergehende Informationen wie ausführliche Inhaltsbeschreibungen und Inhaltsverzeichnisse, Verweise auf das aktuelle Buch in anderen Büchern oder Artikeln usw.

Google Maps liefert Kartenmaterial, so dass im Kontext allgemeiner Informationen zu einer Bibliothek – wie sie an der USB im sog. Bibliotheksführer für alle Bibliotheken an der Universität zu Köln erfasst werden – innerhalb des KUG auch die Position der jeweiligen Bibliothek auf einem Kartenausschnitt verzeichnet werden kann.

Open Library liefert in Kombination mit Google Bücher für den KUG Bilder von Buch-Cover. TicTocs/JOURNAL TOCs liefert eine Übersicht der zuletzt in einer Zeitschrift veröffentlichten Artikel, teilweise mit Inhaltszusammenfassung und direkter Verlinkung des Artikels.

ReCaptcha schützt die freie Registrierung von Endnutzern für den KUG vor automatisiertem Zugriff und dem damit verbundenen Missbrauchspotential. Über PaperC können Bücher kostenfrei online gelesen werden.

Und schließlich werden die Elektronische Zeitschriftenbibliothek EZB und das Datenbankinformationssystem DBIS über thematisches Browsing und die gezielte Suche nach Zeitschriften sowie Datenbanken eingebunden.

Beispiel: Integration von BibSonomy

Aufgrund seiner konzeptionellen Bedeutung, die deutlich über die bisher genannten Mashups hinaus geht und als Beispiel für einen direkt in die KUG-Plattform integrierten Dienst wird nun auf das „Social bookmark and publication sharing system" BibSonomy[7] näher eingegangen.

Bereits Anfang 2007 wurde der KUG um eine eigene Tagging-Funktion erweitert. War diese zunächst noch eine zeitgemäße Alternative zu klassischen strukturierten Merklisten, wurde wenig später durch die Öffnung öffentlich markierter Tags für andere auch eine gemeinschaftliche Nutzung ermöglicht. Dieses Social-Tagging (Voß 2007) (Tonkin et al 2008) auf lokaler Ebene bringt jedoch auch Probleme mit sich.

Das größte Problem besteht in der lokal nicht erreichten kritischen Masse und Zersplitterung der Nutzer. Die potentielle Nutzerschaft für einen lokalen Katalog ist typischerweise begrenzt. Für ein erfolgreiches Social-Tagging ist aber eine kritische Masse an Endanwendern notwendig, die entsprechend aktiv ist. Durch die Existenz diverser Bibliothekskataloge - eine Universität, eine Bibliothek, ein Katalog - findet aber zwangsläufig eine Zersplitterung statt. Der mögliche erreichbare Nutzen ist nicht optimal.

Darüber hinaus werden die lokal vergebenen Tags ein Datensilo im Rechercheportal. Zwar sind die Katalogdaten durch vielfältige Exportmöglichkeiten 'befreit',

---

7   http://www.bibsonomy.org/ . Zuletzt besucht am: 26.3.2010

die lokal vergebenen Tags sind aber in der Rechercheanwendung eingeschlossen und bilden so ein eigenes Datensilo. Auch diesen Umstand gilt es zu verbessern.

Vor diesem Hintergrund ist es sehr ratsam, die lokale Rechercheplattform mit anderen Systemen zu kombinieren, die dann als Datenaggregator auftreten und über eine entsprechend hohe Nutzerzahl verfügen, mit der sie die so wichtige kritische Masse erreichen.

Typische Beispiele für solche Dienste sind BibSonomy und Connotea, und auch das ursprünglich „nur lokal nutzbare" Zotero beschreitet den Weg zu einer vielversprechenden kollaborativen Plattform.

Für den KUG fiel die Wahl auf BibSonomy. Dieses System verfügt über ein eigenes API und kann daher ideal als Mashup in den KUG eingebunden werden.

Neben der - schon vor dem Einsatz des BibSonomy-API existierenden – Möglichkeit, im KUG einzelne Titel gezielt nach BibSonomy zu übertragen, können nun – mit dem API – alle bibliographischen Nachweise und Web-Quellen in BibSonomy vollständig mit einem thematischen Browsing über Tags und Schlagworte erschlossen werden. Darüber hinaus findet eine „Spiegelung der lokalen Tagging-Aktionen" in BibSonomy statt.

Hintergrund des „thematischen Browsens" ist der Wunsch, über die zentrale Datenbasis von BibSonomy anhand von Tags oder Schlagworten weitere thematisch infrage kommende Quellen – Publikationen und Bookmarks - zu entdecken. Damit wird dem Aspekt Serendipity "Ich möchte auch etwas finden, was ich gar nicht gesucht habe"[8] Rechnung getragen.

Dazu wird zunächst bei der Einzeltrefferanzeige eines Titels im KUG mit dem Bibkey (konkreter: dem derzeitigen inter-hash key[9] von BibSonomy) eine Abfrage in BibSonomy gemacht und der aktuelle Titel gesucht. Alle Tags, die gegebenenfalls beim dort gefundenen Titel vergeben wurden, können dann anschließend im KUG unter dem Abschnitt 'BibSonomy Tags' ausgegeben werden.

Da nicht jeder Titel aus dem KUG schon in BibSonomy vorhanden ist, werden zusätzlich die im KUG-Titel verwendeten Schlagworte „als Tags" mit BibSonomy abgeglichen (Abbildung 23).

Auf diese Weise erhält der Nutzer schließlich eine Aufstellung valider Tags, über die er in den Bestand von BibSonomy eintauchen kann und eine Aufstellung dort vorhandener Publikationen bekommt (Abbildung 24). Dieser automatische Abgleich mit BibSonomy ist vollständig in die KUG-Oberfläche eingebettet.

Anhand der Bibkeys für die in BibSonomy gefundenen Publikationen wird dann augenblicklich wieder eine Verfügbarkeitsabfrage im KUG-Bestand gemacht, so dass für die durch BibSonomy gelieferten Titel sofort angezeigt werden kann, ob sie im KUG-Bestand vorhanden sind. Grundlage hierfür ist die vorherige Anreicherung der KUG-Titel mit Bibkeys sowie der Gesamtnachweis in der zentralen Anreicherungsdatenbank.

---

8 Beluga Blog: http://beluga-blog.sub.uni-hamburg.de/blog/2008/02/22/wenn-das-klima-anders-waere-koennte-man-auch-eine-unfertige-liste-oeffnen-beluga-in-der-diskussion/ . Zuletzt besucht am: 26.3.2010

9 http://www.bibsonomy.org/help/doc/inside.html . Zuletzt besucht am: 26.3.2010

Abbildung 23: Beispiel für die Verbindung eines Titels zu BibSonomy anhand von Tags und Schlagworten

Stellt das „thematische Browsing" einen Weg dar, BibSonomy in den eigenen Katalog zu integrieren und als die angesprochene 'gemeinsame' Datenbasis lokal zu nutzen, wird mit der vollautomatischen Spiegelung der lokalen Tagging-Aktionen nach BibSonomy genau die dazu notwendige Öffnung des Datensilos OPAC und ein verbesserter (Katalog- und Tagging-) Datenfluss nach BibSonomy forciert.

Dazu taggt der Endnutzer direkt im KUG. Seine Tags und Titel werden durch den BibSonomy-Mashup nun aber nicht mehr nur im KUG gespeichert. Darüber hinaus werden die Titel im KUG – so sie im BibSonomy-Account des Nutzers noch nicht vorhanden sind - automatisch dort eingetragen und mit den lokal im KUG vergebenen Tags und der Sichtbarkeitsinformation (öffentlich oder privat) versehen. Ändert er seine Tags im KUG, so werden diese Änderungen auch in BibSonomy automatisch nachgezogen.

Auf diese Weise können die Nutzer weiterhin lokal das Rechercheportal mit all seinen Funktionen nutzen, die Daten wandern aber zusätzlich zur gemeinsamen 'Datenzentrale' BibSonomy. Jenseits der weitergehenden Funktionen von BibSonomy für den Nutzer erhält er zusätzlich - rückgekoppelt im lokalen Kontext - weitere Verweise auf Literatur, die an der Universität vorhanden ist.

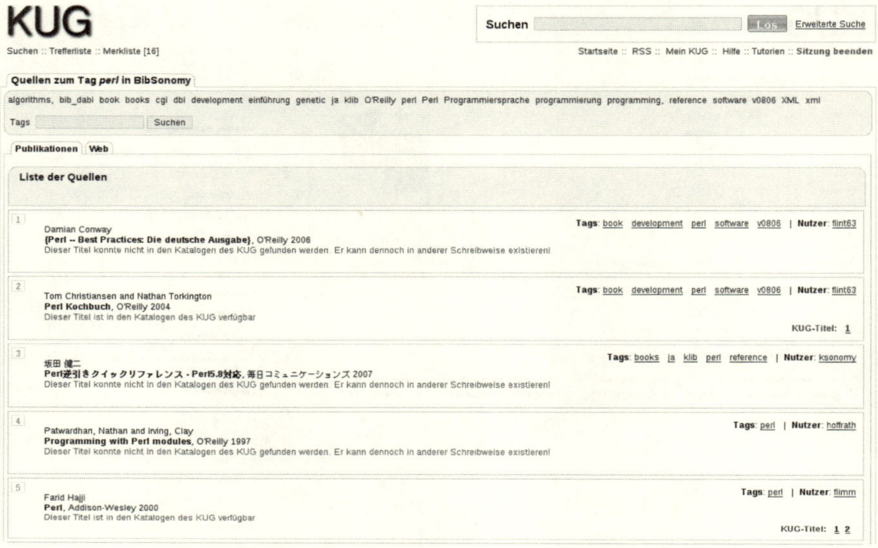

Abbildung 24: Titel zum Tag "perl" in BibSonomy mit weiterer Vernetzung von Tags und Nutzern

Mashups durch externe Datenlieferungen

Bisher wurden Mashups vorgestellt, die sich sofort über das Netz mit einem externen Dienst verbinden, dort Informationen sammeln und mit der lokalen Anwendung zu etwas Neuem kombinieren. Einige Dienste bieten jedoch auch die Möglichkeit an, die Gesamtheit der Informationen direkt herunterzuladen. Die lokale Abspeicherung und Verarbeitung dieser Informationen bietet dann u.a. zusätzlich die Möglichkeit, diese Informationen auch für alle lokal vorhandenen Titel in Nutzerrecherchen zu verwenden.

Die Verarbeitung solcher externer Daten findet im KUG zentral in der Anreicherungsdatenbank statt. Typische Beispiele wurden bereits im entsprechenden Abschnitt über die zentrale Kataloganreicherung genannt. Es sind LibraryThing mit der ThingISBN für die *Gesamtnachweise aller ISBN zu einem Werk* sowie die Wikipedia für die Namen der Artikel, in denen auf Titel mit deren ISBN verwiesen wird.

Bereitstellung eigener Dienste und Daten

Ebenso wenig wie ein einzelner Katalog im Vakuum ohne die anderen Kataloge im KUG gesehen werden kann und man daher katalogübergreifend denken muss, steht auch der KUG nicht für sich allein, sondern ist in eine Welt aus Diensten und Daten eingebettet. Dementsprechend kommt zum „katalogübergreifenden Denken" ein „systemübergreifendes Denken" hinzu.

So hat sich der KUG über die Jahre von einer reinen eindimensionalen Recherchelösung im klassischen OPAC-Sinn hin zu einem Portal-Baukasten und einer allgemeinen Infrastrukturlösung an der USB Köln entwickelt, die sowohl Dienste wie auch Daten zur externen Verwendung bereit stellt. Der KUG ist nicht mehr nur ein Katalog, sondern eine vielfältig nutzbare Plattform.

Dazu tragen speziell die verschiedenen Organisationsmöglichkeiten für einzelne Kataloge in der KUG-Plattform bei. In nur einer Installation des KUG lassen sich aus der Gesamtmenge aller Kataloge beliebige Gruppen in eigenen Katalog-Profilen zusammenfassen. Diese Profile lassen sich dann wiederum über sog. Sichten in verschiedenen Präsentationen für den Endnutzer aufbereiten und bilden dann ein eigenständig ansprechbares Portal.

Diese drei verschiedenen Abstraktionsebenen im KUG – Datenbanken, Sichten und Profile (zur Gruppierung von Datenbanken/Sichten) können bequem über ein Web-Frontend verwaltet werden und übertragen sich exakt auf das für die Web-Präsentation eingesetzte objektorientierte Templatingsystem.

An der USB Köln können durch die so erreichte Flexibilität ohne viel Aufwand – jenseits der Standard-KUG-Sicht mit fast allen verfügbaren Katalogen – getrennte Varianten für jedes Institut sowie eigenständige Projekt- und Themenportale eingerichtet werden. Im März 2010 summierte sich die Gesamtzahl der von der KUG-Plattform bereitgestellten individuellen Portal-Sichten auf 183.

Ein gutes Beispiel hierfür sind die vielen Sammlungen der Universitäts- und Stadtbibliothek Köln, die jedoch im Gesamtbestand aller Titel im Katalog der USB leider weitgehend untergehen – vielen Nutzern erschließt sich nicht, welche Sammlungen die USB überhaupt besitzt.

Aus diesem Grund hat die USB begonnen, Kriterien für deren Identifikation zu bestimmen, um dann in einem ersten Schritt die jeweilige Sammlung aus dem Gesamtbestand zu extrahieren und in eine eigene Datenbank in der KUG-Plattform einzuspielen. Die Sammlungsbestände werden so – jeder für sich – aus der Anonymität des gesamten Kataloges herausgelöst und getrennt ansprechbar.

Dazu nutzen wir einfache Konvertierungs-Plugins, die für die Bildung der jeweiligen Teilbestände aus dem USB Katalog sorgen. Sehr vorteilhaft ist hier wieder die eigenständige Datenhaltung in einer relationalen Datenbank und einem Suchmaschinenindex in der KUG-Plattform, mit der Sammlungen auch aus verschiedenen Erfassungssystemen dort zusammengeführt werden können. Das ist umso wichtiger, da etliche Sammlungen an der Universität zu Köln gerade nicht im USB-Katalog nachgewiesen sind, wir aber eine Gesamtlösung für die Universität anstreben. Das Spektrum der vorhandenen Daten reicht hier von der einfachen Excel-Datei bis zum spezialisierten Erfassungssystem.

Für jede dieser Sammlungen wird eine eigene Portal-Sicht erstellt, in der die Bestände beschrieben und über Recherchemöglichkeiten, Übersichten und/oder Register für die Nutzer zugänglich gemacht werden. Mit dieser individuellen Präsentation möchten wir unserer Wertschätzung einer jeden Sammlung und eines jeden Sammlers Ausdruck verleihen und unsere Nutzer auf diese verborgenen Schätze aufmerksam machen (Abbildung 25).

Neben der Fähigkeit getrennte Portale einzurichten stellt die KUG-Plattform viele ihrer Funktionen auch durch eigene offene Schnittstellen – den sog. Konnektoren - für eine externe Nutzung bereit. Dies geschieht im Allgemeinen in Form von Web Services. Damit lassen sich Konnektoren ideal zum Aufbau serviceorientierter Infrastrukturen auf Basis des KUG nutzen.

Abbildung 25: Die H. C. Artmann-Sammlung Knupfer als Beispiel für ein eigenständiges Portal in der KUG-Plattform

Über den DigiBib-Konnektor, dessen Abfrageprotokoll auf Vorgaben des Hochschulbibliothekszentrums NRW (hbz) beruht, können verschiedene Kataloge sowohl in unser lokales USB-Portal wie auch mit dem Literaturverwaltungsprogramm Citavi durchsucht werden. Hier wurde vom hbz bewusst einem einfachen HTML-basierten Abfrageprotokoll gegenüber dem komplexeren Standard Z39.50 der Vorzug gegeben, das einfach implementier- und erweiterbar ist – z.B. um Facetten bei der Verwendung von Suchmaschinentechnologie.

SeeAlso (Voß, 2008) ist ein Abfrageprotokoll, das von Jakob Voß und der GBV Verbundzentrale zur Anreicherung von Rechercheergebnissen erstellt wurde und Links zu weiterführenden Informationen bereitstellt. Auch dieses Protokoll wird durch einen eigenen Konnektor im KUG bereitgestellt und derzeit primär für den Transport von Informationen aus unserer zentralen Anreicherungsdatenbank verwendet.

Anreicherungen, Mashups und Vernetzungen von Titeln 307

Ein sehr großer Vorteil von SeeAlso ist, dass sich darüber beliebige Informationen für eine Anreicherung der Titel in externen Katalogen transportieren lassen und eine Erweiterung sehr einfach möglich ist. Beispiele für SeeAlso-Dienste, die der KUG bereit stellt, sind isbn2wikipedia zur Lieferung der Namen der Artikel in der (deutschen) Wikipedia, die die jeweilige ISBN referenzieren, isbn2subject zur Lieferung der Schlagworte, die für den über die ISBN referenzierten Titel vergeben wurden, issn2tictocs zur Lieferung von RSS-Feeds mit Informationen über die aktuellsten Artikel einer Zeitschrift (basierend auf dem TicTocs-Dienst), thingisbn[10] zur Lieferung aller anderen ISBN zu den verschiedenen Erscheinungsformen des Werks sowie isbn2kug zur Lieferung von Katalogen und Permalink zu den Titeln im KUG.

Ein weiterer Availability-Konnektor liefert zu einer ISBN ausführliche Verfügbarkeitsinformationen der entsprechenden Titel in den Katalogen des KUG. Neben der Information über besitzende Bibliotheken samt Permalink werden zusätzlich getrennt auch Nachweise der Titel in anderen Auflagen, Sprachen usw. geliefert.

Abbildung 26: KUG-Bestand in Amazon: Katalognachweise dort anzeigen, wo der Nutzer ist

Dieser Konnektor wird verwendet, um dem Endnutzer über die Firefox-Erweiterung GreaseMonkey in seinen Recherchen bei Amazon oder Google Bücher direkt die Verfügbarkeit des jeweiligen Titel im KUG anzuzeigen. Falls der Titel selbst nicht vorhanden ist, werden stattdessen die Nachweise der anderen Auflagen usw. ausgegeben. Auf diese Weise können die Nachweise lokaler Bestände dort angezeigt werden, wo sich der Nutzer befindet (Abbildung 26).

Auch bei unseren Lieferanten wird dieser Konnektor im Rahmen der Vorakzession in Approval-Plänen genutzt, um die Verfügbarkeit eines Titels nicht mehr händisch am USB-OPAC durchführen zu müssen, sondern automatisch über diesen Web-Service.

---

10 Dieser Dienst darf entsprechend der Bedingungen von LibraryThing **ausschließlich** für nichtkommerzielle Zwecke verwendet werden.

Für die Auslieferung maschinenlesbarer bibliographischer Informationen zu einzelnen Titeln verwendet der KUG die unAPI-Schnittstelle (Chudnov et al., 2006). Über diese können die Titelinformationen – anders als bei COinS[11] - in verschiedenen Formaten ausgegeben werden, wie z.B. BibTeX, MODS, DC – oder METS, wie im Fall von WikiSource.

Der KUG hat die bibliographischen Nachweise von Digitalisaten in WikiSource zusammen mit der Struktur der Digitalisate in einem eigenen Katalog abgelegt. Diese Strukturinformationen sind über unAPI im METS-Format abfragbar und können damit direkt an den DFG-Viewer[12] zur Anzeige des Digitalisats übergeben werden. Durch die Kombination offener Daten von WikiSource, einem Mashup-fähigen Dienst der USB und einem der DFG konnte so für unsere Nutzer ein Mehrwert geschaffen werden, der das Potential von Mashups sehr klar verdeutlicht.

Aber auch andere Programme nutzen direkt die unAPI-Schnittstelle. Ein sehr prominentes Beispiel ist Zotero, ebenfalls eine Erweiterung des Web-Browsers Firefox. Mit Zotero kann der Nutzer via unAPI direkt aus der Einzeltrefferanzeige deren bibliographische Daten übernehmen.

Dies waren nur einige Beispiele, die aber zeigen, dass es nicht nur sinnvoll ist, Mashups selbst zu nutzen, sondern dass es mindestens ebenso wichtig ist, sein eigenes System so anzupassen, dass dieses durch offene Schnittstellen auch selbst über Mashups eingebunden werden kann.

Allgemeine Vernetzungen zwischen Titeln

Bisher wurden bereits einige Beispiele für das Prinzip Serendipity „Sinnvolles finden, das gar nicht gesucht wurde" angesprochen. Die Erweiterung des Kataloges um zusätzliche thematische Querverbindungen zwischen verschiedenen Titeln ist daher eine für den Endnutzer sehr wesentliche Eigenschaft einer Rechercheanwendung.
Daher versuchen wir im KUG fortlaufend aus den vorhandenen Daten möglichst automatisch weiterführende Informationen und Vernetzungen zwischen Titeln zu identifizieren und dann einer sinnvollen Nutzung zuzuführen.

Die allgemeinen bibliographischen Informationen eines Titels sind hier bereits ein guter Ansatzpunkt. Querverbindungen über Personen, Körperschaften, Schlagworte und Systematiken haben sich bereits seit vielen Jahren durchgesetzt.

Man kann sich nun aber auch weitere Fragen stellen, um thematisch potentiell benachbarte Titel aufzuspüren. Haben die verschiedenen Verfasser des aktuellen Titels beispielsweise mit weiteren Personen in anderen Titeln zusammengearbeitet? Gibt es hier eventuell Häufungen? Diese könnten dem Recherchierenden sicherlich hilfreich sein. Oder, welche anderen Schlagworte kommen bei anderen Titeln zu-

---

11 OpenURL COinS: A Convention to Embed Bibliographic Metadata in HTML <http://ocoins.info/> . Zuletzt besucht am: 26.3.2010
12 http://dfg-viewer.de/ Zuletzt besucht am: 26.3.2010

sammen mit den Schlagworten des aktuellen Titels vor? Wie sieht es hier mit Häufungen aus?
Derartige Informationen werden im KUG beim Aufruf eines Titels augenblicklich bestimmt und dem Nutzer als weitere „Entdeckungsmöglichkeit" über Wortwolken angeboten.

Ebenso lassen sich auch Literaturlisten auswerten, die von Nutzern eingegeben und öffentlich freigegeben wurden. Welche anderen Literaturlisten hat der Nutzer sonst noch erstellt? Könnte da vielleicht etwas Interessantes dabei sein? Kommen Titel der aktuellen Literaturliste vielleicht in anderen Literaturlisten vor? Könnte ich vielleicht hier auf neue Titel stoßen, an die ich bisher noch gar nicht gedacht habe? Auch diese beiden Vernetzungen für Literaturlisten werden im KUG umgesetzt.

Andere Vernetzungen lassen sich aus Nutzungsanalysen bestimmen. Dazu bietet die KUG-Plattform eine allgemeine Statistikdatenbank an, in der beliebige nutzungsbedingte Ereignisse abgelegt und später ausgewertet werden können. Nur so erhält die USB Köln als Systembetreiber u.a. diejenigen Informationen, anhand derer sie den Dienst verbessern kann.

Eine sehr wesentliche Information, die aus einer Analyse der KUG-Nutzung gewonnen werden kann, sind Literaturempfehlungen. Die Empfehlungen werden anhand eines speziellen Algorithmus auf Grundlage aufgerufener Vollanzeigen der Titel bestimmt. Um auch hier einen maximalen Nutzen für möglichst viele Kataloge zu erzielen, werden diese Informationen wiederum der zentralen Kataloganreicherung zugeführt.

Weitere Dienstleistungen aus den Daten der KUG-Plattform

Außerhalb der Universität zu Köln ist der KUG nahezu ausschließlich als Recherche-Plattform bekannt. Einige Bibliotheken nutzen unsere SeeAlso-Dienste, vielfach unbekannt sind jedoch andere Dienstleistungen, die wir anhand der in der KUG-Plattform gesammelten Daten lokal an der Universität erbringen.

Wesentlich ist auch hier die lokale Haltung der bibliographischen Informationen in relationalen Datenbanken. Diese Informationen sind so abgelegt, dass sie sich – anders als in vielen Erfassungssystemen - bis auf die Kategorieebene ansprechen lassen.

Allein mit Hilfe dieser Informationen können wir bereits für unsere Bibliotheken als Dienstleistung einen Abgleich zwischen beliebigen Katalogbeständen anbieten. Diese Aufstellung gemeinsamer Titel in den jeweiligen Bibliotheken wird in Form einer CSV-Datei geliefert und ist ein sehr hilfreiches Entscheidungsinstrument für Aussonderungen oder Zusammenlegungen von Bibliotheken.

Beispiel: Bibliotheksführer als E-Book

Zusätzlich werden in der KUG-Plattform aber nicht nur Katalogdaten abgelegt, sondern auch Informationen über die zugehörigen Bibliotheken. Diese Bibliotheksinformationen werden an der USB Köln in Form eines offiziellen Bibliotheksführers, ehemals in einer aufwändig hergestellten Printversion, heute online auf den Webseiten geführt. Dabei werden u.a. Adressen, Öffnungszeiten, EDV-Ausstattung, Ansprechpartner, Geo-Koodinaten, Gesamtbestand und vieles mehr erfasst.

Um diese Informationen voll integriert in der KUG-Anwendung darstellen zu können, werden sie automatisiert aus den Webseiten extrahiert und kategorisiert in den KUG eingespielt.

Abbildung 27: Automatisch aus dem KUG erzeugter Bibliotheksführer als E-Book

Es besteht jedoch weiterhin ein großer Bedarf nach einer umfassenden Gesamtübersicht aller Bibliotheken in einer ausdruckbaren Publikation. Mit dem KUG als Datenzentrale, in der alle relevanten Informationen vorliegen, kann die USB Köln einen Bibliotheksführer[13] im PDF-Format automatisch als weitere Dienstleistung erzeugen. Da die Erzeugung mit keinem Aufwand verbunden ist, wird der ausdruckbare Bibliotheksführer täglich erzeugt und ist entsprechend aktuell. Auch in diesem Prozess finden wieder Mashup-Techniken Anwendung. Anhand der erfassten Geo-Koordinaten einer jeden Bibliothek wird per Mashup mit dem OpenStreet-

---

13 http://kug.ub.uni-koeln.de/bibliotheksfuehrer/ . Zuletzt besucht am: 26.3.2010

Map Projekt[14] automatisch ein Lageplan der Bibliothek eingebunden (Abbildung 27).

Da im KUG neben den allgemeinen Informationen über die Bibliotheken gleichzeitig katalogspezifische Informationen verfügbar sind, können aus der Kombination neue Inhalte erzeugt werden. Für den Nutzer wesentlich ist z.B., wie viele Titel des Gesamtbestandes überhaupt elektronisch erfasst und damit recherchierbar sind.

Pro Gruppe an Katalogen – typischerweise fakultätsweise – werden daher die von den Bibliotheken gemeldeten Bestandszahlen zusammen mit der Zahl tatsächlich elektronisch erfasster Titel ausgegeben. Wünschenswert für den Recherchierenden wären diese Angaben über den Erfassungsgrad sicherlich auch bezogen auf jede einzelne Bibliothek. Denn das Hintergrundwissen „Wie sinnvoll ist es eigentlich, im Online-Katalog zu suchen? Oder ist es vielleicht doch besser, den Kartenkatalog zu konsultieren?" ist entscheidend dafür, dass der Recherchierende auch zum gesuchten Medium kommt.

Die damit verbundene Problematik geht jedoch weit über die einfache technische Realisierbarkeit hinaus.

Beispiel: Liste der Zeitschriften in der ZDB

An der USB Köln werden zentral die Nachweise der Institutszeitschriften in der ZDB geführt. Als Arbeitsinstrument generieren wir aus dem KUG daher für jedes Institut Listen der Zeitschriften, die aktuell in der ZDB für dieses Institut gemeldet sind. Die Institute können anhand dieser Listen dann überprüfen, ob sich inzwischen Änderungen ergeben haben und uns dies zur Korrektur der Daten in der ZDB zurückmelden.

Als weiteres Angebot an die Institute werden in diesen Listen zur Erwerbungs- und Bestandkoordination automatisch auch zusätzlich Informationen über Parallel-Bestände in anderen Instituten vermerkt. Als allgemeine Information wird am Anfang der Liste neben der Gesamtzahl der Zeitschriften im jeweiligen Institut auch die Zahl der Zeitschriften ausgegeben, die auch in anderen Bibliotheken vorhanden sind. Bei jeder aufgeführten Zeitschrift werden dann konkret diese anderen Bibliotheken anhand ihrer Sigel genannt.

Diese drei Beispiele zeigen, dass sich aus einer zentralen Recherche-Plattform in einem Katalogverbund vielfältige Dienstleistungen für verschiedene Zielgruppen entwickeln lassen, die über die eigentliche Recherche hinausgehen können.

---

14 http://www.openstreetmap.org/ . Zuletzt besucht am: 26.3.2010

Neue Möglichkeiten mit offenen Daten

Schon seit einiger Zeit wird im Bibliothekswesen laut über die Freigabe der bibliographischen Daten als (Linked) Open Data nachgedacht – u.a. in größerem Rahmen bei der Tagung „Semantik Web in Bibliotheken" SWIB09[15] im Kontext des Semantic Web.

Kein anderer als der "Erfinder" des Web, Tim Berners-Lee, propagierte[16] schon vor einigen Jahren die Freigabe von Daten, zunächst als Roh-Daten, dann beschrieben durch Web-Standards, um sie zum integralen Teil des Webs[17] zu machen. Diese Daten – oder Teile davon – können dann vielfältig genutzt und kombiniert werden – in Anwendungsgebieten, an die man selbst mit seinen Daten eventuell noch gar nicht gedacht hat.

Auch wir in der USB Köln sehen das immense Potential, das sich mit vollständig (gemein)freien bibliographischen Daten erreichen lässt. Um dieses Potential auszuschöpfen, hat die USB Köln zusammen mit verschiedenen anderen Kölner Bibliotheken und dem Landesbibliothekszentrum Rheinland-Pfalz (LBZ) in Kooperation mit dem Hochschulbibliothekszentrum des Landes Nordrhein-Westfalen (hbz) ihre bibliographischen Daten vollständig für die Allgemeinheit geöffnet – in dieser Dimension ein Novum in der deutschen Bibliotheksgeschichte. Allein die USB gab mehr als 3 Millionen Titelsätze frei, zusammen mit den anderen Bibliotheken waren es mehr als 5 Millionen. Wenn weitere Bibliotheken folgen, ließe sich der gemeinsamen Nutzen, den alle aus den Daten ziehen können, noch weiter erhöhen.

Gerade die bereits vorgestellten und in der KUG-Plattform umgesetzten Strategien lassen sich durch Open Bibliographic Data deutlich erweitern und verbessern.

Der Weg hin zu Open Bibliographic Data hat verschiedene Dimensionen[18]. Für den konkreten Einsatz sind, neben der Kostenersparnis durch eine komplette Übernahme von Titeln, vor allem zwei Bereiche wesentlich: Als Quelle für Anreicherungen mit externen Inhalten und zur Verankerung des Bibliotheksbestandes im Netz.

Viele Inhalte aus externen Katalogaufnahmen können zu einer qualitativen Verbesserung der eigenen Daten beitragen. Dazu gehören u.a. Schlagworte, Systematikinformationen wie Basisklassifikation (im GBV und der USB), RVK (im BVB) oder DDC, PND-Nummern, Links zu digitalisierten Inhaltsverzeichnissen mit OCR-Volltexten, katalogisierte freie E-Books und vieles mehr. Mit diesen

---

15 Folien und Videos der Vorträge auf der Tagungsseite http://www.swib09.de/ . Zuletzt besucht am: 26.3.2010

16 Berners-Lee, Tim: The year open data went worldwide <http://www.ted.com/talks/view/id/788> . Zuletzt besucht am: 26.3.2010

17 Dodds, Leigh: Web integrated data <http://www.slideshare.net/ldodds/web-integrated-data> . Zuletzt besucht am: 26.3.2010

18 Pohl, Adrian: Dimensionen von Open Bibliographic Data <http://www.uebertext.org/2010/03/dimensionen-von-open-bibliographic-data.html> . Zuletzt besucht am: 26.3.2010

zusätzlichen Informationen lässt sich – durch zentrale Anreicherung im KUG oder expliziten Import in die einzelnen Kataloge – für den Recherchierenden der Katalogbestand tiefer thematisch erschließen und ein deutlich verbesserter Recherche-Dienst anbieten.

Bibliothekskataloge oder -portale sind nicht mehr die ersten Anlaufstellen, wenn Nutzer heutzutage Informationen zu einem Thema suchen. Schon 2005 ging aus der Studie „Perception of Library and Information Resources"[19] von OCLC deutlich hervor, dass für 84 Prozent der Recherchierenden Suchmaschinen wie Google die erste Wahl sind. Lediglich 1 Prozent von ihnen beginnen ihre Suche in Online-Datenbanken oder den Webseiten einer Bibliothek.

Um die Nutzer dort abzuholen, wo sie suchen, müssen die bibliographischen Daten mit ihren Bestandsinformationen integraler Teil des Netzes werden. Der einfachste und kostengünstigste Weg ist die Beschreibung dieser Daten in der Sprache des Web mit RDF durch geeigneten Ontologien und Veröffentlichung als Open Bibliographic Data, so dass sie durch Suchmaschinen eingesammelt – und sinnvoll verarbeitet werden können. Auch im lokalen Kontext können sich so Resourcen-orientierte Infrastrukturen (Spinellis et al 2009) bilden, die in der Verarbeitung der Informationen neue Perspektiven eröffnen.

Zusätzlich können Querverweise zu anderen Datenquellen, wie z.B. der Dbpedia[20], LCSH[21] oder STW[22], eingebracht werden und so die Daten als Linked Open Data[23] [24] in einem semantischen Web noch wertvoller machen. Durch geeignete Abfragesysteme und Sprachen wie SPARQL lassen sich im Semantic Web durch die Querverbindungen zwischen vielen verschiedenen Datenquellen Fragestellungen beantworten, die so bisher nicht effizient möglich waren, wie in einem Beispiel von Juan Sequeda: „Football Players who went to the University of Texas at Austin, played for the Dallas Cowboys as Cornerback "[25]

---

19 Frage 520: Where electronic information searches begin <http://www.oclc.org/reports/pdfs/Percept_all.pdf> . Zuletzt besucht am: 26.3.2010
20 http://dbpedia.org/About . Zuletzt besucht am: 26.3.2010
21 Library of Congress Subject Headings <http://id.loc.gov/authorities/search/> . Zuletzt besucht am: 26.3.2010
22 Standard Thesaurus Wirtschaft <http://www.w3.org/2001/sw/sweo/public/UseCases/ZBW/> Zuletzt besucht am: 26.3.2010
23 Davis, Ian ; Heath, Tom: The thirty minute guide to RDF and Linked Data. <http://www.slideshare.net/iandavis/30-minute-guide-to-rdf-and-linked-data> Zuletzt besucht am: 26.3.2010
24 OPENLINK Software: Deploying Linked Data. <http://virtuoso.openlinksw.com/Whitepapers/html/vdld_html/VirtDeployingLinkedDataGuide.html> Zuletzt besucht am: 26.3.2010
25 Sequeda, Juan: Introduction to Linked Data. International Semantic Web Conference. 2009 <http://www.slideshare.net/juansequeda/introduction-to-linked-data-2341398> Zuletzt besucht am: 26.3.2010

Zusammenfassung

Anhand der KUG-Plattform an der USB Köln wurden verschiedene Beispiele dargestellt, wie durch die besondere Herausforderung vieler heterogener Kataloge andere Wege beschritten werden mussten als bei einem einzelnen Katalog. Die dabei umgesetzten Lösungen und Prinzipien – Anreicherungen, Mashups und Vernetzungen – sind jedoch so allgemein, dass sie sich auf eine Vielzahl an Arten von Katalogen - einzelne, getrennte oder verteilte – anwenden lassen. Erst durch ihren Einsatz kann für den Recherchierenden im Umfeld heterogener Kataloge ein Höchstmaß an Homogenität erreicht werden.

Speziell die zentrale Anreicherungsdatenbank ist dabei ein zentrales Bindeglied zwischen den ansonsten einzelnen Katalogbeständen im KUG. Sie bietet sich mit den dort enthaltenen Informationen als "Andockpunkt" für externe Mashups mit dem KUG an, z.B. über den SeeAlso-Konnektor.

Zentral bei der Realisierung und Weiterentwicklung der KUG-Plattform war die Loslösung des Blicks von einem einzelnen Katalog „im Vakuum" und die Ausweitung auf einen größeren Kontext: Der einzelne Katalog im Verbund mit anderen Katalogen, der Katalogverbund als Teil des Netzes mit vielen Katalogen und Verbünden. Dadurch wurden fast automatisch allgemeine Techniken des Web 2.0 adaptiert, die sich in einem zutiefst heterogenen und schnell wandelnden globalen Netz – dem Internet - in ihrer praktischen Anwendbarkeit durchgesetzt haben.

Niemand kann vorhersagen, welche Dienste oder Daten als nächstes sinnvoll in eine bibliothekarische Rechercheanwendung eingebunden werden können. Auch die Anforderungen an eigene Schnittstellen, über die man zwischen Bibliotheken und Verbünden neue Dienste gemeinsam erschaffen kann, entwickeln sich ständig weiter.

Um mit seinem eigenen Recherchedienst in dieser Zeit des fortwährenden Wandels überhaupt „manövrierfähig" zu sein, ist die Flexibilität, geeignete Erweiterungen mit möglichst geringem Aufwand selbst vornehmen zu können, so außerordentlich elementar. Dazu bedarf es Systeme, die eine eben solche Flexibilität ermöglichen und die dabei so effizient sind, dass sie den notwendigen Aufwand für Anpassungen, Erweiterungen und Betrieb minimieren.

Der KUG und andere eigenentwickelte Systeme, wie vuFind[26], Heidi[27], beluga[28] oder XOPAC[29], sind gute Beispiele dafür, den Betreuungsaufwand für eine schwerfällige, proprietäre Lösung sinnvoller in die (Weiter-)Entwicklung und Anpassung bestehender Open Source-Systeme zu investieren.

Dazu kommen weitere Vorteile, denn gerade die beiden damit zusammenhängenden Faktoren – die Auseinandersetzung mit aktuellen und zukünftigen Themen sowie die anschließende selbständige Umsetzung im Rahmen eines vollständig

---

26 http://vufind.org/ Zuletzt besucht am: 26.3.2010
27 http://www.ub.uni-heidelberg.de/helios/kataloge/heidi.html Zuletzt besucht am: 26.3.2010
28 http://beluga.sub.uni-hamburg.de/ Zuletzt besucht am: 26.3.2010
29 http://www.xopac.org/ Zuletzt besucht am: 26.3.2010

offenen Systems - sind wesentlich für den Aufbau von Wissen und Kompetenz in Bibliotheken[30].

Während bei einem proprietären System oft nur produktspezifisches Spartenwissen aufgebaut wird, geschieht der Wissensaufbau bei aktuellen, vollständig offenen Systemen in verbreiteten Basistechniken, die sich auch in anderen Projekten sehr gut anwenden lassen und so erst einen wirtschaftlichen und nachhaltigen Betrieb mit begrenzten Finanzmitteln und Personal - für den Nutzer - gewährleisten.

Literaturverzeichnis

(Bauer, 2004) Bauer, Delia: Vom zweischichtigen Bibliothekssystem zur funktionalen Einschichtigkeit: Problematik eines Strukturkonzepts am Beispiel der Universitäts- und Stadtbibliothek Köln. Band 43. 2004. Kölner Arbeitspapiere zur Bibliotheks- und Informationswissenschaft. <http://www.fbi.fh-koeln.de/institut/papers/kabi/band.php?key=54>. Zuletzt besucht am: 26.3.2010

(Chudnov et al., 2006) Daniel Chudnov et al: Introducing unAPI, in: Ariadne. Issue 48 (July 2006) <http://www.ariadne.ac.uk/issue48/chudnov-et-al/> · Zuletzt besucht am: 26.3.2010

(Flimm 2007) Flimm, Oliver: Die Open-Source-Software OpenBib an der USB Köln : Überblick und Entwicklungen in Richtung OPAC 2.0. 2007 in: BIBLIOTHEK. Forschung und Praxis, Jg. 31 (2007) Nr. 2. <http://eprints.rclis.org/9891/>. Zuletzt besucht am: 26.3.2010

(Hahn; Schulze 2009) Hahn, Ulrich ; Schulze, Matthias: Katalogerweiterungen, Mashups und Elemente der „Bibliothek 2.0" in der Praxis. in: Bibliotheksdienst 43. Jg. (2009), H. 1, S. 20-38 <http://www.zlb.de/aktivitaeten/bd_neu/heftinhalte2009/Erschliessung 010109.pdf>. Zuletzt besucht am: 26.3.2010

(Spinellis et al., 2009) Spinellis et al: Resource-Oriented Architectures : Being „In the Web". O'Reilly. 2009. In: Beautiful Architecture – ISBN 978-0-596-51798-4

(Stelzenmüller, 2008) Stelzenmüller, Christian: Mashups in Bibliotheken. Untersuchung der Verbreitung von Mashups auf Webseiten wissenschaftlicher Bibliotheken und Erstellung eines praktischen Beispiels. Stuttgart. 2008 <http://opus.bsz-bw.de/hdms/volltexte/2008/654/>. Zuletzt besucht am: 26.3.2010

(Tonkin et al., 2008) Tonkin et al: Collaborative and social tagging networks. in: Ariadne. Issue 54 (January 2008) <http://www.ariadne.ac.uk/issue54/tonkin-et-al/>. Zuletzt besucht am: 26.3.2010

(Voß, 2007) Voß, Jakob: Tagging, Folksometries and Co – Renaissance of Manual Indexing?. Proceedings of the International Symposium of Information Science. <http://arxiv.org/abs/cs/0701072>. Zuletzt besucht am: 26.3.2010

(Voß, 2008) Voß, Jakob: SeeAlso : A Simple Linkserver Protocol. In: Ariadne, Issue 57 (October 2008) <http://www.ariadne.ac.uk/issue57/voss/> . Zuletzt besucht am: 26.3.201

---

30 Vgl. Analyse von Christensen, Anne ; Christof, Jürgen: beluga – Die Hamburger Rechercheplattform zur Literaturversorgung virtueller Lernräume. 2007. <http://beluga.sub.uni-hamburg.de/blog/wp-content/uploads/2007/10/jourfixe_2007.pdf> Zuletzt besucht am: 26.3.2010

Anne Christensen

Katalog 2.0 im Eigenbau: Das beluga-Projekt der Hamburger Bibliotheken

Was macht den Katalog 2.0 aus?

Die Verlagerung von Lehre und Forschung ins Web stellt auch Bibliotheken vor neue Herausforderungen – zumindest dann, wenn sie nach wie vor beanspruchen, eine unverzichtbare Infrastruktureinrichtung für die universitäre Informationsversorgung zu sein. Seit Mitte der 1990er Jahre sind Bibliotheken mit ihrem „Online-Gang" beschäftigt: Zwar gab es vielerorts bereits elektronische Kataloge, webfähig waren diese jedoch mitnichten. Zudem galt es, die steigende Zahl an webbasierten Ressourcen wie Datenbanken und elektronische Zeitschriften über die ebenfalls noch neuen Web-Präsenzen zugänglich zu machen. Diesen Anforderungen gerecht zu werden bedeutete für viele Bibliotheken einen Kraftakt: Gemessen an den rasant wachsenden Anforderungen kann das Know-how in Bibliotheken nur vergleichsweise langsam weiter entwickelt werden. Zieht man außerdem in Betracht, wie wenig sich die bibliothekarische Arbeit des Sammelns, Erschließens und Bereitstellens von Literatur in den vergangenen Jahrzehnten verändert hat und wie sehr die Einrichtung Bibliothek selbst auf Langfristigkeit angelegt ist, mag man die vielfach beklagte Behäbigkeit bibliothekarischer Webangebote, die mit gänzlich anders aufgestellten Informationsanbietern wie Google, Amazon und Co. konkurrieren, vielleicht gnädiger beurteilen.

Unabhängig davon sind jedoch neue Herausforderungen erwachsen: Bislang stehen die digitalen Angebote und virtuellen Räume von Bibliotheken auf der einen Seite und die von Lehr- und Lernplattformen sowie wissenschaftlichen Fachcommunities auf der anderen Seite weitgehend unverbunden nebeneinander. Die größte Herausforderung für beide Seiten dürfte im Aufbau von serviceorientierten Informationsarchitekturen liegen, auf deren Grundlage Daten und Dienste zwischen den unterschiedlichen Plattformen ausgetauscht werden können: Metadaten und digitale Texte aus der Bibliothek müssen beispielsweise über standardisierte Formate und Protokolle in die einschlägigen Plattformen einfließen können, aus den Plattformen heraus muss ein Rückfluss an User-Generated Content in die bibliothekarischen Angebote möglich sein.

Antwort auf diese neuen Anforderungen will eine neue Generation von Suchportalen geben, die auch als „Next Generation Discovery Tools" bzw. im deutschsprachigen Raum als „Katalog 2.0" bezeichnet werden. Der Markt für Katalog 2.0-Produkte besteht aus zumeist Open Source-basierte Eigenentwicklungen von

Bibliotheken einerseits und kommerziellen Lösungen.[1] Die großen wissenschaftlichen Bibliotheken in Deutschland sowie die Bibliotheksverbünde haben das Potenzial von Katalog 2.0-Produkten für sich erkannt. An einigen Standorten sind Installationen von kommerziellen Produkten im Echtbetrieb bzw. in Vorbereitung darauf: Die Universitätsbibliotheken in Mannheim und Münster sowie der Kooperativen Bibliotheksverbundes Berlin-Brandenburg (KOBV) setzen auf Primo von ExLibris, an der Universitätsbibliothek Lüneburg wird eine Testinstallation von Touchpoint von OCLC/PICA vorbereitet. Die Eigenentwicklungen an den Universitätsbibliotheken in Bremen, Hamburg, Bochum, Köln, Heidelberg, Karlsruhe und Konstanz sowie an der Verbundzentrale des Gemeinsamen Bibliotheksverbundes in Göttingen liefern zum Teil bereits seit mehreren Jahren wichtige Impulse für die Diskussion um die neuen Informationssysteme. Die unterschiedliche Schwerpunktlegung der einzelnen Eigenentwicklungen erlaubt allerdings nur eine eingeschränkte Vergleichbarkeit der Ergebnisse, zumal Dokumentationen der jeweiligen Quellcodes (noch) nicht verfügbar sind. Die einzelnen Produkte unterscheiden sich teilweise deutlich.

Systemarchitektur

Grundsätzlich ermöglichen die neuen Katalogprodukte eine deutliche Ausweitung der Suchräume. Während der herkömmliche Katalog lediglich selbständige Werke im Besitz einer Bibliothek verzeichnet, wird bei den neuen Lösungen ein Schwerpunkt auf die Integration weiterer Datenbestände, insbesondere Nachweise von Aufsätzen und elektronischen Volltexten, gelegt. Insofern ist das Normieren und Standardisieren von heterogenen Daten eine besondere Herausforderung beim Aufbau der neuen Suchräume, die entweder in einem zentralen lokalen Index zusammengeführt werden oder als parallele Indices im Rahmen einer föderierten Suche befragt werden.

Best Practices:
E-LIB (SuUB Bremen): Portal für Kataloginformationen und elektronische Medien. Eigenentwicklung auf Basis von CiXBase.

Summon (Serial Solutions): Kommerzielle Discovery-Lösung des US-amerikanischen Dienstleisters Serial Solutions für „web scale discovery", die standardmäßig eine Vielzahl von Aufsatznachweisen enthält, zu denen die lokalen Kataloginformationen einer Bibliothek hinzugeschaltet werden können

Retrievalmethoden

Die neuen Kataloge bieten bislang unterschiedliche Funktionen an, um die thematische Suche zu unterstützen. Dazu gehören das Browsing durch den Gesamtbe-

---

[1] CHRISTENSEN, 2010

stand oder eine Trefferliste oder aber Empfehlungsdienste. Darüber hinaus gibt es Unterstützung bei der Formulierung von Suchanfragen durch AutoCompletion und Rechtschreibprüfungen. Die traditionelle Boole'sche Suche rückt in den Hintergrund.

Best Practices:
Katalog der North Carolina State University: Erster Katalog auf Basis einer Softwarelösung, die nicht ursprünglich für den Gebrauch bibliothekarischen Informationssystemen entwickelt wurde (Endeca). Zahlreiche Drilldown-Möglichkeiten nach formalen, inhaltlichen und Verfügbarkeitskriterien.

finden.nationallizenzen.de: Auf der OpenSource-Lösung vuFind basierende Recherche- und Serviceplattform für national lizenzierte elektronische Ressourcen, bietet u.a. Autocompletion und verzichtet bewusst auf eine erweiterte Suche.

Offenheit

Ein Katalog 2.0 ist von Offenheit in verschiedene Richtungen gekennzeichnet: Die bibliografischen Informationen aus Bibliothekshand können mit zusätzlichen Informationen wie Titelbildern, Inhaltsverzeichnissen und Rezensionen angereichert werden. Darüber hinaus verfügt der Katalog 2.0 über offene, standardisierte Schnittstellen, über die Metadaten und Volltexte in andere Anwendungen übernommen und in verschiedenen Formaten exportiert werden können.

Best Practices:
Kölner UniversitätsGesamtkatalog: Die auf OpenSource-Produkten basierende Eigenentwicklung reichert die nachgewiesenen Metadaten von Zeitschriften u.a. mit Links zu den Inhaltsverzeichnissen an.

OpenLibrary Project: Das Projekt hat das Ziel, für jedes Buch der Welt eine eigene, referenzierbare Website zu erstellen und bietet verschiedene Schnittstellen an, um bibliografische Informationen und Volltexte abzufragen.

Mehrwerte

Katalog 2.0-Produkte verfügen in aller Regel über die Möglichkeit der Personalisierung. Literaturlisten können angelegt und mit anderen geteilt werden. Außerdem werden unterschiedliche Funktionen angeboten, die die User Experience verbessern (Visualisierungen, mobile Dienste).

Best Practices
WorldCat: Gemeinsamer Katalog der Mitgliedsbibliotheken von OCLC. Erreicht durch hohe Bekanntheit insbesondere im angloamerikanischen Raum hohe Nutzungszahlen und eine entsprechend kritische Masse bei kollaborativen Funktionen wie dem Teilen von Literaturlisten.

Libris: An der schwedischen Nationalbibliothek entwickelter Verbundkatalog der schwedischen Bibliotheken, der u.a. mit einer Visualisierung von Verfügbarkeitsinformationen aufwartet.

beluga

Im Rahmen eines gemeinsamen Projektes von sechs wissenschaftlichen Bibliotheken in Hamburg wird unter Federführung der Staats- und Universitätsbibliothek Hamburg am Aufbau einer neuen Rechercheplattform mit dem Titel beluga gearbeitet.[2] Das Projekt wird vom Hamburger E-Learning Consortium (ELCH) gefördert und hat eine Laufzeit von 36 Monaten (1.11.2007-31.10.2010).

Mit beluga entsteht eine mit Web 2.0-typischen Funktionen ausgestattete Rechercheplattform. Sie vereinfacht die Recherche von 8 Millionen Büchern, Zeitschriften und Aufsätzen in den Hamburger Bibliotheken und versorgt die virtuellen Lernräume und sozialen Netzwerke mit Literaturinformationen und digitalen Texten. Diese Informationen werden in dem sogenannten Hamburg-Index zusammengeführt, der auf einem selbst entwickelten Framework auf Basis der Open-Source-Suchmaschinentechnologie Lucene/SOLR basiert.

Suchmaschinentechnologie

Das zentrale Anwendungsgebiet der Suchmaschinentechnologie in Bibliotheken ist die Indexierung von bibliografischen Metadaten und digitalen Volltexten sowie die Entwicklung von entsprechenden Retrievallösungen wie die Verarbeitung von Suchanfragen und Suchbegriffen oder die Sortierung von Ergebnismengen nach unterschiedlichen Kriterien. Besondere Bedeutung beim Einsatz der Suchmaschinentechnologie hat der Katalog als zentrales Nachweisinstrument für die Bestände einzelner oder mehrerer Bibliotheken. Online Public Access Catalogs oder kurz OPACs gehören seit den 1990er Jahren zum Standardangebot von Bibliotheken. Nach einer kurzen Phase des Angebots von Telnet-OPACs haben die Anbieter von Bibliothekssystemen die so genannten WebOPACs in ihre Produktpaletten aufgenommen, die in der Folge für Benutzerinnen und Benutzer bereitgestellt wurden.

Die OPACs dieser ersten Generation sind jeweils ein Bestandteil von integrierten Bibliothekssystemen: Die Datenquellen werden zwar durchaus auch mit Suchmaschinen indexiert und mit verschiedenen Suchalgorithmen durchsuchbar

---

2 Neben der SUB Hamburg sind die folgenden Bibliotheken beteiligt: Universitätsbibliothek der Technischen Universität Hamburg-Harburg, Hochschulinformations- und Bibliothekssystem der Hochschule für Angewandte Wissenschaften, Bibliothek der Hochschule für Musik und Theater, Informations- und Medienzentrum der HafenCity Universität, Ärztliche Zentralbibliothek am Universitätskrankenhaus Eppendorf, Fachbibliothek Rechtswissenschaften der Universität Hamburg

gemacht.[3] Im Unterschied zu der modernen Suchmaschinentechnologie allerdings sind Datenquellen und Suchmaschine fest miteinander verbunden und Teil einer Gesamtarchitektur, die auch verschiedene andere Aufgaben in der Bibliotheksautomation erfüllt (Ausleihe, Erwerbung, Katalogisierung). Weder die Suchfunktionen noch die Präsentation der Ergebnisse können bei diesen OPACs beeinflusst werden.

Mit dem Aufkommen von kommerziellen und frei verfügbaren Suchmaschinenlösungen ist eine neue, zweite Generation von Katalogen entstanden. Die zu durchsuchenden Datenbestände werden hierfür aus dem integrierten Bibliothekssystem (Integrated Library System, kurz ILS) herausgeholt, in andere, ILS-unabhängige Formate überführt und indexiert.[4] Es besteht hier keine Bindung mehr zwischen den Datenquellen einerseits und der Suchmaschine andererseits. Dadurch ist es möglich, zusätzlich zu den klassischen Kataloginformationen (Metadaten zu Büchern und Zeitschriften) auch noch weitere Datenquellen in den Index zu integrieren, beispielsweise bibliografische Nachweise von Aufsätzen und elektronischen Ressourcen.[5] Darüber hinaus können die Retrievalfunktionen und Benutzungsschnittstellen an die individuellen Bedürfnisse von Zielgruppen angepasst und von den Bibliotheken selbst weiter entwickelt werden.

Mit der Entwicklung der Programmbibliothek SOLR für Lucene gibt es seit 2004 eine leistungsfähige Open Source-Indexierungslösung, die speziell auf die Anforderungen der Volltextindexierung ausgerichtet ist und auf Grund der steigenden Anzahl von digitalen Volltexten in den Beständen wissenschaftlicher Bibliotheken eine rasche Verbreitung im internationalen Bibliothekswesen gefunden hat. SOLR ist inzwischen die am häufigsten eingesetzte Technologie für Bibliothekskataloge und teilweise auch in kommerziellen Softwarelösungen für die Indexierung von Daten aus Bibliotheken eingesetzt.[6] Auch viele Eigenentwicklungen von Bibliotheken basieren auf Lucene/SOLR.[7]

Hamburg-Index: Aufbau und Mehrwerte

Grundlage für den Index von beluga bilden die bibliografischen Daten aus den projektbeteiligten sowie weiteren Hamburger Bibliotheken. Der so genannte „Hamburg-Index" soll die Bestände aus 14 wissenschaftlichen Bibliotheken der Regionen nachweisen. Dabei handelt es sich um gut 8 Millionen Daten, in der Hauptsache zu Monographien, Zeitschriften und Serien.

---

3   Diedrichs, 2000
4   Erste Implementierungen von Suchmaschinentechnologie in deutschen Bibliothekskatalogen u.a. an der Universitätsbibliothek Köln (Xapian), der Universitätsbibliothek Karlsruhe (Swish-E), vascoda (FAST)
5   vgl. zum Beispiel E-LIB Bremen, 2010 Bremen: STAATS- UND UNIVERSITÄTSBIBLIOTHEK BREMEN: *Elektronische Bibliothek.* E-LIB. URL http://elib.suub.uni-bremen.de/ – Überprüfungsdatum 30.03.2010
6   u.a. bei Primo der Firma ExLibris oder bei Touchpoint von OCLC/PICA
7   z.B. HEIDI (UB Heidelberg) oder die Suchkiste (VZG Göttingen)

Die Daten aus heterogenen Bibliothekssystemen werden über einschlägige Schnittstellen eingesammelt und in ein internes Datenformat überführt (Normalisierung). Für die Zusammenführung von bibliografischen Daten unterschiedlicher Herkunft ist eine Festlegung auf ein einheitliches Format notwendig. Dieses Format basiert bei beluga auf Dublin Core (DCMI Metadata Terms). Als internationales Standardformat ist Dublin Core geeignet, die heterogenen Datenbestände für die Indexierung zu vereinheitlichen. Für die Erzeugung von Literaturzitaten übernimmt beluga die Empfehlungen des OpenURL-Frameworks. Die Entscheidung für diesen Weg bei der Normalisierung von Daten fiel auf Grundlage von entsprechenden Vorarbeiten im Rahmen von vascoda.[8]

Aktuell werden beluga gestellte Suchanfragen auf verschiedene Weisen vorverarbeitet, u.a. mit Stemming und einer Rechtschreibprüfung. Auf das Angebot einer differenzierten Suchlogik (gefelderte Suche, Phrasensuche, Einsatz von Boole'schen Operatoren) wird derzeit bewusst verzichtet, um den vorrangig studentischen BenutzerInnen von beluga ein schnelles Erlernen der Benutzung zu ermöglichen. Dafür werden in der Ergebnisanzeige mit den Drilldowns für verschiedene formale und inhaltliche Kriterien sowie der Ähnlichkeitssuche Instrumente für die Recherche angeboten, die den eher assoziativen Suchwegen von Studierenden gerecht werden sollen.

Aktuelle Beiträge zu Nutzererwartungen an Bibliothekskataloge[9] sowie eigene Forschungen im Rahmen der angesprochenen Fokusgruppen und Usability-Studien haben gezeigt, dass BenutzerInnen selbstverständlich von der standardmäßigen Sortierung von Treffermengen nach Relevanz ausgehen, anstatt - wie in konventionellen OPACs üblich - nach Aktualität. Ebenfalls besteht nur eine geringe Bereitschaft zum Durchblättern umfangreicher Ergebnislisten.

Entsprechend dieser Ergebnisse bietet beluga seit der Version 0.6 (Dezember 2008) die Relevanz-Sortierung als Standardeinstellung an.[10] Grundlage für die Relevanzsortierung bei beluga bilden die bibliografischen Daten. In dem für die Version 0.6 entwickelten Algorithmus wurde ein besonderes Gewicht auf die bibliothekarische Verschlagwortung gelegt. Die Aktualität eines Mediums wurde nicht einbezogen, da für entsprechende Einschränkungen die formale Facette "Erscheinungsjahr" in der Ergebnisliste zur Verfügung stand.

Dieser zunächst eher einfach gehaltene Algorithmus ist im Laufe des Förderzeitraumes weiter verfeinert worden. Grundlage dafür bilden die Analyse und Re-Sortierung von Treffermengen durch Expertinnen und Experten aus den projektbeteiligten Bibliotheken. In der Version 0.9 von beluga (November 2009) wird ein neuer Algorithmus angewendet, in dem dem Erscheinungsjahr ein größeres Gewicht zugesprochen wird. Darüber hinaus werden Titel höher gerankt, die über ein Inhaltsverzeichnis verfügen, da das Vorhandensein eines Inhaltsverzeichnisses in den genannten Studien als zentrales Metadatum für die Beurteilung der Relevanz eines Titels ist. Bevorzugt werden mit dem neuen Algorithmus außerdem

---

8   Vascoda, 2008
9   ONLINE CATALOGS, 2010
10 CHRISTENSEN, 2008

Werke mit einführendem Charakter, die über einen Kanon aus einschlägigen Begriffen aus dem Titelfeld (z.B. Arbeitsbuch, Textbook, Lehrbuch etc.) identifiziert werden.

Insgesamt haben die bisherigen Bemühungen gezeigt, dass die Erwartungen und Bedürfnisse hinsichtlich einer Relevanz-Sortierung bei den unterschiedlichen Nutzergruppen von beluga (Studierende, Lehrende, technisches Personal und Verwaltungspersonal, Stadtleser) sowie innerhalb von verschiedenen Fachrichtungen ausgesprochen heterogen sind. Dies macht beluga zu einem interessanten Anwendungsfall, um mit neuen Ideen für das Ranking zu experimentieren: Die Hinzuziehung von Ausleih- und Exemplarzahlen sowie eine Bevorzugung von Kernverlagen und Kernzeitschriften sind hierfür interessante Ansätze.[11]

Entdeckendes Suchen

Mit Rücksicht auf das durch verschiedene Studien belegte, veränderte Rechercheverhalten der „Netzgeneration"[12] bietet die Rechercheplattform neue Wege des Zugangs zu wissenschaftlicher Information: Neben den Möglichkeiten der gezielten Suche nach bekannten Titeln werden unterschiedliche Formen des thematischen Zugangs zu dem in Bibliotheken gespeicherten Wissen angeboten, beispielsweise das facettierte Browsing durch Treffermengen, das assoziative Entdecken von Literatur nach unterschiedlichen formalen und inhaltlichen Kriterien ermöglicht, sowie ein Browsing-Einstieg und Empfehlungsdienste. Darüber hinaus werden die von BenutzerInnen oft als unzureichend empfundenen bibliothekarischen Metadaten mit weiteren wissenschaftlich relevanten Informationen (Inhaltsverzeichnissen, Rezensionen etc.) angereichert. Dabei erfreuen sich insbesondere die Inhaltsverzeichnisse großer Beliebtheit: Neben den bibliotheksseitig im Rahmen von einschlägigen Scan-Projekten erzeugten Inhaltsverzeichnissen sind hier auch die Verlinkungen zu Google Book Search zu nennen, über die neben dem eigentlichen Inhaltsverzeichnis oftmals auch noch weitere Teile des Volltextes zugänglich sind.

Bibliografische Informationen zu Aufsätzen aus Fachzeitschriften sind aus lizenzrechtlichen und technischen Gründen nicht ohne Weiteres in beluga zu integrieren, obwohl es ein vielfach geäußerter Wunsch von Studierenden und Lehrenden ist, mit einer Rechercheplattform wie beluga Bibliothekskataloge und Fachdatenbanken gleichermaßen zu durchsuchen. Eine solche Suchmöglichkeit ist jedoch zu aufwändig, um sie zusätzlich zu den angestrebten Zielen im Rahmen der Projektlaufzeit zu realisieren. Die Einführung des so genannten Datenbank-Recommenders in Version 0.7 von beluga ist jedoch ein Versuch, um aus beluga als Bibliothekskatalog heraus zumindest auf die Ressourcen in Fachdatenbanken aufmerksam zu machen. In der Trefferliste werden „Aufsatzdatenbanken zu Ihrer Suche" empfohlen und Direktlinks in diese Datenbanken angeboten. beluga nutzt

---

11 MAYR, 2010
12 ROWLANDS et al., 2008

dafür den Fachprofil-Webservice der Elektronische Bibliothek der Staats- und Universitätsbibliothek Bremen: Auf Grundlage einer Analyse von Treffermengen liefert dieser Service die Information darüber, welchen Fachgebieten die Titel mehrheitlich zuzuordnen sind. Für die jeweils dominierenden Fachgebiete werden dann ausgewählte Fachdatenbanken angeboten:

Benutzerinnen und Benutzer von beluga haben allerdings über diese Mehrwerte noch weit hinausgehende Vorschläge dafür gemacht, wie der Katalog 2.0 Wissensknoten abbilden kann: Zum einen wurden intellektuell erstellte Auswahllisten von Literatur zu bestimmten Themen gefordert, wenngleich der akademische Lehrkörper als potenzieller Urheber solcher Auswahllisten diese Verantwortung solcher Aufgaben eher von sich gewiesen hat. Zum anderen wurde gefordert, die Erschließung um eine neue, qualitative Dimension anzureichern, um auf diese Weise beispielsweise Werke mit einführendem oder hoch spezialisierten Charakter von einander zu trennen und für potenzielle Verwendungszwecke auszuzeichnen.

Die Öffnung von eigenen Literaturlisten zur Einsicht für andere hat in den Fokusgruppen, die die Entstehung von beluga begleitet haben, in der Regel für sehr kontroverse Diskussionen gesorgt. Im Projektantrag wurde noch davon ausgegangen, dass für das Teilen von Literaturinformationen innerhalb der Community von Bibliotheksbenutzerinnen und -benutzern eine ausreichende Bereitschaft besteht. Allerdings musste festgestellt werden, dass der Zusammenhang zwischen öffentlichen Listen und daraus generierten Empfehlungsdiensten in der Regel nicht erkannt wird. Darüber hinaus bestehen vielfältige Befürchtungen hinsichtlich eines potenziellen Anonymitätsverlustes oder der unerwünschten Nachnutzung eigener Arbeitsaufwände. Die bei Social-Bookmarking-Diensten zu beobachtenden Synergieeffekte durch gemeinschaftliches Sammeln und Erschließen von Internetseiten lassen sich offenbar derzeit nicht auf einen Bibliothekskatalog übertragen, zumindest nicht einen von der Größenordnung von beluga.

Export und Personalisierung

Die Anbindung von beluga an die Lernmanagement-Systeme (LMS) der Hamburger Hochschule ist eine der Hauptzielrichtungen des durch das E-Learning-Konsortium Hamburg geförderten Projektes. beluga sorgt mit der Bereitstellung von einschlägigen Schnittstellen für die Möglichkeit des Austausches von Daten zwischen Bibliotheken und Informations- und Kommunikations-Infrastrukturen für Lehre und Forschung. Die mit beluga geschaffene Brücke zwischen Bibliotheken und Lernmanagementsystemen, sozialen Netzwerken und Campus-Managementsystemen erlaubt es, bibliografische Informationen und digitale Texte in die genannten Anwendungen zu exportieren und dort weiter zu verwenden.

Um die Lernmanagementsysteme von beluga aus mit Literaturinformationen und digitalen Texten zu versorgen, wurde beluga mit einer Schnittstelle versehen, die diese Informationen in einem standardisierten Austauschformat für E-

Learning-Inhalte ausliefert. Die Literaturlisten werden in Form von Content-Paketen nach dem IMS-Standard übertragen.[13] Diese Pakete können von allen an den Hamburger Hochschulen eingesetzten LMS (CommSy, Moodle, StudIP und OLAT) entgegengenommen und interpretiert werden. Die Inhalte der Content-Pakete bestehen jeweils aus den Einträgen der Liste im XML-Format, einer XSL-Datei, die den jeweiligen Zitierstil vorschreibt, und ggf. den Volltexten der Literaturangabe. Ergänzt werden die Daten mit den IMS spezifischen Elementen wie z.B. dem IMS-Manifest. Alle Dateien in gezippter Form bilden das IMS-Content-Paket. Auf Seiten der Lernmanagementsysteme sind in der Regel geringfügige Anpassungen nötig, um die Inhalte aus beluga zur Anzeige zu bringen.

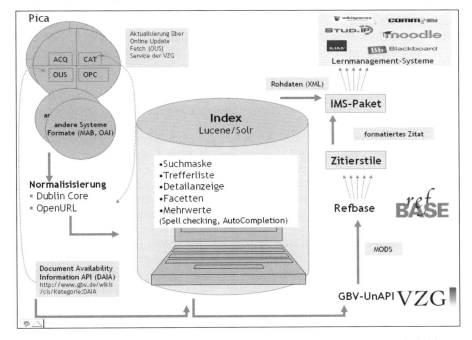

Abb.1: Import und Export von bibliografischen Informationen und Metadaten bei beluga

Um den sehr unterschiedlichen Anforderungen von Lehrenden und Studierenden bezüglich von Zitierstilen und Exportformaten zu begegnen, bedient sich beluga des unAPI-Servers der Göttinger Verbundzentrale des Gemeinsamen Bibliotheksverbundes, um die bibliographischen Daten der antragstellenden Bibliotheken, die für gewöhnlich in dem proprietären Format PICA+ bereitgestellt werden, in das Format MODS zu konvertieren. Aus diesem offenen Format wiederum kann refbase, ein OpenSource-Tool für die Literaturverwaltung, eine große Bandbreite an Zitierstilen und Exportformaten generieren. refbase wurde lokal installiert und

---

13 IMS, 2010

wird über das im Rahmen von beluga entwickelte und der Entwicklungscommunity zur Verfügung gestellte Perl-Modul Biblio::Refbase mit Daten im MODS-Format gespeist.[14] Für die Ausgabe von bibliografischen Daten stehen damit nun weitere Zitierstile zur Verfügung, darüber hinaus unterstützt beluga jetzt auch Zotero. Mit dieser Infrastruktur werden sich aktuelle und zukünftige Anforderungen von Lehrenden und Studierenden an den Export von Metadaten in unterschiedlichen Zitierstilen und Formaten mit vertretbarem Pflegeaufwand erfüllen lassen.

Die Version 0.8 von beluga, erschienen im Oktober 2009, ermöglicht die Erstellung und Verwaltung von persönlichen Listen sowie den Export dieser Listen in unterschiedlichen Zitierstilen und Formaten. Neben dem neuen persönlichen Bereich „Mein beluga" gibt es mit den Merklisten und den dazu gehörigen Exportfunktionen jedoch weiterhin die Möglichkeit, beluga quasi anonym zu benutzen und dabei hinsichtlich der Exportfunktionen den gleichen Funktionsumfang zu haben wie in der personalisierten Version. Dort hingegen können die Benutzerinnen und Benutzer ab sofort Literaturangaben („Meine Bibliothek") sammeln und in Listen anordnen („Meine Listen"). Sowohl für die gesamte Bibliothek als auch einzelne Listen stehen die bisher aus der Merkliste bekannten Exportfunktionen zu Verfügung.

Im persönlichen Bereich von „Mein beluga" können einzelne Titel elegant per Drag-and-Drop in bestehende Listen gezogen werden. Für die gleichzeitige Bearbeitung mehrerer Titel steht ein Menü zur Verfügung. Für die Nutzung der Personalisierungs-Funktion müssen sich die Benutzerinnen und Benutzer ein Konto bei beluga anlegen. Dafür werden derzeit nur minimale Angaben abgefragt, um einen niedrigschwelligen Einstieg zu bieten und entsprechende datenschutzrechtliche Vorgaben einzuhalten.

Die Freigabe einzelner Listen zur Einsicht für andere Benutzerinnen und Benutzer ist derzeit noch nicht realisiert. Hier gab es seitens der in den Fokusgruppen befragten Studierenden und Lehrenden unterschiedliche Vorbehalte. Deswegen wurde die Funktion zur Freigabe von Listen in den aktuellen Prototypen nur angedeutet. Eine endgültige Entscheidung über diese Funktionalität wird getroffen werden, wenn eine aussagekräftige Menge an Rückmeldungen zu der Personalisierung im Allgemeinen vorliegen. Neben der persistenten URL für einzelne Titel, die das Abspeichern in Social Bookmarking-Diensten erlaubt, gibt es eine solche persistente URL auch für einzelne Listen.

Vorgehensweise bei der Entwicklung

Bereits bei Antragstellung des Projektes war klar, dass beim Aufbau der Rechercheplattform beluga den Prinzipien der agilen Entwicklung und der partizipativen und dadurch nutzerorientierten Gestaltung gefolgt werden sollte. Grundlage dafür ist die Überzeugung, dass die neue Generation von bibliothekarischen In-

---

14 Manske, 2008

formationsdiensten nicht nur auf zeitgemäße technologische Standards setzen sollte, sondern bei Konzeption und Umsetzung möglichst nah an den späteren Nutzungsszenarien orientiert sein muss.[15] Die Einbeziehung der künftigen BenutzerInnen von beluga in die Entwicklung und die regelmäßige Überarbeitung der jeweils öffentlich zur Verfügung gestellten Prototypen auf der Grundlage dieser Rückmeldungen sind charakteristisch für beluga. Insofern versteht sich beluga in der Tradition anderer internationaler Katalog 2.0-Projekte, die sich durch intensive Erforschung von User-Bedürfnissen einerseits und Evaluierung der neuen Dienste andererseits auszeichnen.[16]

beluga wird von einem multidisziplinären Team aus Bibliothekarinnen, Informatikern und Usability-Expertinnen in der Abteilung IuK-Technik / Digitale Bibliothek der Staats- und Universitätsbibliothek Hamburg entwickelt. Zum Auftakt des Projektes wurde ein Workshop mit deutschen und ausländischen Entwicklerinnen und Entwicklern von ähnlichen Recherche-Lösungen sowie anderen Vertretern der Bibliothek 2.0-Community veranstaltet. Von der dort begonnenen Vernetzung mit anderen Projekten hat beluga in vielfältiger Weise profitiert, beispielsweise durch die Nachnutzung des Fachprofil-Webservice der Bremer E-LIB oder der gemeinsamen Entwicklung des Webservice für Verfügbarkeitsinformationen mit der Göttinger Verbundzentrale des Gemeinsamen Bibliotheksverbundes.

In den ersten Monaten der Projektlaufzeit wurden zudem zwei Fokusgruppen mit Lehrenden der Universität Hamburg durchgeführt, um ein besseres Verständnis davon zu entwickeln, wie diese Zielgruppe nach relevanten Informationen für ihre Lehrveranstaltungen recherchiert und auf welchen Wegen einschlägige Literaturlisten für Studierende zur Verfügung gestellt werden. Die Ergebnisse dieses Workshops flossen in die Entwicklung von Szenarien für den Export von Literaturlisten in Lernmanagement-Systeme ein, die ihrerseits die Richtschnur für die Entwicklung der entsprechenden Funktionalitäten bildeten (vgl. Abschnitt Export und Personalisierung). Für Hintergrundinformationen über das Informationsverhalten der Studierenden wurden unterschiedliche aktuelle ethnografische und kulturanthropologische Studien herangezogen.[17]

Der erste Prototyp von beluga wurde im Oktober 2008 öffentlich zugänglich gemacht und sofort mit Hilfe von Usability-Tests von Studierenden auf seine Gebrauchstauglichkeit hin überprüft. Dabei wurde zunächst grundsätzlich bestätigt, was sich in den Fokusgruppen mit den Lehrenden bereits abgezeichnet hatte: Der Bibliothekskatalog wird von beiden Zielgruppen im Wesentlichen als Inventarliste benutzt, um Standorte und Verfügbarkeit von bekannten Titeln zu ermitteln. Der Katalog wird nicht als Entdeckungsinstrument für Literatur zu einzelnen Themen wahrgenommen, was im Gegensatz zum hohen Aufwand für die bibliothekarische Erschließung steht. Allerdings wurde die Idee des nachträglichen Eingrenzens von Treffermengen nach formalen und inhaltlichen Kriterien positiv

---

15 CHRISTENSEN, 2009
16 u.a. WHITHEAD; TOUB, 2008
17 u.a. GIBBONS, 2007

bewertet, womit sich die Hypothese bestätigt hat, dass die bibliothekarischen Metadaten ihr volles Potenzial noch nicht ausgereizt haben.[18]

Auf Grundlage der Usability-Tests, die für die Version 0.7 im Frühjahr 2009 wiederholt wurden, sind in erster Linie Veränderungen in der Benutzungsoberfläche vorgenommen worden, beispielsweise die Umbenennung von einzelnen Facetten oder die prominentere Platzierung der sehr beliebten Links zu Inhaltsverzeichnissen. Entscheidungen von grundsätzlichem Charakter über die Einführung einzelner Funktionalitäten wurden bei beluga in der Regel erst nach Fokusgruppen getroffen. Hierbei bildeten insbesondere die Web 2.0-typischen Funktionalitäten wie das Kommentieren und Bewerten von Literatur, die Öffnung von Literaturlisten oder das Angebot von verhaltensbasierten Empfehlungen einen Schwerpunkt. Anders als erwartet haben diese Funktionalitäten wenig Aussicht auf Akzeptanz. Umso wichtiger sind jedoch die Exportmöglichkeiten in Lernmanagementsysteme und soziale Netzwerke, wo mehr Bereitschaft zur Erstellung solchen User-Generated Contents besteht. Möglicherweise könnte eine Weiterentwicklung des „Katalog 2.0" aus der Aggregation von solchen nutzergenerierten Metadaten bestehen.

Die Fokusgruppen mit Studierenden haben ebenfalls vielfältige Unsicherheiten in Bezug auf Umfang und Funktionsweise von Katalogen aufgezeigt. Die räumliche und inhaltliche Abdeckung sowie der Anteil von unterschiedlichen Medientypen (Büchern, Aufsätzen, AV-Medien) sind den Benutzerinnen und Benutzern in der Regel unklar. Außerdem fehlt in der Regel eine Rückmeldung über die Korrektheit und Vollständigkeit von benutzten Suchbegriffen. Von einer Sortierung der Treffermenge nach Relevanz wird standardmäßig ausgegangen, obgleich die meisten herkömmlichen Kataloge das Kriterium der Aktualität anwenden. Wenn der Katalog 2.0 intuitiv benutzbar sein will, müssen geeignete Wege gefunden werden, solches Wissen über seinen Umfang und seine Funktionsweise gleichsam beiläufig zu vermitteln, da für formale Wege des Erwerbs entsprechender Informationskompetenz wie die Lektüre von Hilfetexten, den extracurricularen Besuch von Schulungen oder Informationskompetenz-Veranstaltungen die Bereitschaft fehlt. Vielversprechend scheinen hierfür die Möglichkeiten der Visualisierung von Daten zu sein, die bereits in verschiedenen Online-Shopping-Websites im Einsatz sind.

Lessons Learned: Drei Problembereiche

Open Source: Geben ist seliger, aber aufwändiger als nehmen

Mit beluga wurde auf die eigene Entwicklung eines Katalog 2.0 auf Basis von unterschiedlichen Open Source-Technologien gesetzt. Diese Entscheidung wurde vor allem deswegen getroffen, weil bezüglich des Harvestings und der Normali-

---

18 WIESENMÜLLER, 2010

sierung von heterogenen Metadaten bereits einschlägige Expertise im Haus vorhanden war, die im Rahmen des Aufbaus von unterschiedlichen virtuellen Fachbibliotheken erworben wurde. Zudem sollten die bewilligten Drittmittel nicht in den Erwerb von Lizenzen von kommerziellen Lösungen fließen: Die Eigenentwicklung garantiert eine maximale Gestaltungsfreiheit beim Aufbau der neuen Lösung und verbessert das hausinterne Wissen über neue Such-Technologien und deren Implementierung. Ziel des Projektes ist es, eine an anderen Hochschulstandorten nachnutzbare Lösung zu entwickeln. Mit der Bereitstellung einzelner Komponenten des beluga-Frameworks wurde wie erwähnt bereits begonnen. Im Rahmen der verbleibenden Projektlaufzeit werden sich die Arbeiten allerdings auf die Entwicklung der ausstehenden Funktionalitäten, die Erweiterung des Hamburg-Index und die Ausrichtung des Systems auf den zu erwartenden Lastbetrieb konzentrieren, um zu Ende des Jahres ein lauffähiges System anzubieten, das in der Lage ist, die herkömmlichen Kataloge der beteiligten Bibliotheken zu ersetzen. Erst danach können die Arbeiten an der Dokumentation des Codes abgeschlossen werden, so dass eine Nachnutzung an anderen Standorten möglich ist. Die zeitliche Enge von Drittmittelprojekten wie beluga erlaubt es bedauerlicherweise nicht, der aktiven Beteiligung an der Open-Source-Commmunity in der erforderlichen Weise nachzukommen: Die Nutzung von Open Source-Technologien wird zwar in der Förderlandschaft immer wieder gefordert, aber bei der Bewilligung von Projekten sollte mehr darauf geachtet werden, dass zeitliche und personelle Ressourcen für einen Rückfluss von Programmcode und anderem Know how zur Verfügung stehen, um wirkliche Nachhaltigkeit zu erreichen.

Partizipation: Nicht nur die Benutzerinnen und Benutzer sind gefragt

Rückblickend wäre es sinnvoll gewesen, auf eine stärkere Teilhabe der Kolleginnen und Kollegen in den am Projekt beteiligten Bibliotheken zu bestehen. Der Katalog ist das Herzstück bibliothekarischer Dienstleistungen und braucht auch in der Variante 2.0 das Wissen von Auskunfts- und Katalogabteilungen. Für die bibliotheksfachliche Begleitung von beluga wurde zwar eine Arbeitsgemeinschaft eingerichtet, die sich phasenweise regelmäßig traf, um vor allem über Fragen des Metadatenmanagements und des facettierten Browsings zu diskutieren. Die Anregungen der Benutzerinnen und Benutzer aus den Fokusgruppen und Usability-Studien wurden hier mit großem Interesse aufgenommen. Allerdings fehlte die Zeit für eine ausführlichere Auseinandersetzung mit den verwendeten Methoden und den erzielten Ergebnissen, ebenso wie für einen tieferen Einstieg in Fragen des Retrievals, des Rankings und des Browsings.

Die anfängliche Idee, das Projekt beluga mit einer „beluga-Akademie" zu begleiten, in der ein erweiterter Kreis von Mitarbeiterinnen und Mitarbeitern aus allen Abteilungen einmal im Monat über Schwerpunktthemen aus der beluga-Entwicklung und dem Hochschulumfeld informiert werden sollte, konnte leider nicht umgesetzt werden. Insbesondere die offensichtlich veränderte Wahrnehmung des Kataloges durch seine Benutzer und vor allem seine Nicht-Benutzer fordert das Bibliothekspersonal zu einer vertieften Auseinandersetzung heraus. Die Einführung von neuen Suchportalen – unabhängig davon, ob es sich dabei um kommerzielle oder selbst entwickelte Produkte handelt – bedingt, dass sich der Berufsstand über bisherige Erschließungsmodelle und deren mögliche Weiterentwicklung Gedanken macht, um den Bibliothekskatalog nicht zur bloßen Inventarliste verkommen zu lassen. Dies setzt allerdings auch voraus, dass die Implementierung eines neuen Suchportals nicht als alleinige Aufgabe von IT-Abteilungen, sondern als gemeinsames Projekt einer gesamten Bibliothek verstanden wird. Andernfalls wird der bestehende Graben zwischen den klassischen Geschäftsgangs- und Benutzungsbereichen und den IT-Abteilungen unnötigerweise vergrößert.

Das Silo-Problem: Linked Open Data als Lösung

Wie viele andere der neuen Suchportale auch ist beluga darauf angewiesen, Metadaten und Verfügbarkeitsinformationen aus ihren ursprünglichen Umgebungen herauszuholen: Bei einem Katalog 2.0 handelt es sich oftmals um eine zusätzliche Recherche- und Service-Schicht für Daten, die traditionellerweise in einem integrierten Bibliothekssystem (z.B. LBS3 von OCLC/PICA, Aleph von ExLibris) erzeugt und verwaltet werden. Die Weiterverwendung dieser Daten in einer anderen Umgebung ist im Grunde nicht vorgesehen: Zwar verfügen die Systeme über bibliotheksspezifische Schnittstellen und Austauschprotokolle, den Anforderungen des Katalog 2.0 genügen diese jedoch oft nur unzureichend, da dessen Systemarchitektur in der Regel auf anderen, im Web weiter verbreiteten Standards aufbaut. Ein weiteres Problem sind die vielfältigen Verknüpfungen zwischen verschiedenen Datensätzen sowie deren hierarchischer Aufbau (z.B. im Falle von mehrbändigen Werken). Diese Verknüpfungen sind üblicherweise insofern proprietär, als sie auf internen Identifikatoren beruhen. Eine Nachnutzung dieser Verknüpfungen im Kontext eines Katalog 2.0 ist deswegen mitunter schwierig. Nicht nur aus diesem Grund sollten sich alle Verantwortlichen für Katalog 2.0-Projekte den Forderungen nach der Bereitstellung von bibliografischen Informationen als Linked Open Data anschließen.[19] Insbesondere die von der Deutschen Bibliothek gepflegten Normdaten können für eine automatische Suchtermerweiterung herangezogen werden und dem Wunsch vieler Benutzerinnen und Benutzer nach einer Rückmeldung über die Angemessenheit der verwendeten Suchbegriffe Rechnung tragen. Voraussetzung dafür ist das Angebot von Webservices, über die Norm- und andere Daten strukturiert abgefragt werden können.

Mit der Forderung nach Linked Open Data geht auch einher, dass Anbieter von bibliografischen Metadaten ihre Geschäftsmodelle überdenken müssen, auf deren Grundlage sie Bibliotheken ihre Daten anbieten. Einzelne Bibliotheken wie

---

19 POHL, 2010

die des CERN[20] oder des Hochschulbibliothekszentrums in Köln[21] haben bereits ihre Daten kostenfrei unter einschlägigen Lizenzen im Netz zur Verfügung gestellt. Der Gemeinsame Bibliotheksverbund hat in seinem aktuellen Strategiepapier definiert, dass von seinen Mitgliedern erzeugte Metadaten frei zur Verfügung gestellt werden sollen.[22] Mit Blick auf die weitere Entwicklung von bibliothekarischen Rechercheinstrumenten und der Möglichkeit der Verlinkung von bibliografischen Daten mit anderen Inhalten im Web handelt es sich dabei um zukunftsweisende Schritte: Der Bibliothekskatalog ist in Zukunft nur eine von vielen Umgebungen, in der bibliografische Informationen aus Bibliotheken verwendet werden. Die Nachnutzbarkeit von Metadaten und Normdaten als bibliothekarischen Kernprodukten in unterschiedlichen Kontexten muss durch neue Datenmodelle wie Linked Open Data sowie Lizenzen wie Creative Commons gefördert werden.

Literaturverzeichnis

(CERN, 2010) CERN SCIENTIFIC INFORMATION SERVICE: *CERN Library bookdata.* URL http://library.web.cern.ch/library/Library/bookdata.html – Überprüfungsdatum 30.03.2010

(CHRISTENSEN, 2008) CHRISTENSEN, Anne: *beluga 0.6: Die Weihnachts-Edition mit geänderter Backmischung.* URL http://beluga-blog.sub.uni-hamburg.de/blog/2008/12/17/beluga-06-die-weihnachts-edition-mit-geaenderter-backmischung/. – Aktualisierungsdatum: 17.12.2008 – Überprüfungsdatum 30.03.2010

(CHRISTENSEN, 2009)CHRISTENSEN, Anne: *Partizipative Entwicklung von Diensten in der Bibliothek 2.0: Methoden und Ergebnisse aus Katalog 2.0-Projekten.* In: *Bibliotheksdienst* 43 (2009), Nr. 5, S. 527–537. URL http://www.zlb.de/aktivitaeten/bd_neu/heftinhalte2009/Erschliessung010509BD.pdf – Überprüfungsdatum 2010-03-30

(CHRISTENSEN, 2010) CHRISTENSEN, Anne: Best Practices. URL http://katalog2null.wordpress.com/2010/01/05/best-practices/. – Aktualisierungsdatum: 05.01.2010 – Überprüfungsdatum 30.03.2010

(DIEDRICHS, 2000) DIEDRICHS, Reiner: PSI : Pica Search and Index als Basis für bibliothekarische Informationssysteme. URL http://www.gbv.de/vgm/info/biblio/01VZG/06Publikationen/2000/pdf/summit00-diedrichs.pdf. – Aktualisierungsdatum: 15.11.2000 – Überprüfungsdatum 30.03.2010

(GBV, 2010) GBV: Strategien für die Informationsversorgung der Zukunft im Spannungsfeld sich verändernder Informationsstrukturen : Strategische Planungen des GBV 2011-2015. URL http://www.gbv.de/vgm/info/biblio/02GBV/PDF/PDF_4128.pdf. – Aktualisierungsdatum: 1.10.2010 – Überprüfungsdatum 30.03.2010

(GIBBONS, 2007) GIBBONS, Susan: *Studying students : The Undergraduate Research Project at the University of Rochester.* FOSTER, Nancy Fried (Hrsg.). Chicago : Association of College and Research Libraries, 2007. – ISBN 0838984371

---

20 CERN, 2010
21 HBZ, 2010
22 GBV, 2010

(HBZ, 2010) HBZ: *Linked Open Data.* URL http://www.hbz-nrw.de/projekte/linked _open_data/. – Aktualisierungsdatum: 15.03.2010 – Überprüfungsdatum 30.03.2010

(IMS, 2010) IMS Global Learning Consortium: IMS GLC: Content Packaging Specification. URL http://www.imsglobal.org/content/packaging/. – Aktualisierungsdatum: 04.01.2010 – Überprüfungsdatum 30.03.2010

(Manske, 2008) Manske, Henning: Biblio :: refbase. URL http://www.refbase.net/index.php/Biblio::Refbase. – Aktualisierungsdatum: 2008-11-30 – Überprüfungsdatum 30.03.2010

(MAYR, 2010) MAYR, Philipp: *Bradfordizing mit Katalogdaten : Alternative Sicht auf Suchergebnisse und Publikationsquellen durch Re-Ranking.* In: *BuB* 62 (2010), Nr. 1, S. 61–63

(ONLINE CATALOGS, 2010) ONLINE CATALOGS: WHAT USERS AND LIBRARIANS WANT: *An OCLC Report.* URL http://www.oclc.org/us/en/reports/onlinecatalogs/fullreport.pdf – Überprüfungsdatum 30.03.2010

(POHL, 2010) POHL, Adrian: *Dimensionen von Open Bibliographic Data.* URL http://www.uebertext.org/2010/03/dimensionen-von-open-bibliographic-data.html. – Aktualisierungsdatum: 25.03.2010 – Überprüfungsdatum 30.03.2010

(ROWLANDS ET AL., 2008) ROWLANDS, I. Nicholas D. Williams P. Huntington P. Fieldhouse M. Gunter B. et al: The Google generation: The information behaviour of the researcher of the future. In: Aslib Proceedings: New Information Perspectives 60 (2008), Nr. 4, S. 290–310

(vascoda, 2010) vascoda: *vascoda Application Profile Version 2.1 : Zur Standardisierung von Metadatenlieferungen an vascoda.* URL http://edok01.tib.uni-hannover.de/edoks/e01vascoda/Arbeitspapiere/vascoda-AP_2.1_Dez-2008.pdf. – Aktualisierungsdatum: Dezember 2008 – Überprüfungsdatum 30.03.2010

(Whitehead; Toub, 2008) WHITEHEAD, Martha; TOUB, Steve: *User-Generated Content and Social Discovery in the Academic Library Catalogue: Findings From User Research.* URL http://www.slideshare.net/stoub/usergenerated-content-and-social-discovery-in-the-academic-library-catalogue-findings-from-user-research-presentation. – Aktualisierungsdatum: 2.10.2008 – Überprüfungsdatum 30.03.2010

(WIESENMÜLLER, 2010) WIESENMÜLLER, Heidrun: *Metadaten härter arbeiten lassen und besser präsentieren: Sacherschließung und Normdaten in Online-Katalogen.* In: *BuB* 62 (2010), Nr. 1, S. 48–54

Silvia Czerwinski und Jakob Voß

LibraryThing – die kollaborative Bibliothek 2.0

Was ist LibraryThing?

Einleitung

LibraryThing[1] ist die weltweit umfangreichste Webanwendung zur gemeinsamen Katalogisierung von Büchern. Über die Plattform können Nutzer nicht nur eigene Bücher verwalten, sondern auch in vielfältiger Weise mit anderen Lesern und Autoren in Kontakt treten. Gemeinsam sammeln die Nutzer Informationen, die in verschiedener Weise mit Büchern zusammenhängen (Kapitel 0). Über diese kollaborative Erschließung entsteht in LibraryThing ein Verbundkatalog von privaten Büchersammlungen, an dem sich jeder beteiligen kann. Spätestens seit 2009 zieht LibraryThing täglich mehr Seitenaufrufe und Besucher an als WorldCat und andere bibliothekarische Angebote.[2] Dies liegt unter anderem am ausgeprägten Community-Charakter der Sozialen Software, die durch intensiven Nutzerkontakt gepflegt wird (Kapitel 0). Die Funktionen von LibraryThing sind an der offenen Architektur des Webs ausgerichtet. Entsprechend des Web 2.0-Grundsatzes „Perpetual Beta" werden sie permanent weiterentwickelt (Kapitel0). Seit seiner Gründung ist LibraryThing sehr an der Zusammenarbeit mit Bibliotheken interessiert und kann von ihnen gewinnbringend eingesetzt werden: Neben der Präsentation von Beständen (Kapitel 0) und der eigenen Einrichtung (Kapitel0) bietet sich der Dienst „LibraryThing for Libraries" (Kapitel0) an. Mithilfe dieses speziell für Bibliotheken eingerichteten Angebots können sie unter anderem ihre Kataloge mit zusätzlichen Inhalten wie verwandten Titeln, Rezensionen und Tags anreichern.

Organisation und Umfang

LibraryThing wurde Ende August 2005 von Tim Spalding veröffentlicht. Die Anwendung war aus einem privaten Projekt zur Literaturverwaltung entstanden und wurde zunächst von Spalding alleine entwickelt und betrieben. Bereits Ende 2005

---

1   http://www.librarything.com bzw. http://www.librarything.de (deutschsprachige Oberfläche)
2   Siehe dazu http://jakoblog.de/2009/10/04/librarything-doppelt-so-popular-wie-worldcat/

war LibraryThing mit rund einer Millionen eingetragenen Büchern so stark gewachsen,[3] dass eine Mitarbeiterin eingestellt werden konnte: Die Bibliothekarin Abby Blachly ist inzwischen offizielle Ansprechpartnerin für Bibliotheken. Bis April 2010 hatte LibraryThing neun weitere Mitarbeiter, darunter sechs Entwickler und zwei weitere Bibliothekarinnen. Zurzeit verzeichnet die Seite über eine Million registrierte Nutzer und mehr als fünfzig Millionen Titelnachweise; monatlich kommen etwa eine Million weitere hinzu.[4]

Während die Hauptseite unter der Domain www.librarything.com ursprünglich rein englischsprachig angelegt war, sind die Benutzeroberfläche und wesentliche Teile der Funktionen inzwischen mehrsprachig. Die Lokalisierung in mehr als sechzig Sprachen wird wie die meisten Inhalte durch die Nutzer selbst erstellt (Kapitel 0). Etwa zehn Prozent der Nutzer lassen sich über die Verwendung einer spezifischen Domain wie www.librarything.de einer Sprache zuordnen. Dabei weisen Spanisch, Portugiesisch, Niederländisch, Deutsch und Französisch mit je 13.000 bis 18.000 Mitgliedern die umfangreichste Nutzerbasis auf.[5]

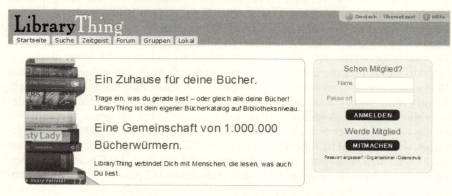

Die Startseite www.librarything.de

Im Mai 2006 erwarb das Unternehmen AbeBooks (justbooks.de) einen Anteil von vierzig Prozent an LibraryThing. 2008 wurde AbeBooks seinerseits von Amazon übernommen, wird jedoch als eigenständiges Unternehmen weitergeführt. Eine weitere Minderheitsbeteiligung an LibraryThing wurde im Januar 2009 von der Cambridge Information Group (CIG) erworben, deren Tochterfirma Bowker als Distributor für LibraryThing for Libraries fungiert. Die Mehrheit am Unternehmen hält weiterhin der Gründer Tim Spalding.

---

3 Zur Geschichte siehe auch http://www.librarything.com/wiki/index.php/History_of_Library Thing
4 Siehe LibraryThing-Statistikseite http://www.librarything.com/zeitgeist
5 Siehe http://www.librarything.com/zeitgeist/language

Was bietet LibraryThing?

Erschließung durch die Nutzer

LibraryThing ist eine Social Cataloging-Plattform: Die Nutzer legen Sammlungen mit ihren eigenen Titelexemplaren an und erschließen diese mit freien Schlagworten (Bag-Modell). Die Exemplare werden zu Werken zusammengeführt und somit kollaborativ erschlossen.

Neue Literatur in die eigene Sammlung einzuarbeiten, ist in den meisten Fällen sehr einfach: Man gibt im Eingabefeld die ISBN, Titel oder Autor ein und wählt eine Datenbank, beispielsweise Amazon, den GBV oder die Library of Congress.[6] Dabei können auch mehrere Titel gleichzeitig eingegeben werden bzw. kann eine Liste mit ISBN aus einer anderen Datenbank importiert werden. Sollte keine der fast 700 zur Auswahl stehenden Datenbanken den gesuchten Titel enthalten, gibt es die Möglichkeit, die bibliografischen Daten manuell einzupflegen. Bei der Aufnahme von neuen Titeln erfolgt ein automatischer Dublettenabgleich.

Schon bei der Übernahme der Fremddaten ist es möglich, zur inhaltlichen Erschließung Schlagworte (Tags) hinzuzufügen. Dabei schlägt LibraryThing leider nicht die schon einmal von einem Nutzer vergebenden Tags vor, wie es z.B. Social Bookmarking Systeme wie Delicious anbieten. Um eine Kohärenz beizubehalten, muss der Nutzer also seine eigenen Tags sehr genau im Auge behalten. Zum Vergleich mit den von allen Nutzern verwendeten Tags, d.h. für den Abgleich der eigenen Tags mit der in LibraryThing entstandenen Folksonomy, kann nach dem gewünschten Tag gesucht werden. Sinnvoll ist es, nach unterschiedlichen Schreibweisen und Synonymen zu suchen und dann das häufiger verwendeten Tag – so es denn passend scheint – zu verwenden. Dadurch wird eine größere Kohärenz im gesamten System erreicht und das Retrieval verbessert.

---

6 Unter http://www.librarything.de/addbooks

Ausschnitt der Autorenseite von Terry Pratchett

Tag-Infos: library

Beinhaltet: library, Library, Bibliothek, LIBRARY, bibliotheek, bibliothek, _library, $Library, bibliotheque, $library, libary, Bibliotheek, library., Libary, Bibliotheque, libray, LIbrary, Librrary, Library;, Libray, Library., lIBRARY, library;, library..., Biblioth●que, biblioth●que, librrary, ;library, LibrarY, BIBLIOTHEQUE (was?)

Dieser Tag und dessen Variationen wurden 114,180 mal von 3,639 Benutzern verwendet.

Es gibt derzeit eine Abstimmung über Zusammenführung oder Trennung dieses Tags.

Synset des Tags „library"

Der große Nachteil von freier Verschlagwortung gegenüber kontrollierten Vokabularen liegt in der Zerfaserung eines Begriffs in unzählige unterschiedliche Tags: Ober- und Unterbegriffe, Synonyme und Homonyme, ähnliche und verwandte Begriffe, Mehrzahl und Einzahl. LibraryThing versucht dieses Problem wie in vielen Fällen mithilfe der Community zu lösen (Kapitel 0). Nutzer können nach einer demokratischen Abstimmung Tags zusammenführen oder auch trennen.[7] Die einzelnen Tags werden sowohl inhaltlich als auch sprachlich vereinigt, jedoch lediglich auf der Ebene der Folksonomy. Dadurch ist gewährleistet, dass die eingegeben Tags für den Nutzer selbst in seiner Schreibweise und Sprache erscheinen, aber gleichzeitig in vereinheitlichter Form in die Folksonomy eingehen. Die freie Verschlagwortung bei LibraryThing nähert sich so einem kontrollierten Vokabular an, kann jedoch noch nicht alle der oben genannten Probleme lösen. Da Tagging von den LibraryThing-Nutzern über Jahre hinweg gut angenommen wurde, hat sich mittlerweile mit über 60 Millionen Tags eine große Datenbasis inhaltserschliessender Merkmale entwickelt. Diese zusätzlichen Daten können von Bibliotheken über das Produkt LibraryThing for Libraries für ihre Kataloge genutzt werden (Kapitel 0).

---

7   http://www.librarything.com/wiki/index.php/Tag_combining

Falls bei der Titelaufnahme in LibraryThing Fremddaten aus Bibliothekskatalogen übernommen wurden, liefern diese neben den bibliografischen Daten aus der Formalerschließung zumeist auch inhaltserschließende Daten wie Schlagworte und Notationen. Des Weiteren wird die Sammlung mit Titelbildern und Rezensionen angereichert. Während diese überwiegend von Amazon stammen, haben die Nutzer von LibraryThing stets die Möglichkeit, solche Anreicherungen selbst hinzuzufügen. Darüber hinaus können sie ihre Exemplare bewerten, beschreiben, diskutieren u.v.m.

Mehrere Exemplare werden entweder schon bei der Titelaufnahme über die ISBN als Identifier oder von den Nutzern manuell zu einem Werk kombiniert. Dabei werden beispielsweise verschiedene Auflagen und Ausgaben in unterschiedlicher Sprache und Medienformen (Buch, E-Book, Hörbuch, Film etc.) zusammengeführt.[8] LibraryThing setzt damit praktisch einen Teil der Functional Requirements for Bibliographic Records (FRBR) um. Die Zusammenführung zu Werken kann sowohl auf den Werkseiten als auch auf den Autorenseiten erfolgen.

Tag-Cloud des Autors S. R. Ranganathan

Ebenso wie die Werkseiten werden auch die Autorenseiten von der LibraryThing-Community gepflegt und erweitert. So können Nutzer Bilder hochladen, weiterführende Links eingeben, Veranstaltungen hinzufügen und Autoren – mit unterschiedlicher Schreibweise oder Pseudonymen – zusammenführen. Die von den Nutzern erstellten Daten auf den Werk- und Profilseiten fließen ebenso mit ein. Dadurch erhält man auf den Autorenseiten eine Fülle von Informationen: So kann man sich beispielsweise über die Tag-Cloud zu einem Autor ein Bild über sein Schaffen machen.

Sowohl auf den Werkseiten als auch bei den Autoren sammelt die LibraryThing-Community kollaborativ weitere Informationen: die so genannte Common Knowledge.[9] Bei den Autoren werden dazu u.a. Lebensdaten, Ausbildung und Berufe sowie Wohnorte und Auszeichnungen angegebenen. Auf den Werkseiten können die Nutzer beispielsweise Schauplätze, literarische Figuren, erste und letzte Worte, Klappentexte u.v.m. eintragen. Eine wichtige Funktion bei Common Knowledge ist die Zuordnung einzelner Werke zu Reihen. Mehrere Bände einer Reihe werden zusammengeführt und auf den speziellen Serienseiten in der richtigen Reihenfolge samt Titelbildern, Tags sowie verwandten Reihen, Buchpreisen, literarischen Figuren und Orten dargestellt.

---

8   http://www.librarything.de/wiki/index.php/Book_combining
9   Siehe http://www.librarything.com/commonknowledge/

Insgesamt erfolgt die Erschließung der Titel bei LibraryThing nur in geringem Maße über Datenübernahme von externen Anbietern. Der größte Teil an inhaltlichen Informationen zu Werken und Autoren wird von den LibraryThing-Nutzern selbst eingegeben und gepflegt. Die Zusammenführung und Auswertung der einzelnen Informationen auf unterschiedliche Art und Weise, also die Kombination von Daten, um daraus Mehrwerte zu generieren, ist einer der wichtigsten Leistungen von LibraryThing, von der insbesondere Bibliotheken profitieren können.

Community

Neben der gemeinsamen Erschließung ihrer Sammlungen haben die Nutzer von LibraryThing vielfältige Möglichkeiten, sich direkt miteinander zu vernetzen. Zum einen fördert LibraryThing die Bildung von Nutzer-Communities. Gleichzeitig lebt das gesamte Projekt davon, dass LibraryThing selbst eine Community bildet, deren Nutzer interaktiv an der Weiterentwicklung des Systems mitwirken.

Nutzer-Communities

Die Betonung des Sozialen ist bei allen Web 2.0 Anwendungen prägend. LibraryThing bietet den Nutzern eine Reihe an Möglichkeiten, sich mit anderen zu vernetzen und auszutauschen: So wird der Nutzer schon auf der eigenen Profilseite darauf hingewiesen, mit welchen anderen Nutzern er die meisten gemeinsamen Titel in seiner Sammlung hat. Hat ein Nutzer Lieblingsautoren angegeben, kann er sich anzeigen lassen, welche anderen Mitglieder diese ebenso gekennzeichnet haben. Des Weiteren kann ein Nutzer andere Sammlungen als „interessante Bibliotheken" markieren.

Die grundlegenden Prinzipien des Social Web sind Personalisierung und Vernetzung. Zunächst wird über die Ausbildung eines Profils die eigene Person dargestellt bzw. die Facetten, die man zeigen und inszenieren möchte. Bei LibraryThing können die Nutzer beispielsweise eigene Bilder hochladen, auf ihre Webseite verlinken, ihren Wohnort angeben, kurze Beschreibungen ihrer selbst und ihrer Sammlung angeben sowie die schon erwähnten Lieblingsautoren eintragen. Die stärkste Aussage über die eigene Person ist jedoch die Sammlung selbst.[10]

LibraryThing bildet virtuell eine Situation ab, die täglich im realen Leben passiert: Man empfängt jemanden zuhause und präsentiert dabei sein eigenes Bücherregal, welches seit dem Aufkommen des Bürgertums als Statussymbol und Ausdruck der individuellen Identität gilt. Mit der zumeist unausgesprochenen Einladung an den Anderen „sich umzuschauen" macht der Gastgeber sich selbst ein Stück weit öffentlich und kann gleichzeitig seinen „Besitzerstolz" ausleben.

---

10 Zur Wahrung der Privatsphäre bietet LibraryThing auch die Möglichkeit eigenen Sammlungen als „privat", d.h. für niemanden einsehbar, zu halten.

Auf Seiten des Gastes wird einerseits die Neugier auf den Gastgeber ermuntert und zugleich befriedigt. Andererseits wird allein durch das Entdecken eines gemeinsamen Titels eine gewisse Nähe und Vertrautheit zwischen Gastgeber und Gast geschaffen. Man hat einen Anknüpfungspunkt gefunden, der ausgebaut werden kann. Auf diesen Prinzipien der Personalisierung und Vernetzung fußen – mal mehr mal weniger stark ausgeprägt – die verschiedenen Dienste des Web 2.0. Dabei sind die beiden Prinzipien nicht scharf voneinander zu trennen, denn auch das Anzeigen des eigenen Netzwerks beinhaltet wiederum eine Aussage über das eigene Profil nach dem Motto: Zeige mir, mit wem du befreundet bist und ich sage Dir, wer Du bist.

LibraryThing unterstützt die Vernetzung mit anderen Nutzern schon bei den Angaben im Nutzerprofil. Hier kann man eintragen, bei welchen anderen Sozialen Netzwerken wie Twitter, Facebook, Last.fm, Flickr etc. man angemeldet ist. Wesentlich interessanter ist jedoch die Möglichkeit in LibraryThing selbst ein Netzwerk von Freunden und Bekannten zu knüpfen. Über neue Einträge in den Sammlungen seines Netzwerkes wird der Nutzer automatisch unterrichtet.

Auch Autoren sind in die Community eingebunden. Sie können sich selbst als LibraryThing-Autoren eintragen und so in direkten Kontakt mit ihren Lesern treten. Derzeit sind dies über 3.000 Autoren.[11] Regelmäßig lädt LibraryThing zudem zum Autoren-Chat ein.[12] In den zeitlich begrenzten Chats können die Leser mit dem Autor zu einem seiner Werke diskutieren und ihm Fragen stellen.

Während das Freundschafts-Netzwerk auf der persönlichen Ebene angesiedelt ist, liegt der Fokus bei den Gruppen[13] auf den inhaltlichen oder lokalen Gemeinsamkeiten. Es gibt momentan bei LibraryThing mehr als 5.500 thematische Gruppen. Die größte Gruppe ist „Librarians who LibraryThing" – scheinbar übt LibraryThing auf Bibliothekare eine starke Anziehungskraft aus. Demnach gibt es auch kleinere bibliothekarische Gruppen wie die „Twittothekare" oder die „Aussie librarians".[14] Die Gruppen funktionieren ähnlich wie ein Diskussionsforum: Eine Person stellt eine Frage oder wirft ein neues Gesprächsthema auf, wozu sich die anderen im Folgenden äußern.[15] So wird sich bei „Librarians who LibraryThing" beispielsweise darüber ausgetauscht, welche Dinge von Bibliothekaren in Bibliotheken unerwarteter- und zumeist auch unerwünschter Weise gefunden werden. In der Gruppe der „Science Fiction Fans" wird währenddessen darüber diskutiert, welche Bücher unbedingt verfilmt werden sollten. Neben diesen und vergleichbaren Gruppen gibt es auch solche, die sich der Weiterentwicklung von LibraryThing selbst widmen wie z.B. die Gruppe „Frequently Asked Questions" oder die Gruppe „New Features".

---

11   Siehe http://www.librarything.de/librarything_author
12   Siehe http://www.librarything.de/groups/authorchat
13   Siehe http://www.librarything.de/groups
14   Siehe mit librarian getaggte Gruppen unter http://www.librarything.de/groups/tag/librarian
15   Neben den themenbezogenen Gruppen gibt es in LibraryThing auch ein allgemeines Diskussionsforum unter http://www.librarything.de/talk

LibraryThing als Community

LibraryThing wäre nicht so erfolgreich geworden ohne die direkte und proaktive Einbindung der Community. Das Projekt lebt für und vom User Generated Content seiner Mitglieder. Jeder Nutzer, der ein Buch in seinen Katalog einpflegt, erweitert die gesamte Datenbank um zusätzliche Informationen. Dabei handelt es sich hauptsächlich um rein bibliografische Daten, inhaltserschließende Merkmale sowie erweiternde Informationen wie Titelbilder, Beschreibungen, Bewertungen und Rezensionen (Kapitel 0). Die Nutzer können für LibraryThing somit zunächst als Datenlieferanten angesehen werden. Gleichzeitig fungieren sie aber auch als Tester und wichtigste Kritiker von neuen oder veränderten Diensten.

LibraryThing bietet verschiedene Kommunikationskanäle, wodurch die Mitglieder ihr Feedback direkt an die Betreiber und Entwickler richten und mit ihnen diskutieren können. Fast alle diese Kanäle sind dem Web 2.0 zuzuordnen und sind nicht nur für Mitglieder, sondern für alle Interessierte offen. In der Praxis beteiligen sich jedoch vor allem die besonders aktiven LibraryThing-Nutzer an den Diskussionen: die LibraryThing-Community.

Eine Möglichkeit der Kontaktaufnahme mit den LibraryThing-Betreibern ist das Kommentieren in einem der beiden Weblogs: Es gibt zum einen den allgemeinen LibraryThing Blog, in dem auf Neuigkeiten wie z.B. neue Gruppen und Early Reviewer Books[16] hingewiesen wird. Für Bibliotheken wesentlich interessanter ist der Thingology Blog. Hier werden die neuesten Ideen und Projekte vorgestellt wie z.B. „Library Anywhere", eine mobile Katalogoberfläche für Bibliotheken (Kapitel 0). Der Thingology Blog ist neben den Gruppen die aktuellste Plattform für den Austausch zwischen LibraryThing und der Bibliothekswelt.

Neueste Meldungen erreichen die interessierte Öffentlichkeit außerdem per Twitter.[17] Bei Twitter führt LibraryThing die Idee der Personalisierung im Social Web konsequent zu Ende: Es gibt keinen offiziellen Account der Firma LibraryThing, sondern lediglich die Accounts von Mitarbeitern wie etwa Tim Spalding (@librarythingtim) oder Abby Blachly (@AbbyBlachly). Andere Twitteruser können die Nachrichten (Tweets) an ihre Follower über sogenannte Retweets weiterverbreiten oder direkt darauf antworten.

Die direkte Anbindung des Managements der Firma an die eigenen Kunden durch Offenheit und Transparenz steht für LibraryThing an höchster Stelle. Dabei verschwimmt die klare Trennung zwischen Unternehmen und Kundschaft. Die Mitarbeiter von LibraryThing sind gleichzeitig auch Mitglieder der Community. Sie sind als LibraryThing-Mitarbeiter jederzeit ansprechbar und handeln dennoch nie als Kontrolleure des Systems. Stattdessen schaffen sie Möglichkeiten für die

---

16 Beim Early Reviewer Projekt werden Neuerscheinungen an teilnehmende LibraryThing-Mitglieder verteilt. Diese schreiben Rezensionen für LibraryThing zu den Büchern und dürfen sie selbstverständlich danach behalten.

17 Während Twitter als Tool für die Öffentlichkeitsarbeit auch zur interaktiven Kommunikation genutzt werden kann, bleibt eine Zeitung eindimensional. Doch auch diesen Kanal bedient LibraryThing mit der monatlich erscheinenden Zeitung „State of the Thing". Hierin erscheinen z.B. Interviews mit Autoren oder Rezensionen von Neuerscheinungen.

Community, sich selbst zu organisieren und gemeinsam an Projekten zu arbeiten. Neben den oben genannten Gruppen wird beispielsweise mit WikiThing ein Wiki bereitgestellt, in dem Mitglieder ihr Wissen sammeln und weiterentwickeln können.

Bei anderen sozialen Netzwerken, wie z.B. Wikipedia, beteiligt sich im Vergleich mit der Gesamtzahl der Nutzer nur ein relativ geringer Teil aktiv. Dies gilt in gewisser Hinsicht ebenso für LibraryThing. Auch hier sind es vergleichsweise wenige, die solche „Sonderbereiche" wie LibraryThing Local (Kapitel 0) oder Common Knowledge (Kapitel 0) mit Inhalten anreichern. Eine typische Vorgehensweise für LibraryThing ist es, die Mitglieder mit witzigen Gimmicks und Spielen zur Mitarbeit zu motivieren. So gibt es beispielsweise das System der Helfer-Sterne: Für jede Zusammenführung von Werken, Autoren oder Veranstaltungsorten gibt es Punkte, ebenso für das Hochladen von Autorenbildern, das Eintragen von zusätzlichen Informationen über Autoren u.v.m. Bei Erreichen einer bestimmten Punktzahl erhält der Nutzer eine Auszeichnung in Form eines Sternes. Der Wert der Sterne ist wiederum gestaffelt in Bronze, Silber und Gold. Für besondere, zumeist einmalige Aktionen, wie z.B. die Zusammenführung der LibraryThing-Daten mit denen von Barnes & Nobles oder die Übersetzung von LibraryThing in „Piratisch"[18], werden spezielle Medaillen vergeben.

Helper badges

Eine andere Aktion zeigt sehr gut, wie LibraryThing es versteht, über spielerische Elemente den Spaß und somit die Motivation für ehrenamtliche Mitarbeit an einem gemeinschaftlichen Projekt zu fördern. Im März 2010 startete Tim Spalding das Spiel „CoverGuess".[19] Hintergrund ist eine Erfahrung vorrangig aus öffentlichen Bibliotheken: Nutzer suchen ein Buch, erinnern sich jedoch lediglich an das Titelbild. Um in einem Katalog Titelbilder zu finden, müssen sie suchbar gemacht, also indexiert werden.

Bei dem Spiel CoverGuess vergibt man für ein Titelbild beliebig viele Tags. Für jede Übereinstimmung mit den jeweiligen Tags eines anderen Nutzers bekommt man einen Punkt. Wie man aus den Foreneinträgen und der HighScore-Tabelle entnehmen kann, wurde CoverGuess von der Community begeistert aufgenommen. Die stetig wachsende Datenbank steht unter einer Creative Commons Lizenz und kann somit von anderen Organisationen wie z.B. Bibliotheken weiter verwendet werden.

Einen direkten Dienst für Bibliotheken leistet die LibraryThing-Community mit den sogenannten „Flashmob-Katalogisierungsparties".[20] Hierbei verabreden sich Nutzer in der realen Welt zum gemeinsamen Katalogisieren der Bestände

---

18 Siehe http://www.librarything.com/blog/labels/talk%20like%20a%20pirate%20day.php
19 Siehe http://www.librarything.com/coverguess
20 Siehe http://www.librarything.de/groups/flashmobcataloging

einer Bibliothek. Mit viel Engagement und einigem Spaß werden so innerhalb weniger Tage möglichst viele Titel in den LibraryThing-Katalog eingepflegt.[21]

Beispiel eines Titelbildes bei CoverGuess

Schnittstellen und innovative Dienste

Aufgrund der interaktiven Einbindung der Community kann LibraryThing als Beispiel einer erfolgreichen Web 2.0-Anwendung angesehen werden. Unter diesem Schlagwort werden verschiedene Entwicklungen in der Nutzung des Internets zusammengefasst, die ab 2004/2005 eine verstärkte Aufmerksamkeit erfuhren. Zu den charakteristischen Merkmalen gehören unter anderem verstärkte Benutzerbeteiligung und Kollaboration sowie frei abonnier- und kombinierbare Inhalte (Syndication und Mashups). Das Web dient dabei als Plattform für Anwendungen und innovative Dienste. Allerdings handelt es sich bei vielen erfolgreichen Techniken und Praktiken des Web 2.0 lediglich um in Vergessenheit geratene Grundlagen und Standards des WWW bzw. des Internets. Da die meisten Bibliotheken bisher nicht wirklich im Web angekommen sind,[22] gibt Tim Spalding ihnen den expliziten Rat, sich zunächst mit dem „Web 1.0" vertraut zu machen.[23]

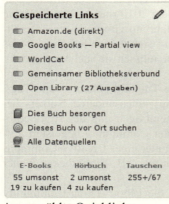

Ausgewählte Quicklinks

---

21 Siehe http://www.librarything.de/wiki/index.php/Flash-Mob_Cataloging_Party. In Deutschland gab es im Januar 2005 eine vergleichbare „Tagging Party" zur Einführung der PND in Wikipedia.
22 Dies gilt leider auch für viele moderne „Discovery Interfaces" wie Primo und Touchpoint.
23 Beispielsweise in der sehr aufschlussreichen Keynote *What is Social Cataloging*: „before joining the exciting world of web2.0 - join the exciting world of web 1.0" (http://vimeo.com/7953189).

Neben der in Kapitel 0 beschriebenen Einbindung der Community sind die Gründe für den Erfolg von LibraryThing also in grundlegenden Eigenschaften des Webs zu suchen. Dies fängt beim gezielten Einsatz von URLs an: Während Bibliothekskataloge noch immer in den Strukturen des Zettelkatalogs verhaftet sind, kann in LibraryThing jedes identifizierbare Objekt über eine eindeutige URL direkt und dauerhaft verlinkt werden (Permalink).[24]

Werk	http://www.librarything.de/work/4479754
Exemplar	http://www.librarything.de/work/4479754/details/58459600
Ausgaben	http://www.librarything.de/work/4479754/editions
Rezensionen	http://www.librarything.de/work/4479754/reviews
Autor	http://www.librarything.de/author/gaimanneil
Tag	http://www.librarything.de/tag/fantasy
Reihe/Serie	http://www.librarything.de/series/The+Sandman
Auszeichnung	http://www.librarything.de/bookaward/Eisner+Award
Literarische Figur	http://www.librarything.de/character/Doctor+Faust
Ort	http://www.librarything.de/place/Berlin,+Germany

Beispiele für Permalinks in LibraryThing

Auch ausgehende Verweise werden in LibraryThing konsequent eingesetzt: Jeder Nutzer kann einstellen, zu welchen Buchhandlungen, Bibliotheken, Buchtausch-Seiten und ähnlichen Datenquellen er von einem Titel aus direkte Links („Quicklinks") angezeigt bekommen möchte.[25] Die zur Auswahl stehenden Verweisziele werden von den Nutzern gemeinsam angelegt und bearbeitet. Die Datenquellen sind so in LibraryThing Local (Kapitel 0) integriert, dass ausgehend vom Aufenthaltsort eines Nutzers angezeigt werden kann, in welchen Bibliotheken ein Werk vorhanden ist. Voraussetzung ist jedoch die Möglichkeit, über ein URL-Template[26] direkt per ISBN(s) und/oder Titel in den Bibliothekskatalog zu verlinken (Deep-Links). Umgekehrt bietet LibraryThing neben den Permalinks verschiedene URL-Templates, damit aus Katalogen und von anderen Webseiten direkt auf Werke in LibraryThing verlinkt werden kann.[27]

LibraryThing ist also kein monolithisches System mit Präsenz *im* Web, sondern *ein Teil des* Webs. Einzelne Inhalte können nicht nur direkt verlinkt sondern

---

24 Genaugenommen zielt eine URL in LibraryThing auf die Präsentation von verfügbaren Informationen zu einem Objekt in einer bestimmten Sprachversion.
25 Siehe http://www.librarything.com/blog/2009/11/new-feature-get-this-book.php
26 Ein URL-Template ist eine URL mit einem oder mehreren Platzhaltern, deren Ersetzung eine vollständige URL ergibt. Beispielsweise ergibt das Ersetzen von {Titel} durch einen Artikelnamen im URL-Template http://de.wikipedia.org/wiki/{Titel} die URL eines Wikipedia-Artikels.
27 Beispielsweise das Template http://www.librarything.de/isbn/{ISBN} zum Verlinken per ISBN und http://www.librarything.de/title/{Titel} zum Verlinken per Buchtitel.

auch über offene Schnittstellen abgefragt und in eigene Webseiten eingebunden werden (Mashup).[28] Zu den abfragbaren Daten gehören der Inhalt der eigenen Sammlungen eines Nutzers (LibraryThing JSON Books API), die Common Knowledge-Daten eines Werkes oder eines Autors (Web Services APIs) und die Zuordnung von ISBN-Nummern zu Werken und ihren Ausgaben (ThingISBN).[29] Weitere Webservices existieren zur Ermittlung des Werkes bei bekanntem Autor, Titel und/oder ISBN (What Work) und zum Analysieren von ISBN-Nummern (ThingLang und ISBN Check). Teile der LibraryThing-Datenbank können für nichtkommerzielle Zwecke auch als vollständige Datenbank-Dumps heruntergeladen werden.[30] Zusätzlich wird praktisch überall dort, wo regelmäßig neue Inhalte hinzukommen (neue Titel in einer Sammlung, neue Rezensionen, neue Veranstaltungen etc.) ein abonnierbarer RSS-Feed angeboten.

Die einfachste Möglichkeit, Inhalte von LibraryThing auf anderen Webseiten einzubinden, bieten Widgets: Ohne Programmierkenntnisse lassen sich verschiedene Ansichten der eigenen Sammlungen, Rezensionen, Tags und/oder Autoren zusammenklicken.[31] Die so ausgewählte Darstellung kann anschließend in die eigene Webseite eingebunden werden und wird automatisch aktualisiert. So zeigt beispielsweise die Genderbibliothek in ihrem Weblog ein zufällig ausgewähltes Buch samt Titelbild aus ihrer Sammlung sowie ein Suchformular an.

Auch ohne eigene Sammlungen können die in LibraryThing enthaltenen Titelbilder weiterverwendet werden. Dazu stellt LibraryThing einen Coverdienst bereit, über den zu einer ISBN die von Nutzern hochgeladenen Titelbilder in verschiedenen Auflösungen abgefragt werden können.[32] Inzwischen sind so fast zwei Millionen Titelbilder verfügbar (Cover von Amazon sind hierbei ausgenommen). Der LibraryThing-Coverdienst steht kostenlos zur Verfügung und wird beispielsweise vom Gemeinsamen Bibliotheksverbund genutzt.

Neue Funktionen werden in LibraryThing oft ad hoc und in engem Kontakt mit den Nutzern eingeführt. In der Praxis sieht dies so aus, dass ein Mitarbeiter oder Nutzer eine Idee hat, die Idee kurzfristig in einer ersten Version umsetzt, sie anschließend im Weblog oder Forum vorstellt und um Feedback bittet. Gemeinsam mit der Community werden Neuerungen – z.B. die iPhone-Anwendung „Local Books" zur Suche nach Buchläden und Bibliotheken[33] – diskutiert und verbessert. Ohne aufwändigen Planungsprozess kann LibraryThing so schnell auf Entwicklungen im Internet reagieren und sich beständig weiterentwickeln (Perpetual Beta).

Inzwischen kann LibraryThing als Best-Practise-Beispiel angesehen werden, an dem sich Bibliotheken viele nützliche und nutzerfreundliche Features für ihre

---

28 Siehe http://www.librarything.com/wiki/index.php/LibraryThing_APIs
29 Ein ähnlicher Dienst ist der xISBN-Webserservice von OCLC, siehe http://www.worldcat.org/affiliate/webservices/xisbn
30 Unter http://www.librarything.com/feeds/
31 Siehe http://www.librarything.com/widget.php
32 Siehe http://www.librarything.com/wiki/index.php/Free_covers
33 Siehe http://www.librarything.com/blog/2010/01/local-books-iphone-application.php

Kataloge abschauen können. Die Innovation beruht vor allem auf Experimentierfreude ohne Angst vor Misserfolgen. Dass dabei nicht jede Idee zum großen Erfolg wird, nehmen die Betreiber gerne in Kauf. So konnte sich beispielsweise die 2008 initiierte Open Shelves Classification[34] (ein Versuch zur kollaborativen Erstellung einer eigenen Aufstellungssystematik für öffentliche Bibliotheken) nicht durchsetzen. Die Mitarbeiter von LibraryThing – allen voran Tim Spalding – stehen im permanenten Kontakt mit der bibliothekarischen Fachcommunity. So werden regelmäßig Fachtagungen besucht, Vorträge gehalten[35] und in Weblogs, Wikis, Foren und Mailinglisten diskutiert.[36] Wichtig ist, dass sich Mitarbeiter permanent weiterbilden, um bezüglich der Entwicklungen im Web auf dem Laufenden zu bleiben. Innovation entsteht dabei nicht in Arbeitsgruppen hinter verschlossenen Türen, sondern dank einer Kultur der Kooperation im offenen Austausch mit der Community (Prinzip Open Innovation).

LibraryThing für Bibliotheken

LibraryThing als Katalog

Die nächstliegende Möglichkeit, LibraryThing für die eigene Bibliothek zu nutzen, ist es den Bestand in LibraryThing einzutragen und das System als Katalog zu verwenden. Prinzipiell besteht kein Unterschied zwischen privaten Accounts und einem Account für Organisationen: Für bis zu 200 Titel ist der Katalog kostenlos; darüber hinaus sind jährlich 10$ oder einmalig 25$ fällig.[37] Die maximale Anzahl von Titeln ist jedoch auf 5.000 (in Ausnahmen auch bis 10.000) beschränkt. Als Katalog eignet sich LibraryThing also lediglich für kleine Bibliotheken oder ausgewählte Sammlungen. Außerdem ist zu beachten, dass LibraryThing kein integriertes Bibliothekssystem ist – Nutzerverwaltung, Erwerbung und Ausleihe müssen anderweitig organisiert werden.[38]

Da die meisten bibliografischen Angaben aus anderen Datenbanken übernommen werden können, konzentriert sich die Katalogisierung vor allem auf die Inhaltserschließung durch Tags und Rezensionen. Zur Erfassung des bisherigen Bestandes muss je nach Erschließungstiefe etwas mehr Zeit einkalkuliert werden. Bei mehreren Mitarbeitern ist es eine gute Idee, die Einarbeitung durch Schulungen zu begleiten und daraus ein gemeinsames Ereignis zu gestalten. In den USA wurden bereits mehrere „Flashmob-Katalogisierungsparties" veranstaltet, bei denen die gesamte Sammlung einer Bibliothek von Freiwilligen katalogisiert wur-

---

34 Siehe http://www.librarything.com/wiki/index.php/Open_Shelves_Classification
35 Siehe http://www.librarything.com/press/#7
36 Hier sei nur kurz erwähnt, dass der bibliothekarische Fachdiskurs zu relevanten Internet-Themen vorrangig selbst im Internet und zumeist in Englisch stattfindet.
37 Siehe http://www.librarything.com/organizations
38 Unter http://www.librarything.com/wiki/index.php/Organizational_accounts gibt es einige Tipps wie zumindest Ausleihdaten in LibraryThing integriert werden können.

de – ein weiteres Beispiel dafür, dass Web 2.0 nicht auf Technik, sondern auf Zusammenarbeit basiert. Im Folgenden sollen kurz drei Beispiele von Bibliotheken mit einem Katalog in LibraryThing aufgeführt werden:

Die *Stadtbücherei Nordenham*[39] ist als erste deutschsprachige Bibliothek bereits seit Oktober 2005 in LibraryThing vertreten.[40] Eingetragen werden alle Neuzugänge im Erwachsenenbestand – inzwischen über 4.500 Titel. Nach Aussage des Leiters Jochen Dudeck wird der zusätzliche Katalog in LibraryThing gut angenommen. Darüber hinaus nutzt die Stadtbücherei LibraryThing inzwischen auch als Werkzeug beim Bestandsaufbau, da sich dort beispielsweise die Popularität neuer Titel aus den USA und die Abdeckung von Serien gut ermitteln lassen. Die Einrichtung ist ein gelungenes Beispiel dafür, dass für Bibliothek 2.0 keine umfangreiche Infrastruktur und IT-Abteilung notwendig ist, sondern sich mit engagierten Mitarbeitern und der Lust am Ausprobieren mehr erreichen lässt als durch groß angelegte Projekte.

Das Archiv des *Autonomen Feministischen Referat* des AStA der Uni Bremen (Femref)[41] hat seinen gesamten Bestand an Büchern und DVDs in LibraryThing eingepflegt. Die vorhandenen Zeitschriften wurden bisher nicht aufgenommen. Da es sich zunächst nur um etwas mehr als 700 Titel handelt, konnte die Erstaufnahme innerhalb weniger Monate geleistet werden. Wie bei vergleichbaren Archiven befindet sich neben aktueller Forschungsliteratur auch einiges an Grauer Literatur im Bestand. Solche Titel erfordern aufgrund der fehlenden ISBN einen höheren Zeitaufwand. Über Tags erfolgt nicht nur die inhaltliche Erschließung, auch die Signaturen werden so abgebildet. Für Nutzer des Archivs ist im Feld „Öffentliche Notizen" einsehbar, ob ein Titel entliehen ist oder makuliert wurde. Die Nutzerverwaltung findet intern über das Feld „Private Notizen" statt. Das Feministische Archiv wird von Studentinnen ehrenamtlich neben Studium, Lohnarbeit und (bildungs-)politischer Arbeit an der Universität geführt. LibraryThing bietet bei diesen Voraussetzungen eine hervorragende Möglichkeit, mit wenig zeitlichem Aufwand und kostenlos die eigenen Bestände öffentlich zu machen und die Ausleihvorgänge zu verwalten.

Aus der Genderbibliothek

Working Girls: Gender and Sexuality in Popular Cinema von Yvonne Tasker

Mit freundlicher Unterstützung durch LibraryThing

LibraryThing-Widget und Suchbox

---

39 Siehe der Beitrag von Jochen Dudeck in diesem Sammelband.
40 Siehe http://www.librarything.de/profile/nordenhamerbuecherei
41 Siehe http://www.librarything.de/profile/femref

Die *Genderbibliothek* des Zentrums für transdisziplinäre Geschlechterstudien an der Humboldt-Universität zu Berlin nutzt LibraryThing seit August 2008.[42] Mit Hilfe eines LibraryThing-Widgets wird auf der Webseite der Genderbibliothek jeweils ein Titel der Sammlung zufällig ausgewählt und angezeigt. Der Katalog kann über ein eingebundenes Suchformular durchsucht werden. Außerdem ist die Genderbibliothek bei LibraryThing-Local vertreten.

LibraryThing Local

Die einfachste Möglichkeit, eine Bibliothek in LibraryThing sichtbar zu machen, ist in LibraryThing Local ein Örtlichkeits-Profil anzulegen. Viele Bibliotheken sind dort bereits von Nutzern eingetragen worden (in Deutschland fast 1000),[43] so dass das Profil lediglich erweitert und aktualisiert werden muss. Wenn sich eine Bibliothek dazu bereit erklärt, ihr Profil aktuell zu halten, kann sie auch ein exklusives Bearbeitungsrecht bekommen. Neben der Adresse und einer Kurzbeschreibung sollte das Profil Links zur Homepage und zum Katalog, mindestens ein Foto sowie Kontaktmöglichkeiten (Telefon, Email, Twitter etc.) enthalten. Sofern das Katalogsystem der Bibliothek Deep-Links unterstützt, sollten auch URL-Templates zur Suche nach ISBN und Titel angegeben werden, so dass Nutzer von LibraryThing aus die Verfügbarkeit eines Werkes in der jeweiligen Bibliothek direkt über einen Quick-Link prüfen können.

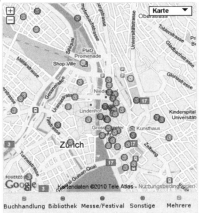

Wie bei anderen Community-Plattformen dient das Profil nicht nur als Visitenkarte, sondern auch zur Nutzerbindung: So können Nutzer beispielsweise wie bei Facebook Bibliotheken öffentlich als „Favorit" markieren. Zusätzlich zu den eher statischen Informationen beinhaltet jedes Profil in LibraryThing Local ein Schwarzes Brett als offenes Diskussionsforum und einen Veranstaltungskalender, in den z.B. Schulungen, Vorträge und Lesungen eingetragen werden können. Die hier verzeichneten Veranstaltungen tauchen wiederum auf Autor- und Werkseiten auf und sorgen so für weitere Öffentlichkeit. Ein Beispiel für eine Bibliothek, die ihre Schulungen in LibraryThing Local publik macht, ist die Zentralbibliothek Zürich.[44]

---

42 Siehe http://www.librarything.de/profile/genderbibliothek
43 Siehe http://www.librarything.de/local/helpers
44 http://www.librarything.de/venue/15763/Zentralbibliothek-Zürich

LibraryThing for Libraries

Ende April 2007 gab Tim Spalding mit LibraryThing for Libraries (LTFL)[45] einen speziellen Dienst für Bibliotheken bekannt, mit dem Empfehlungen auf ähnliche Bücher und andere Ausgaben im Katalog angezeigt werden können. Während bereits zuvor verschiedene offene Webservices und Widgets zur Einbindung auf die eigene Webseite angeboten wurden, bietet LibraryThing for Libraries vor allem zusätzlichen Support und einige erweiterte Dienste. Derzeit wird LibraryThing for Libraries in Form von vier Paketen angeboten, die gegen eine jährliche Gebühr[46] unabhängig voneinander erworben werden können:

Das *Catalog Enhancements package* liefert Empfehlungen zu ähnlichen Büchern und Verweise auf andere Ausgaben eines Titels im eigenen Katalog sowie von Nutzern vergebene Tags. Die Empfehlungen werden wie bei vergleichbaren Empfehlungsdiensten (BibTip, SeeAlso etc.) dynamisch von LibraryThing abgefragt und zusätzlich in den Katalog eingeblendet, so dass bis auf zwei zusätzlichen Zeilen HTML kein Eingriff in den Katalog der Bibliothek notwendig ist.

Das *Reviews Enhancement package* enthält Rezensionen und Bewertungen aus LibraryThing. Zusätzlich wird der Bibliothekskatalog um Funktionen erweitert, mit denen Nutzer eigene Rezensionen schreiben können. Das Package enthält

außerdem eine Facebook-Applikation, mit der Nutzer zeigen können, welche Bücher aus der betreffenden Bibliothek sie gerade lesen sowie ein Weblog-Widget, um Rezensionen von Nutzern auf der Bibliothekswebseite anzuzeigen.

Mit dem *Shelf Browse Enhancement package* kann im Katalog ein virtuelles Bücherregal angeboten werden. Nutzer können dort die Titelbilder der Bestände so durchstöbern, wie sie nach der Systematik sortiert sind.

LibraryAnywhere ist eine mobile Weboberfläche[47] für beliebige Bibliothekskataloge, die Anfang 2010 angekündigt wurde. Während das Angebot zunächst noch mit ausgewählten Bibliotheken getestet wird, stehen die jährlichen Preise bereits fest. Sie betragen 150$ für Schulbibliotheken, 350$ für Öffentliche Bibliotheken, 750$ für zwei- oder vierjährige College-Bibliotheken und 1000$ für Universitätsbibliotheken. Pro weiterem Standort oder Gebäude kommen ggf. noch 50$ (Schulbibliothek oder ÖB) bzw. 150$ (WB) pro Jahr hinzu.

---

45 Siehe offizielle Seite unter http://www.librarything.com/forlibraries.
46 Der genaue Preis hängt von der Anzahl der Titel, Nutzer und Zweigstellen ab. Im Gegensatz zu anderen Software-Anbietern betreibt LibraryThing allerdings eine offene Preispolitik und gibt auf Anfrage genaue Zahlen bekannt.
47 Siehe der Beitrag von Regina Pfeifenberger in diesem Sammelband.

Derzeit befindet sich unter den Nutzern von LibraryThing for Libraries noch keine deutschsprachige Bibliothek. Eine Liste der derzeit über 180 teilnehmenden Bibliotheken (mit Teilbibliotheken und Mitgliedern von Verbünden über 1.600) ist öffentlich einsehbar.[48] Auf Anfrage können die Angebote mit einem kostenlosen Testzugang ausprobiert werden.

Zusammenfassung und Empfehlungen

Seit seiner Gründung ist LibraryThing innerhalb von weniger als fünf Jahren nicht nur zur größten Social Cataloging-Plattform für private Büchersammlungen herangewachsen, sondern inzwischen auch ein ernstzunehmender Anbieter von Bibliotheksdienstleistungen. Für eine Bibliothek 2.0 ist LibraryThing dabei Vorbild und Partner zugleich. Zum Einen können Bibliotheken von den Erfolgsfaktoren von LibraryThing – allem voran dem konsequent offenen Umgang mit Nutzern und Webtechnologien – viel lernen. Zum Anderen können sie Funktionen von LibraryThing als Services für eigene Dienstleistungen einsetzen.

Für kleinere Bibliotheken (Schul- und Gemeindebüchereien, Spezialbibliotheken etc.) kann LibraryThing als kostengünstiges und attraktives Katalogsystem genutzt werden. Verglichen mit anderen Bibliothekssystemen verfügt LibraryThing über die meisten Web 2.0-Funktionen und infolgedessen über eine starke Nutzerbasis. Für größere Bibliotheken kommt LibraryThing als zusätzliches Präsentationsmedium für ausgewählte Titel und Spezialsammlungen in Frage – so stellt beispielsweise die Zentralbibliothek Zürich in ihrem Account Literatur aus ihrem Bestand zu aktuellen Themen, Jahrestagen und Jubiläen vor.[49] Speziell für Nachlässe gibt es in LibraryThing die Möglichkeit, eine sogenannte „Legacy Library" anzulegen, in der die Privatbibliothek einer verstorbenen Person katalogisiert wird.[50]

Zumindest LibraryThing Local sollte von allen engagierten Bibliotheken als zusätzliche Visitenkarte und Zugang von einem Sozialen Netzwerk[51] in ihre Einrichtung genutzt werden. Wenn zusätzlich aus dem Bibliothekskatalog ein Katalog 2.0[52] werden soll, ist der Einsatz von LibraryThing for Libraries zu empfehlen. Im Sinne einer serviceorientierten Architektur bietet es sich an, die Komponenten wie Titelbilder, Tags, Rezensionen und eine mobile Katalogoberfläche zur Kataloganreicherung zu verwenden. Die Dienste können jederzeit ausgetauscht werden und müssen nur so lange bezahlt werden, wie sie auch genutzt werden (Software as a Service), anstatt darauf zu hoffen, dass ein einmal eingekauftes Katalogsystem als „eierlegende Wollmilchsau" dauerhaft alle Anforderungen befriedigt.

---

48   http://www.librarything.com/wiki/index.php/LTFL:Libraries_using_LibraryThing_for_Libraries
49   http://www.librarything.de/profile/Zentralbibliothek_ZH
50   http://www.librarything.com/groups/iseedeadpeoplesbooks
51   Siehe der Beitrag von Anastasia Schadt und Jessica Euler in diesem Sammelband.
52   Siehe der Beitrag von Fabienne Kneifel in diesem Sammelband.

LibraryThing ein Best-Practise-Beispiel für gelungene Nutzerkommunikation: Die Bildung von Communities wird mit zahlreichen Möglichkeiten wie Gruppen, Netzwerke, Kommentare und Autorenchats gefördert. Die Nutzer können sich vielfältig präsentieren, einbringen und miteinander in Kontakt treten. Gleichzeitig diskutieren und entwickeln sie das gesamte Projekt im offenen Austausch mit den Betreibern weiter. LibraryThing tritt seinen Nutzern nicht als anonyme Firma entgegen, sondern persönlich durch seine einzelnen Mitarbeiter, die selbst Teil der Community sind. Dabei ist stets die Freude am gemeinsamen Projekt sichtbar, was sich beispielsweise in Spielen wie CoverGuess oder den Flashmob-Katalogisierungsparties ausdrückt. Tim Spalding hat hierzu den Begriff „funability" geprägt und fordert, dass Kataloge Spaß machen sollen.[53]

Die Funktionen von LibraryThing sind eng an der offenen Architektur des Webs ausgerichtet und werden nach dem Prinzip Perpetual Beta beständig weiterentwickelt. Die Inhalte von LibraryThing sind nicht nur leicht verlinkbar, sondern können auch über Schnittstellen und Widgets an anderer Stelle weiterverwendet werden. Die Integration der gesamten Plattform ins Web wird hierdurch konsequent umgesetzt.

Zusammengefasst kann LibraryThing nicht nur als eine Firma, eine Community oder eine Web 2.0-Anwendung angesehen werden, sondern als eine kollaborative Bibliothek 2.0 ohne ausgebildete Bibliothekare. Sie verfügt über keinen eigenen Bestand, aber über eine umfangreiche Nutzerbasis und einen modernen Katalog, der zum Entdecken und Stöbern einlädt.

Literaturverzeichnis

(Feißt, 2009) Feißt, Nadine: LibraryThing: Ein Web 2.0-Projekt von Nichtbibliothekaren - auch für Bibliotheken. Stuttgart. HdM. Online verfügbar unter http://opus.bsz-bw.de/hdms/volltexte/2009/669/

(Freeman, 2010) Freeman, Dan: LibraryThing Delivers Mobile Access to Library Catalogs. In: Smart libraries, Jg. 30, H. 3, S. 2–4. Online verfügbar unter http://www.alatechsource.org/blog/2010/03/librarything-delivers-mobile-access-to-library-catalogs.html

(Reihletsen, 2007) Reihletsen, Melissa: Chief Thingamabrarian. In: Library Journal, H. 1, S. 40–42. Online verfügbar unter http://www.libraryjournal.com/article/CA6403633.html

(Spalding, 2006) Spalding, Tim: Is your OPAC fun? (a manifesto of sorts). Thingology Blogeintrag. Online verfügbar unter http://www.librarything.com/thingology/2006/12/is-your-opac-fun-manifesto-of-sorts.php

(Spalding, 2009) Spalding, Tim: What is Social Cataloging. Keynote at LIANZA 09. Online verfügbar unter http://vimeo.com/7953189

(Voß, 2007)Voß, Jakob: LibraryThing – Web 2.0 für Literaturfreunde und Bibliotheken. In: Mitteilungsblatt der Bibliotheken in Niedersachsen und Sachsen-Anhalt, H. 137, S. 12–13. Online verfügbar unter http://eprints.rclis.org/12663/

---

53 Siehe http://log.netbib.de/archives/2006/12/07/wie-opacs-spass-machen-konnen/

(Westcott et al., 2009) Westcott, Jezmynne; Chappell, Alexandra; Lebel, Candace (2009): LibraryThing for libraries at Claremont. In: Library hi tech, Jg. 27, H. 1, S. 78–81.

Christian Hauschke und Edlef Stabenau

Lernen 2.0 - Bericht aus der Praxis

Wissenschaftliche Bibliotheken fördern Informations- und Medienkompetenz

In seiner "Hamburger Erklärung[1]" bezeichnet der Verein Deutscher Bibliothekare (VDB) Medien- und Informationskompetenz als *"unverzichtbare Schlüsselqualifikationen für ein erfolgreiches Lernen, Studieren und Forschen"*. In dem Papier mit dem Titel "Wissenschaftliche Bibliotheken in Deutschland unterstützen die neuen Studiengänge durch die nachhaltige Förderung von Informations- und Medienkompetenz" heißt es:
"Die Universitäts- und Hochschulbibliotheken können die mit der Vermittlung von Informations- und Medienkompetenz verbundenen Aufgaben langfristig und verlässlich nur wahrnehmen, wenn sie in ausreichendem Umfang über - didaktisch geschultes - Bibliotheks-Lehrpersonal, über die notwendige, lernförderliche räumliche und technische Infrastruktur, einschließlich der für die virtuelle Lernunterstützung unabdingbaren Softwarelizenzen, verfügen und mit den erforderlichen Lehr- und Prüfungsberechtigungen sowie der Berechtigung zur Vergabe von ECTS-Punkten ausgestattet sind. Die Universitäts- und Hochschulbibliotheken gelten in diesem Sinne als anerkannte Lehr-Lernorte für Informations- und Medienkompetenz zur Unterstützung der Hochschullehre und des von den Studierenden der Bachelor- und Master-Studiengänge verstärkt geforderten selbstständigen Lernens."
Der VDB hält didaktisch geschultes Bibliotheks-Lehrpersonal für eine Voraussetzung für die erfolgreiche Vermittlung von Informationskompetenz. Doch neben didaktischen Kenntnissen sind fachliche Kenntnisse ebenso erforderlich. Im Klartext heißt das: Wer Informationskompetenz lehrt, muss selbst informationskompetent sein. Auch Wilfried Sühl-Strohmenger befindet in einer Pressemitteilung[2] von Bibliothek & Information Deutschland (BID) zum 4. Leipziger Kongress für Information und Bibliothek, dass Informationskompetenz die *"neue*

---

1   Hamburger Erklärung des VDB vom 9.November 2009 http://www.vdb-online.org/publikationen/einzeldokumente/2009-11-09_informationskompetenz-hamburger-erklaerung.pdf (zuletzt besucht am 13.05.2010)
2   Pressemitteilung der BID zum 4. Leipziger Kongress für Information und Bibliothek, Berlin, 22.02.2010 http://www.bideutschland.de/deutsch/aktuelles/?news=64 (zuletzt besucht am 13.05.2010)

Kernaufgabe von Hochschulbibliotheken" sei. Leider wird auch hier die Frage nicht beantwortet, wo die Informationskompetenz der BibliotheksmitarbeiterInnen denn nun eigentlich herkommt.

Informationskompetenz 2.0?

Die klassische Informationskompetenz kann man definieren als "eine Reihe von Fähigkeiten, die dem Einzelnen den kompetenten, effizienten und verantwortungsbewussten Umgang mit Informationen ermöglich.". So steht es zumindest in der Wikipedia. Doch halt! Wie kann man denn in einem Buch ein Online-Lexikon zitieren, in dem der Text jederzeit von anonymen Teenagern geändert werden kann? Das kann doch kein kompetenter und verantwortungsbewusster Umgang mit Informationen sein! Kann man aus der Wikipedia zitieren?

Um dies beurteilen zu können, muss man sich mit Wikipedia und ihren Funktionsmechanismen auseinandersetzen. Verlinke ich auf http://de.wikipedia.org/wiki/Informationskompetenz, kann dort schon wenige Minuten später durchaus etwas anderes stehen als der von mir gesehene Inhalt. Wenn man jedoch weiß, dass in einem Wiki die Änderungshistorie eines Artikels jederzeit nachvollziehbar ist und dass man über die Funktion "Seite zitieren" direkt einen Zitationsvorschlag angeboten bekommt, kann man die Diskussion zur Zitierfähigkeit von Wikipedia auf einer anderen Ebene begegnen.

Seite „Informationskompetenz". In: Wikipedia, Die freie Enzyklopädie. Bearbeitungsstand: 22. Februar 2010, 23:55 UTC. URL: http://de.wikipedia.org/w/index.php?title=Informationskompetenz&oldid=71033381 (Abgerufen: 23. März 2010, 19:31 UTC)

Wird der Artikel auf diese Art zitiert, kann direkt auf den Artikel "Informationskompetenz" in der Fassung verwiesen werden, wie er am Abend des 23. März 2010 vorlag. Genauer gesagt um 19:31 UTC, also um 20:31 mitteleuropäischer Zeit. Eine höhere Genauigkeit kann kaum verlangt werden.

Um neue Informationsquellen wie Wikipedia auf ihre Seriosität und Nutzbarkeit bewerten zu können, muss man sich also mit ihnen auseinandersetzen.

Nur wer weiß, wie neue Dienste funktionieren und im Idealfall selbst schon damit gearbeitet hat, kann einschätzen, ob und wie diese für den Einsatz in Bibliotheken geeignet sind!

Neue Entwicklungen in Bibliotheken stellen BibliothekarInnen vor neue Herausforderungen. Ein Problem ist sicher die rasante Geschwindigkeit, mit der sie auftauchen.

Zum Beispiel in unserem Kerngeschäft: bibliografische Daten. Diese waren bisher in ihren Bibliothekssilos (Katalogen) eingesperrt und „bibliothekarischer" Nutzung vorbehalten. Verschiedene (Linked) Open Data Projekte (z.B. vom Hochschulbibliothekszentrum des Landes Nordrhein-Westfalen[3]) machen deut-

---

3 http://opendata.hbz-nrw.de/ (zuletzt besucht am 13.05.2010)

lich, dass bibliografische Daten zur Weiternutzung zur Verfügung stehen müssen. Für Bibliotheken ist es daher sehr wichtig zu verstehen, wie das Sammeln von Informationen und das Verknüpfen derselben, zum Beispiel in sogenannten Mashups, funktioniert.

Fortbilden oder fortgebildet werden?

Der bislang übliche Weg, sich mit Neuem vertraut zu machen, ist die klassische Fortbildung. Üblicherweise werden ein oder zwei Referenten angefragt, eine geeignete Räumlichkeit gesucht und ein adäquater Schulungszeitraum gewählt. Nach oder während der Fortbildung werden Materialien ausgeteilt und der Lernende wird mit seinen neu gewonnenen Erkenntnissen und Fähigkeiten in den Alltag geschickt. Nun liegt es an ihr oder ihm, diese umzusetzen, sie anzuwenden. Dies funktioniert überall dort, wo ein Kenntnisstand vermittelt wird, der über längere Zeit aktuell bleibt und ausreichend ist, die gestellten Aufgaben zu bewältigen.

Dies ist im Web 2.0 nicht der Fall. Ständig tauchen neue Dienste auf, verschwinden alte. Ein Paradebeispiel ist Second Life, eine virtuelle Welt, die einst als Zukunftsmodell für die Onlinekommunikation gehandelt wurde. Die Erwartungshaltung konnte nicht erfüllt werden, zwar gibt es dort immer noch ein wenig Betrieb, allerdings nicht vergleichbar mit der Euphorie der Anfangsphase.

Wir können an dieser Stelle die theoretischen Hintergründe von Lernstrategien, "lebenslangem Lernen", selbstgesteuertem bzw. selbstorganisiertem Lernen, "blendend learning" etc. nicht behandeln. Kurz gefasst setzen die im Folgenden beschriebenen Kurse darauf, Selbstqualifikation für teilweise schon lange im Beruf stehende "Bibliothekswesen" zu ermöglichen. Das funktioniert unter anderem deswegen, weil der stattfindende Paradigmenwechsel im Berufsbild durch die KollegInnen erkannt wird und sich dadurch eine Art Eigenmotivation einfindet. Die Thematik „Web 2.0" wird als sinnvoll und wichtig betrachtet. Auch weil die Befürchtung aufkommt, von der Entwicklung abgehängt oder überrollt zu werden.

Allerdings bestätigt die angeblich bestehende Kluft zwischen den "Digital Natives" und dem eigenen Umgang mit Computer und Internet viele KollegInnen in ihrer Erfahrung, dass das Arbeiten mit neuen Diensten nichts mit ihrem Beruf zu tun hat. Während die „Digital Natives" wesentlich intuitiver und selbstverständlich an die für sie schon immer verfügbaren Technologien wie Computer, Handy und Internet herangehen, arbeiten viele BibliothekarInnen zwar schon jahrelang mit Computer und Internet, die Kompetenzen für diese Tätigkeiten wurden aber oft in Computerkursen und Fortbildungslehrgängen erarbeitet. Sie sind es gewohnt, dass die Kataloge in die Jahre gekommene Benutzeroberfächen haben, mit denen sie sehr gut umgehen können. Ältere erinnern sich noch an "Katalogeinführungen" für die BenutzerInnen. Dass sich aber gerade bei den Katalogen radikale Änderungen ergeben, bekommt man im Alltagsbetrieb und auch in der gedruckten Fachliteratur nur am Rande mit. Es ist oft zu weit entfernt von den eigenen Tätigkeiten. Beispiele sind das Thema Kataloganreicherungen durch Titelbilder, Verknüpfungen mit der Wikipedia oder auch Links zu Bookmarkdiensten wie delicious, Bibsonomy und natürlich die Diskussion über Next Generation Catalogs.

Dem Paradigmenwechsel der für Bibliotheken notwendigen verwendeten Techniken muss auch ein Paradigmenwechsel für das Lernen innerhalb der Bibliotheken folgen. Zentrale, statische Fortbildungsveranstaltungen müssen zunehmend durch dynamische Selbstlernkurse ersetzt werden.

Informationen zu den Web 2.0-Diensten findet man fast gar nicht in der deutschsprachigen bibliothekarischen Fachliteratur. Workshops, die sich mit dem Thema Web 2.0 oder einzelnen Aspekten, wie z.B. Weblogs, Wikis oder auch "Social Media" beschäftigen, sind meist sehr schnell ausgebucht. Abgesehen von den Problemen, die bei solchen Workshops in der Natur der Sache liegen (oft muss eine Dienstreise oder Sonderurlaub beantragt werden), zeigt sich oft, dass nach der Teilnahme an einem solchen Workshop zwar sehr viele Ideen mit nach Hause genommen, aber oft aus Mangel an Gelegenheit oder Arbeitszeit nicht weiterverfolgt werden.

Selbstlernkurse laufen – in mehrere Lektionen unterteilt - über viele Wochen oder sogar Monate. Der spielerische Ansatz von Selbstlernkursen ermöglicht es den TeilnehmerInnen, für sie interessante Aspekte zu vertiefen. Sie bestimmen selbst, wie lange sie sich mit welcher Lektion aufhalten. Bei den herkömmlichen ein- oder zweitägigen Workshops ist die Menge der neuen Informationen erfahrungsgemäß so überwältigend, dass es meist nicht allen TeilnehmerInnen möglich ist, alle vorgestellten Dienste in der nötigen Tiefe zu erfassen.

Viele Lektionen in den Selbstlernkursen behandeln aktuelle Techniken, ohne sich in technische Feinheiten zu vertiefen. Durch learning by doing entdecken die TeilnehmerInnen Dienste und Anwendungsmöglichkeiten, die schon seit mehreren Jahren auf Mashups setzen. Zum Beispiel ermöglichen Bilderdienste wie Flickr die einfache Suche nach lizenzfreien Bildern und Videos und die ebenso einfache Einbindung in eigene Webseiten bzw. Weblogs. Außerdem wird mit den RSS-Feeds eine der wichtigsten Techniken im Netz, unter Berücksichtigung bibliothekarischer Anwendungen, ausführlich thematisiert. Keiner der Web-2.0-Dienste kommt ohne RSS-Feeds aus, mit deren Hilfe es möglich ist, eigene oder fremde Daten zu remixen.

TeilnehmerInnen von Selbstlernkursen haben in der Regel eine hohe Eigenmotivation, da sie den Bedarf erkannt haben. Im Idealfall wurden sie sogar durch ihre Bibliotheksleitung aufgefordert, sich mit den Lektionen zu beschäftigen, und sind dadurch motiviert, etwas Neues auszuprobieren.

Völlig neu und sehr überraschend für fast alle TeilnehmerInnen der Kurse ist die Erkenntnis, dass man für die einzelnen Dienste keine Schulung und kein Handbuch benötigt und dass man sogar Spaß bei der Nutzung haben kann.

Learning 2.0

Welcome to the **original Learning 2.0 Program.** This site was created to support PLCMC's Learning 2.0 Program; a discovery learning program designed to encourage staff to explore new technologies and reward them for doing 23 Things. Since the program's launched, it has fostered Learning 2.0 programs all over the world. If you are interested in duplicating or modifying this program for your organization, please see Program Notes on About Page and contact Helene Blowers for information.

Im Folgenden soll die Erfolgsgeschichte des Kurses Learning 2.0 von Helene Blowers und dessen Umsetzung auf deutsche Verhältnisse beschrieben werden. Helen Blowers konzipierte für ihre Bibliothek, die Public Library of Charlotte and Mecklenburg County, einen Kurs, in dem sie verschiedene Webdienste in mehreren Lektionen vorstellte. Anders als bei Projekten üblich wurde hier keine Arbeitsgruppe oder ein anderes Gremium installiert. Der Kurs und seine Ableger entwickelten sich nach dem Start durch Nachahmer immer weiter. Es wurde ergänzt, gekürzt, auf andere Systeme übertragen. Er lief und läuft heute weltweit in zahllosen Bibliotheken. Auch Blowers kennt nicht die genau Anzahl, sie schreibt 2009 in ihrem Weblog LibraryBytes[4]:

„Don't ask me the number of libraries or organizations? With programs having been run by the National Library of Norway, the State Library of Victoria, Maryland public libraries statewide, 23 Things on a Stick for multiple libraries and organizations, I really have no way of knowing the total impact or number of organizations that have adopted the program. But from my delicious links and growing communications folder I can tell you this... the number is definitively over 700 and more then likely hovers somewhere just under 1000 organizations worldwide. Yup, it blows me away too!"

Es gibt auch schon diverse Fortsetzungen wie Learning 2.1, die nach dem gleichen Prinzip funktionieren.

Auslösende Idee

Die Idee zu dem Kurs entstand durch eine Diskussion in der amerikanischen Biblioblogosphäre über die Website 43 Things[5]. 43 Things ist ein webbasierter Dienst, der den TeilnehmerInnen die Möglichkeit bietet, selbstdefinierte Ziele zu listen, die dann durch Tags (Schlagworte) automatisch mit den Zielen anderer TeilnehmerInnen verknüpft werden.

---

4 Blowers, Helene: WJ hosts 23 Things Summit, http://www.librarybytes.com/2009/02/wj-hosts-23-things-summit.html (zuletzt besucht am 13.05.2010)
5 http://www.43things.com/ (zuletzt besucht am 13.05.2010)

Durch diese Verknüpfungen entsteht dann die Möglichkeit, sich gegenseitig beim Erreichen und Abhaken der Ziele zu unterstützen.

Das ist ein frühes Beispiel für Folksonomy bzw. Social Tagging[6].

Die 43 Things waren im Jahr 2005 sehr erfolgreich in den USA und gewannen den Webby Award in der Kategorie Social Networking[7].

Entstehung des Kurses

Im August startete die amerikanische Kollegin Helene Blowers ihren ersten Selbstlernkurs für BibliothekarInnen unter dem Titel *Learning 2.0*. Der Kurs war speziell auf die Bedürfnisse der eigenen KollegInnen in der Public Library of Charlotte & Mecklenburg County[8] zugeschnitten.

Auf der About-Seite[9] des Projektes beschreibt sie sehr ausführlich, für wen das Projekt gedacht ist, nämlich ausdrücklich für alle MitarbeiterInnen der Bibliothek, wie es funktioniert, und verspricht allen KollegInnen bei Absolvierung aller Lektionen einen MP3-Player.

Die Beteiligten, die das Programm vor dem 3. Oktober 2006 abschließen, nahmen automatisch an der Verlosung eines Laptops teil.

Die Besonderheiten des Programms

Das Programm zeichnete sich durch mehrere Besonderheiten aus, die 2006 alles andere als selbstverständlich waren.

Nutzung vorhandener Web 2.0 Dienste

Der gesamte Kurs - und auch die Website selbst - setzt auf Web 2.0 Dienste. Die verwendeten Dienste zeichnen sich dadurch aus, dass sie immer kostenlos zu nutzen sind (zumindest in den Grundfunktionalitäten), meist keiner Schulung bedürfen und größtenteils intuitiv zu bedienen sind.

---

6 „Social Tagging". In: Wikipedia, Die freie Enzyklopädie. Bearbeitungsstand: 13. März 2010, 07:47 UTC. URL: http://de.wikipedia.org/w/index.php?title=Social_Tagging&oldid=71808449 (zuletzt besucht am 13.05.2010)

7 Webby Awards, Kategorie Social Networking. http://www.webbyawards.com/webbys/current.php?season=9#webby_entry_social (zuletzt besucht am 13.05.2010)

8 http://www.plcmc.org/

9 Blowers, Helene: About the Learning 2.0 Project http://plcmcl2-about.blogspot.com/ (zuletzt besucht am 13.05.2010)

Creative Commons Lizenz

Der Kurs wird unter einer Creative Commons Lizenz[10] angeboten. Die verwendete Lizenz erlaubt die Nachnutzung der Inhalte unter folgenden Bedingungen:

0. Das Werk bzw. der Inhalt darf vervielfältigt, verbreitet und öffentlich zugänglich gemacht werden.
1. Abwandlungen und Bearbeitungen des Werkes dürfen angefertigt werden

zu folgenden Bedingungen.

- **Namensnennung** - Der Name des Autors/Rechteinhabers muss in der von ihm festgelegten Weise genannt werden.
- **Keine kommerzielle Nutzung** - Das Werk bzw. der Inhalt darf nicht für kommerzielle Zwecke verwendet werden.

Diese Lizenz war sicherlich ein wesentlicher Grund für den internationalen Erfolg dieses Angebotes. Interessierte Bibliotheken (oder auch andere Institutionen und Personen) mussten keine eigenen Inhalte entwickeln, da sie das Vorhandene nachnutzen konnten. Dies sparte vielen Nachahmern eine große Menge Zeit und Arbeit, es ermöglichte den Kurs mancherorts überhaupt erst. Man nutzte und bearbeitete die vorhandenen Lektionen zielgruppengenau z.B. für die eigene Bibliothek. So entstanden viele verschiedene "Kopien" und Bearbeitungen des Kurses auf den unterschiedlichsten Plattformen.

Offenheit

Zwar war der Kurs nur für die Mitarbeiterinnen der Public Library of Charlotte & Mecklenburg County gedacht, aber es war ausdrücklich auch anderen Interessierten gestattet, daran teilzuhaben. Allerdings natürlich ohne die Möglichkeit, eine der ausgelobten Prämien zu bekommen.

Eigenverantwortliches Lernen

Helen Blowers wies ausdrücklich darauf hin, dass alle TeilnehmerInnen den Kurs selbstorganisiert absolvieren sollten. Außer den Kommunikationsmöglichkeiten der Kommentarfunktion gab es keine weitere Unterstützung.

---

10 Creative Commons License Attribution-Noncommercial-No Derivative Works 2.5 Generic http://creativecommons.org/licenses/by-nc-nd/2.5/ (zuletzt besucht am 13.05.2010)

Keine begleitenden Kurse oder Workshops in der Bibliothek

Mehrfach wird in den FAQs (FAQ = Frequently Asked Questions) des Kurses darauf aufmerksam gemacht, dass es keine begleitenden "Offline-Angebote" gibt: Will there be any training classes offered to show staff how to do this?

No, this is a self-directed learning program. If you feel you need assistance with an item, you are encouraged to be resourceful and to find a co-worker or another staff member who can help. Reading other staff members' blogs can help, too.

Förderung der Zusammenarbeit

Da der Kurs institutionell angeboten wird, wird darauf gesetzt, dass KollegInnen bei auftretenden Problemen zusammenarbeiten, um eine Lösung zu finden.

Kommunikation über Kommentarfunktion

Die Kommunikation, zum Beispiel bei auftretenden Fragen oder Problemen, läuft ausschließlich über die Kommentarfunktion der jeweiligen Lektion. So ist es auch den anderen TeilnehmerInnen möglich festzustellen, ob ein Problem vielleicht von jemand anderen schon thematisiert oder auch gelöst wurde.

Definierter Zeitrahmen

Der Kurs (und auch die Ableger davon) hatte einen abgesteckten Zeitrahmen (3.August 2006 bis 31.Oktober 2006), in dem die Lektionen bewältigt werden sollten. Ein Motivationsmerkmal war sicher auch das regelmäßige Erscheinen neuer Lektionen.

Umsetzung von Lernen 2.0, 13 Dinge, Bibliothek 2.009

Nachdem Helen Blowers ihr Projekt auch in Deutschland vorgestellt hatte, kam Patrick Danowski auf die Idee[11], diesen Kurs auch für deutsche BibliothekarInnen anzubieten.

Im Netbib-Wiki begann Patrick Danowski damit, die Originalseiten der Lektionen in englischer Sprache als Kopien einzustellen. Über Weblogs wurden dann MitstreiterInnen gesucht und gefunden, die kooperativ eine deutsche Übersetzung der Lektionen anfertigten. Bemerkenswert war, dass viele KollegInnen sehr hilfsbereit und engagiert bei der Übersetzung waren, die ungewohnte Art des kollaborativen Arbeitens im Wiki jedoch offensichtlich Probleme verursachte: Viele der MitarbeiterInnen bevorzugten es, die englischen Artikel zu kopieren und dann jeweils für sich und "in Ruhe" in einem Word-Dokument zu übersetzen. Dieses Dokument wurde dann an KollegInnen weitergeschickt, die es dann ins Wiki stellten. Durch dieses Verfahren hat die Übersetzung der Lektionen etwas länger gedauert als ursprünglich geplant.

Nachdem die einzelnen Lektionen mehr oder wenig vollständig übersetzt waren, stellte sich die Frage nach dem Server und dem System, auf dem das Projekt laufen sollte. Die KollegInnen aus den USA und anderen Ländern nutzen teilweise eigene (institutionelle) Server und verschiedene Weblogsysteme. Außerdem wurde und wird der Selbstlernkurs nicht nur auf Weblogbasis angeboten, es gibt auch Kurse, die mit Wikis oder auch Content Management Systemen laufen. Aber auch dort ist zu beobachten, dass fast ausschließlich Open-Source-Systeme genutzt werden (z.B. den Webloghoster Blogspot oder das Open-Source-Content-Management-System Drupal).

Vorteile der gehosteten Lösung auf Wordpress.com

Um zu demonstrieren, was man alles mit frei verfügbaren Diensten machen kann, entschlossen wir uns, den Kurs bei dem Webloghoster Wordpress.com laufen zu lassen. Wordpress.com ist einer der größten freien Hoster von Weblogs weltweit, der Dienst wird in vielen Sprachen angeboten und ist größtenteils werbefrei.

Die Vorteile für "normale" WordPress-NutzerInnen sind sofort ersichtlich. Die auf Wordpress.com angelegten Weblogs werden von den Betreibern ständig auf die neueste Wordpress-Version umgestellt, dadurch werden die neuesten Funktionalitäten des Systems sofort der Allgemeinheit zur Verfügung gestellt. Meist sind es nur Kleinigkeiten wie Bugfixes, allerdings gibt es bei größeren Versionswechseln auch Verbesserungen und Änderungen der Benutzeroberfläche. So sind zuletzt die Bewertungsmöglichkeiten für Weblogeinträge und auch die Möglichkeit, sehr einfach Umfragen zu erstellen, als Funktionen hinzugekommen. Die von Wordpress.com verwendete Blogsoftware WordPress ist auch als Open-Source-Software erhältlich. Dies war ein weiteres Kriterium für die Entscheidung.

---

11 Danowski, Patrick: Helene Blowers Rocks! http://www.bibliothek2null.de/2007/07/05/helene-blowers-rocks/ (zuletzt besucht am 13.05.2010)

Wer möchte, kann so nach Abschluss des Selbstlernkurses ohne Umgewöhnungsschwierigkeiten ein selbstgehostetes Weblog z.B. für die Bibliothek einrichten.

Nachteile der gehosteten Lösung auf Wordpress.com

So schön auch die ständigen Verbesserungen an WordPress für die Anwender sind: sie brachten leider auch Mehrarbeiten für uns als Administratoren mit sich: Durch die Veränderungen in Funktion und Oberfläche war es manchmal nötig, die vorbereiteten Screenshots und auch Screencasts anzupassen bzw. neu zu erstellen. Es passierte mehrfach im Lauf von immerhin drei Kursen, dass teilweise gravierende Veränderungen in der Benutzeroberfläche durchgeführt wurden und die vorab erstellten kleinen eingebundenen Tutorials auf den neuesten Stand gebracht werden mussten.

Das ist natürlich ein "normales Problem" bei neuen Diensten, die nie eine endgültige Version erreichen, sondern ständigen Veränderungen - im Normalfall Verbesserungen - unterliegen.

Zahlen

Kurs	Lernen 2.0	13 Dinge	Bibliothek 2.009	Gesamt
Zeitraum	10.04.2008 bis zum 21.08.2008	06.10.2008 bis 32.02.2009	29.06.2009 bis zum 26.10.2009	
TeilnehmerInnen*	35	70	110	215
Aufrufe**	40.000	45.000	35.000	120.000
Kommentare	265	603	785	1653

* Gezählt wurden nur TeilnehmerInnen mit eigenen Blogs
** Die Zahl der Seitenaufrufe ist die Zahl seit Entstehen.

Evaluationen der Selbstlernkurse

Es wurde von Helene Blowers keine Evaluation des Kurses durchgeführt, allerdings hat sie 2 Jahre nach Abschluss des ersten Kurses eine Umfrage erstellt, in der sie um Rückmeldungen von anderen KurskoordinatorInnen bat. Helene Blowers hat die Ergebnisse von 62 anderen Kursen als PDF[12]) veröffentlicht, leider ist nicht ersichtlich, wie viele TeilnehmerInnen insgesamt an diesen 62 Kursen teilgenommen haben.

Interessant ist die Betriebsgröße der beteiligten Bibliotheken. 61 Bibliotheken hatten eine Personalstärke von über 25 Personen, davon wiederum 29 über 100 Personen. Es war also nur eine Bibliothek mit einer Betriebsgröße von unter 25 Beschäftigten dabei.

Eine etwas ausführlichere Evaluation des Kurses stellte Michael Stephens im März 2010 vor, **The impact and benefits of Learning 2.0 programs in Australian libraries**[13]. 384 Learning-2.0-Absolventen beantworteten verschiedene Fragen zum Kurs. Stephens stellt dabei fest, dass es nur selten gelang, BibliotheksdirektorInnen zu erreichen.

"The program was entirely internal for staff. Although the program was encouraged by upper management they did not participate." * S. 10

Nichtsdestotrotz hinterließen die Kurse Spuren in den Bibliotheken. 81% der Befragten antworteten positiv auf die Frage, ob der Kurs die Bibliothek beeinflusst habe. Die Antworten auf diese Frage ließen sich in vier Kategorien einteilen:

Antwort	Prozent
Die Bibliothek setzt nun Web-2.0-Dienste ein.	30
Die Mitarbeiter der Bibliothek sind nun kompetenter und sicherer im Umgang mit diesen Diensten.	35
Zu früh, um dies bewerten zu können / Kein Einfluss erkennbar / Schwer zu sagen / Praktische Erfahrungen werden benötigt, um den Einfluss abschätzen zu können.	30
Der Kurs ermöglichte es einigen Mitarbeitern, sich mit den gewonnenen Kompetenzen zu profilieren, anderen nicht. Dies sorgte für eine wahrnehmbare Spaltung in der Bibliothek.	5

Nur 20% der Teilnehmer konnten keine Auswirkungen des Kurses feststellen.

"It is evident, however, that the lasting impact of participation in a Learning 2.0 program can lead to more informed staff discussions and problem-solving with

---

12 Blowers, Helene: Learning 2.0 /23 Things Survey http://www.librarybytes.com/presentations/l2survey.pdf (zuletzt besucht am 13.05.2010)
13 Stephens, Michael: The impacts and benefits of Learning 2.0 programs in Australian libraries http://www.vala.org.au/vala2010/papers2010/VALA2010_93_Stephens_Final.pdf (zuletzt besucht 13.05.2010)

tools highlighted in the learning modules. For some, the impact has yet to be seen." (S. 12)

Was wir gelernt haben

Nachdem der erste Kurs in verschiedenen Weblogs angekündigt wurde, fanden sich diverse TeilnehmerInnen zur ersten Lektion und machten sich gleich an die erste Aufgabe. Obwohl hier und auch in den nächsten Versionen des Kurses ab und zu die Frage auftauchte, wozu man denn ein eigenes Weblog benötigt, richteten sich die meisten ein eigenes Weblog ein.

Ein Merkmal, das die KursteilnehmerInnen mit den TeilnehmerInnen unserer Workshops gemeinsam hatten: Viele hatten durchaus schon mit dem Gedanken gespielt, ein Weblog auszuprobieren. Oft fehlte nur ein auslösendes Moment, und der Selbstlernkurs war eines. Positiv überraschend für viele TeilnehmerInnen war die niedrige technische Hemmschwelle.

Für nachhaltige Wirkung des Kurses sorgte auch das didaktische Element des Selbermachens: Es reicht nicht, die Dienste und die Nutzung zu beschreiben, sehr wichtig und nützlich war für viele TeilnehmerInnen die Herausforderung durch die in den Lektionen gestellten Aufgaben. Wir wurden immer wieder positiv überrascht, wie gewissenhaft die Aufgaben abgearbeitet wurden. Durch die Verlinkung der teilnehmenden Weblogs hatte jede/r die Möglichkeit, die Lernerfolge der anderen einzusehen, schon bald tauchten die ersten zaghaften Kommentare und Anfragen auch in den Weblogs der anderen auf. Auch kritische Diskussionen wurden geführt, die Inhalte hinterfragt, kurz: Es wurde kommuniziert.

Der Kurs ist grundsätzlich so angelegt, dass man anonym teilnehmen kann. Das scheint auch ein wichtiges, stark unterschätztes Merkmal für den Erfolg zu sein. Wer möchte, kann erst einmal ohne Ängste vor Versagen oder Problemen loslegen. Fast 100 Prozent der ca. 200 TeilnehmerInnen unserer Kurse starteten mit einer anonymen Kennung mit ihren Ausflügen in die Web 2.0-Welt.

"Vielleicht liegt es daran, dass man als "Anfänger" mit dem neuen Medium noch nicht so vertraut ist, erstmal ein bisschen ausprobieren möchte, ohne sich gleich www-weit preiszugeben, sowieso nicht weiß, ob man das langfristig überhaupt weiter macht und ob man den[sic!] überhaupt wirklich was Brauchbares mitzuteilen und beizutragen hat."[14]

Wer bloggt, exponiert sich, stellt sich der Kommunikation, kurz: macht sich angreifbar. Dies ist in der Erfahrungswelt der meisten BibliotheksmitarbeiterInnen ebenso wenig die Regel wie die Möglichkeit, sich anonym ausprobieren zu können. Letzteres wird dankend angenommen, in einem Kommentar zur Anonymitätsdebatte hieß es sogar seitens des anonymen "Haferklees":

"Deshalb bin ich dankbar für die Möglichkeit, vorerst anonym am 13-Dinge-Kurs teilnehmen zu können. Sonst hätte ich nicht mitgemacht."[15]

Während einige TeilnehmerInnen den wöchentlichen Rhythmus, in dem die neuen Lektionen erschienen, als sinnvoll und motivierend empfanden, waren andere dadurch manchmal etwas überfordert. Selbst wenn das persönliche Zeitmanagement entsprechend organisiert werden kann, kommen oft dienstliche Belange dazwischen, die das "Dranbleiben" behindern. Nur ein geringer Teil der TeilnehmerInnen erledigte die Aufgaben auch in der Freizeit (abends oder am Wochenende). So wurden die teilweise längeren geplanten und ungeplanten Pausen - die sich durch die Urlaubszeit oder auch durch die Fußballeuropameisterschaft ergaben - zwischen den Lektionen gerne genutzt, um erneut einzusteigen und vergangene Lektionen aufzuarbeiten. Einige TeilnehmerInnen aus den ersten beiden Kursen stiegen nach einer Pause im dritten Kurs wieder ein, es gab sogar TeilnehmerInnen, die die Kurse angefangen hatten, um dann in einem zweitägigen Workshop in Köln über "Web 2.0 Anwendungen in der Bibliothek" ihre Kenntnisse zu vertiefen.

Es gab diverse Rückmeldungen, dass die Lektionen zwar bearbeitet wurden, aber die Ergebnisse nicht - wie eigentlich gedacht - im eigenen Weblog festgehalten wurden.

Vielleicht wäre es noch förderlicher für die Akzeptanz, wenn wir Teilnahmebescheinigungen oder ähnliches ausgestellt hätten. Das belegen zumindest die Erfahrungen von Blowers und Stephens.

---

14 The Lonely Librarian: Anonym bloggen oder nicht? http://lonelylibrarian.wordpress.com/2008/10/22/anonym-bloggen-oder-nicht/ (zuletzt besucht am 13.05.2010)
15 Kommentar von Haferklee zum Beitrag „Anonym bloggen oder nicht?" http://lonelylibrarian.wordpress.com/2008/10/22/anonym-bloggen-oder-nicht/#comment-81 (zuletzt besucht am 13.05.2010)

Was die TeilnehmerInnen gelernt haben

Die größte Überraschung für die TeilnehmerInnen war sicher die Erkenntnis, dass die Nutzung der verschiedenen Dienste wirklich so einfach ist wie angekündigt. Nachdem die erste kleine Hemmschwelle zur Einrichtung des Weblogs überwunden war, wurde gleich mit der Erledigung der gestellten Aufgaben begonnen.

Nach den ersten Lektionen wurden den TeilnehmerInnen meist die (automatischen) Netzwerkfunktionalitäten der Dienste bewusst: Sobald sie auf ein anderes Weblog des Kurses verlinkt hatten, bekamen diese automatisch Kenntnis davon (Pingbacks und Trackbacks). Zunächst wurden noch die Weblogs aus der TeilnehmerInnenliste der Reihe nach angesurft, um zu sehen, was die anderen für Fortschritte machten, oder zu sehen, wie die Aufgaben dort gelöst wurden.

Für Bibliothek 2.009, den letzten Kurs, nahmen wir eine Anregung eines Teilnehmers aus den 13 Dingen auf: Zwar wurden schon von Anfang an die Weblogs der TeilnehmerInnen auf zwei verschiedenen öffentlichen Feedreadern aggregiert (Bloglines und Netvibes), allerdings wurde es dort aufgrund der Menge der TeilnehmerInnen des letzten Kurses bald unübersichtlich und unkomfortabel. Aus diesem Grund setzten wir einen weiteren Feedreader ein, der die Weblogpostings chronologisch ineinander sortierte und so die aktuellsten Beiträge der TeilnehmerInnen anzeigte. Es trat derselbe Effekt ein wie bei der Einrichtung der Blogs, wie eigentlich bei allen Diensten und Techniken, die ausprobiert wurden: Die praktische Anwendung machte noch augenfälliger, was alles möglich ist, in diesem Fall mit RSS-Feeds. Es wurde in diesem Zusammenhang auch ab und an Verwunderung darüber ausgedrückt, dass die eigene Bibliothek keinen RSS-Feed zur Verfügung stellt...

Ebenfalls erstaunlich fanden einige TeilnehmerInnen, die sich bei speziellen technischen Problemen an den offiziellen Wordpress.com Support gewendet hatten, dass von dort unverzüglich eine Antwort kam. Offensichtlich funktioniert nicht nur in diesem Fall die "Community" hervorragend. Das war man selbst von kommerziellen Dienstleistern nicht gewohnt.

Ergebnisse

Die Zahlen sind weiter oben genannt. Was uns darüber hinaus auffiel, war die Selbstverständlichkeit, mit der sich einige TeilnehmerInnen in den Diensten zurechtfanden und eine nützliche Anwendung der vorgestellten Dienste für sich oder für ihre Einrichtung fanden. Einige TeilnehmerInnen nahmen sich vor, die Diskussion über Sinn und Unsinn von RSS-Feeds in ihre Einrichtungen zu tragen. Andere, zum Beispiel eine Mitarbeiterin der BIB-Kommission für Fortbildung zur Erwachsenenbildung in/für Bibliotheken, hat ihr im Rahmen eines Kurses eingerichtetes Weblog nahtlos weitergeführt, in diesem Fall alsWeblog rund um die bibliothekarische Weiterbildung, FobiKom[16].

Es entstanden auch institutionelle Weblogs, z.B. das der Kantibibliothek Schaffhausen[17] oder das der Stadtbibliothek Salzgitter[18] neben vielen weiteren, kontinuierlich aktualisierten Weblogs von KollegInnen.

Im Mai 2010 startet die TU Hamburg-Harburg - unseres Wissens als erste Bibliothek in Deutschland – unterstützt und gefördert von der Bibliotheksleitung ein eigenes Selbstlernprogramm für ihre Mitarbeiterinnen.

Ausblick & Fazit

Die unserer Ansicht nach wichtigsten Erfahrungen für eine erfolgreiche Umsetzung des (angepassten) Kurses sind im Folgenden noch einmal zusammengefasst.

Ermöglichen

Die wichtigste Voraussetzung für die engagierte Teilnahme ist aktive Förderung verbunden mit der Empfehlung von oben, also von der Direktion bzw. der Leitung der Bibliothek. Wenn der Kurs institutionell angeboten wird, ist das ein klares Signal an die Belegschaft, dass hier - zwar in einer etwas anderen Form der Weiterbildung - ein Angebot vorliegt, das von der Leitung als nützlich und wichtig verstanden wird. Diese These wird unterstützt durch die Umfrageergebnisse von Helen Blowers, die sie in einer kurzen Präsentation[19] zusammenfasste: *„Active Management Participation* is the key defining factor in creating a successful learning program."

Offensichtlich wird der Anreiz durch Belohnung als sehr positiv auf die Teilnahme eingeschätzt. Nur 13 (21%) der befragten Bibliotheken stellten keine Belohnung für das Absolvieren des Kurses in Aussicht, bei 33 (53,2%) gab es immerhin ein Zertifikat bzw. eine Teilnahmebescheinigung. Auch die weiteren Ergebnisse von Blowers und Stephens sind sehr interessant und decken sich weitestgehend mit unseren Erfahrungen aus den drei Kursen.

---

16 http://fobikom.wordpress.com/ (zuletzt besucht am 13.05.2010)
17 http://kantibibliothek.wordpress.com/ (zuletzt besucht am 13.05.2010)
18 http://stadtbibliotheksalzgitter.wordpress.com/ (zuletzt besucht am 13.05.2010)
19 Blowers, Helene: Learning 2.0: 23 Things Survey http://www.librarybytes.com/2009/07/learning-20-23-things-survey.html (zuletzt besucht am 13.05.2010)

Teilnehmen

Im Idealfall nimmt die Leitungsebene selbst an dem Kurs teil. Wie aus Blowers Erhebung hervorgeht, war das immerhin bei über 50 % der Kurse der Fall.

Dazu passt der immer wiederkehrende Kommentar von TeilnehmerInnen unserer meist zweitägigen Workshops zum Thema, die wir in den letzten Jahren gegeben haben: "*Da hätten eigentlich KollegInnen aus der Führungsebene/Entscheider teilnehmen müssen*". Offensichtlich wird in den Leitungsebenen vieler deutscher Bibliotheken das Thema Web 2.0 eher stiefmütterlich, zumindest aber vorwiegend theoretisch behandelt.

Vertrauen

Natürlich ist es nicht für alle KollegInnen in allen Arbeitsbereichen gleichermaßen wichtig und nötig, die neuen Dienste zu beherrschen. Wichtig und allen Erfahrungen nach sinnvoll ist es aber, allen MitarbeiterInnen die Möglichkeit zur Exploration zu geben. Auf jeden Fall werden dadurch neue Ideen zu den Dienstleistungen der Bibliothek entstehen, einige könnten natürlich auch kritisch hinterfragt werden.

Es ist also notwendig, eine Atmosphäre zu schaffen, in der man ausprobieren und natürlich auch scheitern darf. Die dadurch gewonnenen neuen Erfahrungen der KollegInnen rechtfertigen auf jeden Fall den Versuch, auf diese Art und Weise die Web 2.0-Kompetenzen zu steigern oder überhaupt erst zu erlangen.

Tipps von Helene Blowers

Aus einem Artikel im School Library Journal[20]

Ermuntere zum Netzwerken, das Lernen kommt beim Anwenden.
Erlaube den TeilnehmerInnen, anonym am Kurs teilzunehmen.
Benutze 1.0 Methoden, um über den Kurs zu informieren (Versammlungen, Rundschreiben, Präsentation).
Fördere das gemeinsame Entdecken in Arbeitsgruppen.
. Gestalte den Kurs so, dass auch Nachzügler noch motiviert sind und einsteigen können.
. Der Kurs sollte auf Entdecken und Erforschen ausgerichtet sein, nicht auf Lernen.
Belohne die TeilnehmerInnen durch kleine Aufmerksamkeiten oder Teilnahmezertifikate.
Online bedeutet selber machen/ausprobieren, nicht nur darüber lesen.

---

20 Blowers, Helene: Ten Tips About 23 Things, in: School Library Journal, 10/1/2008 http://www.schoollibraryjournal.com/article/CA6600689.html (zuletzt besucht 13.05.2010)

Sorge für Transparenz und zeige Vertrauen.
Ermuntere die Belegschaft kontinuierlich zum Spielen bzw. Ausprobieren.

Steal this Idea

"Steal this Idea"[21] ist der Titel eines Aufsatzes über Helene Blowers und ihr Projekt Learning 2.0 im Library Journal von März 2007. Die Idee wurde wie oben beschrieben erfreulicherweise von sehr vielen Bibliotheken zwar nicht gestohlen, aber erfolgreich kopiert.

Wenn Sie Interesse daran haben, dass auch Ihre KollegInnen an den Erfolgen des Kurses partizipieren können und gleichzeitig dafür sorgen möchten, dass Deutschland auf der Weltkarte der Teilnehmerbibliotheken kein weißer Fleck mehr ist (die Symbole in Deutschland sind unsere Kurse): **Stehlen Sie diese Idee!**

Natürlich kann man auch die Inhalte der deutschsprachigen Selbstlernkurse kopieren, da sie - wie dieses Buch, dieser Artikel auch - unter einer Creative-Commons-Lizenz stehen. Falls man es noch etwas einfacher haben möchte, ge-

---

21 Steal This Idea: Helene Blowers, Library Journal, 3/15/2007 http://www.libraryjournal.com/article/CA6423431.html (zuletzt besucht am 13.05.2010)

nügt eine Email an die Verfasser. Wir stellen gerne den kompletten Kurs als XML-Fassung zur Verfügung. Das von uns verwendete Wordpress erlaubt den sehr einfachen Export und den Import in eine Wordpress-Installation auf einem eigenen Server oder auch bei Wordpress.com.

Dadurch erhält man ein mit den bisher verwendeten Lektionen gefülltes Wordpress-Weblog, dessen Inhalt weiterverwendet und gegebenenfalls modifiziert werden kann.

Jürgen Plieninger und Wolfgang Thieme

Welche Vorteile bringen Anwendungen des Web 2.0 für Weiterbilder in Bibliotheken?

Einleitung

Fort- und Weiterbildung kann durch den Einsatz von Web 2.0-Instrumenten, also Software, die auf einem Server installiert ist und von mehreren von verschiedenen Orten gemeinsam verwendet werden kann, nur gewinnen. Sie decken eine ganze Bandbreite an Handlungsfeldern ab, die von der *persönlichen Organisation* (Recherche, Dokumentation), über die *Kooperation* inner- und außerhalb der Einrichtung selbst, dem *internen/externen Marketing* bis hin zur *Vermittlung von Inhalten* reicht. Es sind dabei sowohl Effektivitätssteigerungen als auch Möglichkeiten zur Steigerung der Qualität der eigenen Arbeit zu erreichen.

Vorbedingung eines erfolgreichen Einsatzes dieser Anwendungen ist sowohl die *technische Beherrschung* der Instrumente als auch die Fähigkeit, die entsprechenden *Inhalte zu kommunizieren*, den *Umgang mit den Instrumenten* zu vermitteln und zu fördern. Dazu gehört erstens die *Kenntnis* der entsprechenden Handlungsfelder und Dienste, die wir hier vermitteln möchten. Ebenso gehört dazu die *Praxis*, diese Instrumente zunächst für sich selbst einzusetzen. Erst wenn man sie selbst benutzt, kommen einem selbst Ideen, wie man sie zweitens erfolgreich für die Zusammenarbeit mit Kolleginnen und Kollegen und für die Kommunikation nach innen und außen gezielt einsetzen kann. Doch halt! Wir kommen auf diesen Aspekt zum Schluss noch einmal zu sprechen, zunächst sollen die die Themen- und Einsatzbereiche präsentiert und beschrieben werden und gezeigt werden, welche Funktion die Dienste jeweils innerhalb dieser Handlungsfelder haben können.

Informationsbeschaffung
Viele fachlich relevante Inhalte, seien es

- Informationen zur Fort- und Weiterbildung selbst,
- Informationen zu Fachgebieten und
- zu aktuellen Informationen,

sind mittlerweile nicht nur allgemein über das Internet verfügbar, sondern können mit Web 2.0-Instrumenten, allen anderen voran mit Hilfe von RSS-Feeds, leicht erreicht und abonniert werden. So kann man sich von einmal als relevant erkannten Quellen der Information *automatisch* die Aktualisierungen *zusenden* lassen.

Suche nach Informationen zur Fort-/Weiterbildung

Viele dieser Informationen sind auf *Webseiten von Fort- und Weiterbildungsanbietern*, auf *Konferenzseiten* und - vor allem was eLearning anbelangt - in *Weblogs, Wikis und anderen Web 2.0-Angeboten* verfügbar. Normalerweise legt man eine strukturierte Sammlung von *Lesezeichen* der einschlägigen Webseiten an und besucht dann periodisch die Webquellen und prüft sie auf neue Inhalte hin. Allerdings sind mittlerweile viele dieser Angebote in Datenbanken, beispielsweise in Form von Content Management Systemen (CMS) aufgeführt bzw. werden mit Hilfe von Web 2.0-Software selbst publiziert, so dass ein namhafter, wenn nicht der überwiegende Teil der Aktualisierungen dieser Informationen über *RSS- oder E-Mail-Alerts* bezogen werden kann. Hierzu einige Beispiele:

Webseiten-Monitoring: Viele der interessanten Informationen sind auf so genannten "Leitseiten" gesammelt zu finden, beispielsweise auf der Webseite bestimmter führender Institutionen, Portalen, virtuellen Fachbibliotheken, Zeitschriftenhomepages etc. Man kann entweder auf den Seiten selbst einen Neuigkeitendienst (E-Mail-Newsletter oder RSS-Feed) abonnieren, wenn dieser angeboten wird oder man kann Techniken des "Monitorings" anwenden, indem man Dienste einsetzt, die Veränderungen der betreffenden Seite anzeigen. Ein Beispiel solcher Dienste ist page2rss.[1] So bekommt man Aktualisierungen automatisch gemeldet.

Wenn man nicht die gesamten angebotenen Informationen lesen möchte, sondern periodisch nach bestimmten Inhalten in den relevanten Webseiten recherchieren möchte, lohnt sich die *Einrichtung einer Spezialsuchmaschine*, beispielsweise eine *Google Custom Search Engine* (CSE).[2] Hier gibt man die Webadressen an, die durchsucht werden sollen und man kann mit Hilfe dieser Suchmaschine dann nach jeweils relevanten Themen recherchieren.

Im Bereich Fort- und Weiterbildung sowie eLearning sind viele *Weblogs* zu finden. Hier veröffentlichen Institutionen und diskutieren engagierte Akteure Methoden und Beispiele, so dass man hierdurch eine lebendige Anschauung von Umsetzungsbeispielen findet. Wer beispielsweise den RSS-Feed von eteaching.org[3] abonniert, bekommt schon sehr viel mit, auch Technisches und Informationen aus Konferenzen. Wer e-Denkarium[4] liest, hat gute Chancen, durch die Einträge und Kommentare fachliche Diskurse mit verfolgen zu können.[5]

Wenn man verschiedene *E-Mail-Newsletter* und *-Alerts* im E-Mail-Programm in einem Ordner sammelt und/oder die RSS-Feeds in einem RSS-Reader liest, der eine Suchfunktion über die abonnierten Feeds bietet (hier ist vor allem der

---

1 http://page2rss.com. Weitere Vertreter siehe http://delicious.com/jplie/monitoring.
2 http://www.google.com/cse/?hl=de.
3 http://www.e-teaching.org/news/eteaching_blog.
4 http://gabi-reinmann.de.
5 Verschiedenste Feeds aus dem Bereich eLearning finden Sie in der gleichnamigen Rubrik dieser öffentlich zugänglichen Feedsammlung gesammelt: http://www.bloglines.com/public/jplie.

GoogleReader[6] zu nennen, da er von jedem Internet-PC aus benutzbar, sehr gut anpassbar ist, Funktionen für eine Zusammenarbeit mit anderen hat), dann hat man auch auf dieser Ebene die Möglichkeit, eine *Recherche* in den Informationen durchzuführen, die in den abonnierten Feeds enthalten sind. Man hat solchermaßen eine eigene "Wissensdatenbank" zum Thema zur Hand, welche man nach Lust und jeweiligem Interesse durchsuchen kann.

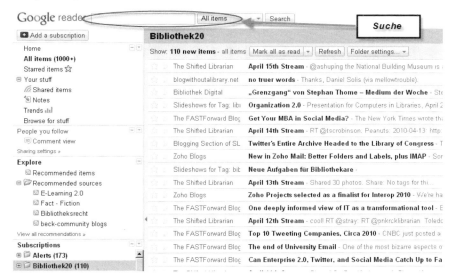

Informationen zu Fachgebieten

Wissenschaftliche Informationen sind in *eJournals*, *Fachdatenbanken* und *Büchern* verfügbar. Durch die Möglichkeiten, die sich mittlerweile hier entwickelt haben, kann man sich weitgehend online zumindest über die Relevanz des jeweiligen Aufsatzes/Buches informieren:

durch *Inhaltsverzeichnisse* von Zeitschriften (so genannte "table of contents", kurz: ToCs) lassen sich mit Hilfe von vielen verschiedenen Diensten, insbesondere freien Datenbanken wie beispielsweise Ingenta,[7] Bibliotheksseiten[8] oder Inhalte aus Aggregatoren wie JournalToCs[9] per RSS abonnieren,

durch lizensierte *Fach-Datenbanken* wie zum Beispiel Scopus, GeoLeo, Web of Science oder WISO, die ebenfalls oft Alert-Dienste anbieten,

---

6   http://www.google.com/reader/.
7   http://www.ingentaconnect.com/.
8   Als Beispiel die Zeitschriftenübersichten des Informationszentrums Chemie Biologie Pharmazie der ETH Zürich, http://www.infochembio.ethz.ch/zs.html.
9   http://www.journaltocs.hw.ac.uk/.

durch *Buchinhaltsdienste* wie GoogleBooks[10] oder Libreka,[11] die zwar noch keine RSS-Feeds anbieten. Als Ersatz kann man schon bestehende Katalog 2.0-Angebote nutzen, wie beispielsweise den Kölner Universitäts-Gesamtkatalog (KUG).[12] Die UB der TU Hamburg-Harburg erlaubt sogar die Zusammenstellung eines RSS-Feeds aus verschiedenen Schlagwörtern und Systematikstellen.[13]

Eine Kategorie von Quellen, die bei wissenschaftlichen Informationen zunehmend in Betracht zu ziehen ist, sind die *wissenschaftlichen sozialen Bookmarksammlungen* und *Wissenschaftsportale*. Hier können Wissenschaftler/innen für sich oder gemeinsam Informationen *sammeln*, *ablegen* und *diskutieren*, seien es Links, Literaturangaben oder andere Formate, es wird gemeinsam mit Hilfe von Tags *erschlossen*. Die Plattformen, auf denen solches möglich ist, sind sehr vielfältig: CiteULike,[14] Connotea[15] und Bibsonomy;[16] Scholarz[17] und ResearchGate,[18] ScienceFeed[19] und andere. Aber auch soziale "Ablagebretter" für Präsentationen (Beispiel: SlideShare[20]) oder Texte (Beispiel: Scribd[21]) sind gute Möglichkeiten, nach wissenschaftlichen Inhalten zu recherchieren und erfolgreiche Recherchen ggf. per RSS zu abonnieren, so dass Aktualisierungen automatisch geliefert werden.

---

10 http://books.google.com/.
11 http://www.libreka.de/.
12 http://kug.ub.uni-koeln.de/.
13 http://www.tub.tu-harburg.de/mybibrss/mybibrss.php.
14 http://www.citeulike.org/.
15 http://www.connotea.org/.
16 http://www.bibsonomy.org/.
17 http://scholarz.net/.
18 http://www.researchgate.net/.
19 http://www.sciencefeed.com/.
20 http://www.slideshare.net/.
21 http://www.scribd.com/.

Man kann auch *gezielt nach RSS-Feeds* zu bestimmten Themen mit Hilfe von Suchmaschinen wie Feedmil[22] oder RSS Micro Search[23] *recherchieren*, um die relevanten, mit Hilfe von RSS abfragbaren Quellen zu finden.

Das World Wide Web – um das bisher Dargestellte zusammen zu fassen – hat die *Erreichbarkeit von Informationen* - hier interessierten uns vor allem Informationen zu Fort- und Weiterbildungsaktivitäten anderer Anbieter und wissenschaftliche Inhalte - *drastisch gesteigert*. Mit den Web 2.0-Anwendungen ist nun die Erreichbarkeit nochmals verbessert worden: Was man einmal als gut(e Quelle) erkannt hat, kann man *abonnieren* und man bekommt die Aktualisierungen frei Haus *geliefert*. Weiter von Interesse ist die Möglichkeit, in diesen Informationen im Nachhinein *nochmals eine Recherche durchführen* zu können. Oft wird man auf bestimmte Themen aufmerksam, die zwar bereits öfter in den abonnierten Quellen genannt wurden, aber bisher unter der Wahrnehmungsschwelle lagen. Mit dieser Technik kann man sie recherchieren, aber dies gezielt in einem klar definierten Wissensraum, was die Relevanz der Ergebnisse im Vergleich zu einer Recherche mit Hilfe einer herkömmlichen Suchmaschine enorm erhöht.

Kooperation

Der Veränderungsdruck

Anbieter bibliothekarischer Fortbildung - seien es zentrale Institutionen, die ausschließlich dieses Geschäftsfeld bedienen oder die Fortbildungsabteilungen der Bibliotheken bzw. die dort für Fortbildung zuständigen "EinzelkämpferInnen" - stehen unter einem starken *Veränderungsdruck*. Die neuen Techniken und ihr Einsatz im Bildungsbereich stellen dabei *den* zentralen Aspekt veränderter Anforderungen durch eine veränderte Organisationsumwelt dar. Neue organisatorische Modelle, die neben den "traditionellen" Seminarangeboten auch offene Angebote, Coaching und "Online-Angebote" integrieren, müssen verstärkt implementiert werden. Bibliothekarische Fortbildung als klassische Erwachsenenbildung muss sich tiefgreifend *umstrukturieren*. Dabei werden sich sehr unterschiedliche Organisationsstrukturen herausbilden bis hin zu virtuellen Bildungsinstitutionen. Die Nutzung des Internets als Plattform für kooperative Bildungsangebote sollte daher unbedingt als *Chance* begriffen werden, die Organisation und Verbreitung von Bildungsangeboten voranzutreiben.

fordert eine Neuausrichtung

Im Rahmen einer Organisationsentwicklung der Weiterbildung in und für Bibliotheken sind neue Organisationsinitiativen auf dem Weg, die auf vielen Gebieten aktiv sind, ob es die Schaffung neuer *Lern - und Kommunikationsbereiche* und *Lernorte*, den Aufbau von *Netzwerken*, die auch lokal(er) und regional agieren

---

22 http://feedmil.com/.
23 http://www.rssmicro.com/.

und insbesondere den Online-Bereich der Weiterbildung, die *Organisation des virtuellen Raums* vorantreiben.

Bildungsorganisationen/-anbieter, in denen ohnehin nur wenig Personal tätig ist, haben es da möglicherweise noch einmal schwerer, über das Werkzeug Personalentwicklung eine *"Verjüngung"* zu erreichen, damit in nicht allzu ferner Zukunft nicht nur die "Digital Homeless", sondern auch weiterhin kommunikativ engagiertes und Web2.0-inspiriertes Bibliothekspersonal und die weitere erhoffte Kundschaft aus allen Schichten der Bevölkerung als NutzerInnen organisierter Fortbildung als Kunden gehalten und neu geworben werden können. Die anstehenden Aufgaben sind in einer guten Qualität und bei vertretbarem Aufwand nicht mehr von einzelnen (Anbietern) zu leisten. Die Organisation und der Ausbau von Netzwerken sind demnach ein Gebot der Stunde.

angefangen mit der Implementierung veränderter Kommunikationsstrategien im engeren persönlichen Umfeld

Entscheidend für den Erfolg ist jedoch zunächst einmal die *Qualität der Inneren Kommunikation* in der eigenen Bibliothek, Fortbildungsabteilung, Einrichtung, Verwaltung etc. selbst. Konnte hier ein zielgerichtetes, aktives Miteinander erreicht werden, ist der nächste Schritt die Diskussion und verbindliche Verabredung von *Kommunikationsstrategien für die unterschiedlichen Zielgruppen*. KollegInnen des eigenen Hauses werden möglicherweise schon über entsprechende *Intranet*-Seiten gut erreicht und informiert, für den Kontaktaufbau zu Studierenden stehen andere Wege (Facebook,[24] Twitter,[25] StudiVZ[26] etc.) zur Verfügung. Schüler werden über SchülerVZ[27] gut erreicht. Angebote für Migranten müssen entsprechend anders „verkauft" werden.

bei gleichzeitigem Aufbau/Ausbau der Externen Kommunikation/Kooperation.

Um maßgeschneiderte Strategien zu entwickeln und zu erproben, wird zusätzlich „externer Sachverstand" eingeworben. Die externe Kommunikation/Kooperation erfolgt ebenso über Facebook, Twitter etc. Gemeinsam werden Links auf Delicious[28] (beispielsweise durch Vereinbarung bestimmter Tags), von RSS-Feeds auf "Startseiten",[29] von Inhalten in Wikis oder Notizbüchern gesammelt. Zusammenarbeit auf Office 2.0-Dokumenten[30] und Wikis[31] stellen weitere Möglichkeiten dar.

---

24 http://www.facebook.com/.
25 http://twitter.com/
26 http://www.studivz.net/.
27 http://www.schuelervz.net/.
28 http://www.delicious.com/.
29 „Startseiten" sind anpassbare Webseiten, die viele Quellen zusammenfassen können, wie z.B. Netvibes (http://www.netvibes.com/).
30 Kostenlose Anbieter sind http://docs.google.com/; http://writer.zoho.com/ und http://www.thinkfree.com/. Auch Microsoft bietet für Word-Nutzer eine Onlineplattform unter http://workspace.officelive.com/de-DE/, auf welcher Dokumente hochgeladen und (gemeinsam) bearbeitet werden kann.

durch Einsatz geeigneter Kommunikationstools

Wie können einzelne Fortbilder mit Hilfe von Web 2.0-Instrumenten gut miteinander zusammenarbeiten?

Wenn es sich um die gemeinsame Erstellung von Texten handelt, bieten verschiedene Office 2.0-Angebote standardmäßig eine *Textverarbeitung*, die nicht nur vom einzelnen Fortbilder ortsunabhängig bedient und gefüllt werden kann, sondern eben auch eine gemeinsame Bearbeitung mehrerer Fortbilder ermöglicht. Gemeinsame Texte sind so *asynchron*, aber auch *synchron* erstellbar und somit die Zusammenarbeit leicht gemacht. Entsprechende Dienste sind GoogleDocs, Zoho Writer oder Think Free. Aber auch jedes Wiki erfüllt denselben Dienst und Wikis,

die auf der Basis von AJAX („**A**synchronous **J**ava**S**cript **a**nd **X**ML", vgl. den einschlägigen Wikipedia-Artikel) funktionieren, bieten eine Funktionalität, die der einer Textverarbeitung kaum nachsteht. Es ist selbst möglich, mittels Copy & Paste aus Webseiten oder aus einer Textverarbeitung einen Text einzufügen, der dem ursprünglichen Layout samt Verlinkung entspricht.

Ebenso wie die gemeinsame Bearbeitung von Texten ist mit Hilfe von Office 2.0-Angeboten auch eine Kooperation bei der Erstellung von *Präsentationen* möglich. Beispielsweise Zoho Show[32] bietet die Möglichkeit, gleichzeitig gemeinsam an einer Präsentation zu arbeiten und sich über einen parallelen Chat darüber zu verständigen, wie es denn (konzeptionell und praktisch) weitergeht. Das gemeinsame Produkt kann dann auch bei der Zielgruppe (Träger oder Fortzubildende) *aus dem Web heraus* präsentiert werden, so dass auf einen USB-Stick verzichtet werden kann.

Auch für andere Ebenen der Zusammenarbeit ist die ganze Bandbreite der Web 2.0-Dienste denkbar. *Bilder* für die Fortbildung kann man auf Flickr[33] ablegen, *Links* auf Mr. Wong[34] oder Delicious, *Webdokumente* auf Diigo[35], *Notizen* bei Evernote[36] oder auf einem Wiki etc. etc. Vergleichsweise plump ist dabei die Lösung, bei jedem dieser Dienste für die Kooperation bzw. Arbeitsgruppe einen Account mit einem (eventuell immer gleichen) Passwort anzulegen. Wenn alle Zusammenarbeitenden einen eigenen Account bei dem betreffenden Dienst haben, ist es eleganter, wenn man ein *spezifisches Schlagwort* ("tag") für das gemeinsame Vorhaben kreiert und dieses verwendet. Wenn man beim jeweiligen Dienst dann nach dem Schlagwort recherchiert, bekommt man *alle* Dokumente/Einträge/Bilder, die zur Kooperation von den einzelnen Kooperierenden gesammelt wurden. *Noch* eleganter freilich ist es, wenn auf verschiedenen Diensten Einträge abgelegt wurden, das entsprechende Schlagwort zu nehmen, dessen RSS-

---

31 Kostenlose Anbieter, die Wikis bieten, die man ggf. auch nur einer klar definierten Teilnehmerzahl zur Verfügung stellen kann, sind http://sites.google.com/; http://wiki.zoho.com/ und vor allem http://pbworks.com.
32 http://show.zoho.com/. Die oben bereits genannten Office 2.0-Anbieter bieten alle die Möglichkeit, Erstellung von Präsentationen, Tabellenkalkulationen etc. durchzuführen.
33 http://flickr.com/.
34 http://www.mister-wong.de/.
35 http://www.diigo.com/.
36 http://www.evernote.com/.

Feed abzuziehen und alle entsprechenden Quellen bzw. Feeds in *einem* Aggregatordienst (wie z.B. FriendFeed[37]) oder einer „Startseite" (beispielsweise netvibes[38]) zu *integrieren*, so dass *alle Zusammenarbeitenden an einer Stelle* über Neuerungen *auf dem Stand gehalten* werden.

wird die Kooperation gestärkt und optimiert.

Was ist der Effekt des Einsatzes von Web 2.0-Diensten für die *Kooperation*? Diskussionen, die seither bi- oder multilateral mühselig per Telefon oder per E-Mail geführt werden mussten, mit den bekannten Nebeneffekten wie z.B., dass jeder etwas anderes vom Gespräch behält und unterschiedliche Ansichten vom Vereinbarten entstehen, diese Diskussionen werden jetzt durch die Zusammenarbeit auf einer der verschiedenen Plattformen - Office 2.0, soziale Bilderdienste, soziale Bookmarksammlungen u.v.a.m. - ersetzt und können hier oder ggf. durch den Einsatz von Aggregatoren an einem Punkt zusammengeführt werden. Der *Aufwand sinkt* und die *Transparenz steigt*, die Zusammenarbeit muss nicht notwendig synchron verlaufen und damit sind wahrlich mehrere Fliegen mit einer Klappe geschlagen!

Kundenannäherung, - gewinnung und -pflege

Die neue Medienkommunikation geht einher mit einer Verschiebung tradierter Rollenmuster und Orientierungen. Die personelle Autorität geht zur medialen; aus Konsumenten werden Produzenten: die Jüngeren erweisen sich als kompetenter als die ältere Generation. Traditionelle Kommunikationskulturen wie etwa die des Briefeschreibens und (pardon) des Lesens werden relativiert und verlieren an Bedeutung. Die von den Bibliotheken gepflegte Schriftkultur wird zunehmend von

---

37 http://friendfeed.com/.
38 http://www.netvibes.com/. Beispiel http://www.netvibes.com/jplie.

der audiovisuellen Medienkultur dominiert. Dem müssen Bibliotheken und Fortbilder Rechnung tragen und ihre Angebote an den geänderten Bedürfnissen neu ausrichten.

Mit der unbedingt notwendigen "Verjüngung" kann am leichtesten bei der "Außenperspektive" - und hier insbesondere durch die Schaffung eines zeitgemäßen Internetauftritts - begonnen werden. Gute Sites zeigen oft auf einen Blick, wie (gut) sich die Bibliothek bzw. der Fortbildungsanbieter in Zeiten des Web2.0 positioniert.

Ein Beispiel ist das Webangebot des Goethe-Instituts: http://www.goethe.de/. Hier kann man seine persönliche Startseite gestalten, den Newsletter abonnieren, Communities und Online-Kurse nutzen, eine Spieleplattform nutzen oder sich in einer Linksammlung zu Deutschland das Passende heraussuchen, Videos anschauen, sein Wissen testen, als Lehrende(r) Unterstützung erhalten und vieles mehr. Auf solch umfassende Art an das Thema Kultur und Sprache herangeführt, wird man "Goethe" als einen kompetenten Fortbilder identifizieren und die auf der Plattform angebotenen Fortbildungsangebote grundsätzlich gerne nutzen wollen.
Das Beispiel einer Öffentlichen Bibliothek, die sich „offiziell" in einem für sie und allen anderen städtischen Einrichtungen verbindlich vorgeschriebenen Design und Kontext präsentieren muss, zeigt hinter ihren Links, wie bunt und vielseitig ihr Kundenangebot ist: Die „Stadtseite": http://www.salzgitter.de/rathaus/fachdienstuebersicht/stadtbibliothek/index.php z.B. der Bibliotheksblog: http://stadt-bibliotheksalzgitter.wordpress.com/
Hier wird nicht allein ein Blog geboten, hier lernt man auch alles, um später seinen eigenen Blog einzurichten!
Die Zielgruppe Jugendliche/Kinder spricht der Blog der Kinder- und Jugendbibliothek Solingen an, in dem sich Jugendliche seit Ende 2006 über Bücher, Musik und Filme austauschen. Jede/r kann mitbloggen - preiswürdig!
http://blog.jubiso.de/

Unter der URL http://www.majo.de/jubi/ öffnet sich "jungle+", der Jugendbereich der Stadtbücherei Mannheim. Hier kann man u.a. Anschaffungswünsche äußern und beschaffte Medien kommentieren und bewerten.
Ein Blick über den deutschen Tellerrand:

http://www.dublincity.ie/RECREATIONANDCULTURE/LIBRARIES/Pages/DublinCityLibrary.aspx[39]
und die gleiche Bibliothek bei netvibes:
http://www.netvibes.com/dublincitypubliclibraries#Home

Und schon hat man das derzeit umfassendste, abwechslungsreichste und stets brandaktuelle Informations- und Bildungsangebot einer großen europäischen Öffentlichen Bibliothek gefunden: Neben Lernangeboten und Katalogsuche liest man internationale Presse, ist über Events informiert und hat ein hervorragendes Mail- und Toolkit zur Verfügung, um nur einiges zu nennen - insgesamt ein perfektes Beispiel für Kundenannäherung, -gewinnung und -pflege.

Im Angesicht leerer oder zumindest umstrukturierter öffentlicher Kassen sind auch Weiterbilder und Bibliotheken darauf angewiesen, das Produkt „Fortbildung" bzw. „Bibliothek" zu verkaufen und so zumindest einen Teil der zum Erhalt ihrer Einrichtung benötigten Mittel zu erwirtschaften. Dies tun sie mittlerweile – wie die vorangestellten Beispiele belegen – auf eine sehr professionelle und oft unaufdringliche Art und Weise, die dem Nutzer ihrer (Schnupper)Angebote das Gefühl vermitteln, in jedem Fall einen persönlichen „Mehrwert" zu erhalten.

Didaktik

Kommunikationsverbesserung und Communitybildung

Didaktik ist die Lehre von der *Vermittlung* des Lernstoffes. Es geht hier um *Methodik*, weswegen sich die Frage stellt: Wie können Anwendungen, die dem Web 2.0 zugerechnet werden können, eine bessere Vermittlung bewirken? Hierzu muss man zunächst den Rahmen abstecken, in welchem diese Instrumente eingesetzt werden sollen:

in *Präsenzkursen*, die an einem feststehenden Termin stattfinden, können Web 2.0-Anwendungen vor allem als Dokumentationsinstrumente für den Lernfortschritt und Transparenz des Gruppenprozesses (beispielsweise Wikis als Lernplattform oder soziale Bookmarksammlung als Linkverwaltung) eingesetzt werden. Zur Didaktik tragen sie nur insofern bei, als damit klare Orte benannt sind, wo die Information zu finden ist; die Information weiter gut geändert werden kann

---

39   kurz: http://tinyurl.com/yhny4fe.

und ggf. Teilnehmer/innen Informationen selbst einpflegen bzw. aktualisieren können.

im Bereich des *Blended Learnings* (abwechselnde Präsenz- und Onlinephasen) können Web 2.0-Dienste insbesondere für die Kommunikation zwischen den Dozenten und den Teilnehmerinnen/Teilnehmern und/oder unter den Teilnehmern eingesetzt werden. Wie das "gestrickt" wird, hängt vom Kommunikationsdesign des Kurses ab, ob lediglich Information bereitgestellt und verarbeitet wird und die Kommunikation zwischen Lehrenden und Lernenden sich auf Rückfragen und Rückmeldungen (Lernkontrolle) beschränkt oder ob eine Kommunikation unter den Lernenden als Verstärker und Lernmittel mit ins Konzept einbezogen wurde. Insbesondere beim letzten Szenario können Web 2.0-Instrumente gut eingesetzt werden.

im Bereich reiner *Online-Kurse („eLearning")* kommt es sehr darauf an, ob diese Kurse konzeptionell entweder als Selbstlernkurse oder als kollektive Lernumgebungen ausgelegt sind. Insbesondere beim *zweiten Szena*rio sind Web 2.0-Anwendungen hilfreich, die ja von manchen Lernplattformen wie Moodle oder Ilias bereits in Form von Wikis, Weblogs, **Foren** oder Chat bereits angeboten werden.

Wie bei allen tech*nischen Hilfs*mitteln im Rahmen der Didaktik kommt es darauf an, dass die/der Lehrende einen guten Überblick über die verschiedenen *Möglichkeiten der Technik* und deren *Verbreitung bezüglich der Anwendung sowie der Akzeptanz in der Zielgruppe* hat und fähig ist, dies in einen *funktionalen Mix* der Vermittlung von Inhalten umzusetzen. Wie immer besteht hierbei die Gefahr, dass die zu vermittelnden Inhalte in den Hintergrund treten und technische Schwierigkeiten den Lernprozess und -erfolg sabotieren. Um dies an einem Beispiel zu illustrieren:

Richtiger Einsatz von RSS

RSS bietet vielfältige Möglichkeiten, Informationen zu übertragen, zu filtern und/oder zu filtern. Dies lässt sich Lernprozess in mannigfaltiger Art und Weise in den Kommunikations- und einbauen. Wenn Teilnehmer/innen aber Widerstände gegen die Einrichtung oder Benutzung eines RSS-Readers empfinden, dann kann es sein, dass man viel Zeit verliert, Akzeptanz zu erzielen, die technischen Vorbedingungen der Anwendung zu schaffen und dann ggf. dennoch keinen hundertprozentigen Verbreitungsgrad zu erzielt. Weitaus sinnvoller erscheint es in einer solchen Situation, einen Aggregator (z.B. Startseiten wie netvibes oder Feedsammlungen wie Friendfeed oder Sciencefeed) einzusetzen, der an einer Stelle im Netz die Feeds zusammenführt. Dann müssen die Teilnehmer/innen nur eine Webadresse aufrufen und haben die Informationen zur Hand. Und man hat dann keinen Aufwand umsonst betrieben!

Das ist nur als ein Beispiel anzusehen: Mit einer anderen Zielgruppe kann es durchaus sinnvoll sein, die Zeit zu investieren, die einzelnen in der Handhabung von RSS zu schulen, da dann gelernt wird, wie man für sich und/oder für Arbeitsgruppen dieses Instrument sinnvoll einsetzt.

Lehrmittel

Durch die Eigenschaften von Web 2.0-Instrumenten wie Weblogs und Wikis, nicht nur Text, sondern auch *Multimedia-Inhalte* (Bilder, Ton, Videos) zu übermitteln, besteht die Möglichkeit einer *reicheren* und *anschaulicheren Vermittlung* von Inhalten. Manche der Instrumente bieten auch

die Option einer Terminierung (man kann im Voraus festlegen, wann der Beitrag freigeschaltet wird und zugänglich ist), so dass man die Inhalte im Zusammenhang erstellen, dann aber in einem zeitlichen Rahmen erscheinen lassen kann, welcher an didaktischen Gesichtspunkten ausgerichtet ist. Und schlussendlich kann man durch die Möglichkeit des *Mashups* Inhalte aus verschiedenen Quellen zu einem *Lehrmittel neuer Qualität* kombinieren.

Lernplattformen

Die vor allem an Schulen und Hochschulen verbreiteten klassischen "Lernplattformen" oder „Lernmanagementsysteme" (LMS) wie beispielsweise Moodle[40] bieten eine virtuelle Nachbildung eines Klassenzimmers, einen virtuellen Rahmen, der die Kommunikation des Lehrenden mit den Lernenden und die Aktivitäten der Lernenden untereinander oder für sich bündelt. Eine internationale Entwicklergemeinde trägt dafür Sorge das immer wieder neue Features zur Verfügung stehen. Moodle beispielsweise hat schon längst Web2.0-Instrumente und -funktionalität integriert, indem man Foren, Weblogs einbinden kann. Das schafft *Vertrauen* - da

die Aktivitäten nicht frei im Netz stattfinden, sondern im geschützten Raum des Online-Lernraumes. Allerdings ist das freilich nicht immer ganz stimmig konzipiert: Beispielsweise kann man in Moodle neue Einträge eines Forums per RSS abonnieren. Der Feed ist allerdings ein öffentlicher, kein "privater", mit einem Passwort versehener. D.h. es kann so ohne weiteres passieren, dass jemand den Feed mit einem Feedreader wie beispielsweise Bloglines abonniert, ihn auf "public" gestellt lässt, womit die geschützten Einträge aus Moodle dann öffentlich sichtbar sind und schon sind Datenschutz und Vertrauen perdu.

Ein "klassischer" Web 2.0-Dienst, der sich sehr gut als einfache und kollaborative Lernplattform einsetzen lässt, sind *Wikis*. Kostenlose Angebote wie PBworks,[41] ZohoWiki[42] oder GoogleSites[43] erlauben es, sowohl öffentlich zugängliche[44] als auch geschlossene *Lernräume* einzurichten, die man hervorragend strukturieren

---

40 http://moodle.com/.
41 http://pbworks.com/.
42 http://zoho.wiki.com/
43 http://sites.google.com

und mit Dateien und Multimedia-Angeboten bestücken kann. Zudem sind sie konsequenter konzipiert als manche Lernplattform - indem bei einem geschlossenen Wiki beispielsweise der RSS-Feed passwortbewehrt ist und daher nur mit Feedreadern gelesen werden kann, die bei der Abfrage das Passwort zu geben vermögen. So kann der Feed nicht aus Versehen veröffentlicht werden, wie in dem weiter oben geschilderten Beispiel.

Wikis sind überaus gut an den bestimmten Zweck anzupassen, bieten im Unterschied zu Lernplattformen eine geringe Schwelle bei der Anwendung und sind somit ideal für kollaborative Einsätze beim Lernen in Gruppen.

Man kann die Vermittlung von Inhalten aber auch von einer ganz anderen Seite aus angehen, wenn die Teilnehmenden bereits mit Web 2.0-Instrumenten vertraut sind und den "Lernraum" in diesem Fall *dorthin* verlegen, wo sie bereits einen Großteil ihrer Kommunikation abwickeln. Aus diesem Grund verwenden angelsächsische Kollegen *Aggregatoren*, die beispielsweise Twitter-Eintragungen der Gruppe zusammenfassen. Die Teilnehmer/innen posten in ihrem gewohnten Rahmen, versehen das mit einem speziellen Schlagwort für den Kurs - und das erscheint auf der gemeinsamen "Wall". Aggregationsdienste sind beispielsweise FriendFeed,[45] ScienceFeed[46] oder die bereits erwähnten „Startseiten" wie netvibes.

Um den didaktischen Gewinn noch einmal genau zu benennen: Teilnehmer/innen können sich entweder in einem *geschützten Raum* ("Lernplattform" oder Wiki) oder im *gewohnten Kommunikationsraum* bewegen und es wird in beiden Fällen transparent gemacht, welches die einzelnen Beiträge der verschiedenen Teilnehmer/innen sind. Die Schwelle ist somit recht niedrig, da man in einem bekannten Rahmen miteinander kommuniziert. So wird unter größtmögli-

---

44 sehen Sie sich einige Beispiele an: Web 2.0-Kurs des BIB http://bib-web20.pbworks.com; Arbeitsorganisation 2.0 http://fraunhoferbib20.pbworks.com/ oder Wissenschaftliches Arbeiten http://wissenschaftlichesarbeiten.pbworks.com/.
45 http://friendfeed.com/.
46 http://www.sciencefeed.com/.

cher Akzeptanz der Teilnehmer/innen *asynchrones Arbeiten* möglich und dennoch gibt es eine gemeinsame Sicht und gegenseitige Wahrnehmung.

Dokumentation

Dokumentation kann mehrere Funktionen ausfüllen:

Dokumentation der eigenen Arbeit in Richtung Kostenträger/Klientel/Öffentlichkeit (quasi nach außen)
Dokumentation des Fortgangs eines Projektes (also nach innen)

Wir behandeln das Thema in der Folge aus diesen verschiedenen Perspektiven:
Außendarstellung ist eine wichtige und oft notwendige Aufgabe, um dem Zweck der Institution nachzukommen. Ohne die Unterstützung von Kostenträgern, Entscheidern, Kunden oder einer interessierten Öffentlichkeit kann der Fortbestand einer Institution bzw. eines/einiger ihrer Geschäftsbereiche schnell in Frage gestellt werden. Deshalb ist *Kommunikation der erreichten Ziele*, man kann auch sagen: Dokumentation der erreichten Ziele unabdingbar für die eigenen Zwecke. Hier bieten sich zahlreiche traditionelle Publikationsformen an, beispielsweise ein Geschäftsbericht oder eine Homepage. Web 2.0-Instrumente wie beispielsweise ein Weblog böten hier den Mehrwert, aktuellere Inhalte zu bieten und gleichzeitig durch die Kommentare von Klienten und Nutzern den Kundenkontakt zu dokumentieren. Gerade in Zeiten, in welchen das Geld knapp ist, sind Fortbildungen gefährdet, weil Träger gern hier zuerst den Rotstift ansetzen. Kontinuierliche Dokumentation und ggf. Diskussion mit den Kunden kann in dieser Situation besser sein als einmal pro Jahr ein Rechenschaftsbericht.

Interne Dokumentation ist stets dort wichtig, wo Geschäftsprozesse der Institution bzw. einzelner Abteilungen dokumentiert werden müssen (beispielsweise durch den Einsatz eines Wikis als Intranet) oder wo der Fortgang eines Projektes dokumentiert werden muss, um für alle Beteiligten *Transparenz* herzustellen, an welchem Punkt man sich befindet, welche Entscheidungen man gemeinsam getroffen hat und wie der Ablauf wiederkehrender Prozeduren geregelt ist (Geschäftsgang oder "Checklisten"). Wenn man dann noch die Funktion der *Kommunikation unter den Beteiligten* mit hinzunimmt, dann sind Projektplattformen wie beispielsweise Zoho Projects[47] (in seinem Bereich ähnlich mächtig wie die im Bereich der Didaktik vorgestellten Lernplattformen) oder anpassbare soziale Foren wie Mixxt[48] ein gutes Mittel, um an einer Stelle den *Stand* und den *Fortgang* des Projektes zu dokumentieren.

---

47 http://projects.zoho.com/.
48 http://mixxt.com/.

Welche Vorteile bringen Anwendungen des Web 2.0

> **Das Beispiel Zoho Projects**
>
> Zoho ist ein Anbieter, welcher neben Office 2.0-Anwendungen auch Notebooks, Wikis und andere Anwendungen kostenlos anbietet. Auch für den kommerziellen Einsatz bietet Zoho viele Online-Anwendungen, so auch Zoho Projects für das Projektmanagement. Es ist kostenpflichtig, jedoch das erste Projekt kann man kostenlos einrichten.
>
> Zoho Projects bietet eine Teilnehmerverwaltung, eine Dateiablage, Forum, Zeitmanagement-Tools wie Meilensteine und Terminplanung und einen Chat. Man kann sich Aufgaben und Änderungen per E-Mail zusenden lassen, auch RSS ist mit an Bord.

Wer es unaufwändiger lösen und lediglich verschiedenen Arbeitsgruppen-/Projektmitgliedern ermöglichen möchte zu dokumentieren, wie weit sie sind, kann auch einfach ein *Weblog* einrichten,[49] allen die Schreibrechte geben und schon hat man die Möglichkeit, den Stand bzw. die Fortentwicklung stets aufs Neue in Einträgen zu dokumentieren, die über Kategorien und Schlagwörter gut erschlossen und durch Kommentare ergänzt und diskutiert werden können. Auch hier: Ein Weblog ist *schnell* eingerichtet, *leicht* mit Inhalten unterschiedlichster Art zu füllen; es bietet ein Höchstmaß an *Transparenz* für alle Beteiligten, welche sonst mühsam durch Austausch mit E-Mails mit Anhängen hergestellt werden müsste. – Den gleichen Zweck kann man aber auch mit Hilfe eines Wikis erreichen.

Man sieht an diesem Beispiel: Web 2.0-Instrumente sind *vielfältig einsetzbar*, gut an den gewünschten Zweck *anzupassen* und dienen dazu, mit *geringem Aufwand* Transparenz herzustellen. Dokumentation ist meist ein wenig geliebtes Geschäft, welches aber hohen Profit abwirft, wenn man es gewissenhaft betreibt. Web 2.0 hilft dabei, den Aufwand für alle überschaubar zu halten.

Fazit

Wir hoffen, dass wir vermitteln konnten, welche Möglichkeiten und welche Potenz der Einsatz von Web 2.0-Diensten im Handlungsfeld der Fort- und Weiter-

---

49 Provider, die kostenlose (manchmal aber auch mit Werbung versehene) Weblogs bieten, sind beispielsweise WordPress (http://de.wordpress.com/), Blogger (http://www.blogger.com/) oder Twoday (http://www.twoday.net/). Gerade WordPress bietet eine abgestufte Rechteverwaltung für das Beiträgerteam und die Möglichkeit, ein Weblog gänzlich „privat" zu halten, d.h. einer bestimmten Gruppe von Beiträgern und Lesern vorzubehalten.

bildung hat. Der Bogen spannt sich weit vom Einsatz im persönlichen Arbeitsbereich über die organisatorische und fachliche Kooperation hin zur Außendarstellung und weiter zur adäquaten Vermittlung von Inhalten an Kunden. Ja, wir haben noch nicht einmal den Aspekt erwähnt, dass man die Web 2.0-Anwendung selbst zum *Schulungsgegenstand* machen kann, damit Klienten diese Instrumente zur Organisation ihrer Aufgaben und Interessen nutzen können, beispielsweise bei Literatur- oder heimatkundlichen Arbeitskreisen, bei Arbeitsgruppen in Schulen und Hochschulen.

Ein breites Feld also, das wir hoffentlich anschaulich beschrieben haben! Zum Schluss sollten aber zwei Aspekte noch hervorgehoben werden, ein positiver und ein negativer:

der positive Aspekt ist jener, dass die meisten Web 2.0-Dienste *unentgeltlich* zu nutzen sind und ohne großen Aufwand *ausprobiert* werden können. Man muss hier nur an andere Software im Bibliotheksbereich denken, die erst teuer eingekauft und aufwändig geschult werden muss und sich nicht als wenig funktional erweist ... Im Unterschied dazu richtet man sich hier einen Account ein und probiert aus. Die Schwelle ist niedrig, so dass man zu ansehnlichen Ergebnissen kommt, ohne erst einmal wochenlang die Schulbank drücken zu müssen.

der negative Aspekt besteht darin, dass sich viele am Anfang *zu viel* zumuten und meinen, man müsse das wie auf dem Reißbrett vorher zusammenstellen und planen. So geht das nicht! Man sollte vielmehr klein anfangen, dann Schritt für Schritt vorangehen und sich Zeit lassen. Web 2.0-Angebote anderer Institutionen und von Kolleginnen und Kollegen sollte man als Möglichkeit sehen, die Anwendungen und ihren Einsatz kennen zu lernen. Gerade im *richtigen Zuschnitt* auf bestimmte *Zielgruppen* liegt das Erfolgsgeheimnis vieler Angebote und gerade auch das *Zusammenspiel* verschiedener Dienste zu einem stimmigen Angebot will gut bedacht werden. - Insofern liegt im Einsatz von Web 2.0 auch die Möglichkeit des Frusts nahe und man sollte diesen so gut als möglich vermeiden.

Daher unser Vorschlag: Schrittweise Annäherung, zunächst im persönlichen Einsatz, dann in der Institution und schließlich, wenn man in der Handhabung sicher ist, der Einsatz der Instrumente nach außen. Es ist wichtig, von anderen zu lernen und zu versuchen, die Dienste und Angebote anhand der *Bedürfnisse* auszurichten: nach den eigenen Bedürfnissen, aber auch jenen der Organisation und der Klienten.

Autorenverzeichnis

Hans-Georg **Becker** arbeitet seit 2006 an der Universitätsbibliothek Dortmund. Zunächst als wissenschaftlicher Mitarbeiter für kleinere IT-lastige Informationsdienstleistungen zuständig, ist er heute in der Projektentwicklung tätig. Ferner ist er Mitarbeiter im DFG-Projekt ArcheoInf. In beiden Feldern sind Anwendungen des Web 2.0 sowie die Entwicklungen rund um das Thema Semantic Web Bestandteile der täglichen Arbeit.

Julia **Bergmann** ist freiberufliche Trainerin für Informationskompetenz und Vorstandsmitglied des Vereins Zukunftswerkstatt Kultur- und Wissensvermittlung e.V. Seit Jahren beschäftigt Sie sich mit den Themen Informationsvermittlung, Web 2.0 und deren Einfluss auf die Bibliotheksarbeit. Nach ihrem Studium des Bibliotheks- und Informationsmanagements in Hamburg war sie im Wissensmanagement-Projekt der Bertelsmann Stiftung tätig und zudem Mitglied des Bibliotheks-Teams. Anschließend wirkte sie am Aufbau der Bibliothek der International University Bremen (jetzt Jacobs University) mit und übte dort die verschiedensten Tätigkeiten im Bereich der Benutzung aus.
Seit Juni 2008 engagiert sie sich zusammen mit Christoph Deeg und Jin Tan im Verein Zukunftswerkstatt Kultur- und Wissensvermittlung e.V. zu Zukunftsthemen und Trends im Umfeld von Bibliotheken, Museen und Archiven.

Anne **Christensen** ist Diplom-Bibliothekarin (HAW Hamburg, 1998) und Master of Library and Information Science (HU Berlin, 2007). An der Staats- und Universitätsbibliothek Hamburg war sie für das Projekt "beluga" verantwortlich, dessen Ziel der Aufbau eines Katalog 2.0 für alle wissenschaftlichen Bibliotheken in Hamburg ist. Zuvor hat sie mit der elektronischen Informationsassistentin Stella einen innovativen Auskunftsdienst für die SUB Hamburg entwickelt. Ab Herbst 2010 leitet sie die Benutzungsabteilung der UB Lüneburg. Anne Christensen ist als Referentin und Autorin rund um das Thema Bibliothek 2.0 aktiv.

Silvia **Czerwinski** studierte bis 2009 Bibliotheks- und Informationswissenschaft in Köln und bis 2005 Kulturwissenschaft, Germanistik und Philosophie in Bremen. Während dieser Zeit arbeitete sie an der Staats- und Universitätsbibliothek Bremen und leitete das Feministische Archiv des AStAs. Hierfür erstellte sie den Online-Katalog mit der sozialen Software LibraryThing. Derzeit hat sie einen Lehrauftrag an der Universität Göttingen zu Literaturverwaltung und Wissensmanagement.

Patrick **Danowski** ist Dipl. Informatiker und wissenschaftlicher Bibliothekar. Seit Mai 2010 arbeitet er als Senior Expert Information Services am Institut of Science and Technology (IST) Austria. Zuvor arbeitete er als Emerging Technologies Librarian am CERN und in verschiedenen Projekten an der Staatsbibliothek zu Berlin, wo er unter anderem in dem DFG-Projekt "Funktionale Integration von ZDB und EZB zur Entwicklung gemeinsamer endnutzerorientierter Dienstleistungen" koordinierte. Sein Referendariat hat er an der Zentral- und Landesbibliothek Berlin gemacht, das er mit einem Master of Library and Information Science der HU Berlin abschloss. Seit September 2006 betreibt er das Weblog "Bibliothek 2.0 und mehr" (http://www.bibliothek2null.de).

Seine Interessenschwerpunkte sind Open Access (insbesondere im Zusammenhang mit dem Kulturellen Erbe und bibliothekarischen Daten), Wikipedia und Bibliotheken, m-library (bibliothekarische Dienste für mobile Endgeräte) sowie das Semantic Web.

Christoph **Deeg** beschäftigt sich seit vielen Jahren mit der Frage, wie kulturelle und wissenschaftliche Inhalte in der Zukunft vermittelt werden. Der studierte Jazzmusiker und erfolgreiche Marketing- und Kulturmanager arbeitete u.a für die Musik- und Gamesindustrie. Er hat einen Lehrauftrag zum Thema "Marketing im Web2.0" an der Universität Hildesheim und arbeitet als Trainer und Berater für öffentliche Institutionen sowie privatwirtschaftliche Unternehmen. Zusammen mit Julia Bergmann und Jin Tan gründete er den Verein "Zukunftswerkstatt Kultur- und Wissensvermittlung e.V."

Jochen **Dudeck**, Jahrgang 1953. Nach Lehramtsstudium Studium der Bibliothekswissenschaften in Stuttgart 1983-86. Seit 1991 Leiter der Stadtbücherei Nordenham.

Dierk **Eichel** studiert „Bibliotheksmanagement" an der Fachhochschule Potsdam und interessiert sich für „semantic web" und „linked open data" in Informationseinrichtungen sowie der Anwendung von „social media" und ökologischer Nachhaltigkeit in Bibliotheken. Er ist Mitbegründer der open access Zeitschrift „Potsdamer Beiträge und Reportagen aus den Informationswissenschaften" (BRaIn), organisierte die erste bibliothekarische Unkonferenz „bibcamp" 2008 in Potsdam und Berlin sowie die jährlich auf der Frankfurter Buchmesse stattfindende „LIS-Corner". Er engagiert sich im internationalen Verband der bibliothekarischen Vereine und Institutionen (IFLA) als Information Coordinator der New Professionals Special Interest Group. Er arbeitet beim Berliner Büchertisch e.V. und am Zentrum für transdisziplinäre Geschlechterstudien der Humboldt Universität zu Berlin.

Jessica **Euler** studiert am Institut für Bibliotheks- und Informationswissenschaft der Humboldt-Universität zu Berlin.

Oliver **Flimm** arbeitet in der USB Köln als Programmierer und Unix-Systemadministrator. Seit den Anfängen im Jahr 2000 leitet er die technische Entwicklung im Projekt Kölner UniversitätsGesamtkatalog. Zuvor betreute er seit 1994 das Vorgängerprojekt IGK (InstitutsGesamtKatalog). Ab 1997 wird an der USB Köln für beide Projekte die von ihm entwickelte Open Source Portalsoftware OpenBib eingesetzt.

Christian **Hauschke** ist Bibliothekar in der Bibliothek der Fachhochschule Hannover. Außerdem bloggt er auf Infobib.de.

Lambert **Heller** ist Fachreferent für Wirtschaftswissenschaften und Wirtschaftsinformatik an der TIB/UB Hannover. Konzepte und Kampagnen zu den Themen Open Access, Publikationsmanagement und Literaturverwaltung an der Leibniz Universität Hannover. AG Open Government Data des niedersächsischen Wirtschaftsministers. Zahlreiche Publikationen, Vorträge und Seminare über Social Media in Wissenschaft und Bibliothek, u.a. für das Lexikon der Bibliotheks- und Informationswissenschaft (LBI) sowie für das Goethe-Institut.

Seit 1989 arbeitet Iris **Hoepfner** in verschiedenen Positionen in der Universitätsbibliothek Dortmund. Im Bereich der Informationskompetenzvermittlung und in der Öffentlichkeitsarbeit ist sie seit einigen Jahren tätig. In diesem Arbeitsumfeld beschäftigt sie sich mit verschiedenen Anwendungen des Web 2.0.

Bernd **Juraschko** ist Rechtsanwalt und Bibliotheksassessor (Ausbildung: Universitätsbibliothek Konstanz/Bayerische Bibliotheksschule München).
Seine Arbeitsschwerpunkte sind: Recht, Chemie, Geschichte, Informationskompetenz und ELearning

Christian **Kirsch** arbeitet seit 1989 an der Universitätsbibliothek Dortmund. Nach Tätigkeiten in der Medienbearbeitung arbeitet er seit 2002 in der Betreuung des Lokalsystems SunRise und ist u.a. für die Weboberfläche des Katalogs zuständig. Dort und auch als Mitarbeiter im Webteam der Bibliothek beschäftigt er sich mit Themen des Web 2.0.

Fabienne **Kneifel** ist seit 2005 Leiterin des Sachgebiets „Katalog" in der Zentralen Medienbearbeitung der Stadtbücherei Frankfurt am Main. 2003 schloss sie ihr Studium zur Diplom-Bibliothekarin an der Frankfurter Bibliotheksschule ab, 2008 das Studium zum M.A., Library and Information Science an der HU Berlin. Ihre Masterarbeit über den Katalog 2.0 erhielt 2009 den B.I.T.online Innovationspreis. Neben dem Thema „Web 2.0 in Bibliotheken" interessiert sie sich für das US-amerikanische Bibliothekswesen und konnte durch einige Auslandspraktika, u.a. in New York und Ann Arbor, Erfahrungen aus erster Hand sammeln und auf ihre bibliothekarische Arbeit in Deutschland übertragen. Kontakt und Publikationsverzeichnis: http://publications.fabienne-kneifel.de.

Sascha **Korzen** ist Diplom-Informatiker und seit 2008 System-Administrator in der TIB/UB Hannover.

Dr. Dirk **Lewandowski** ist Professor für Information Research & Information Retrieval an der Hochschule für Angewandte Wissenschaften Hamburg. Davor war er unabhängiger Berater im Themenbereich Suchmaschinen und Information Retrieval sowie Lehrbeauftragter an der Universität Düsseldorf. Dr. Lewandowskis Forschungsinteressen sind Web Information Retrieval, Qualitätsfaktoren von Suchmaschinen sowie das Rechercheverhalten der Suchmaschinen-Nutzer. Zu seinen Veröffentlichen gehören neben dem bekannten Buch "Web Information Retrieval" zahlreiche Aufsätze, die in deutschen und internationalen Fachpublikationen veröffentlicht wurden. http://www.bui.haw-hamburg.de/vita.html

Stephan **Müller**, Student der Germanistik und Philosophie an der Universität Heidelberg, ist wissenschaftliche Hilfskraft an der Universitätsbibliothek Mannheim im DFG-Forschungsprojekt „Collaborative Tagging als neuer Service von Hochschulbibliotheken".

Dr. Rudolf **Mumenthaler** promovierte 1996 an der Universität Zürich mit einer Dissertation über Schweizer Gelehrte im russischen Zarenreich. 1997 übernahm er die Leitung der Wissenschaftshistorischen Sammlungen der ETH-Bibliothek in Zürich, 1999 diejenige der Spezialsammlungen. In dieser Funktion beschäftigte er sich mit der Digitalisierung der wertvollen Bestände und dem Aufbau elektronischer Dienstleistungen. 2009 übernahm er die Leitung des neu geschaffenen Bereichs Innovation und Marketing an der ETH-Bibliothek. In dieser Funktion widmet er sich neuen Technologien und ihren Einsatzmöglichkeiten in der Bibliothek, wobei die E-Book-Reader einen Schwerpunkt bilden.

Christof **Niemann**, Studium der Soziologie, Psychologie und der Politischen Wissenschaften an den Universitäten Heidelberg und Salamanca, ist Wissenschaftlicher Mitarbeiter an der Universitätsbibliothek Mannheim. Im DFG-Forschungsprojekt „Collaborative Tagging als neuer Service von Hochschulbibliotheken" beschäftigt er sich mit den verschiedenen Dimensionen von Web 2.0-Diensten im bibliothekarischen Kontext. Über seinen Schwerpunkt im Bereich Social Media hinaus schreibt er in seiner Promotion "Die Struktur wissenschaftlicher Visionen" am Seminar für Medien- und Kommunikationswissenschaft der Universität Mannheim über die Rezeption wissenschaftlicher Erkenntnisse in den Medien sowie über neue Methoden der Medienanalyse.

Manfred **Nowak** ist Diplom-Bibliothekar und seit 1989 im Bibliothekswesen tätig. Zunächst in der Niedersächsischen Landesbibliothek Hannover im Bereich der Benutzung. Seit 2003 Webredakteur in der TIB/UB Hannover.

Regina **Pfeifenberger**, geboren in Bremen. Fachreferentin für das SSG Hochschulwesen an der UB der HU-Berlin. Bibliotheksreferendariat an der ZLB Berlin.

Studium der Ethnologie, Soziologie und Psychologie in Göttingen und an der FU-Berlin.

Dr. Jürgen **Plieninger**, Dipl. Bibl. und Soziologe, ist Leiter der Bibliothek des Instituts für Politikwissenschaft, Tübingen. Er schreibt in bibliothekarischen Weblogs seit 2001 und setzt seit 2004 Web 2.0-Anwendungen bei Schulungen ein. Weitere Informationen finden
Sie unter http://homepages.uni-tuebingen.de/juergen.plieninger/

Claudia **Rietdorf** hat an der Fachhochschule Hannover Informationsmanagement studiert und arbeitete zunächst in der Stadtbibliothek Hildesheim und ist jetzt in der Stadtbibliothek Salzgitter beschäftigt. Neben den "normalen" bibliothekarischen Tätigkeiten ist sie dort für das "Internet" verantwortlich.

Sibylle **Rudin** studierte an der Universität Basel (Geschichte und Hispanistik, lic.phil 1988). Bis 2000 arbeitete sie als Bibliothekarin (Tropeninstitut, Aufbau einer Bibliothek am Gymnasium Kirschgarten) und als Historikerin (u.a. Veröffentlichung einer Biografie zum deutschen Flüchtling und Lorca-Übersetzer Enrique Beck und einer Geschichte der Parteien im Rahmen der Forschungsstelle für Baselbieter Geschichte.) Ausbildung zum Webmaster IKFH. Seit 2000 Teamleiterin und Geschäftsleitungsmitglied der Kantonsbibliothek Baselland. Verantwortlich für verschiedene Projekte im Bereich Web, OPAC und Jugend. Leiterin der AG web2.0.

Anastasia **Schadt** studiert am Fachbereich Informationswissenschaften der FH Potsdam.

Dr. Karsten **Schuldt**. Wissenschaftlicher Mitarbeiter am Interdisziplinären Zentrum für Bildungsforschung der Humboldt-Universität zu Berlin, Lehrbeauftragter an der Fachhochschule Potsdam, Redakteur LIBREAS, Korrektor FreiesMagazin. Veröffentlichungen zu Schulbibliotheken, Bildung und Bibliotheken, Jugendkultur und Bibliotheken.

Carsten M. **Schulze** studierte Informationswissenschaften an der Fachhochschule Potsdam und arbeitete an Online-Projekten wie Clio-online, Zeitgeschichte-online und Slavistik-Portal. Zurzeit ist er Webentwickler an der Staatsbibliothek zu Berlin für die Projekte Zeitschriftendatenbank (ZDB) und Zeitungsinformationssystem (ZEFYS).

Christian **Spließ**, geboren 1975, ist Assistent an Bibliotheken. Seit 2001 ist er Mitglied im Team des Netbib-Blogs und war lange Zeit für den Netbib-Podcast verantwortlich. Seit 2008 ist er Mitglied des Webteams der Duisburger Philharmoniker und beschäftigt sich seitdem mit dem Web 2.0 in kulturellen Einrichtungen.

Edlef **Stabenau** ist Bibliothekar an der Universitätsbibliothek der Technischen Universität Hamburg-Harburg. Zusammen mit Christian Hauschke führte er von 2008-2009 die ersten drei deutschsprachigen "Selbstlernkurse für Bibliothekswesen" durch. Er schreibt seit 2001 im Weblog netbib.

Wolfgang **Thieme**, geb. 27.03.1953 in Kiel. Seit 1978 in verschiedenen Funktionen im Hochschulbibliothekszentrum NRW (hbz) tätig - zuletzt in der Gruppe "Fortbildung und Qualifizierung" - und ab Januar 2007 im Zentrum für Bibliotheks- und Informationswissenschaftliche Weiterbildung (ZBIW) der Fachhochschule Köln, dort u.a. zuständig für Seminarplanung und -organisation.

Jakob **Voß** studierte bis 2005 Informatik sowie Bibliotheks- und Informationswissenschaft in Berlin und Chemnitz. Seit 2006 arbeitet er bei der Verbundzentrale des Gemeinsamen Bibliotheksverbund (GBV). Von 2003 bis 2006 gehörte er dem Vorstand von Wikimedia Deutschland e.V. an. Neben verschiedenen Fortbildungen aus dem Bereich Social Software führte er 2008 und 2009 die Lehrveranstaltung „Digitale Bibliothek" an der Fachhochschule Hannover durch.

Lizenzen der Artikel

Autor	Titel	Lizenz
Karsten Schuldt	Openness: Die Bibliothek als demokratische und demokratieförderne Einrichtung im Internetzeitalter	CC-BY
Fabienne Kneifel	Der Katalog 2.0: Mit Web 2.0 zum Online-Katalog der nächsten Generation	CC-BY-SA
Christof Niemann / Stephan Müller	Ein Tag sagt mehr als tausend Worte? – Kreatives Potenzial und Neotags in Tagging-Systemen	CC-BY-SA
Dirk Lewandowski	Der OPAC als Suchmaschine	CC-BY-SA
Regina Pfeifenberger	Bibliothek für unterwegs	CC-BY-SA
Carsten Schulze	Mikroformate	CC-BY
Manfred Nowak, Lambert Heller und Sascha Korzen	Library Mashups und Bibliotheken	CC-BY
Christian Spließ	Podcasting: Das ungeliebte Social-Media-Stiefkind	CC-BY
Anastasia Schadt / Jessica Euler / Dierk Eichel	Raus in die Öffentlichkeit mit Facebook & Co	CC-BY
Bernd Juraschko	Datenschutz in der Bibliothek 2.0	CC-BY
Dr. Rudolf Mumenthaler	E-Book-Reader und ihre Auswirkungen auf Bibliotheken	CC-BY-SA
Sibylle Rudin	Tuben, Festzeiten und Gesichtsbücher: Die Wahrnehmung einer neuen Informationswelt in einer öffentlichen Bibliothek	CC-BY-SA
Jochen Dudeck	Web 2.0 in einer Kleinstadtbibliothek	CC-BY-SA
Hans-Georg Becker, Iris Hoepfner und Christian Kirsch	Universitätsbibliothek Dortmund 2.0	CC-BY-SA
Claudia Rietdorf	„Man nehme..." Zutaten für ein abwechslungsreiches Blog à la Stadtbibliothek Salzgitter	CC-BY-SA
Oliver Flimm	Anreicherungen, Mashups und Vernetzungen von Titeln in einem heterogenen Katalogverbund am Beispiel des Kölner UniversitätsGesamtkatalogs KUG	CC-BY
Anne Christensen	Katalog 2.0 im Eigenbau: Das beluga-Projekt der Hamburger Bibliotheken	CC-BY-SA
Jakob Voß / Silvia Czerwinski	LibraryThing – die kollaborative Bibliothek 2.0	CC-BY
Edlef Stabenau / Christian Hauschke	Lernen 2.0 - Bericht aus der Praxis	CC-BY
Jürgen Plieninger / Wolfgang Thieme	Welche Vorteile bringen Anwendungen des Web 2.0 für Weiterbilder in Bibliotheken?	CC-BY-SA
Christoph Deeg	Gaming als bibliothekarisches Zukunftsthema	CC-BY-SA

Text der CC-BY Lizenz ist zu finden unter: http://creativecommons.org/licenses/by/2.0/de/
Text der CC-BY-SA Lizenz ist zu finden unter: http://creativecommons.org/licenses/by-sa/2.0/de/